엑스포지멘터리
디모데전·후서
디도서

Timothy
Titus

엑스포지멘터리 디모데전·후서, 디도서

초판 1쇄 발행 2025년 10월 28일
2쇄 발행 2025년 10월 30일

지은이 송병현

펴낸곳 도서출판 이엠
등록번호 제25100-2015-000063
주소 서울시 강서구 공항대로 222, 1014호
전화 070-8832-4671
E-mail empublisher@gmail.com

내용 및 세미나 문의 스타선교회: 02-520-0877 / EMail: starofkorea@gmail.com / www.star123.kr
Copyright ⓒ 송병현, 2025, *Print in Korea.*
ISBN 979-11-93331-12-5 93230

※ 본서에서 사용한 『성경전서 개역개정판』의 저작권은 재단법인 대한성서공회 소유이며
재단법인 대한성서공회의 허락을 받고 사용하였습니다.
※ 이 책의 전부 또는 일부 내용을 재사용하려면 사전에 저작권자와 도서출판 이엠의 동의를 받아야 합니다.
※ 가격은 표지 뒷면에 있습니다.

「이 도서의 국립중앙도서관 출판시 도서목록(CIP)은 서지정보유통지원시스템 홈페이지(http://seoji.nl.go.kr)와 국가자료공동목록시스템(http://www.nl.go.kr/kolisnet)에서 이용하실 수 있습니다. (CIP제어번호:CIP2015000753)」

엑스포지멘터리
디모데전·후서 디도서

| 송병현 지음 |

EXPOSItory comMENTARY

엑스포지멘터리

예수 그리스도의 생명의 복음

송병현 교수님이 오랫동안 연구하고 준비한 엑스포지멘터리 주석 시리즈를 출간할 수 있도록 인도해 주신 여호와 하나님께 감사와 영광을 돌립니다. 함께 수고한 스타선교회 실무진의 수고에도 격려의 말씀을 드립니다.

많은 주석이 있지만 특별히 엑스포지멘터리 주석이 성경을 하나님의 완전한 계시로 믿고 순종하려는 분들에게 위로와 감동을 주었으면 하는 바람입니다. 단지 신학을 학문적으로 풀어내어 깨달음을 주는 수준이 아니라 성경을 통해 하나님의 세미한 음성을 들을 수 있도록 돕는 역할을 했으면 좋겠습니다. 예수 그리스도가 내 안에 내가 예수 그리스도 안에 있는 신앙으로 하나님의 말씀에 순종하는 사람을 길러내는 일에도 기여할 수 있기를 바랍니다.

우리 백석총회와 백석학원(백석대학교, 백석문화대학교, 백석예술대학교, 백석대학교신학교육원)의 신학적 정체성은 개혁주의생명신학입니다. 개혁주의생명신학은 성경의 가르침과 개혁주의 신학을 계승해, 사변화

추천의 글

된 신학을 반성하고, 회개와 용서로 하나 되며, 예수 그리스도께서 주신 영적 생명을 회복하고자 하는 신앙 운동입니다. 그리하여 성령의 도우심으로 삶의 모든 영역에서 예수 그리스도의 주권을 실현함으로써 오직 하나님께 영광을 돌리고, 나눔운동과 기도성령운동을 통해 자신과 교회와 세상을 변화시키는 실천 운동입니다.

송병현 교수님은 백석대학교 신학대학원에서 20여 년 동안 구약성경을 가르쳐 왔습니다. 성경 신학자로서 구약을 가르치면서도 기회가 있을 때마다 선교지를 방문해 선교사들을 교육하는 일을 게을리하지 않았습니다. 엑스포지멘터리 주석 시리즈는 오랜 선교 사역을 통해 알게 된 현장을 고려한 주석이라는 점에서 참으로 의미가 있습니다. 그만큼 실용적입니다. 목회자와 선교사님들뿐 아니라 모든 성도가 별다른 어려움 없이 쉽게 읽을 수 있습니다. 개혁주의생명신학이 추구하는 눈높이에 맞는 주석으로서 말씀에 대한 묵상과 말씀에서 흘러나오는 적용을 곳곳에서 만날 수 있습니다. 그래서 성경을 하나님의 말씀으로 믿고 고백하는 사람이라면 궁금했던 내용을 쉽게 배울 수 있고, 설교와 성경 공부를 하는 데도 도움을 받을 수 있습니다. 이번 구약 주석의 완간과 신약 주석 집필의 시작이 예수 그리스도의 생명의 복음을 온 세상에 전하려는 모든 분에게 도움이 되기를 바라는 마음으로 이 책을 추천합니다.

2021년 9월

장종현 목사 | 대한예수교장로회(백석) 총회장·백석대학교 총장

엑스포지멘터리

한국 교회를 향한 아름다운 섬김

우리 시대를 포스트모던 시대라고 합니다. 절대적 가치를 배제하고 모든 것을 상대화하는 시대입니다. 이런 시대를 살아가면서 목회자들은 여전히 변하지 않는 절대적인 계시의 말씀인 성경을 들고 한 주간에도 여러 차례 설교하도록 부름을 받습니다. 그런가 하면 진지한 평신도들도 날마다 성경을 읽고 해석하며 삶의 마당에 적용하도록 도전을 받고 있습니다.

이런 시대 속에서 우리는 전통적인 주석과 강해를 종합하는 도움을 기다리고 있었습니다. 저는 이러한 시대적 요청에 송병현 교수가 꼭 필요한 응답을 했다고 믿습니다. 그것이 구약 엑스포지멘터리 전권 발간에 한국 교회가 보여 준 뜨거운 반응의 이유였다고 믿습니다.

물론 정교하고 엄밀한 주석을 기대하거나 혹은 전적으로 강해적 적용을 기대한 분들에게는 이 시리즈가 다소 기대와 다를 수도 있을 것입니다. 그러나 목회 현장에서 설교의 짐을 지고 바쁘게 살아가는 설교자들과 날마다 일상에서 삶의 무게를 감당하며 성경을 묵상하는 성도들에게 이 책은 시대의 선물입니다.

저는 저자가 구약 엑스포지멘터리 전권을 발간하는 동안 얼마나 자신을 엄격하게 채찍질하며 이 저술을 하늘의 소명으로 알고 치열하게 그 임무를 감당해 왔는지 지켜보았습니다. 그리고 그 모습에 큰 감동을 받았습니다. 그렇기에 다시금 신약 전권 발간에 도전하는 그에게 중보 기도와 함께 진심 어린 격려의 박수를 보내고 싶습니다.

구약 엑스포지멘터리에 추천의 글을 쓰며 말했던 것처럼 이는 과거 박윤선 목사님 그리고 이상근 목사님에 이어 한국 교회를 향한 아름다운 섬김으로 기억될 것입니다. 더불어 구약과 신약 엑스포지멘터리 전권을 곁에 두고 설교를 준비하고 말씀을 묵상하는 주님의 종들이 하나님 말씀 안에서 더욱 성숙해 한국 교회의 면류관이 되기를 기도합니다.

이 참고 도서가 무엇보다 성경의 성경 됨을 우리 영혼에 더 깊이 각인해 성경의 주인 되신 주님을 높이고 드러내는 일에 존귀하게 쓰이기를 축복하고 축원합니다. 제가 그동안 이 시리즈로 받은 동일한 은혜가 이 선물을 접하는 모든 분에게 넘치기를 기도합니다.

2021년 1월

이동원 목사 | 지구촌 목회리더십센터 대표

신약 엑스포지멘터리 시리즈를 시작하며

지난 10년 동안 구약에 관해 주석 30권과 개론서 4권을 출판했다. 이 시리즈의 준비 작업은 미국 시카고 근교에 자리한 트리니티복음주의신학교(Trinity Evangelical Divinity School)에서 목회학석사(M. Div.)를 공부할 때 시작되었다. 교수들의 강의안을 모았고, 좋은 주석으로 추천받은 책들은 점심을 굶어가며 구입했다. 덕분에 같은 학교에서 구약학 박사(Ph. D.) 과정을 마무리하고 한국으로 올 때 거의 1만 권에 달하는 책을 가져왔다. 지금은 이 책들 대부분이 선교지에 있는 여러 신학교에 가 있다.

 신학교에서 공부할 때 필수과목을 제외한 선택과목은 거의 성경 강해만 찾아서 들었다. 당시 트리니티복음주의신학교가 나에게 참으로 좋았던 점은 교수들의 신학적인 관점의 폭이 매우 넓었고, 다양한 성경 과목이 선택의 폭을 넓혀 주었다는 점이다. 세계적으로 유명한 구약과 신약 교수들의 강의를 들으면서도 내 마음 한구석은 계속 불편했다. 계속 "소 왓?"(So what?, "그래서 어쩌라고?")이라는 질문이 나를 불편하게 했다. 그들의 주옥같은 강의로도 채워지지 않는 부분이 있었기 때문이다.

주석은 대상에 따라 학문적 수준이 천차만별인 매우 다이내믹한 장르다. 평신도들이 성경 말씀을 쉽게 이해하도록 돕기 위해 출판된 주석들은 본문 관찰에 대한 가장 기본적인 내용과 쉬운 언어로 작성된다. 나에게 가장 친숙한 예는 바클레이(Barclay)의 신약 주석이다. 나는 고등학생과 대학생 시절에 바클레이가 저작한 신약 주석 17권으로 큐티(QT)를 했다. 신앙생활뿐 아니라 나중에 신학교에 입학할 때도 많은 도움이 되었다.

평신도들을 위한 주석과는 대조적으로 학자들을 위한 주석은 당연히 말도 어렵고, 논쟁적이며, 일반 성도들이 몰라도 되는 내용을 참으로 많이 포함한다. 나는 당시 목회자 양성을 위한 목회학석사(M. Div.) 과정을 공부하고 있었기 때문에 성경 강해를 통해 설교와 성경 공부를 인도하는 데 도움이 될 만한 강의를 기대했다. 교수들의 강의는 학문적으로 참으로 좋았다. 그러나 그들이 가르치는 내용을 성경 공부와 설교에는 쉽게 적용할 수 없다는 생각이 들었다. 이러한 필요가 채워지지 않았기 때문에 계속 "소 왓"(So what?)을 반복했던 것이다.

그때부터 자료들을 모으고 정리하며 나중에 하나님이 기회를 주시면 목회자들의 설교와 성경 공부에 실질적인 도움을 줄 수 있는 주석을 출판하겠다는 꿈을 품었다. 그러면서 시리즈 이름도 '엑스포지멘터리' (exposimentary=expository+commentary)로 정해 두었다. 그러므로 『엑스포지멘터리 시리즈』는 20여 년의 준비 끝에 10년 전부터 출판을 시작한 주석 시리즈다. 2010년에 첫 책인 창세기 주석을 출판할 무렵, 친구인 김형국 목사에게 사전에도 없는 'Exposimentary'를 우리말로 어떻게 번역하면 좋겠냐고 물었다. 그는 우리말로는 쉽게 설명할 수 없는 개념이니 그냥 영어를 소리 나는 대로 표기해 사용하라고 조언했다. 이렇게 해서 엑스포지멘터리 시리즈 주석이 탄생하게 되었다.

지난 10년 동안 많은 목회자가 이 주석들로 인해 설교가 바뀌고 성경 공부에 자신감을 얻었다고 말해 주었다. 참으로 감사한 일이다. 나는 학자들을 위해 책을 쓰는 것이 아니라, 목회자들을 위해 주석을 집필하고 있다. 그래서 목회자들이 알아야 할 정도의 학문적인 내용과 설교 및 성경 공부에 도움이 될 만한 실용적인 내용이 균형을 이룬 주석을 출판하기 위해 노력하고 있다. 또한 학문적으로 높은 수준의 주석을 추구하지 않기 때문에 구약을 전공한 내가 감히 신약 주석을 집필할 생각을 했다. 나의 목표는 은퇴할 무렵까지 마태복음부터 요한계시록까지 신약 주석을 정경 순서대로 출판하는 것이다. 이 책으로 도움을 받은 독자들이 나를 위해 기도해 준다면 참으로 감사하고 영광스러운 일이 될 것이다.

2021년 1월 방배동에서

시리즈 서문

"너는 50세까지는 좋은 선생이 되려고 노력하고, 그 이후에는 좋은 저자가 되려고 노력해라." 내가 미국 시카고 근교에 위치한 트리니티복음주의신학교(Trinity Evangelical Divinity School) 박사 과정을 시작할 즈음에 지금은 고인이 되신 스승 맥코미스키(Thomas E. McComiskey)와 아처(Gleason L. Archer) 두 교수님이 주신 조언이다. 너무 일찍 책을 쓰면 훗날 아쉬움이 많이 남는다며 하신 말씀이었다. 박사 학위를 마치고 1997년에 한국에 들어와 신학대학원에서 가르치기 시작하면서 나는 이 조언을 마음에 새겼다. 사실 이 조언과 상관없이 당시에 곧장 책을 출판하기는 불가능한 일이었다. 중학생이었던 1970년대 중반에 캐나다로 이민 가서 20여 년 만에 귀국해 우리말로 강의하는 일 자체가 그 당시 나에게 매우 큰 도전이었던 만큼, 책을 출판하는 일은 사치로 느껴질 뿐이었다.

세월이 지나 어느덧 선생님들이 말씀하신 쉰 살을 눈앞에 두었다. 1997년에 귀국한 후 지난 10여 년 동안 나는 구약 전체에 대한 강의안을 만드는 일을 목표로 삼았다. 나 자신에게 동기를 부여하기 위해 몸담고 있는 신대원 학생들에게 매 학기 새로운 구약 강해 과목을 개설해 주었다. 감사한 것은 지혜문헌을 제외한 구약 모든 책의 본문 관찰을 중심으로 한 강의안을 13년 만에 완성할 수 있었다는 점이다. 앞으로 수년에 거쳐 이 강의안들을 대폭 수정해 매년 2-3권씩을 책으로 출판하려 한다. 지혜문헌은 잠시 미루어 두었다. 시편 1권(1-41편)에 대해 강의안을 만든 적이 있는데, 본문 관찰과 주해는 얼마든지 할 수 있었지만 무언가 아쉬움이 남았다. 삶의 연륜이 가미되지 않은 데서 비롯된 부족함이었다. 그래서 지혜문헌에 대한 주석은 예순을 바라볼 때쯤 집필하기로 했다. 삶을 조금 더 경험한 후로 미루어 둔 것이다. 아마도 이 시리즈가 완성될 즈음이면, 자연스럽게 지혜문헌에 대한 책을 출판할 때가 되지 않을까 싶다.

이 시리즈는 설교를 하고 성경 공부를 인도해야 하는 중견 목회자들과 평신도 지도자들을 마음에 두고 집필한 책이다. 나는 이 시리즈의 성향을 'exposimentary'('해설주석')이라고 부르고 싶다. Exposimentary라는 단어는 내가 만든 용어다. 해설/설명을 뜻하는 'expository'라는 단어와 주석을 뜻하는 'commentary'를 합성했다. 대체로 expository는 본문과 별 연관성이 없는 주제와 묵상으로 치우치기 쉽고, commentary는 필요 이상으로 논쟁적이고 기술적일 수 있다는 한계를 의식해 이러한 상황을 의도적으로 피하고 가르치는 사역에 조금이나마 실용적이고 도움이 되는 교재를 만들기 위해 만들어낸 개념이다. 나는 본문의 다양한 요소와 이슈들에 대해 정확하게 석의하면서도 전후 문맥과 책 전체의 문형(文形, literary shape)을 최대한 고려해 텍스트의 의미를 설명하고 우리 삶과 연결하고자 노력했다. 또한 히브리어 사용은 최소화했다.

이 시리즈를 내놓으면서 감사할 사람이 참 많다. 먼저, 지난 25년 동안 내 인생의 동반자가 되어 아낌없는 후원과 격려를 해 준 아내 임우민에게 감사한다. 아내를 생각할 때마다 참으로 현숙한 여인(cf. 잠 31:10-31)을 배필로 주신 하나님께 감사할 뿐이다. 아빠의 사역을 기도와 격려로 도와준 지혜, 은혜, 한빛에게도 고마운 마음을 표한다. 평생 기도와 후원을 아끼지 않는 친가와 처가 친척들에게도 감사하다는 말을 전하고 싶다. 항상 옆에서 돕고 격려해 주는 평생 친구 장병환·윤인옥 부부에게도 고마움을 표하며, 시카고 유학 시절에 큰 힘이 되어 주신 이선구 장로·최화자 권사님 부부에게도 이 자리를 빌려 평생 빚진 마음을 표하고 싶다. 우리 가족이 20여 년 만에 귀국해 정착할 수 있도록 배려를 아끼지 않으신 백석학원 설립자 장종현 목사님에게도 감사드린다. 우리 부부의 영원한 담임 목자이신 이동원 목사님에게도 고마움을 표하고 싶다.

2009년 겨울 방배동에서

감사의 글

스타선교회의 사역에 물심양면으로 헌신해 오늘도 하나님의 말씀이 온 세상에 선포되는 일에 기쁜 마음으로 동참하시는 백영걸, 정진성, 장병환, 임우민, 정채훈, 강숙희 이사님들에게 감사의 마음을 전하고 싶습니다. 이사님들의 헌신이 있기에 세상이 조금 더 살맛 나는 곳이 되고 있습니다. 교회와 세상이 코로나19 이전과 이후 시대로 나뉜 것 같습니다. 코로나19 이후 한국 교회는 매우 어려운 시간을 지나고 있습니다. 예수 그리스도께서 그분의 교회를 치료하시고 세우시며 회복시키시기를 기원합니다.

2024년 계엄령과 탄핵 소동으로 우울한 방배동에서

일러두기

엑스포지멘터리(exposimentary)는 '해설/설명'을 뜻하는 엑스포지토리(expository)와 '주석'을 뜻하는 코멘터리(commentary)를 합성한 단어다. 본문의 뜻과 저자의 의도와는 별 연관성이 없는 주제와 묵상으로 치우치기 쉬운 엑스포지토리(expository)의 한계와 필요 이상으로 논쟁적이고 기술적일 수 있는 코멘터리(commentary)의 한계를 극복해 목회 현장에서 가르치고 선포하는 사역에 실질적으로 도움을 주는 새로운 장르다. 본문의 다양한 요소와 이슈에 대해 정확하게 석의하면서도 전후 문맥과 책 전체의 문형(文形, literary shape)을 최대한 고려해 텍스트의 의미를 설명하고 성도의 삶과 연결하고자 노력하는 설명서다. 엑스포지멘터리는 다음과 같은 원칙을 바탕으로 인용한 정보를 표기한다.

1. 참고문헌을 모두 표기하지 않고 선별된 참고문헌으로 대신한다.
2. 출처를 표기할 때 각주(foot note) 처리는 하지 않는다.
3. 출처는 괄호 안에 표기하되 페이지는 밝히지 않는다.
4. 여러 학자가 동일하게 해석할 때는 모든 학자를 표기하지 않고 일부만 표기한다.

5. 한 출처를 인용해 설명할 때 설명이 길어지더라도 문장마다 출처를 표기하지 않는다.
6. 본문 설명을 마무리하면서 묵상과 적용을 위해 "이 말씀은…"으로 시작하는 문단(들)을 두었다. 이 부분만 읽으면 잘 이해되지 않는 것들도 있다. 그러나 본문 설명을 읽고 나면 이해가 될 것이다.
7. 본문을 설명할 때 유대인들의 문헌과 외경과 위경에 관한 언급을 최소화한다.
8. 구약을 인용한 말씀은 장르에 상관없이 가운데 맞춤으로 정렬했으며, NAS의 판단 기준을 따랐다.

주석은 목적과 주된 대상에 따라 인용하는 정보의 출처와 참고문헌 표기가 매우 탄력적으로 제시되는 장르다. 참고문헌 없이 출판되는 주석도 있고, 각주가 전혀 없이 출판되는 주석도 있다. 또한 각주와 참고문헌 없이 출판되는 주석도 있다. 엑스포지멘터리 시리즈는 이 같은 장르의 탄력적인 성향을 고려해 제작된 주석이다.

선별된 약어표

개역	개역한글판
개역개정	개역개정판
공동	공동번역
새번역	표준새번역 개정판
현대	현대인의 성경
아가페	아가페 쉬운성경
BHS	Biblica Hebraica Stuttgartensia
ESV	English Standard Version
KJV	King James Version
LXX	Septuaginta
MT	Masoretic Text
NAB	New American Bible
NAS	New American Standard Bible
NEB	New English Bible
NIV	New International Version
NIRV	New International Reader's Version

선별된 약어표

NRS	New Revised Standard Bible
TNK	Jewish Publication Society Tanakh
AB	Anchor Bible
ABCPT	A Bible Commentary for Preaching and Teaching
ABD	The Anchor Bible Dictionary, 6 vols. Ed. by D. N. Freedman. New York, 1992.
ABR	Australian Biblical Review
ABRL	Anchor Bible Reference Library
ACCS	Ancient Christian Commentary on Scripture
ANET	The Ancient Near Eastern Texts Relating to the Old Testament. 3rd ed. Ed. by J. B. Pritchard. Princeton: Princeton University Press, 1969.
ANETS	Ancient Near Eastern Texts and Studies
ANTC	Abingdon New Testament Commentary
AOTC	Abingdon Old Testament Commentary
ASTI	Annual of Swedish Theological Institute
BA	Biblical Archaeologist
BAR	Biblical Archaeology Review
BAR	Biblical Archaeology Review
BBR	Bulletin for Biblical Research
BCBC	Believers Church Bible Commentary
BCL	Biblical Classics Library
BDAG	A Greek-English Lexicon of the New Testament and Other Early Christian Literature, 3nd ed. Ed. by Bauer, W., W. F. Arndt, F. W. Gingrich, and F. W. Danker. Chicago, 2000.

BECNT	Baker Exegetical Commentary on the New Testament
BETL	Bibliotheca Ephemeridum Theoloicarum Lovaniensium
BETS	Bulletin of the Evangelical Theological Society
BibOr	Biblia et Orientalia
BibSac	Bibliotheca Sacra
BibInt	Biblical Interpretation
BR	Bible Reseach
BRev	Bible Review
BRS	The Biblical Relevancy Series
BSC	Bible Student Commentary
BST	The Bible Speaks Today
BT	Bible Translator
BTB	Biblical Theology Bulletin
BTC	Brazos Theological Commentary on the Bible
BV	Biblical Viewpoint
BZ	Biblische Zeitschrift
BZNW	Beihefte zur Zeitschrift für die neutestamentliche Wissenschaft
CB	Communicator's Bible
CBC	Cambridge Bible Commentary
CBQ	Catholic Biblical Quarterly
CBQMS	Catholic Biblical Quarterly Monograph Series
CGTC	Cambridge Greek Testament Commentary
CurBS	Currents in Research: Biblical Studies
CurTM	Currents in Theology and Missions
DJG	Dictionary of Jesus and the Gospels. Ed. by J. B. Green, S. McKnight, and I. Howard Marshall. Downers Grove, 1992.

DNTB	Dictionary of New Testament Background. Ed. by C. A. Evans and S. E. Porter. Downers Grove, 2000.
DPL	Dictionary of Paul and His Letters. Ed. by G. F. Hawthorne, R. P. Martin, and D. G. Reid. Downers Grove, 1993.
DSB	Daily Study Bible
ECC	Eerdmans Critical Commentary
ECNT	Exegetical Commentary on the New Testament
EDNT	Exegetical Dictionary of the New Testament. Ed. by H. Balz, G. Schneider. Grand Rapids, 1990−1993.
EvJ	Evangelical Journal
EvQ	Evangelical Quarterly
ET	Expository Times
ExAud	Ex Auditu
FCB	Feminist Companion to the Bible
GTJ	Grace Theological Journal
HALOT	The Hebrew and Aramaic Lexicon of the Old Testament. Ed. by L. Koehler and W. Baumgartner. Trans. by M. E. J. Richardson. Leiden, 1994−2000.
Hist. Eccl.	Historia ecclesiastica (Eusebius)
HNTC	Holman New Testament Commentary
HTR	Harvard Theological Review
IB	Interpreter's Bible
IBS	Irish Biblical Studies
ICC	International Critical Commentary
IDB	Interpreter's Dictionary of the Bible
ISBE	The International Standard Bible Encyclopedia. 4 vols. Ed. by G. W. Bromiley. Grand Rapids, 1979−88.

JAAR	Journal of the American Academy of Religion
JBL	Journal of Biblical Literature
JESNT	Journal for the Evangelical Study of the New Testament
JETS	Journal of the Evangelical Theological Society
JQR	Jewish Quarterly Review
JRR	Journal from the Radical Reformation
JSNT	Journal for the Study of the New Testament
JSNTSup	Journal for the Study of the New Testament Supplement Series
JTS	Journal of Theological Studies
LABC	Life Application Bible Commentary
LB	Linguistica Biblica
LCBI	Literary Currents in Biblical Interpretation
LEC	Library of Early Christianity
Louw–Nida	Greek–English Lexicon of the New Testament: Based on Semantic Domains, 2nd ed., 2 vols. By J. Louw, and E. Nida. New York, 1989.
LTJ	Lutheran Theological Journal
MBC	Mellen Biblical Commentary
MenCom	Mentor Commentary
MJT	Midwestern Journal of Theology
NAC	New American Commentary
NCB	New Century Bible
NIB	The New Interpreter's Bible
NIBC	New International Biblical Commentary
NICNT	New International Commentary on the New Testament
NICOT	New International Commentary on the Old Testament

NIDNTT	New International Dictionary of New Testament Theology. Ed. by C. Brown. Grand Rapids, 1986.
NIDNTTE	New International Dictionary of New Testament Theology and Exegesis. 2nd Ed. by Moisés Silva. Grand Rapids, 2014.
NIDOTTE	New International Dictionary of Old Testament Theology and Exegesis. Ed. by W. A. Van Gemeren. Grand Rapids, 1996.
NIGTC	New International Greek Testament Commentary
NIVAC	New International Version Application Commentary
NovT	Novum Testamentum
NovTSup	Novum Testamentum Supplements
NSBT	New Studies in Biblical Theology
NTL	New Testament Library
NTM	New Testament Message
NTS	New Testament Studies
PBC	People's Bible Commentary
PNTC	Pillar New Testament Commentary
PRR	The Presbyterian and Reformed Review
PSB	Princeton Seminary Bulletin
ResQ	Restoration Quarterly
RevExp	Review and Expositor
RR	Review of Religion
RRR	Review of Religious Research
RS	Religious Studies
RST	Religious Studies and Theology
RTR	Reformed Theological Review

SacP	Sacra Pagina
SBC	Student's Bible Commentary
SBJT	Southern Baptist Journal of Theology
SBL	Society of Biblical Literature
SBLDS	Society of Biblical Literature Dissertation Series
SBLMS	Society of Biblical Literature Monograph Series
SBT	Studies in Biblical Theology
SHBC	Smyth & Helwys Bible Commentary
SJT	Scottish Journal of Theology
SNT	Studien zum Neuen Testament
SNTSMS	Society for New Testament Studies Monograph Series
SNTSSup	Society for New Testament Studies Supplement Series
ST	Studia Theologica
TBT	The Bible Today
TD	Theology Digest
TDOT	Theological Dictionary of the Old Testament. 11 vols. Ed. by G. J. Botterweck et al. Grand Rapids, 1974-2003.
TDNT	Theological Dictionary of the New Testament. Ed. by G. Kittel and G. Friedrich. Trans. by G. W. Bromiley. 10 vols. Grand Rapids, 1964-76.
Them	Themelios
TJ	Trinity Journal
TNTC	Tyndale New Testament Commentaries
TS	Theological Studies
TT	Theology Today
TTC	Teach the Text Commentary Series
TWBC	The Westminster Bible Companion

TWOT	R. L. Harris, G. L. Archer, Jr., and B. K. Waltke (eds.), Theological Wordbook of the Old Testament, 2 vols. Chicago: Moody, 1980.
TynBul	Tyndale Bulletin
TZ	Theologische Zeitschrift
USQR	Union Seminary Quarterly Review
VE	Vox Evangelica
VT	Vetus Testament
WBC	Word Biblical Commentary
WBCom	Westminster Bible Companion
WCS	Welwyn Commentary Series
WEC	Wycliffe Exegetical Commentary
WTJ	The Westminster Theological Journal
WUNT	Wissenschafliche Untersuchungen zum Neuen Testament und die Kunde der älteren Kirche
WW	Word and World
ZNW	Zeitschrift fűr die neutestamentliche Wissenschaft

차례

추천의 글 • 4
신약 엑스포지멘터리 시리즈를 시작하며 • 8
시리즈 서문 • 11
감사의 글 • 15
일러두기 • 16
선별된 약어표 • 18

선별된 참고문헌 • 30
디모데전·후서, 디도서 서론 • 41

디모데전서 • 65

디모데전서 서론 • 67

Ⅰ. 인사(1:1-2) • 69

Ⅱ. 바울이 디모데에게 위탁한 일(1:3-20) • 75
   A. 교회를 거짓 선생들에게서 보호할 것(1:3-11) • 75
   B. 바울에게 임한 하나님의 은혜와 소명(1:12-17) • 91
   C. 바울이 디모데에게 재차 위탁함(1:18-20) • 99

Ⅲ. 공동체의 삶(2:1-3:16) • 105
   A. 예배(2:1-15) • 105
   B. 감독과 집사(3:1-13) • 128
   C. 교회와 경건(3:14-16) • 142

Ⅳ. 디모데의 사역(4:1-16) • 149
    A. 거짓을 버리도록 진리를 가르침(4:1-5) • 149
    B. 목회적 경건(4:6-10) • 155
    C. 목회적 권면(4:11-16) • 160

Ⅴ. 공동체적 원칙(5:1-6:2) • 169
    A. 전반적인 원칙(5:1-2) • 170
    B. 과부들을 대할 때(5:3-16) • 171
    C. 장로들을 대할 때(5:17-20) • 181
    D. 디모데를 위한 사적인 권면(5:21-25) • 185
    E. 종들을 대할 때(6:1-2) • 190

Ⅵ. 거짓 선생들과 욕심(6:3-10) • 195

Ⅶ. 마무리 권면(6:11-21) • 203

디모데후서 • 211

디모데후서 서론 • 213

Ⅰ. 인사와 감사 기도(1:1-5) • 215

Ⅱ. 복음과 고난(1:6-18) • 221
    A. 복음과 함께 고난을 받으라(1:6-14) • 221
    B. 복음을 떠난 자들과 충성한 자(1:15-18) • 229

Ⅲ. 그리스도를 위한 자가 되라는 권면(2:1-26) • 233
    A. 그리스도의 좋은 병사(2:1-13) • 233

  B. 그리스도께 인정받는 일꾼(2:14-26) • 241

Ⅳ. 임박한 고통의 날(3:1-17) • 253
  A. 죄와 고통 중에 사는 삶(3:1-13) • 253
  B. 성경에 따라 사는 삶(3:14-17) • 270

Ⅴ. 마무리 권면과 부탁(4:1-22) • 275
  A. 권면(4:1-8) • 275
  B. 사사로운 부탁(4:9-18) • 284
  C. 마무리 인사(4:19-22) • 290

디도서 • 295

디도서 서론 • 297

Ⅰ. 인사(1:1-4) • 299

Ⅱ. 디도의 사역(1:5-9) • 305

Ⅲ. 복음을 방해하는 자들(1:10-16) • 315

Ⅳ. 목회적 권면(2:1-10) • 323

Ⅴ. 목회를 하는 이유(2:11-15) • 333

Ⅵ. 목회자의 사역(3:1-11) • 339

Ⅶ. 부탁과 인사(3:12-15) • 353

선별된 참고문헌

(Select Bibliography)

Aageson, J. W. *Paul, the Pastoral Epistles, and the Early Church*. Peabody, MA: Hendrickson, 2008.

Aquinas, T. *Commentaries of St. Paul's Epistles to Timothy, Titus, and Philemon*. Trans. and ed. by C. Baer. South Bend, IN: St. Augustine's Press, 2007.

Barrett, C. K. *The Pastoral Epistles in the New English Bible*. Oxford: Clarendon, 1963.

Bassler, J. M. *1 Timothy, 2 Timothy, Titus*. ANTC. Nashville: Abingdon, 1996.

_____. "A Plethora of Epiphanies: Christology in the Pastoral Letters." PSB 17 (1996): 310-35.

Batten, A. J. "Christology, the Pastoral Epistles, and Commentaries." Pp. 317-36 in *One Writing of New Testament Commentaries*. Ed. by S. E. Porter & E. J. Schnabel. Leiden: E. J. Brill, 2013.

_____. "Neither Gold nor Braided Hair (1 Timothy 2:9; 1 Peter 3:3): Adornment, Gender and Honour in Antiquity." NTS 55 (2009): 484-

501.

Baugh, S. M. "A Foreign World: Ephesus in the First Century." Pp. 25−64 in *Women in the Church: An Interpretation and Application of 1 Timothy 2:9-15*. 3rd. ed. Ed. by A. J. Köstenberger and T. R. Schreiner. Wheaton: Crossway, 2016.

Beale, G. K.; B. L. Gladd. *The Story Retold: A Biblical-Theological Introduction to the New Testament*. Downers Grove, IL: InterVarsity Press, 2020.

Belleville, L. "1 Timothy." Pp. 1−124 in *1 Timothy; 2 Timothy, Titus; Hebrews*. Ed. by P. W. Comfort. CBC. Carol Stream, IL: Tyndale House, 2009.

Bernard, J. H. *The Pastoral Epistles*. Grand Rapids: Eerdmans, 1980rep.

Besancon, S. A. *1 Timothy*. Eugene, OR: Cascade, 2014.

_____. *2 Timothy and Titus*. Eugene, OR: Cascade, 2014.

Bray, G. *The Pastoral Epistles*. ITC. London: T&T Clark, 2019.

Burk, D. "New and Old Departures in the Translation of Αὐθεντεῖν 1 Timothy 2:9−15." Pp. 279−96 in *Women in the Church: An Interpretation and Application of 1 Timothy 2:9-15*. 3rd. ed. Ed. by A. J. Köstenberger and T. R. Schreiner. Wheaton: Crossway, 2016.

Calvin, J. *Commentaries on the Epistles to Timothy, Titus, and Philemon*. Ed. by J. Pringel. Grand Rapids: Eerdmans, 1948.

Carson, D. A.; D. Moo. *An Introduction to the New Testament*. 2nd ed. Grand Rapids: Zondervan Academic, 2005.

Campbell, D. *Framing Paul: An Epistolary Biography*. Grand Rapids: Eerdmans, 2014.

Christensen, S. M. "The Pursuit of Self-Control: Titus 2:1−14 and Accommodation to Christ." JSPL 6 (2016): 161−80.

Collins, R. F. *1 & 2 Timothy and Titus*. Louisville: Westminster John Knox, 2002.

Cook, D. "The Pastoral Fragments Reconsidered." JTS 35 (1984): 120–31.

Cooper, M.j J. Cabellero. "Reasoning through the Creation Order as a Basis for the Prohibition in 1 Timothy 2:12." Presb 43(2017): 30–38.

Couser, G. "'Prayer' and the Public Square: 1 Timothy 2:1–7 and Christian Political Engagement." Pp. 277–94 in *New Testament Theology in Light of the Church's Mission: Essays in Honor of I. Howard Marshall*. Ed. by J. Laansma, G. Osborne, R. Van Neste. Eugene, OR: Wipf and Stock, 2011.

_____. "'The Testimony about the Lord,' 'Borne by the Lord,' or Both? An Insight into Paul and Jesus in the Pastoral Epistles (2 Tim. 1:8)." TynBul 52 (2004): 295–316.

Davies, M. *The Pastoral Epistles*. NTG. Sheffield: Sheffield Academic Press, 1996.

Deines, R. "Did Mathew Know He Was Writing Scripture? Part 1." EJT 22 (2013): 101–109.

_____. "Did Mathew Know He Was Writing Scripture? Part 2." EJT 23 (2014): 3–12.

Dibelius, M.; H. Conzelmann. *The Pastoral Epistles*. Trans. by P. Buttolph & A. Yarbro. Hermeneia. Philadelphia: Fortress, 1972.

Donelson, L. R. *Pseudepigraphy and Ethical Argument in the Pastoral Epistles*. Tübingen: Mohr Sebeck, 1986.

Donfried, K. P., ed. *1 Timothy Reconsidered*. Leuven: Peeters, 2008.

Dunn, J. D. G. *Neither Jew Nor Greek: A Contested Identity*. Grand Rapids: Eerdmans, 2015.

_____. "The First and Second Letters to Timothy and The Letter to Titus: Introduction, Commentary, and Reflections." Pp. 773-880 in *The New Interpreter's Bible: A Commentary in Twelve Volumes*. Nashville: Abingdon, 2000.

Edwards, J. C. "The Christology of Titus 2:13 and 1 Timothy 2:5." TynBul 62 (2011): 141-47.

Ellicott, C. J. *A Commentary on the Epistles of St. Paul, vol. 2*. Philadelphia: Smith, English, & Co., 1868.

Faber, R. "'Evil Beasts, Lazy Gluttons': A Neglected Theme in the Epistle to Titus." WTJ 67 (2005): 135-45.

Fee, G. *1 and 2 Timothy, Titus*. NIBC. Peabody, MA: Hendrickson, 1984.

Feltham, M. "1 Timothy 2:5-6 as a Christological Reworking of the Shema." TynBul 68 (2017): 241-60.

Gloer, W. *1 & 2 Timothy-Titus*. SHBC. Macon, GA: Smyth & Helwys, 2010.

Goulder M. "The Pastor's Wolves: Jewish Christian Visionaries Behind the Pastoral Epistles." NovT 38 (1996): 242-56.

Guthrie, D. *The Pastoral Epistles*. Rev. ed. TNTC. Downers Grove, IL: InterVarsity Press, 1990.

Hagner, D. *The New Testament: A Historical and Theological Introduction*. Grand Rapids: Baker, 2012.

Hanson, A. T. *The Pastoral Epistles*. NCBC. Grand Rapids: Eerdmans, 1982.

Harrill, J. A. "'Without Lies or Deception': Oracular Claims to Truth in the Epistle to Titus." NTS 61 (2018): 451-72.

Harrison, E. F. *Introduction to the New Testament*. Grand Rapids: Eerdmans, 1964.

Harrison, P. N. *The Problem of the Pastoral Epistles*. Oxford: Oxford University Press, 1921.

Hendriksen, W. *I-II Timothy and Titus*. NTC. Grand Rapids: Baker, 1957.

Hill, C. *Who Chose the Gospels?* Oxford: Oxford University Press, 2010.

Houlden, J. L. *The Pastoral Epistles*. Harmondsworth: Penguin, 1976.

Howell, D. N. "God-Christ Interchange in Paul: Impressive Testimony to the Deity of Jesus." JETS 36 (1993): 467-79.

Hubbard, M. V. "Kept Safe through Childbearing: Maternal Morality, Justification by Faith, and the Social Setting of 1 Timothy 2:15." JETS 55 (2012): 743-62.

Hutson, C. R. *First and Second Timothy and Titus*. Grand Rapids: Baker Academic, 2019.

_____. "'Saved by Childbearing': The Jewish Context of 1 Timothy 2:15." NovT 56 (2014): 392-410.

Johnson, L. T. *The First and Second Letters to Timothy*. AB. New York: Doubleday, 2001.

_____. *Letters to Paul's Delegates: 1 Timothy, 2 Timothy, Titus*. NTC. Harrisburg, PA: Trinity Press International, 1996.

Kelly, J. N. D. *The Pastoral Epistles*. Peabody, MA: Hendrickson, 1998rep.

Keener, C. *IVP Bible Background Commentary*. 2nd ed. Downers Grove, IL: InterVarsity Press, 2014.

Knight, G. W. *The Pastoral Epistles*. NIGTC. Grand Rapids: Eerdmans, 1992.

_____. *The Faithful Sayings in the Pastoral Letters*. Kampen: Kok, 1968.

Koester, H. *History and Literature of Early Christianity*. 2 vols. 2nd ed. New York: De Gruyter, 2000.

Köstenberger, A. *Commentary on 1-2 Timothy and Titus*. Nashville: Holman Reference, 2017.

_____. "1 Timothy, 2 Timothy, Titus." Pp. 487-625 in *The Expositor's Bible Commentary. Revised Edition*. Vol. 12. Ed. by T. L. Longman & D. E. Garland. Grand Rapids: Zondervan, 2006.

Köstenberger, A.; M. Kruger. *The Heresy of Orthodoxy*. Wheaton, IL: Crossway, 2010.

Köstenberger, A.; T. R. Schreiner; H. S. Baldwin, eds. *Women in the Church: An Analysis and Application of 1 Timothy 2:9-15*. 3rd. ed. Wheaton: Crossway, 2016.

Krause, D. *1 Timothy*. London: T&T Clark, 2004.

Kruger, M. "First Timothy 5:18 and Early Canon Consciousness: Reconsidering a Problematic Text." Pp. *680-700 in The Language and Literature of the New Testament*. Ed. by L. F. Dow; C. A. Evans; A. W. Pitts. Leiden: E. J. Brill, 2017.

Kümmel, W. G. *The New Testament: The History of the Investigation of Its Problems*. Trans. by S. M. Gilmour and H. C. Kee. Nashville: Abingdon, 1970.

Laansma, J. "2 Timothy, Titus." Pp. 125-302 in *1 Timothy; 2 Timothy; Titus; Hebrews*. Ed. by P. W. Comfort. CBC. Carol Stream, IL: Tyndale House, 2009.

Lea, T. D. "The Early Christian View of Pseudepigraphic Writing." JETS 27 (1984): 67-75.

Lea, T. D.; H. P. Griffin. *1,2 Timothy Titus*. NAC. Nashville: Broadman & Holman, 1992.

Liefeld, W. L. *1 & 2 Timothy, Titus*. NAC. Grand Rapids: Zondervan, 1999.

Lightfoot, J. B. "The Date of the Pastoral Epistles." Pp. 397-410 in *Biblical Essays*. London: Macmillan, 1893.

Lock, W. *The Pastoral Epistles*. ICC. Edinburgh: T&T Clark, 1924.

Long, T. G. *1 & 2 Timothy and Titus*. Louisville: Westminster John Knox, 2016.

Macdonald, D. T. *The Legend and the Apostle: The Battle for Paul in Story and Canon*. Philadelphia: Westminster, 1983.

Marshall, I. H. *The Pastoral Epistles*. ICC. Edinburgh: T&T Clark, 1999.

Metzger, B. "A Reconsideration of Certain Arguments against the Pauline Authorship of the Pastoral Epistles." ExpTim 70 (1958): 91-94.

Miller, J. D. *The Pastoral Letters as Composite Documents*. Cambridge: Cambridge University Press, 1997.

Montague, G. T. *First and Second Timothy, Titus*. Catholic Commentary on Sacred Scripture. Grand Rapids: Baker Academic, 2008.

Moule, C. F. D. *Essays in New Testament Interpretation*. Cambridge: Cambridge University Press, 1982.

Mounce, W. D. *The Pastoral Epistles*. WBC. Nashville: Nelson, 2000.

Murphy-O'Connor, J. *Paul: His Story*. Oxford: Oxford University Press, 2004.

_____. "2 Timothy Contrasted with 1 Timothy and Titus." RB 98 (1991): 403-18.

Ngewa, S. *1 and 2 Timothy and Titus*. Grand Rapids: Zondervan, 2009.

O'Donnell, T. "The Rhetorical Strategy of 1 Timothy." CBQ 79 (2017): 455-75.

Oden, T. C. *First and Second Timothy and Titus*. IBC. Louisville: Westminster John Knox, 1989.

Padilla, O. *The Pastoral Epistles*. TNTC. Downers Grove, IL: InterVarsity Press, 2022.

Pao, D. "Let No One Despise Your Youth: Church and the World in the Pastoral Epistles." JETS 57 (2014): 743-55.

Pietersen, L. K. *Polemic of the Pastorals: A Sociological Examination of the Development of Pauline Christianity*. London: T&T Clark, 2004.

Porter, S. E. "Family in the Epistles." Pp. 148-66 in *Family in the Bible: Exploring Customs, Culture, and Context*. Ed. by R. S. Hess & M. D. Carroll. Grand Rapids: Baker Academic, 2003.

_____. "Pauline Authorship and the Pastoral Epistles: Implications for Canon." BBR 5 (1995): 105-23.

Poythress, V. S. "The meaning of μάλιστα in 2 Timothy 4:13 and Related Verses." JTS 53 (2002): 523-32.

Prior, M. *Paul the Letter-Writer and the Second Letter to Timothy*. JSNTSup. Sheffield: Sheffield Academic Press, 1989.

Quinn, J. D. *The Letter to Titus*. AB. New York: Doubleday, 1990.

Quinn, J. D.; W. C. Wacker. *The First and Second Letters to Timothy*. Grand Rapids: Eerdmans, 1999.

Ramsay, W. R. *Historical Commentary on the Pastoral Epistles*. Grand Rapids: Kregel, 1996rep.

Saarinen, R. *The Pastoral Epistles, with Philemon and Jude*. BTCB. Grand Rapids: Brazos, 2008.

Schnabel, E. J. "Paul, Timothy, and Titus: The Assumption of a Pseudonymous Author and of Pseudonymous Recipients in the Light of Literary, Theological, and Historical Evidence." Pp. 383-403 in

Do Historical Matters Matter to Faith? A Critical Appraisal of Modern and Postmodern Approaches to Scripture. Ed. by J. K. Hoffmeier and D. R. Magary. Wheaton, IL: Crossway, 2012.

Schnelle, U. *The History and Theology of the New Testament Writings*. Trans. by M. Boring. Minneapolis: Fortress, 1998.

Schreiner, T. R. *Handbook on Acts and Paul's Letters*. Grand Rapids: Baker Academic, 2019.

Scott, E. F. *The Pastoral Epistles*. MNTC. London: Hodder and Stoughton, 1936.

Sigountos, J.; M. Shank. "Public Roles for Women in the Pauline Church: A Reappraisal of the Evidence." JETS 26 (1983): 289–295.

Simpson, E. K. *The Pastoral Epistles*. Grand Rapids: Eerdmans, 1954.

Smith, C. A. *2 Timothy*. Readings: A New Biblical Commentary. Sheffield: Sheffield Phoenix, 2016.

Spencer, A. B. *2 Timothy and Titus*. Eugene, OR: Cascade, 2014.

Stott, J. *The Letters to Timothy and Titus*. NICNT. Grand Rapids: Eerdmans, 2006.

_____. *The Message of 1 Timothy & Titus: Guard the Truth*. BST. Downers Grove, IL: InterVarsity Press, 1996.

Stout, S. O. *Preach the Word: A Pauline Theology of Preaching Based on 2 Timothy 4:1-5*. Eugene, OR: Pickwick, 2014.

Swinson, L. T. *What is Scripture? Paul's Use of "Graphe" in the Letters to Timothy*. Eugene, OR: Wipf and Stock, 2014.

Thornton, D. T. *Hostility in the House of God: An Investigation of the Opponents in 1 and 2 Timothy*. BBRS. Winnona Lake, IN: Eisenbrauns, 2016.

선별된 참고문헌

Towner, P. H. *The Letters to Timothy and Titus*. NICNT. Grand Rapids: Eerdmans, 2006.

_____. *1-2 Timothy & Titus*. IVPNC. Downers Grove, IL: InterVarsity Press, 1994.

_____. *The Goal of Our Instruction: The Structure of Theology and Ethics in the Pastoral Epistles*. JSNTSup. Sheffield: Sheffield Academic Press, 1989.

Twomey, J. *The Pastoral Epistles through the Centuries*. Chichester, West Sussex(UK): Wiley-Blackwell, 2009.

Verner, D. C. *The Household of God: The Social World of the Pastoral Epistles*. SBLDS. Chico, CA: Scholars, 1983.

Wall, R. W.; R. B. Steele. *1 & 2 Timothy and Titus*. Grand Rapids: Eerdmans, 2012.

Walker, P. "Revisiting the Pastoral Epistles—Part I and II." EJT 21 (2012): 4-16, 120-32.

Weima, J. A. D.; S. M. Baugh. *1 & 2 Thessalonians, 1 & 2 Timothy, Titus*. Grand Rapids: Zondervan, 2002.

Westerholm, S. "The Law and the 'Just Man'(1 Timothy 1:3-11)." ST 36 (1982): 79-95.

Wieland, G. M. "Roman Crete and the Letter to Titus." NTS 55 (2009): 338-54.

Wilson, S. G. *Luke and the Pastoral Epistles*. London: SPCK, 1979.

Witherington, B. *A Socio-Rhetorical Commentary on Titus, 1-2 Timothy, and 1-3 John*. Letters and Homilies for Hellenized Christians. Downers Grove, IL: InterVarsity Press, 2006.

Wright, N. T. *Paul for Everyone: The Pastoral Letters; 1 and 2 Timothy and Titus*. 2nd ed. London: SPCK, 2004.

_____. *Paul: A Biography*. London: SPCK, 2018.

Yarborough, R. W. *The Letters to Timothy and Titus*. PNTC. Grand Rapids: Eerdmans, 2018.

Young, F. *The Theology of the Pastoral Letters*. Cambridge: Cambridge University Press, 1994.

Zehr, P. M. *1 & 2 Timothy, Titus*. BCBC. Scottdale, PA: Herald Press, 2010.

Zamfir, K. *Men and Women in the Household of God: A Contextual Approach to Roles and Ministries in the Pastoral Epistles*. Göttingen: Vandenhoeck & Ruprecht, 2013.

디모데전·후서, 디도서

아들 디모데야 내가 네게 이 교훈으로써 명하노니 전에 너를 지도한 예언을 따라 그것으로 선한 싸움을 싸우며 믿음과 착한 양심을 가지라 어떤 이들은 이 양심을 버렸고 그 믿음에 관하여는 파선하였느니라(딤전 1:18-19).

또 어려서부터 성경을 알았나니 성경은 능히 너로 하여금 그리스도 예수 안에 있는 믿음으로 말미암아 구원에 이르는 지혜가 있게 하느니라 모든 성경은 하나님의 감동으로 된 것으로 교훈과 책망과 바르게 함과 의로 교육하기에 유익하니 이는 하나님의 사람으로 온전하게 하며 모든 선한 일을 행할 능력을 갖추게 하려 함이라(딤후 3:15-17).

우리 구주 하나님의 자비와 사람 사랑하심이 나타날 때에 우리를 구원하시되 우리의 행한 바 의로운 행위로 말미암지 아니하고 오직 그의 긍휼하심을 따라 중생의 씻음과 성령의 새롭게 하심으로 하셨나니 우리 구주 예수 그리스도로 말미암아 우리에게 그 성령을 풍성히 부어 주사 우리로 그의 은혜를 힘입어 의롭다 하심을 얻어 영생의 소망을 따라 상속자가 되게 하려 하심이라(딛 3:4-7).

소개

목회 서신은 바울 서신 중에서도 독특한 모음집이며, 바울의 삶과 가르침에 대한 마지막 기록이다. 순교를 앞둔 사도는 에베소(Ephesus)에서 사역하는 디모데와 그레데(Crete)에서 사역하는 디도에게 하나님의 말씀을 굳게 붙잡고 가르치라고 격려하며, 교회를 어렵게 하는 자들을 어떻게 대해야 하는지에 대한 도덕적 권면과 지침을 준다(Wall & Steele).

'목회 서신'이라는 용어는 독일 학자 베르도트(D. N. Berdot)가 1703년에 처음 사용한 이후 디모데전서와 디모데후서 그리고 디도서를 칭하는 호칭이 되었다(Guthrie). 정경 순서에 따르면 디도서 다음 빌레몬서가 이어지는데, 빌레몬서도 목회 서신처럼 사도가 한 개인에게 보낸 서신이다(몬 1:1). 그러나 동시에 그의 집에서 모이는 골로새 교회에 보내는 서신이기도 하다(몬 1:2). 또한 빌레몬은 목회자가 아니라 골로새 교회의 평신도 지도자였으며, 그에게서 도망한 노예 오네시모를 관대하게 받아 줄 것을 부탁하는 서신이다(cf. 몬 1:10-18). 이 같은 이유로 빌레몬서는 '목회 서신'에 포함되지 않는다.

어떻게 생각하느냐에 따라 '목회 서신'은 세 편지(디모데전서, 디모데후서, 디도서)를 분류하는 호칭으로 적합하지 않을 수도 있다. 디모데와 디도는 바울의 지시에 따라 에베소와 그레데에 한동안 머물며 이 교회들이 직면한 교리적인 문제를 해결하고 나면 장로들을 세우고 떠날 것이다. 디모데와 디도가 하는 일은 원래 각 교회의 장로들이 해야 할 일이기 때문이다(cf. 행 20:28). 그러므로 바울은 '내가 이를 때까지' 디모데에게 에베소 교회에 머물며 가르치라 한다(딤전 4:13).

이 두 사역자는 한 교회에 오래 머물며 사역하는 오늘날의 목회자들과 사뭇 다른 역할을 하며, 교리적인 오류를 바로잡기 위해 사도로부터 더 큰 권위를 받았다. 그러므로 학자 중에는 '목회 서신'보다는 '멘토링 서신'(Mentoring Epistles) 혹은 '바울을 대표하는 자들에게 보낸 서신'(Letters to Paul's Delegates)이라는 호칭을 선호하는 이도 많다(Johnson, Köstenberger, Liefeld, Wright & Bird). 그러나 이 서신들은 시니어 사역자인 바울이 주니어 사역자인 디모데와 디도에게 목회적인 이슈와 은사, 목회자의 자질 등에 관해서도 권면하는 만큼 '목회 서신'이라는 호칭도 괜찮다.

디모데와 디도

바울은 2차 선교 여행 중 루스드라에서 디모데를 처음 만났다(행 16:1). '디모데'(Τιμόθεος, Timothy)는 '하나님을 공경하다'라는 의미를 지닌 좋은 이름이다. 디모데의 어머니는 유니게(Eunice), 할머니는 로이스(Lois)인데 두 사람 모두 유대인 그리스도인이었다. 바울은 디모데가 경건한 할머니와 경건한 어머니에게서 믿음을 이어받았다고 한다(딤후 1:5). 디모데의 아버지에 관한 언급이 어디에도 없는 것으로 보아 바울이 디모데를 만났을 때 그의 헬라인 아버지는 이미 죽은 것으로 보인다.

바울은 디모데를 곧바로 선교 팀에 합류시켰다. 바울은 디모데가 주변 그리스도인들에게 칭찬받는 것도 좋게 여겼지만, 어렸을 때부터 성경 교육을 받은 일(딤후 3:15)을 가장 귀하게 여겼을 것이다. 구약에 대해 별로 아는 바가 없고, 말씀이 적힌 책(두루마리)을 구하는 일이 참으로 어려운 상황에서 디모데처럼 어릴 때부터 성경 교육을 받은 일꾼은 이방인 교회가 하나님을 알아 가는 데 참으로 큰 도움이 될 것이기 때문이다.

하지만 디모데를 데리고 선교를 떠나려는데 한 가지 문제가 생겼다. 디모데는 유대인 어머니와 헬라인 아버지 사이에 태어났는데, 이때까지 할례를 받지 않았다. 유대교에서는 유대인이 이방인과 결혼하는 것을 금했다. 그럼에도 불구하고 이런 결혼이 실현되면 자녀들을 반드시 유대인으로 키워야 한다며, 어머니가 유대인이면 자녀도 유대인이라고 했다. 그런 상황에서도 디모데가 할례를 받지 않은 것은 그에 대한 법적인 권리를 지닌 헬라인 아버지가 반대했기 때문일 것이다. 다행인 것은 디모데는 어릴 때부터 회당에 출입하며 유대인 아이들처럼 성경 교육을 받았다는 사실이다(딤후 3:15).

당시 유대인들은 어머니가 유대인인데 아이가 할례를 받지 않으면 언약을 배신한 변절자로 간주해 상종하지 않으려 했다. 따라서 디모데가 이방인뿐 아니라 유대인을 상대로 선교하고자 한다면, 반드시 할례를 받아야 했다. 할례를 받지 않으면 유대인들이 디모데에게 마음 문을 닫고 말할 기회조차 주지 않을 것이기 때문이었다. 그러므로 디모데는 교회 구성원을 위해서는 할례를 받을 필요가 없지만, 사역을 위해서는 할례를 받아야 했다.

만일 디모데의 어머니도 이방인이었다면 할례가 필요 없으며, 바울도 굳이 디모데에게 할례받게 하지 않았을 것이다. 이방인 사역자가 할 수 있는 사역에 할례는 어떤 영향도 미치지 않기 때문이다. 그래서 바울은 순수 이방인인 디도에게는 할례를 받게 하지 않았다(갈 2:3-5; cf. 고전 7:17-24). 반면에 반(半)유대인인 디모데는 할례를 받지 않으면 할 수 있는 사역이 제한될 수밖에 없다. 가는 곳마다 그가 반(半)유대인이면서도 할례받지 않은 것이 논쟁거리가 되고 갈등을 초래할 것이기 때문이다.

디모데는 바울의 영적 아들이자 신실한 동역자였다(cf. 고전 4:17; 빌 2:20, 22; 딤전 1:2; 딤후 1:2). 평생 바울과 긴밀하게 사역하고(행 18:5; 19:22; 고전 4:17; 16:10-11), 그를 대신해 여러 가지 임무를 수행했다(cf. 살전 3:1-6). 디모데는 바울 서신에서 공동 저자로 여러 차례 언급된다(고후 1:1; 빌 1:1; 골 1:1; 살전 1:1; 살후 1:1). 신약은 디모데의 이름을 매우 자주 언급하며 바울 서신 중 그의 이름을 언급하지 않는 책은 갈라디아서, 에베소서, 디도서 등 세 권에 불과하다. 목회 서신에도 디모데의 이름이 네 차례나 언급된다(딤전 1:2, 18; 6:20; 딤후 1:2). 목회 서신을 제외한 나머지 바울 서신에서 디모데를 언급한 부분을 시대 순으로 나열하면 다음과 같다(Yarbrough).

살전 1:1 (주후 50-51년)	바울과 실루아노와 디모데는 하나님 아버지와 주 예수 그리스도 안에 있는 데살로니가인의 교회에 편지하노니 은혜와 평강이 너희에게 있을지어다
살전 3:2	우리 형제 곧 그리스도의 복음을 전하는 하나님의 일꾼인 디모데를 보내노니 이는 너희를 굳건하게 하고 너희 믿음에 대하여 위로함으로
살전 3:6	지금은 디모데가 너희에게로부터 와서 너희 믿음과 사랑의 기쁜 소식을 우리에게 전하고 또 너희가 항상 우리를 잘 생각하여 우리가 너희를 간절히 보고자 함과 같이 너희도 우리를 간절히 보고자 한다 하니
살후 1:1 (주후 51-52년)	바울과 실루아노와 디모데는 하나님 우리 아버지와 주 예수 그리스도 안에 있는 데살로니가인의 교회에 편지하노니
고전 4:17 (주후 55년)	이로 말미암아 내가 주 안에서 내 사랑하고 신실한 아들 디모데를 너희에게 보내었으니 그가 너희로 하여금 그리스도 예수 안에서 나의 행사 곧 내가 각처 각 교회에서 가르치는 것을 생각나게 하리라
고전 16:10	디모데가 이르거든 너희는 조심하여 그로 두려움이 없이 너희 가운데 있게 하라 이는 그도 나와 같이 주의 일을 힘쓰는 자임이니라
고후 1:1 (주후 56년)	하나님의 뜻으로 말미암아 그리스도 예수의 사도 된 바울과 형제 디모데는 고린도에 있는 하나님의 교회와 또 온 아가야에 있는 모든 성도에게
고후 1:19	우리 곧 나와 실루아노와 디모데로 말미암아 너희 가운데 전파된 하나님의 아들 예수 그리스도는 예 하고 아니라 함이 되지 아니하셨으니 그에게는 예만 되었느니라
롬 16:21 (주후 56-57년)	나의 동역자 디모데와 나의 친척 누기오와 야손과 소시바더가 너희에게 문안하느니라
빌 1:1 (주후 61-62년)	그리스도 예수의 종 바울과 디모데는 그리스도 예수 안에서 빌립보에 사는 모든 성도와 또한 감독들과 집사들에게 편지하노니
빌 2:19	내가 디모데를 속히 너희에게 보내기를 주 안에서 바람은 너희의 사정을 앎으로 안위를 받으려 함이니

빌 2:22	디모데의 연단을 너희가 아나니 자식이 아버지에게 함같이 나와 함께 복음을 위하여 수고하였느니라
골 1:1 (주후 61-62년)	하나님의 뜻으로 말미암아 그리스도 예수의 사도 된 바울과 형제 디모데는
몬 1:1 (주후 61-62년)	그리스도 예수를 위하여 갇힌 자 된 바울과 및 형제 디모데는 우리의 사랑을 받는 자요 동역자인 빌레몬과

'디도'(Τίτος, Titus)가 바울과 함께 사역하기 시작한 것은 갈라디아서가 저작된 주후 48년 이전이다(Yarbrough, cf. 갈 2:1). 바울과 바나바는 디도를 데리고 주후 47년쯤에 예루살렘 교회의 사도들을 만나러 올라갔다(Yarbrough, cf. 갈 2:1-3). 이방인이었던 디도는 기독교로 개종할 때 할례를 강요받지 않았는데, 이는 바울이 전파한 복음의 본질을 보여 주는 역할을 했다(갈 2:3-5).

사도행전은 디도를 언급하지 않지만, 바울 서신에서는 그를 13차례나 언급한다. 이 중 두 차례는 목회 서신에서(딤후 4:10; 딛 1:4), 두 차례는 갈라디아서에서(갈 2:1, 3) 언급되며, 나머지는 모두 고린도후서에서 언급된다(고후 2:13; 7:6, 13, 14; 8:6, 16, 23; 12:18[2x]). 디도가 바울과 고린도 교회 사이의 서신 왕래에 관여했을 뿐 아니라 그들에게 바울을 대변하는 중요한 역할을 했기 때문이다.

그는 목회 서신이 쓰인 시점(주후 60년대 중반)에도 바울과 함께 사역했다. 디도는 바울과 최소 20년간 함께 사역한 신실한 동역자였으며, 바울이 언제든 어려운 현장에 투입할 수 있는 베테랑 사역자였다(Liefeld). 바울이 디도에게 보낸 편지(디도서)를 보면, 사도가 그를 그레데에 남겨 두었을 때도 매우 어려운 임무를 주었음이 분명하다.

목회 서신에 묘사된 기간 동안 바울은 디도에게 니고볼리(Nicopolis, 마케도니아의 서쪽에 있는 이오니아해의 해안 도시)에 있는 자신을 방문해 달라고 요청했다(딛 3:12). 사도가 순교하기 전 마지막으로 보낸 서신(디모데후서)에서 디도는 달마디아(Dalmatia, 아드리아해의 동쪽 해안에 있으며, 오늘날의 크로아티아에 속함)로 가는 중이었는데, 아마도 바울이 그에게 다른 임무를 맡겼기 때문이었을 것이다(딤후 4:10). 목회 서신을 제외한 나머지 바울 서신에서 디도를 언급한 부분을 시대 순으로 나열하면 다음과 같다.

갈 2:1 (주후 48년)	십사 년 후에 내가 바나바와 함께 디도를 데리고 다시 예루살렘에 올라갔나니
갈 2:3	그러나 나와 함께 있는 헬라인 디도까지도 억지로 할례를 받게 하지 아니하였으니
고후 2:13 (주후 56년)	내가 내 형제 디도를 만나지 못하므로 내 심령이 편하지 못하여 그들을 작별하고 마게도냐로 갔노라
고후 7:6	그러나 낙심한 자들을 위로하시는 하나님이 디도가 옴으로 우리를 위로하셨으니
고후 7:13	이로 말미암아 우리가 위로를 받았고 우리의 받은 위로 위에 디도의 기쁨으로 우리가 더욱 많이 기뻐함은 그의 마음이 너희 무리로 말미암아 안심함을 얻었음이라
고후 7:14	내가 그에게 너희를 위하여 자랑한 것이 있더라도 부끄럽지 아니하니 우리가 너희에게 이른 말이 다 참된 것 같이 디도 앞에서 우리가 자랑한 것도 참되게 되었도다
고후 8:6	그러므로 우리가 디도를 권하여 그가 이미 너희 가운데서 시작하였은즉 이 은혜를 그대로 성취하게 하라 하였노라
고후 8:16	너희를 위하여 같은 간절함을 디도의 마음에도 주시는 하나님께 감사하노니
고후 8:23	디도로 말하면 나의 동료요 너희를 위한 나의 동역자요 우리 형제들로 말하면 여러 교회의 사자들이요 그리스도의 영광이니라
고후 12:18	내가 디도를 권하고 함께 한 형제를 보내었으니 디도가 너희의 이득을 취하더냐 우리가 동일한 성령으로 행하지 아니하더냐 동일한 보조로 하지 아니하더냐

에베소와 그레데

'에베소'(Ἔφεσος, Ephesus)는 소아시아의 서쪽 해변에 캐이스터강(Cayster

River)과 바다가 만나는 곳에 있었다. 에베소는 중요한 상업 도시였으며, 자치적인 통치권을 지닌 자유 도시로 아시아와 그리스-로마를 잇는 역할을 했다. 로마 제국의 아시아주(州) 수도는 버가모였지만, 모든 행정적 기반은 에베소에 있었다. 당시 도시의 인구는 25만 명 정도로 추산되며, 상당히 많은 유대인이 이곳에 살았다.

에베소는 달(moon)과 사냥의 여신이자 유방을 여러 개 지닌 다산의 여신 아르테미스(Artemis, 로마 사람들은 Diana라고 부름)를 도시의 수호신으로 숭배했다. 에베소의 아르테미스 사당(Artemis Shrine)은 아덴(아테네)에 있는 파르테논(Parthenon) 신전보다 네 배나 더 컸으며(Longenecker), 고대 7대 불가사의 중 하나다. 아르테미스 숭배자들은 매우 적극적으로 자기 종교를 전파한 것으로도 유명하다.

항구 도시 에베소에는 매년 내륙에서 해안으로 많은 양의 토사가 흘러내렸다. 따라서 항구를 유지하려면 지속적으로 준설 작업을 해야 했다. 훗날 에베소의 명성이 사라지면서 준설 작업도 중단되었고, 현재는 해안선이 내륙으로 12km 들어와 있다. 에베소는 오늘날에도 튀르키예의 가장 대표적인 유적지로 손꼽히며 유물이 잘 보존되어 있다.

바울은 고린도에서 만난 브리스길라와 아굴라를 한동안 에베소에 머물게 하고, 자신은 안디옥 교회로 돌아갔다(cf. 행 18:2, 18-22). 아굴라 부부는 그들의 본 거주지인 로마로 돌아가기 전에(cf. 롬 16:3-4) 에베소에서 4-5년간 머물며 회당에서 전도해 교회를 세웠다(cf. 행 18:26; 고전 16:19).

바울은 1년 후 에베소로 와서 3년 동안 매일 두란노 서원에서 가르치며 많은 복음의 열매를 맺었다(cf. 행 19:1-22). 그러나 우상들을 만들어 팔던 은장색(silversmith) 데메드리오가 주도한 폭동으로 인해 급히 도시를 떠나야 했다(19:23-41). 이때 브리스길라와 아굴라 부부가 자신들의 생명을 걸고 사도를 구조해 피신시켰다(롬 16:3-4).

그레데는 그리스의 섬 중 가장 큰 섬으로 동서로 250km, 남북으로

60km, 면적은 3,000km²에 이른다(ABD). 그레데섬의 삼면은 지중해를 접하고 있으며, 북쪽으로는 에게해가 있다. 이 같은 지리적 위치로 인해 고대부터 다문화 특성을 지녔다. 또 이곳은 고대 미노아 문명의 본거지이며, 그리스 신화는 그레데섬을 미노스왕, 다이달로스가 건설한 미로, 미궁에 살았던 무시무시한 미노타우로스, 그리고 그것을 죽인 테세우스와 연관시켰다.

그레데는 구약에서 '갑돌'(כַּפְתּוֹר, Caphtor)로 불린다(신 2:23; 렘 47:4). 아모스 9:7은 갑돌(그레데)을 블레셋 사람들의 기원이라고 한다. 주전 1세기 로마에 정복되어 제국의 일부가 되었다. 오늘날 이 섬의 인구는 60만 명 정도다(Yarbrough).

다문화적인 섬 그레데에는 상당한 규모의 유대인 공동체가 있었다. 오순절 날 그레데에서 온 유대인들도 예루살렘을 방문한 순례자 중에 있었으며, 그들은 자신의 방언으로 복음의 메시지를 들었다(행 2:11). 만일 이 유대인 순례자들이 고향으로 돌아가 기독교 공동체를 시작했다면, 그레데에는 주후 30년대에 교회가 세워졌다(Schnabel). 바울이 로마로 이송되던 중 그를 태운 배가 그레데를 지나다가 풍랑을 만나 좌초되었다(cf. 행 27장).

목회 서신과 사도행전

목회 서신을 바울의 삶과 연결하는 것은 매우 어려운 이슈다. 사도행전에 기록된 바울의 행보와 직접적인 연관이 없어 보이기 때문이다. 그러므로 목회 서신은 사도행전이 기록하는 사도의 이야기와 연관이 없다며 바울의 저작권을 부인하는 이들도 있다(cf. Padilla).

그러나 사도행전은 바울의 전기(biography)가 아니다. 사도행전의 저자인 누가는 바울의 삶에 대해 어느 정도는 기록하고 있지만, 모든 것을 기록한 것은 아니다. 그는 그리스도의 복음이 어떻게 제국의 수도인 로마까지 가게 되었는지를 회고하는 목적으로 사도행전을 저작했다.

이런 사실은 세 가지를 통해 알 수 있다. 첫째, 사도행전은 바울의 이야기로 시작하지 않으며, 바울은 9장이 되어서야 등장한다. 둘째, 누가가 바울의 선교 팀에 합류한 것은 복음을 유럽에 전파하기 위해 드로아에서 마케도니아로 건너가는 배를 타는 시점이었다(행 16:10). 이는 바울의 2차 선교 여행 중 있었던 일이다. 그러나 누가는 선교 팀의 유럽 선교 첫 목적지인 빌립보에서 바울과 작별하고 도시에 남아 새로 시작된 교회를 보살폈다. 그러므로 누가는 바울이 빌립보를 떠났을 때부터 선교 팀이 다시 빌립보를 방문했을 때까지 8년간 바울과 떨어져 사역했다(cf. 행 17:1-20:5).

셋째, 바울이 재판을 받기 위해 로마에 온 일을 기록하는 사도행전 28장은 재판 결과에 관해 어떤 말도 하지 않는다. 바울을 통해 그리스도의 복음이 제국의 수도인 로마에 도착했고, 앞으로 로마 제국의 '땅끝'까지 전파될 일만 남았다는 것을 암시하기 위해서다. 그러므로 사도행전에서 바울의 모든 행보를 찾으려 하는 것은 어리석은 짓이다.

그렇다고 해서 사도행전에 기록된 바울의 이야기와 목회 서신이 전혀 연관성이 없는 것은 아니다. 보수적인 학자들은 대부분 목회 서신의 저작 시기를 바울의 로마 감금 생활과 연결 짓는다. 바울은 주후 60년에 로마에 도착해 2년 동안 가택 연금 상태로 재판을 기다렸다. 그러다가 2년 후인 주후 62년에 감금에서 풀려나 자유인이 되었다. 하지만 2년 후인 주후 64년경에 다시 감금되었다가 주후 66/67년경에 네로 황제(Emperor Nero)로부터 사형 선고를 받고 순교했다.

누가는 바울이 로마에서 두 차례 감금되었다는 말을 하지 않는다. 이미 언급한 것처럼 그는 사도의 행보에 관해 모든 것을 기록한 것은 아니었으며, 그의 근본적인 관심은 복음의 이동 경로에 있다. 그러므로 그가 바울의 두 차례 감금과 순교에 대해 침묵하는 것은 놀랄 만한 일이 아니다. 또 초대교회 교부들도 바울이 로마 감옥에서 2년간 감옥 생활을 한 끝에 풀려났다가 2년 후 다시 감금되었다고 증언한다. 심지어 클레멘트(Clement)는 바울이 감옥에서 풀려난 후 서쪽의 끝, 곧 스페인에 가서 선교했다고 한다(cf. Beale & Gladd, Yarbrough).

그가 로마에서 두 차례 감금되었고, 그 사이 2년 동안 자유인이 되어 선교 활동을 한 것은 거의 확실하다. 그러므로 일부 학자는 이때 있었던 선교 활동을 '바울의 4차 선교 여행'이라고 하기도 한다. 어떤 이들은 이 시기에 바울이 스페인에서 선교했다고 하기도 하고(Beale & Gladd), 스페인으로 가려다가 그레데와 에베소 교회에 문제가 있다는 소식을 듣고 스페인 선교를 포기하고 디도와 디모데를 데리고 제국의 동쪽으로 향했다고 하기도 한다(Wright & Bird). 바울이 실제로 스페인에서 선교했는지는 알 수 없지만, 스페인 선교는 그가 간절히 염원하던 일이다(cf. 롬 15:23-24).

바울은 그레데 교회 상황이 진정될 때까지 디도를 그곳에 남겨 두고 디모데와 함께 에베소로 향했다(Lea & Griffin, cf. 딛 1:5). 그런 다음 에베소에 디모데를 남겨 두고 마케도니아 교회를 순방했다(딤전 1:3). 그는 마케도니아에 머무는 동안 목회 서신 중 디모데전서와 디도서를 보냈다(Köstenberger, Liefeld, Yarbrough). 이후 다시 체포되어 로마로 돌아가 재판을 받았다(Fee, cf. 딤후 4:16-18).

오네시보로가 감금되어 있는 사도를 각별히 보살폈다(딤후 1:16-18). 자신의 순교가 임박했다는 생각에 바울은 디모데를 대신하도록 두기고를 에베소로 보냈다(딤후 4:12). 바울은 두기고의 손에 디모데후서를 들려 보내면서 '사랑하는 아들 디모데'에게 겨울이면 에베소에서 로마로 향하는 뱃길이 끊기니, 뱃길이 끊기기 전에 속히 오라고 당부했다(Kümmel, Wright, cf. 딤후 4:21). 사도는 디모데후서를 보내고 얼마 지나지 않아 로마에서 순교했다(Wright & Bird). 디모데후서는 바울의 마지막 서신이다.

저자와 저작 시기

기독교는 처음 1,800년 동안 목회 서신의 저작권에 대해 어떤 문제도 제기하지 않았다. 초대교회 교부들이 바울의 저작권을 기정 사실로 간주했기 때문이다. 이와 대조적으로 지난 200년 동안에는 목회 서신의 저자가 누구인지를 두고 신약 학자들 사이에 치열한 논쟁이 있었다(cf. Carson & Moo, Dunn, Guthrie, Johnson, Kümmel, Schnabel, Yarbrough). 바울이 목회 서신의 저자가 아니라고 주장하는 학자들이 제시하는 증거들을 살펴보면 다음과 같다.

첫째, 목회 서신에서 사용된 언어와 스타일이 다른 바울 서신과 매우 다르다. 목회 서신에는 신약에서 단 한 차례 사용되는 단어(hapax legomenon)가 176개나 되며, 130개는 바울 서신에 사용되지 않는다(E. Harrison, P. Harrison, cf. Guthrie). 또한 이 단어 중 상당수가 1세기 기독교에서는 사용되지 않고 2세기 들어 사용된 단어라 한다(P. Harrison, Koester, cf. Marshall).

언어와 스타일을 근거로 한 문제 제기는 바울의 저작권을 부인하는 사람들이 제시하는 증거 중 가장 중요하다. 그러나 생각해 보면 별 문제가 되지 않는다. 먼저, 목회 서신이 사용하는 독특한 단어의 상당수가 2세기 기독교에서 사용된 것이라는 주장은 별 설득력을 얻지 못했다. 목회 서신에 사용된 스타일과 독특한 단어들(hapax legomenon)은 바울이 고린도전서를 보낼 때 이미 일반 문헌에서 자주 사용되었던 것이다(Kelly, Walton). 또 목회 서신은 독특한 스타일과 단어들을 논하기에는 분량이 너무 짧다(Metzger, Schnabel). 데이터가 충분하지 않으므로 '이것이 목회 서신의 스타일이고 주로 사용하는 단어들이다'라고 하기 불가능하다는 것이다.

사용하는 단어와 스타일은 정황과 주제에 따라 큰 차이를 보일 수 있다(Beale & Gladd). 목회 서신은 다른 서신들처럼 바울이 교회에 보낸 공식적인 편지가 아니다. 디모데와 디도에게 보내는 사적인 편지이며, 또 시니어 사역자가 주니어 사역자들에게 주는 조언으로 가득하다 (Prior, Schnabel). 그러므로 개인에게 보낸 사적인 편지인 목회 서신과 교회에 보낸 공식적인 편지는 사용하는 단어나 스타일에서 현저한 차이를 보일 수밖에 없다(Marshall, Mounce, Porter, Towner).

게다가 바울은 교회에 서신을 보낼 때 대필자를 여럿 고용했다(cf. 롬 16:22; 고전 16:21; 갈 6:11; 골 4:18; 살후 3:17). 만일 이 대필자들이 바울이 불러 준 내용을 그대로 받아쓴 것이 아니라, 알려 준 내용을 자신의 언어로 표현한 후 사도의 인준을 받아 보냈다면(Kelly), 스타일과 사용된 단어들은 저작권을 논할 때 이슈가 될 수 없다(Prior).

둘째, 목회 서신에 반영된 바울의 이동 경로가 비현실적이다 (Campbell, cf. Johnson). 로마 감옥에서 풀려난 후 바울은 2년 정도 자유를 누렸다. 이때 그가 스페인(서바나)으로 선교하러 갔다가 아시아로 넘어가 그곳 교회를 방문하고, 마케도니아를 거쳐 로마로 돌아왔다는 것이 비현실적이라는 것이다.

바울이 로마 감옥에서 풀려나자마자 곧바로 스페인으로 선교 여행을 떠났다가 스페인을 떠나 그레데를 거쳐 아시아로 가서 교회들을 방문했는지, 혹은 로마에서 곧바로 그레데를 거쳐 아시아로 갔는지는 정확히 알 수 없다. 목회 서신은 사도의 행보에 관해 자세한 정보를 제공하지 않기 때문이다. 그러나 초대교회 교부 클레멘트(Clement)가 사도가 스페인으로 가서 선교했다는 기록을 남긴 것을 고려하면 충분히 가능하고 어떤 문제도 없는 여정이다(Ellis, Murphy-O'Connor, Schnabel, Schreiner, Köstenberger, Lea & Griffin, Simpson). 그러므로 목회 서신에 반영된 바울의 이동 경로는 '비현실적'인 것이 아니라 '많이 요약된' 경로라고 하는 것이 더 정확하다.

바울은 1차 로마 감금 생활(주후 60-62년, cf. 행 28:17-28)과 2차 감금 생활(주후 65-66년) 사이에 누렸던 2년의 자유 시간을 선교지와 교회를

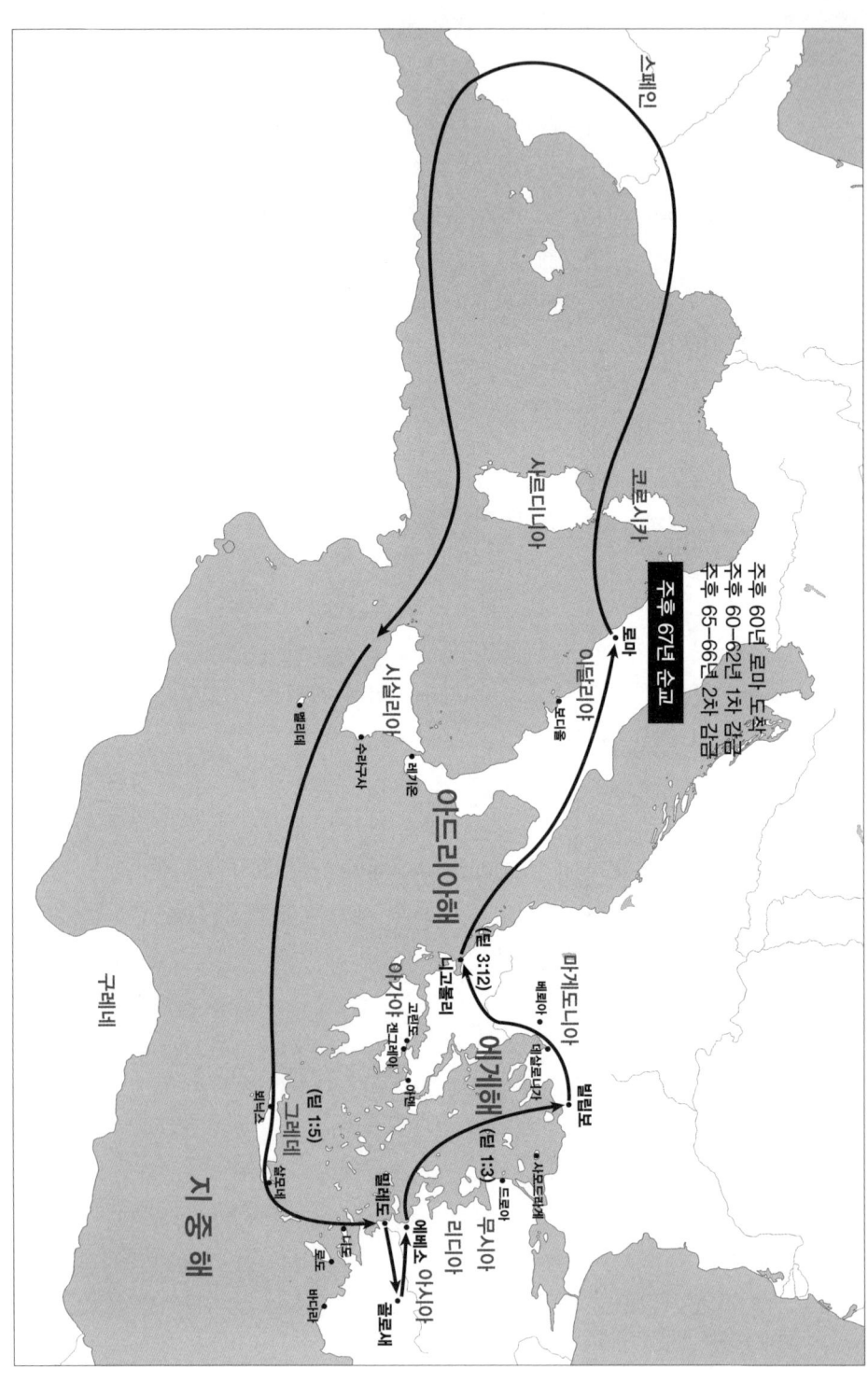

방문하는 데 활용했다(다음 지도를 참조하라). 만일 스페인 선교를 했다면 지도가 표기하는 대로 따라가면 되고, 만일 스페인을 방문하지 않았다고 생각하면 로마에서 곧바로 그레데로 가서 그곳에서 교회 순방을 시작했다고 생각하면 된다. 그는 그레데와 에베소에 디도와 디모데를 남겨 두고 마케도니아 교회를 방문하던 중 주후 63-64년쯤에 디모데전서와 디도서를 보냈다(Wright & Bird). 이후 로마 감옥에 재수감되어(주후 65-66년) 순교하기(주후 67년) 직전인 주후 66년쯤에 디모데후서를 보냈다(Köstenberger, Schreiner). 일부 학자는 지도에 표기된 여정을 '바울의 4차 선교 여행'이라 부른다.

셋째, 목회 서신의 신학적 주제와 가르침이 바울 서신과 잘 어울리지 않는다(P. Harrison). 목회 서신의 메시지는 유대교와 기독교를 영지주의적(Gnostic) 방향으로 끌고 가려는 자들을 반박한다(Campbell). 그러므로 이 서신들은 바울 시대가 아니라, 영지주의(Gnosticism)가 시작된 2세기에 저작된 것이라는 주장이다. 심지어 2세기 교부인 서머나의 폴리캅(Polycarp of Smyrna, 69-135년)이 목회 서신의 저자라고 주장하는 이들도 있다(Koester).

거의 모든 학자는 영지주의가 2세기 중반이나 후반에 시작되었다고 한다(cf. Beale & Gladd, Cason & Moo, Dunn, Fee, Johnson, Köstenberger, Lea & Griffin, Liefeld, Padilla, Prior, Schnabel, Yarbrough, Wright & Bird). 그러므로 목회 서신이 영지주의에 대해 알거나 기독교를 영지주의화하려는 자들에 대한 반박이라는 주장은 시대착오적이다. 또 목회 서신은 영지주의를 정의하거나 체계화된 영지주의에 관해 말하지 않는다. 그레데와 에베소에 있는 교회들을 이단적인 교리로 현혹하는 자들에게 경고하고 반박할 뿐이다.

넷째, 목회 서신에 반영된 교회의 행정 체계는 바울 시대의 것으로 간주하기에는 너무나도 잘 제도화되어 있다(Hanson, Kümmel, cf. Dunn). 교회가 이 같은 체계를 갖추려면 많은 시간이 필요하다. 그러므로 목회 서신은 2세기에 저작된 것이라는 주장이다.

교회가 체계화된 것에 대해 우리가 기억해야 할 것은 두 가지다. 첫째, 기독교는 처음부터 유대교의 조직과 제도를 어느 정도(예를 들면, 장로직) 답습했다는 사실이다. 기독교의 시작이 유대교에서 비롯되었기 때문이다. 그러므로 유대교의 어떤 조직이나 제도가 성경에 위배되지 않는다면 별 문제 없이 그대로 도입했을 것이다. 둘째, 사도들은 교회를 개척한 순간부터 장로 등의 직분자를 세웠다(cf. 행 14:23; 20:17; 빌 1:1; 살전 5:12). 기독교는 처음부터 체계화되기 시작한 것이다. 이러한 점들을 고려하면 2세기에 들어서야 비로소 목회 서신이 반영하는 체계화가 이루어졌다고 하는 주장은 전혀 설득력이 없다. 게다가 이 이슈에서 가장 논쟁이 되는 '감독'(ἐπίσκοπος)과 '장로'(πρεσβύτερος)를 목회 서신은 같은 직분이라 한다(Cason & Moo, Lea & Griffin, Witherington, Yarbrough, cf. 딛 1:5, 7; 행 20:17, 28).

다섯째, 목회 서신에서 바울은 이상적인 회심자(ideal convert)로 묘사되고 있다(Aageson, cf. Macdonald). 과거에 그는 비방자였고, 교회를 핍박하는 자였다(딤전 1:12-17; cf. 행 8:3; 9:1; 고전 15:9). 하나님은 회심한 바울을 설교자와 사도로 세우셨다(딤전 1:11; 2:7; 딤후 1:11; cf. 행 9:15; 갈 1:1). 그는 하나님이 주신 소명에 따라 복음을 전파하다가 많은 고난을 당했다(딤후 1:12; 3:10-11; cf. 행 13-14). 이처럼 바울을 이상적인 회심자로 묘사하는 목회 서신은 누군가가 그를 기념하기 위해 쓴 것이라는 주장이다(Koester).

바울이 비방자였고 교회를 핍박하는 자였다는 사실과 그가 하나님께 복음을 전파하는 사도로 세움을 받았다는 것, 그리고 복음을 전파하다가 많은 고난을 당했다는 것은 사도행전과 바울 서신 여러 곳에 기록되어 있다. 이런 내용을 목회 서신에서 한 번 더 회고한다고 해서 그가 저자가 아니라는 주장은 전혀 설득력이 없다. 순교하기 전 마지막 순간을 살고 있는 바울이 자기 삶을 되돌아보며 하나님의 은혜를 회고하고 기념하는 것일 뿐이다.

바울의 저작권을 부인하는 이들의 견해는 두 가지로 나뉜다. 첫째, 목회 서신은 누군가가 바울의 이름을 사칭해 쓴 위경(Pseudepigrapha)이라는 견해다(Hanson, Hagner, P. Harrison, Dibelius & Conzelmann, Barrett, Hanson, Schnelle). 이들은 목회 서신과 베드로후서가 1세기 말에서 2세기 중반 사이에 쓰였다고 주장한다. 신약 위경으로는 도마복음(Gospel of Thomas), 고린도 3서(3 Corinthians) 등 상당수의 책이 있다. 목회 서신도 이 위경들과 다를 바가 없다고 한다. 그들은 당시 많은 작품이 전(前) 세대 유명인들의 이름으로 저작된 것을 근거로 이러한 주장을 펼친다(cf. Wright & Bird). 또 유대교에서도 이 같은 저작 방식을 따랐던 것을 보면 기독교라고 예외로 취급할 필요는 없다고 한다(cf. Dunn).

그러나 초대교회와 교부들은 어떤 작품을 작품이 언급하는 저자가 아닌 다른 사람이 썼다는 것에 대해 매우 부정적인 입장을 고수했다(Lea, Guthrie, Liefeld, Padilla). 그러므로 위경들을 정경으로 인정하지 않았으며, 별로 인용하지도 않았다(Beale & Gladd, Schreiner, Towner, Wright & Bird). 반면에 교부들은 목회 서신의 저자가 바울이라고 확신했기에 이를 인용하고 가르쳤다(Porter). 그러므로 당시 위경에 대한 교회와 교부들의 부정적인 정서를 고려하면 이 학자들의 주장은 별 설득력이 없다.

둘째, 목회 서신은 누군가가 바울에게서 유래한 문서들과 전통을 바탕으로 확대하고 보완한 것이라는 견해다(Harrison, Miller, Scott, Wilson, Wright & Bird). 바울이 저자가 아니라는 주장에서는 목회 서신을 위경으로 보는 자들과 같지만, 반영된 문서와 전통이 바울이라는 점에서는 첫 번째 견해와 다르다. 이런 주장을 펼치는 자 중 일부는 누가가 주후 80-90년대에 목회 서신을 집필했다고 한다(Dunn, Wilson).

이 주장도 뒷받침할 만한 증거가 하나도 없다. 또 오늘날 학자들은 대부분 바울이 목회 서신의 저자냐 아니냐로 나뉘어 있지, 누가 바울에게서 유래한 전통과 문서들을 바탕으로 목회 서신을 작성했느냐 하는 견해에는 별 관심이 없다(Cook, cf. Dunn). 한 가지 흥미로운 사실은 처음에 바울의 저작권을 부인했다가 나중에 이를 인정한 사람의 수가 처음에 바울의 저작권을 인정했다가 나중에 부인한 사람의 수보다 현저히 많다는 점이다(Johnson, Yarbrough).

보수적인 학자들은 대부분 바울이 목회 서신을 대필자들과 함께 저작했다고 한다(Beale & Gladd, Bernard, Carson & Moo, Fee, Guthrie, Johnson, Kelly, Knight, Köstenberger, Liefeld, Lightfoot, Mounce, Moule, Köstenberger, Padilla, Prior, Porter, Schnabel, Schreiner, Towner, Yarbrough). 대필자들과 논하는 주제들이 바울 서신과 목회 서신의 차이에 대해 제기된 문제들을 충분히 설명할 수 있다고 생각하기 때문이다. 또한 바울이 저자임을 전제하는 목회 서신의 증언이 그 어떤 가설이나 추측보다 더 믿을 만하다고 생각한다.

목회 서신의 저자가 누구냐 하는 것은 이렇다 할 증거 없이 바울의 저작권을 부인하는 진보적인 학자들과 기독교 전통과 이 서신들의 자체적 증언을 바탕으로 바울의 저작권을 주장하는 보수적인 학자들을 구분하는 기준처럼 되어 버렸다(Johnson, Yarbrough, cf. Hagner, Long, Saarinen, Twomey). 한 학자는 진보적인 학자들의 바울 저작권 부인은 목회 서신에 나타나는 여성들에 대한 지위와 가르침이 오늘날 정서와 맞지 않는 것에서 비롯되었다고 한다(Yarbrough).

저작 목적

바울은 3차 선교 여행을 마치고 예루살렘으로 돌아가는 길에 밀레도에서 에베소 교회 장로들을 불러 앞으로 교회에 닥칠 일을 경고했다: "내가 떠난 후에 사나운 이리가 여러분에게 들어와서 그 양 떼를 아끼지 아니하며 또한 여러분 중에서도 제자들을 끌어 자기를 따르게 하려고 어그러진 말을 하는 사람들이 일어날 줄을 내가 아노라"(행 20:29-30). 사도가 이같이 경고한 후 불과 10여 년이 지나지 않아 에베소뿐 아니라 여러 교회에 이런 일이 닥쳤다. 바울이 예루살렘 성전에서 유대인들에게 잡혀 가이사랴와 로마에서 옥살이를 한 4-5년 동안 비성경적이고 비기독교적인 가르침으로 성도들을 현혹하는 자들이 곳곳에 나타난 것이다.

바울은 첫 번째 감옥 생활에서 풀려나자마자 곧바로 디도와 디모데를 데리고 교회들을 방문했다. 먼저 그레데로 가서 상황의 심각성을 의식한 뒤 디도를 그곳에 두어 교회를 돌보게 했다. 에베소 교회의 형편도 매우 심각하다고 생각해 디모데를 그곳에 두어 교회를 바른 교리와 전통 위에 세우게 했다.

이후 바울은 마케도니아 교회를 돌아보기 위해 바다를 건넜다. 마케도니아 교회를 돌아보는 동안 에베소에 있는 디모데와 그레데에 있는 디도에게 서신을 보냈다. 시니어 사역자가 주니어 사역자에게 주고자 한 목회적인 충고도 서신을 보낸 이유 중 하나지만, 사역하는 교회에서 그들이 당면하고 있는 이단적인 가르침에 어떻게 대응할 것인지 조언하려는 것이 가장 중요한 목적이다. 바울은 목회 서신을 통해 성경적이고 정통적인 교리에 대해 젊은 사역자들에게 지침과 가르침을 주고자 한다. 그러므로 목회 서신은 지속적으로 바른 교훈(교리)의 중요성을 강조한다. 다음을 참조하라(Yarbrough).

딤전 1:10	바른 교훈(τῇ ὑγιαινούσῃ διδασκαλίᾳ)	
딤전 6:3	경건에 관한 교훈(εὐσέβειαν διδασκαλίᾳ)	
딤후 1:13	바른 말(ὑγιαινόντων λόγων)	
딤후 4:3	바른 교훈(τῆς ὑγιαινούσης διδασκαλίας)	
딛 1:9	바른 교훈(τῇ διδασκαλίᾳ τῇ ὑγιαινούσῃ)	
딛 1:13	믿음을 온전케 하고(ἵνα ὑγιαίνωσιν ἐν τῇ πίστει)	

딛 2:1	바른 교훈(τῇ ὑγιαινούσῃ διδασκαλίᾳ)
딛 2:2	믿음을 온전케(ὑγιαίνοντας τῇ πίστει)
딛 2:8	책망할 것이 없는 바른 말(λόγον ὑγιῆ)

물론 목회 서신은 교회들을 괴롭히는 이단적인 가르침이 어떤 것인지에 대해서는 체계적으로 자세하게 묘사하지 않는다(Mounce, Towner). 이러한 가르침 중에 정통 교리에 위배되는 되는 것들을 지적하며 반박하는 형식을 취하기 때문이다(Köstenberger). 그럼에도 불구하고 목회 서신이 제공하는 정보를 종합해 보면 이 이단적인 가르침에 대해 어느 정도 확신을 가지고 말할 수 있다.

목회 서신이 교회를 위협하는 교리에 대해 전반적으로 평가하는 말은 이러하다: (1)헛된 말(딤전 1:6; 6:20), (2)망령된 말(딤전 6:20), (3)어리석고 무식한 논쟁(딤후 2:23), (4)어리석은 변론(딛 3:9), (5)속이는 것(딤후 3:13; 딛 1:10), (6)다른 교훈, 언쟁, 다툼(딤전 6:3-5; 딤후 2:14-16, 23; 딛 1:10; 3:9), (7)[진리를 잃어버린] 다툼(딤전 6:5; 딤후 3:8; 4:4; 딛 1:14, 19). 바울은 이단의 가르침을 가리켜 한마디로 반박할 가치조차 없는 공허하고 진부한 것이라 한다(Guthrie, Köstenberger, Lea & Griffin).

이단적인 가르침과 가르치는 자들에 대한 더 구체적인 표현은 다음과 같다: (1)양심을 버렸고 그 믿음에 관하여는 파선함(딤전 1:19; cf. 딤전 4:2; 딤후 3:1-9; 딛 1:15-16), (2)미혹하는 영과 귀신의 가르침(딤전 4:1), (3)양심에 화인을 맞아 외식함으로 거짓말하는 자들(딤전 4:2), (3)혼인을 금하고 어떤 음식물은 먹지 말라고 함(딤전 4:3), (4)망령되고 허탄한 신화(딤전 4:7), (5)교만하여 아무것도 알지 못하고 변론과 언쟁을 좋아하며 투기와 분쟁과 비방과 악한 생각이나 함(딤전 6:4), (6)악성 종양이 퍼져 나가는 것과 같음(딤후 2:17), (7)부활이 이미 지나갔다 함으로써 사람들의 믿음을 무너뜨림(딤후 2:18). 이 이단은 실현된 종말론(realized eschatology)을 지나치게 강조하는 면모도 지녔다. 종합해 볼 때

이 이단은 예수 그리스도의 부활을 부인하고, 엄격한 금욕주의를 강요했으며, 주동자는 후메내오와 빌레도였다(cf. 딤후 2:17-18).

이 같은 성향을 지닌 이단들은 누구였을까? 이미 언급한 것처럼 목회 서신은 이단적인 가르침 중에서 정통 교리에 위배되는 되는 것만 지적하며 반박하는 형식을 취하기 때문에 특정한 이들을 특정한 이름과 연관시키기가 쉽지 않다. 학자들은 이들을 헬라적 유대인들(Hellenistic Jews)이라 하고(Westerholm), 영지주의를 유대교와 접목시킨 것(Judaizing Gnosticism)이라 하기도 한다(Goulder). 훗날 영지주의가 될 방향으로 나아가고 있는 유대교의 변형된 형태라고 하는 이들도 있다(Wright & Bird, cf. Knight). 그러나 영지주의는 유대교화된 적이 없다(Dunn).

어떤 이들은 신약에서도 누가복음 일부와 바울 서신 일부만 정경이라고 주장했던 마르키온주의(Marcisionism)라고 하기도 한다. 마르키온주의는 신약의 하나님을 선하고 위대하신 하나님으로, 구약의 하나님을 심판을 즐기는 열등한 하나님으로 구별했다. 또한 마르키온주의는 그리스도를 구세주가 아니라 하나님의 사자(천사)로 보았고, 구약성경 전체를 거부했다. 그러나 목회 서신의 저작 시기에는 마르키온주의가 등장하지 않았다(Kelly, Lightfoot).

이 이단은 아마도 유대인의 전통과 율법에 근거했으며, 할례파와 어느 정도 연관이 있었던 것으로 보인다(Liefeld, cf. 딤전 1:7-9; 딛 1:10, 15; 3:9; cf. 갈 2:12; 엡 2:11; 빌 3:3). 이들은 금욕주의를 지향했으며(cf. 딤전 4:1-5) 유대인들의 신화와 계보에도 관심이 많았다(cf. 딤전 1:3-4; 4:7; 딤후 4:4; 딛 1:14; 3:9). 또한 경제적인 이득을 위해 거짓을 가르쳤으며 수입이 많은 자들과 적은 자들 사이에 다툼이 있었다(cf. 딤전 6:6-10). 고린도 교회(고전 15:12, 34)와 리구스 계곡에 있는 교회들이 겪은 문제들과 비슷하다(Fee, cf. 딤전 4:3; 골 2:8, 16-23). 이 이단은 주로 여성들을 희생제물로 삼았다: "그들 중에 남의 집에 가만히 들어가 어리석은 여자를 유인하는 자들이 있으니 그 여자는 죄를 중히 지고 여러 가지 욕심에 끌린 바 되어 항상 배우나 끝내 진리의 지식에 이를 수 없느니라"(딤후 3:6-7).

개요

디모데전서

Ⅰ. 인사(1:1-2)
Ⅱ. 바울이 디모데에게 위탁한 일(1:3-20)
Ⅲ. 공동체의 삶(2:1-3:16)
Ⅳ. 디모데의 사역(4:1-16)
Ⅴ. 공동체적 원칙(5:1-6:2)
Ⅵ. 거짓 선생들과 욕심(6:3-10)
Ⅶ. 마무리 권면(6:11-21)

디모데후서

Ⅰ. 인사와 감사 기도(1:1-5)
Ⅱ. 복음과 고난(1:6-18)
Ⅲ. 그리스도를 위한 자가 되라는 권면(2:1-26)
Ⅳ. 임박한 고통의 날(3:1-17)
Ⅴ. 마무리 권면과 부탁(4:1-22)

서론

디도서

Ⅰ. 인사(1:1-4)
Ⅱ. 디도의 사역(1:5-9)
Ⅲ. 복음을 방해하는 자들(1:10-16)
Ⅳ. 목회적 권면(2:1-10)
Ⅴ. 목회를 하는 이유(2:11-15)
Ⅵ. 목회자의 사역(3:1-11)
Ⅶ. 부탁과 인사(3:12-15)

엑스포지멘터리
디모데전서
1 Timothy

EXPOSItory comMENTARY

디모데전서

 목회 서신 중 첫 번째 편지인 디모데전서는 로마 감옥에서 풀려난 바울이 마케도니아 교회를 돌아보던 중 에베소에서 사역하는 디모데에게 보낸 서신이다. 바울은 에베소 사람들이 이단적 가르침에 현혹된 것을 보고 이를 수습하도록 디모데를 그곳에 남겨 두었다. 본 서신은 다음과 같이 구분된다.

 A. 인사(1:1-2)
 B. 바울이 디모데에게 위탁한 일(1:3-20)
 C. 공동체의 삶(2:1-3:16)
 D. 디모데의 사역(4:1-16)
 E. 공동체적 원칙(5:1-6:2)
 F. 거짓 선생들과 욕심(6:3-10)
 G. 마무리 권면(6:11-21)

I. 인사
(1:1-2)

¹ 우리 구주 하나님과 우리의 소망이신 그리스도 예수의 명령을 따라 그리스도 예수의 사도 된 바울은 ² 믿음 안에서 참 아들 된 디모데에게 편지하노니 하나님 아버지와 그리스도 예수 우리 주께로부터 은혜와 긍휼과 평강이 네게 있을지어다

바울은 당시의 서신 양식에 따라 먼저 서신을 보내는 자신이 누구인지 밝히고 수신자에게 인사한다(Köstenberger). 하나님의 복을 빌어 주는 등의 요소는 영적인 지식과 예배적 분위기를 위해 당시 서신 양식을 '기독교화'한 것이다(Hagner, Yarbrough, cf. Lea & Griffin).

바울은 하나님과 그리스도의 명령에 따라 사도가 되었다고 한다(1절). 바울이 디모데를 아들로 생각하는 점을 고려할 때 매우 공적인(official) 표현을 사용해 편지를 시작한다. 이 서신은 디모데에게 보내는 사적인 편지이지만 또한 여러 사람, 특히 사역자들에게 공유해도 좋은 문서이기 때문에 사적인 편지에서도 이처럼 공적인 양식을 취한다.

'우리 구주 하나님'(θεοῦ σωτῆρος ἡμῶν)은 구약에서 온 표현이다(Köstenberger, Padilla, cf. 출 15:2; 신 32:15; 삼상 10:19; 시 24:5; 사 17:10). 칠

십인역(LXX)은 이 헬라어 문구를 다섯 차례 그대로 사용한다(Liefeld, cf. 대상 16:35; 시 65:5; 68:19; 79:9; 85:4). 신약에서는 6차례 사용되는데 유다서 1:25을 제외하고는 모두 목회 서신에서 사용된다(cf. 딤전 2:3; 4:10; 딛 1:3; 2:10; 3:4). 목회 서신에서는 예수님도 구주라 한다(Howell, cf. 딤후 2:10; 딛 1:4; 2:13; 3:6; 엡 5:23; 빌 3:20). 이처럼 하나님과 예수님을 교차적으로 '구주'라 하는 것은 그리스도가 하나님과 동등한 신성(divinity)을 가지셨음을 강조한다(Howell).

'우리의 소망이신 그리스도 예수'(Χριστοῦ Ἰησοῦ τῆς ἐλπίδος ἡμῶν)는 하나님이 우리의 유일한 구세주인 것처럼, 예수님은 우리의 유일한 소망이라는 사실을 강조한다(cf. 골 1:27). 사도는 디도에게도 같은 말을 한다(딛 1:2; 2:13; 3:7). 디모데와 디도는 거짓 선생들과 이단들로 인해 지쳐 가고 있다. 지친 사람을 다시 일어서게 하는 것은 소망이다. 그러므로 사도는 디모데와 디도에게 그들의 소망을 그리스도 안에 두라고 한다. 그래야 지쳐 가는 그들이 새 힘을 얻어 사역할 수 있다.

이 소망은 바로 복음은 구원하시는 하나님과 미래에 대해 확신을 주시는 그리스도의 능력으로 전진한다는 확신이다. 이 확신은 사역자들(디모데와 디도)의 현실을 변화시킬 만큼 강하다. 우리 그리스도인에게 역사는 정적이거나 순환적인 것이 아니라 역동적인 하나님의 창조와 구속 사역의 무대이며, 이 무대는 하나님의 계획을 이루기 위해 끊임없이 움직이고 있다(Yarbrough). 우리의 소망은 이 위대한 움직임을 깨닫고 편승하는 것이다.

바울은 하나님과 그리스도 두 분의 명령에 따라 그리스도 예수의 사도가 되었다. '사도'(ἀπόστολος)는 일반적인 의미로 '보내심을 받은 자'라는 뜻을 지니며(BDAG), 이런 의미에서 모든 그리스도인은 사도라 할 수 있다. 그러나 본문에서는 하나님의 부르심(사도직)을 실현할 수 있는 '구체적인 리더십과 임무를 지닌 소수'를 뜻한다(Yarbrough). 신약에서 사도는 부활하신 예수님을 보고(고전 9:1; cf. 행 1:22), 하나님의 택하심을 입어 복음 전파의 사명을 받고(갈 1:1, 15), 표적과 기사와 기적 등을 행할 수 있어야 한다(고후 12:12).

'명령을 따라'(κατ' ἐπιταγὴν) 사도가 되었다는 말은 서신 중에서 이곳이 유일하다(Liefeld). 흔히 바울은 '하나님의 뜻'(하나님으로 말미암아)에 따라 사도가 되었다고 증언한다(cf. 갈 1:1). 명령에 따라 되었다고 하는 것은 바울 스스로 된 것이 아니라, 하나님의 부르심에 따른 것이라는 사실을 강조한다(cf. 행 9:1-31). 그에게는 사도직에 대한 선택의 여지가 없었다. 하나님이 명령하셨고 그는 그 명령에 순종했다.

사도는 믿음 안에서 참 아들 된 디모데에게 편지한다(2a절). '믿음 안에서'(ἐν πίστει)는 바울과 디모데 둘 다 예수 그리스도께 충성하는 일에 있어 같다는 동질감을 강조한다(Johnson). '참'(γνήσιος)은 '진정한, 정당한'(genuine, legitimate)이라는 의미를 지닌다(BDAG). '아들'(τέκνον)은 '아이'(child)라는 의미를 지니지만(cf. ESV, NAS, NRS), 이곳에서는 두 사람의 관계를 표현하기 때문에 '아들'(son)로 해석하는 것이 옳다(cf. 새번역, 공동, NIV, NIRV, KJV).

바울은 약 15년 전 2차 선교 여행 때 디모데의 회심과 세례에 직접 관여했다(Knight, Mounce, Stott, cf. 행 14:6, 21; 16:1-2). 사도는 그를 곧바로 자기 선교 팀에 합류시켜 함께 여행했다(행 16:3-4). 만일 디모데가 20대 중반에 바울의 팀에 합류했다면 지금은 40세 정도 되었고, 바울은 50대 후반 혹은 60대 초반으로 볼 수 있다(Köstenberger). 바울은 디모데에게 참으로 아버지 같은 존재였다. 그러나 사도는 디모데에 대한 존경심을 표하기 위해 '우리 형제 곧 그리스도의 복음을 전하는 하나님의 일꾼인 디모데'라 부르기도 한다(살전 3:2).

사도는 아들 디모데에게 하나님 아버지와 우리 주 그리스도께서 주시는 은혜와 긍휼과 평강을 빌어 준다(2b절). 그리스-로마 시대에는 일상적인 편지를 보낼 때 인사말에 '문안'(χαίρειν)이라는 말을 사용해 안부를 물었다(Stowers, cf. 행 15:23; 23:26; 약 1:1). 이와 대조적으로 바울은 서신에서 복음과 연관해 안부를 묻고자 '문안'(χαίρειν) 대신 '은혜'(χάρις)를 빌어 준다(Schreiner). '평강'(εἰρήνη)은 히브리어로 '샬롬'(שלום)과 같은 말이다(TDNT). 하나님의 보살핌 안에서 사는 사람들의 모든 것이 조화와 균형을 이루어 평안하기를 빌어 주는 인사다. 바울은 이 두 단어(은혜와 평강)를 인사말로 사용해 하나님이 예수 그리스도를 통해 우리에게 주시는 가장 고귀한 선물이 무엇인지 생각하게 한다. 복음은 우리에게 하나님의 은혜와 평강을 안겨 준다.

디모데를 위해서는 특별히 '긍휼'(ἔλεος)도 빌어 준다. 이는 히브리어 '헤세드'(חסד)를 헬라어로 번역한 것으로 '언약적 사랑, 자비' 등을 뜻한다(Dunn, Köstenberger, Liefeld, cf. 출 34:6-7). 디모데가 이단 교리를 퍼트리고 있는 거짓 선생들과 논쟁할 때 가장 필요한 은총이다. 그들을 불쌍히 여겨 자비로운 마음으로 설득해야 하는데, 이 자비는 오직 하나님의 자비를 경험한 사람만이 베풀 수 있다(cf. 『엑스포지멘터리 룻기-에스더』). 그러므로 자비는 디모데가 현재 경험하고 있는 거짓 선생들에게 현혹된 자들의 반발과 저항을 이겨 낼 유일한 방법이다(Lea & Griffin).

인사말에서 은혜와 긍휼과 평강이 함께 쓰이는 곳은 이 본문과 디모데후서 1:2이 유일하다. '은혜'는 하나님의 지속적인 용서와 능력을, '긍휼'(자비)은 하나님의 불쌍히 여기심을, '평강'은 주님 안에 있을 때 누리는 평온과 안정을 뜻한다(Knight). 모두 하나님 아버지와 예수 그리스도만이 주실 수 있는 것이다. 그러므로 이 서신을 여는 인사말은 매우 하나님 중심적(theocentric)이며, 또한 그리스도 중심적(Christocentric)인 비전이다(Yarbrough). 디모데와 에베소 사람들에게 가장 필요한 비전이다.

이 말씀은 우리가 살면서 누구를 의지하고, 누구를 소망해야 하는지 생각하게 한다. 우리는 구세주이신 하나님을 의지해야 하고, 우리의 소망이신 그리스도 예수만 바라보며(소망하며) 살아야 한다. 다른 것은 모두 헛되고 부질없다. 우리 자신을 돌아보자.

우리의 소명은 하나님과 예수 그리스도의 명령에 따라 된 일이다.

그러므로 직분이나 지위에 대해 자랑할 것이 없다. 게다가 직분이나 지위는 섬기는 자리지 다스리는 자리가 아니다. 자랑하려면 우리를 그 자리로 부르신 하나님을 자랑해야 한다.

 세상에서 가장 아름다운 관계는 믿음 안에서 영적 가족이 되는 것이다. 바울과 디모데는 주님 안에서 아버지-아들이 되었다. 우리는 믿음 안에서 누구와 어떤 관계를 형성하고 있는가? 어렵고 힘든 신앙생활에서 영적인 가족은 큰 힘이 되며 꼭 필요하다. 이런 이유로 하나님은 우리를 한 공동체로 묶으셨다.

II. 바울이 디모데에게 위탁한 일
(1:3-20)

본문은 바울이 이단적이고 잘못된 가르침을 바로잡도록 디모데를 에베소 교회에 남겨 두며 부탁한 일들과 바울 자신의 소명을 회고한다. 평생 주님을 위해 헌신하며 온갖 고난을 당하다가 이제 죽음을 앞둔 사역자가 이 일을 위해 자신을 불러 주신 하나님의 은혜에 감사한다는 간증은 참으로 감동적이다. 본 텍스트는 다음과 같이 구분된다.

A. 교회를 거짓 선생들에게서 보호할 것(1:3-11)
B. 바울에게 임한 하나님의 은혜와 소명(1:12-17)
C. 바울이 디모데에게 재차 위탁함(1:18-20)

II. 바울이 디모데에게 위탁한 일(1:3-20)

A. 교회를 거짓 선생들에게서 보호할 것(1:3-11)

³ 내가 마게도냐로 갈 때에 너를 권하여 에베소에 머물라 한 것은 어떤 사람들을 명하여 다른 교훈을 가르치지 말며 ⁴ 신화와 끝없는 족보에 몰두하지

말게 하려 함이라 이런 것은 믿음 안에 있는 하나님의 경륜을 이룸보다 도리어 변론을 내는 것이라 [5] 이 교훈의 목적은 청결한 마음과 선한 양심과 거짓이 없는 믿음에서 나오는 사랑이거늘 [6] 사람들이 이에서 벗어나 헛된 말에 빠져 [7] 율법의 선생이 되려 하나 자기가 말하는 것이나 자기가 확증하는 것도 깨닫지 못하는도다 [8] 그러나 율법은 사람이 그것을 적법하게만 쓰면 선한 것임을 우리는 아노라 [9] 알 것은 이것이니 율법은 옳은 사람을 위하여 세운 것이 아니요 오직 불법한 자와 복종하지 아니하는 자와 경건하지 아니한 자와 죄인과 거룩하지 아니한 자와 망령된 자와 아버지를 죽이는 자와 어머니를 죽이는 자와 살인하는 자며 [10] 음행하는 자와 남색하는 자와 인신 매매를 하는 자와 거짓말하는 자와 거짓맹세하는 자와 기타 바른 교훈을 거스르는 자를 위함이니 [11] 이 교훈은 내게 맡기신 바 복되신 하나님의 영광의 복음을 따름이니라

이 섹션은 바울이 디도와 디모데를 데리고 교회를 둘러보던 중 디모데에게 한동안 에베소에 머물라고 한 이유에 대해 회고한다. 사도는 거짓 선생들이 이단적인 가르침으로 성도들을 현혹하지 못하도록 정통 교리를 가르치라며 디모데를 그곳에 남겨 두었다. 바울이 우려했던 바가 현실이 되었다(cf. 행 20:29-30). 바울은 서신을 보낼 때 항상 감사 기도로 시작하는데, 이 서신에는 감사 기도가 없다. 그만큼 상황이 심각하고 긴급하기 때문이다(Lea & Griffin).

본문은 여러 가지 이단적인 가르침 중 율법에 대한 그들의 주장에 초점을 맞춘다. 에베소 교회를 혼란에 빠트린 자들은 유대인일 가능성이 크다는 것을 암시한다. 이들이 교회 밖에서 활동하는 자들이라는 증거는 없다. 그렇다고 해서 에베소 교회의 지도자들이라는 증거도 없다(Yarbrough). 다만 이들이 일으킨 문제를 해결하도록 디모데를 에베소에 남겨 둔 것을 보면 상황이 매우 심각하다는 것을 알 수 있다.

디모데가 에베소에 머물며 사역하는 것은 그와 함께 에베소를 방문

했던 바울이 마케도니아로 떠나면서 그에게 권했기 때문이다(3a절). '권하다'(παρακαλέω)는 '부드럽게 권면하다'라는 뜻이다(Liefeld, cf. TDNT). 바울 서신에서 54차례 사용되며, 갈라디아서에서만 이 단어가 사용되지 않는다. 이 중 8차례는 목회 서신에서 사용된다(Yarbrough). 사도는 문제를 해결하려면 디모데가 반드시 에베소에 머물러 있어야 한다고 확신했다.

디모데가 바울의 권유에 따라 에베소에 남은 이유는 어떤 사람들을 명하여 다른 교훈을 가르치지 못하도록 하기 위해서다(3b절). '어떤 사람들'(τισὶν)은 사도가 거짓 선생들을 칭할 때 자주 사용하는 개념이다(1:6, 19; 4:1; 5:15, 24; 6:3, 10, 21). 거짓 선생들은 대부분 이름을 호명하며 반박할 가치도 없는 자들이라는 뜻이다. 에베소 성도들이 분별력을 가지고 이들의 가르침을 평가한다면 이들의 가르침이 대꾸할 가치도 없는 어이없는 것이라는 사실을 깨닫게 될 것이다.

'명하다'(παραγγέλλω)는 바울 서신에서 12차례, 그중 목회 서신에서 5차례 사용되었다(cf. BDAG). 복음서에서는 예수님이 열두 제자를 보내실 때(마 10:5)와 귀신 들린 자에게서 악령을 내보낼 때(눅 8:29) 등에 사용된 권위 행사를 전제하는 매우 강력한 단어이다(Lea & Griffin, Liefeld, cf. 행 4:18; 5:28, 40). 바울은 공동체에 피해를 주는 게으른 자들을 경고할 때 이 단어를 사용했다(살전 4:11; 살후 3:4, 6, 10, 12). 에베소 교회의 문제는 디모데의 부드러운 격려와 가르침으로 해결될 만한 것이 아니었다. 매우 적극적인 가르침과 경고를 포함한 강력한 의사 표현이 필요했다(Yarbrough).

'다른 교훈을 가르치다'(ἑτεροδιδασκαλέω)는 한 단어다. 표준(standard)에서 벗어난 것을 가르친다는 뜻이다(BDAG). 바울이 목회 서신을 보낼 때쯤에는 기독교 교회에 이미 기준(표준)이 되는 교리가 자리잡았다는 것을 암시한다(Köstenberger & Kruger). 또한 이 동사는 바울이 만들어 사용한 것이며 6:3에서 한 번 더 사용된다(Quinn & Wacker). 이들의 가르침은 단순히 '다른' 것이 아니라 아예 잘못된 것이다.

> 그리스도의 은혜로 너희를 부르신 이를 이같이 속히 떠나 다른(ἕτερον) 복음을 따르는 것을 내가 이상하게 여기노라 다른 복음은 없나니 다만 어떤 사람들이 너희를 교란하여 그리스도의 복음을 변하게 하려 함이라 그러나 우리나 혹 하늘로부터 온 천사라도 우리가 너희에게 전한 복음 외에 다른 복음을 전하면 저주를 받을지어다(cf. 갈 1:6-8).

에베소 교회를 이단 교리로 괴롭히는 자들은 정통 기독교에 이질적인 교훈을 가르칠 뿐 아니라, 신화와 끝없는 족보에 몰두한다(4a절). 신약에서 '신화'(μῦθος)는 겨우 5차례 사용되는데, 그중 4차례는 목회 서신에서 사용되었다(cf. 4:7; 딤후 4:4; 딛 1:14). 당시 사회에서 '신화'는 우화나 억지스러운 이야기로 이해되었으며, 일부는 신들과 관련이 있었다(Keener). 신약은 신화를 '허탄한 이야기'(딤후 4:4; 딛 1:14), '망령된 것'(cf. 4:7), '교묘히 만든 이야기'(벧후 1:16)라고 한다. 신화는 진실한 성경 이야기와 달리 거짓이며, 사람들에게 해로운 영향을 끼치기도 하며, 부도덕한 행동을 조장하고, 극도의 금욕주의를 조장하기도 한다(Yarbrough).

'끝없는 족보'(γενεαλογίαις ἀπεράντοις)는 유대인들과 연관이 있고(cf. 딛 1:14), 율법에 대한 다툼과도 연관이 있다(딛 3:9). 신약에서 '끝없는'(ἀπέραντος)은 단 한 차례 사용되는 단어다(cf. BDAG). '지나친 추측, 허무한 노력, 의미 없는 결론' 등을 뜻한다(Köstenberger, cf. Liefeld).

일부가 주장하는 것처럼 '끝없는 족보'는 영지주의에서 온 것이 아니다. 목회 서신이 저작될 때 영지주의는 아직 세상에 나오지 않았다. 이 '끝없는 족보'는 아마도 구약에 있는 족보를 대폭 확장해 당대 사람들까지 논했을 것으로 보인다(Keener, cf. Lea & Griffin). 또 잠시 후 율법이 언급되는 것으로 보아(7-9절) 거짓 선생들은 모세 오경, 특히 창세기에

II. 바울이 디모데에게 위탁한 일(1:3-20)

나오는 계보에도 집착한 것으로 보인다(Marshall, Towner). 이런 것들은 소모적인 논쟁과 추측에 몰두하게 한다.

신화와 끝없는 족보에 몰두하는 것은 믿음 안에 있는 하나님의 경륜을 이루기는커녕 도리어 변론을 내는 처사다(4b절). '하나님의 경륜'(ἡ οἰκονομίαν θεοῦ)은 세상에서 이루어 가시는 구속 사역, 특히 하나님의 집인 교회를 통해 이루어 가시는 구원의 역사다(3:15; cf. 엡 3:2, 9). 하나님의 구원하심은 신화나 족보에 있지 않고 그리스도에 대한 믿음 안에 있다.

신약에서 '변론'(ἐκζήτησις)은 이곳에서 단 한 차례 사용되며, '소모적 추측'(useless speculation)이다(NIDNTTE). 기독교 문헌에서만 사용된 단어다(BDAG). '신화'와 '끝없는 족보'는 사람을 '소모적 추측', 곧 근거 없는 추론과 어리석은 확신으로 안내할 뿐이다.

바울은 우리는 믿음 안에 있는 하나님의 경륜을 이루어 가야 하는데, 신화와 족보는 소모적 논쟁을 유발할 뿐이라고 한다(Liefeld). 그러므로 거짓 가르침의 근본적인 문제는 이미 주신 계시(말씀)의 정당성을 부인하거나 말씀의 의미에 대해 어이없는 추측을 해 대는 것이다.

소모적인 추측을 유발하는 신화와 족보와는 달리 이 교훈은 청결한 마음과 선한 양심과 거짓이 없는 믿음에서 나오는 사랑을 목적으로 삼는다(5절). '교훈'(παραγγελία)은 3절에서 바울이 디모데에게 거짓 선생들이 다른 교훈을 가르치지 못하도록 '명령하라'(παραγγείλῃς)고 한 말에 사용된 동사(παραγγέλλω)의 명사형이다. 그러므로 '이 교훈'(τῆς παραγγελίας)은 디모데가 거짓 선생들에게 '다른 교훈', 곧 정통적인 기독교 교훈(교리)에서 벗어난 것을 가르치지 못하도록 명령하는 것을 뜻한다.

바울이 디모데에게 가짜 교리를 가르치는 자들에게 명령해 더는 그렇게 하지 못하게 하는 것은 그들을 정죄하기 위해서가 아니라, 그들이 잘못된 가르침을 버리고 그리스도의 진리를 수용함으로써 여러 가지 선한 것을 생산하게 하기 위함이다: (1)청결한 마음, (2)선한 양심, (3)거짓이 없는 믿음, (4)이 세 가지에서 나오는 사랑. 사랑은 구약과 신약이 추구하는 가장 선한 가치다.

> 예수께서 이르시되 네 마음을 다하고 목숨을 다하고 뜻을 다하여 주 너의 하나님을 사랑하라 하셨으니 이것이 크고 첫째 되는 계명이요 둘째도 그와 같으니 네 이웃을 네 자신 같이 사랑하라 하셨으니 이 두 계명이 온 율법과 선지자의 강령이니라(마 22:37-40).

바울 사도도 예수님의 가르침에 따라 사랑은 율법의 완성이라 한다.

> 피차 사랑의 빚 외에는 아무에게든지 아무 빚도 지지 말라 남을 사랑하는 자는 율법을 다 이루었느니라 간음하지 말라, 살인하지 말라, 도둑질하지 말라, 탐내지 말라 한 것과 그 외에 다른 계명이 있을지라도 네 이웃을 네 자신과 같이 사랑하라 하신 그 말씀 가운데 다 들었느니라 사랑은 이웃에게 악을 행하지 아니하나니 그러므로 사랑은 율법의 완성이니라(롬 13:8-10).

첫째, 우리의 사랑은 '청결한 마음'(καθαρᾶς καρδίας)에서 비롯되어야 한다. 그리스도께서는 우리를 모든 악에서 구속하고 선한 일을 열심히 하는 자기 백성으로 삼기 위해 죽으셨다(딛 2:14). 그러므로 우리 믿는 자들은 몸과 영을 더럽히는 모든 것에서 정결해야 하며 하나님을 두려워하는 가운데 거룩함을 온전히 이루어야 한다(고후 7:1).

둘째, 우리의 사랑은 '선한 양심'(συνειδήσεως ἀγαθῆς)에 근거를 두어야 한다. 디모데가 다른 교훈을 가르치지 못하도록 거짓 선생들에게 명령한 것은 더는 소모적인 질문을 하지 말고, 마음에 확신을 가지고 선을 알고 행하는 지점까지 양심을 이끌게 하기 위해서다.

셋째, 그리스도인의 사랑은 '거짓이 없는 믿음'(πίστεως ἀνυποκρίτου)에서 시작되어야 한다. 이 문구(πίστεως ἀνυποκρίτου)를 직역하면 '진실한, 진정한(genuine, sincere) 믿음'이다(cf. BDAG). 이 믿음은 그리스도의 복음을 통해 성도들이 받은 예수님에 대한 개인적인 신뢰다. 훈계의 목표는 단순히 하나님의 사랑을 이해하는 것이 아니라, 그분의 사랑을 받아들이고 표현하게 하시는 하나님에 대한 믿음을 갖게 하는 것이다. 그러므로 믿음은 자기기만에 빠진 어리석은 종교적 헌신이 아니다.

이 세 가지(마음, 양심, 믿음)에서 비롯된 사랑은 하나님을 기뻐하는 것이다. 하나님께 감사하는 마음이며, 그분의 백성 된 자들의 번영에 대한 깊은 갈망이다. 또 현실적이고 영원한 복지에 대한 피조물들의 열망이다(Hendriksen).

거짓 선생들과 그들에게 현혹된 자들은 기독교가 지향하는 네 가지(청결한 마음, 선한 양심, 거짓이 없는 믿음, 사랑에 대한 가르침)에서 벗어나 헛된 말에 빠져 있다(6절). 사도는 두 가지 오류를 지적한다. 첫째, 복음에서 비롯된 선한 기독교 교훈(청결한 마음, 선한 양심, 거짓이 없는 믿음, 사랑에 대한 가르침)에서 벗어났다(6a절). '벗어나다'(ἀστοχέω)는 목표(과녁)를 맞추지 못했다(miss the mark)는 뜻이며 도덕적·종교적 기준을 벗어났다는 뜻이다(BDAG, cf. 딤전 6:21; 딤후 2:18).

둘째, 헛된 말에 빠졌다(6b절). '헛된 말'(ματαιολογία)은 신약에서 단 한 차례 사용된다. 그러나 같은 어원을 공유하는 단어가 여러 개 있기 때문에 이 단어가 무엇을 의미하는지 정확히 알 수 있다(BDAG). 하나님의 말씀과 기준에 반대되는 것이다(TDNT). '빠지다'(ἐκτρέπω)는 '벗어나다, 방황하다'라는 뜻이다(BDAG). 진리를 떠난 것도 문제지만, 떠나서 도착한 곳(헛된 말, 방황)은 더 큰 문제다. 기독교인뿐 아니라 당시 철학자들도 단어나 개념에 대한 논쟁과 진리에 관심 없는 공허하고 가치 없는 연설자들의 말, 곧 헛된 말을 비난했다(Keener).

에베소 교회를 괴롭히는 거짓 선생들은 율법의 선생이 되고자 '다른 교훈'을 가르치고 있다(7a절). '율법의 선생'(νομοδιδάσκαλος)은 신약에서 두 차례 더 사용된다: (1)바리새인들처럼 모세 율법을 가르치는 율법교사(눅 5:17), (2)바울이 개종하기 전에 그를 가르쳤던 유명한 율법 선생 가말리엘(행 5:34). 그러므로 '율법의 선생'은 전문적으로 모세 율법, 넓은 의미에서 구약을 가르치는 사람(오늘날로 말하면 신학자)을 뜻하는 긍정적인 의미를 지닌 용어다.

누구든 율법의 선생이 되려 하는 것은 좋은 일이다. 거짓 선생들도 율법의 선생이 되려 한 것은 좋은 일이다. 다만 그들이 율법을 가르친답시고 가르치는 내용이 문제다. 자기가 말하는 것이나 자기가 확증하는 것도 깨닫지 못한다(7b절). 그들을 율법의 선생이 되고자 교훈을 가르친다고 하지만 사실은 자신이 무엇을 말하는지, 무엇을 주장하는지 알지 못한다(새번역, 공동, ESV, NAS, NIV). 거짓 선생들은 남들에게 율법을 가르치기는커녕 스스로도 율법을 알지 못하고, 의미를 이해하지도 못한다는 뜻이다. 그러므로 율법에 대해 헛된 말만 한다. '무식하면 용감하다'(Ignorance is bold)는 말을 실감하게 한다(Calvin).

현재 디모데가 머물고 있는 에베소 교회는 십수 년 전 갈라디아 교회의 상황과 비슷하다(Lea & Griffin, Marshall). 거짓 선생들은 성경 말씀이 인간에 의해 얼마나 심각하게 왜곡될 수 있는지 보여 주는 사례라 할 수 있다.

율법은 적법하게만 쓰면(사용하면) 선한 것이다(8절). '율법'(νόμος)과 '적법하게'(νομίμως)는 언어유희를 구성한다. 그러므로 일부 영어 번역본은 이 언어유희를 살리기 위해 두 단어를 'law'와 'lawfully'로 번역한다(ESV, NAS, KJV). 비록 율법이 사람을 구원에 이르게 할 수는 없지만, 적법하게만 쓰면 선한 것이다(cf. 롬 7:16). 그러나 '다른 교훈'을 가르치는 자들은 무지함과 무식함으로 율법을 잘못 해석하고 적용한다(Köstenberger).

율법은 어떻게 사용하는 것이 적법하게 사용하는 것일까? 율법을 문자적으로 이해하고 적용하는 것은 아니다. 그리스도가 오시기 전과 후 율법의 역할이 달라졌기 때문이다. 사도는 그리스도의 오심으로 율법의 역할이 어떻게 달라졌는지를 9-11절에서 설명한다.

메시아가 오신 후로 율법은 옳은 사람을 위해 세운 것이 아니다 (9a절). 오직 여러 가지 죄인을 위해 세운 것이다(9b-10절). '옳은 사람'(δίκαιος)은 의로운 사람이다. 율법은 사람을 의롭게 할 수 없다: "율법의 행위로 그의 앞에 의롭다 하심을 얻을 육체가 없나니 율법으로는 죄를 깨달음이니라"(롬 3:20).

바울 서신에서 의로운(옳은) 사람은 예수 그리스도를 믿는 믿음으로 말미암아 의롭다 하심을 얻은 사람이다(Liefeld, Köstenberger, Yarbrough, cf. 롬 3:24, 26). 믿음으로 의롭다 하심을 얻은 사람에게는 율법이 어떤 효력도 발휘하지 못한다. 그러므로 모세 율법은 옳은 사람을 위해 세운 (제정된) 것이 아니다.

율법은 죄를 의식하게 할 수는 있어도, 하나님이 요구하시는 의로움을 줄 수는 없다. 또한 이미 의롭다 하심을 입은 자들에게는 율법이 필요 없다. 그러므로 율법은 온갖 죄인들을 위해 세운 것이다: 불법한 자, 복종하지 아니하는 자, 경건하지 아니한 자, 죄인, 거룩하지 아니한 자, 망령된 자, 아버지를 죽이는 자, 어머니를 죽이는 자, 살인하는 자, 음행하는 자, 남색하는 자, 인신매매를 하는 자, 거짓말하는 자, 거짓 맹세하는 자, 기타 바른 교훈을 거스르는 자(9b-10절). 비슷한 '죄 목록'이 목회 서신 다른 곳에서도 사용되었다(4:1-3; 6:3-5; 딤후 2:22-23; 3:1-9; 딛 3:3).

'불법한 자'(ἄνομος)는 하나님의 인도하심을 거부하거나 의도적으로 반역하는 자다(cf. 고전 9:21; 살후 2:8). '복종하지 아니하는 자'(ἀνυπότακτος)는 하나님의 창조 질서에 순응하지 않는 자다(cf. 딛 1:6, 10; 히 2:8). '경건하지 아니한 자'(ἀσεβής)는 하나님이 그리스도의 죽음을 통해 의롭다 하시는 자들이다(롬 4:5; 5:6; 벧전 4:18; 벧후 2:5-6; 3:7). '죄인'(ἁμαρτωλός)

은 그리스도께서 구원하시는 자들이며(딤전 1:15), 율법은 죄인을 하나님께 인도하는 역할을 맡았다. '거룩하지 아니한 자'(ἀνόσιος)는 거룩한 자(νόσιος)에 부정사(ἀ-)를 더한 것이다(cf. 딤후 3:2). 칠십인역(LXX)에서 '거룩한 자'(νόσιος)는 하나님 앞에 정직한 사람이다(TDNT). 그러므로 '거룩하지 않은 자'(ἀνόσιος)는 하나님 앞에 설 수 없는 자다. '망령된 자'(βέβηλος)는 칠십인역(LXX)에서 세상적인 일에 헌신하고 하나님과 그의 약속에 관련된 일을 부인하는 자다(NIDNTTE).

이 '죄 목록'에서 나머지 죄는 모두 십계명 중 5-9계명과 연관된 것들이다: 아버지를 죽이는 자, 어머니를 죽이는 자, 살인하는 자, 음행하는 자, 남색하는 자, 인신매매를 하는 자, 거짓말하는 자, 거짓 맹세하는 자.

십계명 중 처음 네 계명은 나(우리)와 하나님의 관계에 관한 것이다. 다섯 번째 계명에서 열 번째 계명까지는 모두 나(우리)와 이웃에 관한 것이다(cf. 신 5:6-21). 십계명과 본문의 연관성은 다음을 참조하라(Young, cf. Liefeld, Padilla, Yarbrough).

십계명	율법은 이런 자들을 위한 것
다섯 번째: 부모를 공경하라	아버지를 죽이는 자와 어머니를 죽이는 자
여섯 번째: 살인하지 말라	살인하는 자
일곱 번째: 간음하지 말라	음행하는 자와 남색하는 자
여덟 번째: 도적질하지 말라	인신매매를 하는 자
아홉 번째: 거짓 증거하지 말라	거짓말하는 자와 거짓 맹세하는 자

어느 문화에서든 부모를 공경하는 것은 당연한 일이다(출 20:12; 신 5:16; 마 15:4; 19:19). 하나님과 이스라엘의 관계를 아버지와 아들 관계에 비유하는 데서도 알 수 있다. 그러므로 부모를 죽이는 것은 가장 흉측하고 반인륜적인 범죄다. '아버지를 죽이는 자'(πατρολῴας)와 '어머니

를 죽이는 자'(μητρολῴας)는 신약에서 이곳에 각각 한 차례 사용된다. 이들은 다섯 번째 계명의 일부인 "네 부모를 공경하라"를 어긴 자다(cf. 출 20:12; 신 5:16).

히브리어 단어 '공경하다'(כבד)는 구약에서 흔히 하나님을 향한 그분 백성의 자세를 묘사하는 데 사용된다(cf. 레 20:9; 신 21:18-21; 27:16; 민 15:30). 실제적으로 이 단어가 인간관계에 적용되는 경우는 부모와의 관계뿐이다. 부모를 대할 때 마치 하나님을 대하듯 공손히 대하라는 의미다.

이 계명의 중요성은 축복 약속이 첨부된 점에서도 알 수 있다. 사도 도 이 사실을 의식해 다섯 번째 계명은 약속이 첨부된 첫 번째 계명이라 한다(엡 6:2). 하나님은 그분의 명령에 따라 부모를 공경하는 사람은 하나님이 그들에게 허락하시는 땅에서 매우 오래 살 것이라고 약속하셨다.

부모를 공경하라는 계명은 잘못하면 무시될 수 있는 부모의 권위를 보호하고자 하는 취지로 이해되어야 한다. 옛적 우리나라에 고려장이 있었던 것처럼 근동 지역에서도 나이가 들어 노동력을 상실한 노인들이 집에서 쫓겨나고 길거리로 내몰리는 경우가 있었다(cf. 출 21:15, 17; 레 20:9; 신 27:16). 이 계명은 이 같은 정황에 처한 힘 없는 노부모들의 인권을 보호하는 데 본래 취지가 있다. 다섯 번째 계명은 부모의 권위 아래 자라나는 어린아이들에게 주어진 것이 아니라, 성인 자녀들이 노부모를 어떻게 대해야 하는지에 관한 것이라는 의미다(Harrelson).

9절을 마무리하는 '살인하는 자'(ἀνδροφόνος)도 신약에서 단 한 차례 사용되는 단어다. "살인하지 말라"라는 여섯 번째 계명을 어긴 자다(cf. 출 20:13; 신 5:17). 이 계명이 모든 살생을 금하는 것은 아니다. 동사 '살인하다'(רצח)는 전쟁으로 인해 사람을 죽이거나, 법적인 절차를 통해서 정당하게 범죄자를 처형하는 일에는 한 번도 사용되지 않는다. 인간의 생명은 하나님께 속한 것이므로 생명을 존중하라는 의미로 해석해야 한다. 그러므로 이 동사는 사람을 불법으로 살해하는 것을 의미한다. 불법적이고 결코 허용되어서는 안 될 폭력으로부터 우리가 속한 공동체의 삶을 보호하는 데 그 취지가 있다. 신약도 살인을 금한다(cf. 마 15:19; 19:18; 롬 13:9; 약 2:11; 요일 3:12).

10절을 시작하는 '음행하는 자'(πόρνος)와 '남색하는 자'(ἀρσενοκοίτης)는 "간음하지 말라"라는 일곱 번째 계명을 어긴 자들이다. 인류의 가장 오래된 문제이자 거의 모든 사회에 깊숙이 뿌리내리고 있는 성 윤리 문제에 관한 계명이다. 정당한 결혼 관계의 범위 밖에서 이루어지는 모든 성관계를 금한다. 고대 근동 사회에서도 간음을 '심각한/큰 죄'(the great sin)라고 불렀다. '간음하다'(נאף)는 결혼한 여자와 남자가 서로 동의하는 상황에서 이루어지는 성행위를 의미한다(NIDOTTE). 성경은 하나님이 간음한 자를 심판하실 것이라고 경고한다(히 13:4).

동성애를 뜻하는 '남색하는 자'(ἀρσενοκοίτης)는 신약에서 한 번 더 사용된다(cf. 고전 6:9). 한 영어 번역은 '성적인 관점이 꼬인 자'(who have twisted view of sex)(NRS)로 번역했지만, 그 외 번역본은 모두 '동성애자'로 번역했다(ESV, NAS, NIV, NIRV, NLT). 이 행위는 남자 사이에만 있는 것이 아니라, 여자 사이에도 있었다(cf. 롬 1:24-27).

동성애는 우리가 하나님의 용서를 구해야 할 죄 중 하나다. 안타까운 것은 마치 이 죄만큼은 하나님이 용서하지 않으실 것처럼 성경 말씀을 들이댄다는 점이다. 본문을 잘 살펴보라. 바울은 동성애를 간음과 동일하게 취급하고 있다. 어찌하여 교회는 간음에 대해서는 지나치게 관대하면서도 동성애자 이슈는 성경이 허락하지 않는 편견과 무례함으로 접근하는지 반성해야 한다. 동성애자들 역시 하나님의 모양과 형상대로 창조되었다는 사실 하나만으로도 존엄성을 인정받아야 하며, 그리스도인은 그들을 사랑하고 그들의 삶이 변하도록 도와주어야 한다. 바울은 동성애를 포함한 온갖 죄를 나열한 다음, 동성애자도 용서받을 수 있다고 한다.

너희는 불의를 행하고 속이는구나 그는 너희 형제로다 불의한 자가 하나님의 나라를 유업으로 받지 못할 줄을 알지 못하느냐 미혹을 받지 말라 음행하는 자나 우상 숭배하는 자나 간음하는 자나 탐색하는 자나 남색하는 자나 도적이나 탐욕을 부리는 자나 술 취하는 자나 모욕하는 자나 속여 빼앗는 자들은 하나님의 나라를 유업으로 받지 못하리라 너희 중에 이와 같은 자들이 있더니 주 예수 그리스도의 이름과 우리 하나님의 성령 안에서 씻음과 거룩함과 의롭다 하심을 받았느니라(고전 6:8-11).

'인신매매를 하는 자'(ἀνδραποδιστής)는 '사람을 유괴하는 자'(kidnapper)다(BDAG, cf. 출 21:16; 신 24:7). "도적질하지 말라"라는 여덟 번째 계명을 어긴 자들이다. '도적질하지 말라'(לֹא תִגְנֹב)라는 계명의 기본적인 취지는 서로의 재산권을 인정해야 한다는 것으로 해석할 수 있다. 그러나 이 여덟 번째 계명이 목적어를 규정하고 있지 않기 때문에 다른 해석도 가능하다. 거의 모든 학자는 이 계명을 인권 유린을 금하는 것으로 해석한다. 유괴/납치 혹은 인신매매 같은 다른 사람에게 행하는 범법 행위를 금하고 있다는 것이다(NIDOTTE).

학자들이 이렇게 해석하는 데는 몇 가지 이유가 있다. 첫째, 이때까지 선포된 5-7계명은 모두 사형에 처할 수 있는 범죄 행위를 금한다. 부모를 공경하지 않거나, 살인하거나, 간음하는 경우 사형에 처할 수 있다. 위증을 금하는 다음 계명 또한 범죄자를 사형에 처할 수 있다는 점을 고려할 때, 사형을 받을 수 있는 범죄 사이에 끼어 있는 이 계명도 그러한 취지라는 것이다. 반면에 도둑질에 대해서는 율법이 배상을 요구하지 처형을 요구하지는 않는다.

둘째, 재산권 보호는 마지막 계명인 열 번째 계명으로 충분하다. 그 계명이 모든 도둑질을 포괄적으로 금하고 있기 때문이다. 그러므로 만일 본 계명이 재산권을 전제하고 있다면 이 두 계명은 상당히 겹치는 부분이 있다.

셋째, 동사 '훔치다'(גנב)를 사람에게 적용해 사용하는 예를 생각해 볼 필요가 있다. "사람을 납치한(גנב) 자가 그 사람을 팔았든지 자기 수하에 두었든지 그를 반드시 죽일지니라"(출 21:16). "사람이 자기 형제 곧 이스라엘 자손 중 한 사람을 유인하여(גנב) 종으로 삼거나 판 것이 발견되면 그 유인한 자를 죽일지니 이같이 하여 너희 중에서 악을 제할지니"(신 24:7). 이 두 말씀은 유괴 또는 인신매매를 금하는 조항이다. 오늘날에도 세계 곳곳에서 인신매매(human trafficking)가 행해지고 있는 것을 보시는 하나님의 마음은 어떠할까?

'거짓말하는 자'(ψεύστης)와 '거짓 맹세하는 자'(ἐπίορκος)는 "네 이웃에 대하여 거짓 증거하지 말라"라는 아홉 번째 계명을 위반한 자다(cf. 출 20:16; 신 5:20). '거짓 증거'는 이스라엘뿐 아니라 고대 근동의 많은 문화권의 법정에서 사용되던 전문적인 용어다(Childs, cf. NIDOTTE). '[증거]하다'로 번역된 히브리어 동사(ענה) 또한 법정에서 증언하는 것을 배경으로 한다. '이웃'(רע)은 모든 권리를 지닌 공동체의 일원을 의미한다(Brueggemann).

왜 거짓 증언이 십계명에 등장할 정도로 심각한 범죄인가? 고대 근동의 법정이 증인들에게 신들의 이름으로 맹세한 후 증언하게 하지 않았던 점을 고려할 때 이 계명의 중요성은 거짓 증거를 함으로써 하나님께 범죄하는 것보다 피해자와 피의자에 대한 진실을 밝히는 데 초점이 맞추어져 있다.

위증은 진실을 왜곡하는 것 외에도 사회의 진실성과 질서를 위협한다. 만일 위증에 근거해 죄 없는 사람을 처형할 경우, 그 죗값을 온 공동체가 져야 하는 딜레마에 빠지게 된다. 그러므로 고대 사회에서도 여러 가지 방법을 통해 위증을 막으려고 노력했다.

이스라엘의 경우 중요한 이슈에 대해서는 최소한 두 명의 증인이 필요했다(민 35:30; 신 17:6; 19:15; cf. 왕상 21:10; 사 8:2). 재판 결과 사형이 집행되어야 할 경우 증인들이 먼저 돌을 던지는 것도 의무 조항이었다

(신 13:10; 17:7; 19:16-20). 위증하다가 들통이 나면 심각한 처벌을 받는 것은 당연한 일이다. 만일 사형에 처할 수 있는 일에 대해 증언하다가 진실이 아니라는 것이 드러나면 증인이 사형당하는 식의 무거운 처벌을 받았다. 사회의 진실성과 질서를 보존하려면 어쩔 수 없는 극약 처방이었다.

오늘날 사회와 법정 제도를 바라보면서 우리는 과연 어떤 제도 아래 살고 있는지 생각해 볼 필요가 있다. 사회는 진실성에 상관없이 마녀 사냥을 하듯이 여론을 몰아가 억울한 사람들의 피를 흘리게 한다. 법원에서는 무전유죄 유전무죄가 성행한다. 사명감과 의식이 있는 그리스도인들이 더 많이 정계와 법조계로 진출해 이처럼 부패한 사회와 법정 제도를 바로잡아 가는 것이 하나님의 뜻이다.

바울은 율법은 '기타 바른 교훈을 거스르는 자를 위한 것'(τι ἕτερον τῇ ὑγιαινούσῃ διδασκαλίᾳ ἀντίκειται)이라는 말로 '죄 목록'을 마무리한다. '바른'(ὑγιαινούσῃ)은 '건강하다'(ὑγιαίνω)라는 동사에서 파생한 것이며(BDAG, cf. 눅 5:31; 요삼 1:2), 의학적인 용어다(Keener, Lea & Griffin). 그러므로 일부 주석가는 의사인 누가의 영향으로 이 용어가 사용된 것이라 한다(Liefeld). 목회 서신은 바울과 디모데가 가르치는 교훈은 '건강한'(바른) 교훈이며, 거짓 선생들이 가르치는 교훈은 '다른'(병든) 교훈이라 한다(cf. 1:10; 6:3; 딤후 1:13; 4:3; 딛 1:9, 13; 2:1-2).

그들이 '건강한 교훈'을 몰라서 '병든 교훈'을 가르치는 것이 아니다. '거스르는 자'(ἀντίκειμαι)는 '건강한 교훈'을 의도적으로 반대하는 자다(BDAG, cf. 눅 13:17; 21:15; 고전 16:9; 빌 1:28; 살후 2:4; 딤전 5:14). 이들은 재정적인 이득을 위해 일부러 병든 교훈을 가르쳤다(cf. 딤전 6:6-10). 그러므로 '기타 바른 교훈을 거스르는 자'는 남의 것을 탐내지 말라는 열 번째 계명(출 20:17; 신 5:21)을 위반한 자다(Lea & Griffin). 현재 에베소 교회 상황이 고린도와 리구스 계곡에 있는 교회들이 겪은 문제와 비슷하다(cf. 고전 15:12, 34; 골 2:8, 16-23; 딤전 4:3).

하나님은 이 교훈(건강한 교훈)을 바울에게 맡기셨다(11a절). 또한 이 건강한 교훈은 하나님의 영광의 복음을 따른 것이다(11b절). 하나님은 사도에게 그리스도의 몸 된 교회를 건강하게 세워 가라는 소명과 함께 하나님의 영광의 복음에서 비롯된 건강한 교훈도 주셨다. 건강한 교리와 병든 교리를 구분하는 다림줄(plumb line)은 그리스도의 복음이다. 그리스도의 복음과 하나님의 말씀인 성경에 근거한 것이 기독교의 정통 교리다. 바울은 건강한 공동체를 세워 가는 이 영광스러운 사역을 디모데에게 위임했다.

이 말씀은 소명과 사역은 서로 협력해 이루는 것이라 한다. 하나님은 바울에게 교훈을 맡기셨다. 바울은 자기가 받은 교훈을 가르치도록 디모데를 에베소에 남겨 두었다. 사역은 원맨쇼(one man show)가 아니다. 여러 사람이 함께 사역할 때 큰 시너지 효과가 나타난다. 제발 '홀로 아리랑'을 부르며 사역하지 말자.

공동체와 각 개인의 영적 건강을 해치는 '병든 가르침'이나 '소모적인 논쟁'에 집착하는 것은 좋지 않다. 우리는 그리스도의 복음에서 비롯된 건강한 교훈을 사모하며 각자와 공동체의 영성을 건강하게 지키고 하나님의 경륜을 이루어 가야 한다.

건강한 교훈은 청결한 마음과 선한 양심과 거짓이 없는 믿음에서 나오는 사랑을 생산한다. 또 하나님의 의롭다 하심을 얻게 하므로 더는 율법을 필요로 하지 않게 만든다. 우리는 율법 아래 있지 않으므로 모든 율법에서 자유롭다. 반면에 병든 가르침은 율법과 온갖 죄의 노예가 되게 한다.

다른 교훈을 가르치는 자 중 상당수가 자신을 율법과 말씀을 가르치는 선생이라 하지만, 실제로는 자신이 무슨 말을 하는지 모르고, 성경 말씀도 이해하지 못한다. 한마디로 말해 상종할 가치조차 없는 자들이다.

우리가 평생 기준으로 삼아야 할 교훈은 하나님의 영광의 복음에서 비롯된 것이다. 그리스도의 복음과 성경 말씀이 아닌 것에서 비롯된 모든 교훈(가르침)은 아예 근처에도 가지 않아야 한다.

> II. 바울이 디모데에게 위탁한 일(1:3-20)

B. 바울에게 임한 하나님의 은혜와 소명(1:12-17)

> ¹² 나를 능하게 하신 그리스도 예수 우리 주께 내가 감사함은 나를 충성되이 여겨 내게 직분을 맡기심이니 ¹³ 내가 전에는 비방자요 박해자요 폭행자였으나 도리어 긍휼을 입은 것은 내가 믿지 아니할 때에 알지 못하고 행하였음이라 ¹⁴ 우리 주의 은혜가 그리스도 예수 안에 있는 믿음과 사랑과 함께 넘치도록 풍성하였도다 ¹⁵ 미쁘다 모든 사람이 받을 만한 이 말이여 그리스도 예수께서 죄인을 구원하시려고 세상에 임하셨다 하였도다 죄인 중에 내가 괴수니라 ¹⁶ 그러나 내가 긍휼을 입은 까닭은 예수 그리스도께서 내게 먼저 일체 오래 참으심을 보이사 후에 주를 믿어 영생 얻는 자들에게 본이 되게 하려 하심이라 ¹⁷ 영원하신 왕 곧 썩지 아니하고 보이지 아니하고 홀로 하나이신 하나님께 존귀와 영광이 영원무궁하도록 있을지어다 아멘

바울은 바로 앞 절(1:11)에서 하나님이 자신에게 하나님의 영광의 복음을 맡기셨다고 했다.

이 섹션은 어떻게 해서 하나님이 그에게 복음을 맡기셨는지에 대한 설명이라 할 수 있다. 하나님이 영광스러운 복음을 그에게 맡기신 것은 한마디로 말해 '오직 은혜'에서 비롯된 일이다. 그러므로 저자는 이 섹션을 감사로 시작해(12절) 하나님을 찬송하는 찬가(doxology)로 마무리한다(17절). 그러므로 사도의 믿음을 찬양으로 표현한 17절은 이 섹션의 절정이다.

본문은 일종의 '간증문' 스타일을 취하고 있다. 비록 디모데전·후서

가 모두 사적인 편지이기는 하지만, 첫 번째 서신이 두 번째 것보다 더 공식적(공개적) 목적을 가지고 쓰였음을 암시한다(Köstenberger). 교회를 핍박하던 바울이 어떻게 교회를 위하고 세우는 사도가 되었는지 궁금해하는 사람이 있으면 본문에 기록된 내용을 알려 주라는 것이다.

사도는 자신을 능하게 하신 그리스도 예수 우리 주께 감사한다는 말로 이 섹션을 시작한다(12a절). 헬라어 텍스트로는 본문이 '내가 감사함은'(Χάριν ἔχω, I have gratitude)이라는 말로 시작하는데, 다소 특이한 표현이며 디모데후서 1:3에서 한 번 더 사용된다. '나는 감사할 것이 있다'가 가장 무난한 번역으로 생각된다.

신약에서 '능하게 하다'(ἐνδυναμόω)는 7차례 사용되는 동사인데, 항상 바울에 대해(행 9:22) 혹은 바울이 하는 말 중에서만 사용된다(롬 4:20; 엡 6:10; 빌 4:13; 딤후 2:1; 4:17). 이 헬라어 단어를 영어로 직역하면 일부 그리스도인이 자주 사용하는 '엠파워링'(empowering)의 동사형이 된다. 예수님이 성도들에게 주시는 능력을 뜻한다. 예수님은 바울에게 어느 정도의 '능력'(δύναμις)을 주셨는가? 이 질문에 대한 가장 적절한 대답은 빌립보서 4:13이다: "내게 능력 주시는 자 안에서 내가 모든 것을 할 수 있느니라." 예수님의 '능하게 하심'은 평생 사도를 보호했다. 심지어 동역자들을 포함해 모든 사람이 재판받는 사도를 배신하고 곁을 떠날 때도 주님은 그와 함께하시며 이를 견뎌 낼 힘을 주셨다.

> 내가 처음 변명할 때에 나와 함께 한 자가 하나도 없고 다 나를 버렸으나 그들에게 허물을 돌리지 않기를 원하노라 주께서 내 곁에 서서 나에게 힘을 주심은 나로 말미암아 선포된 말씀이 온전히 전파되어 모든 이방인이 듣게 하려 하심이니 내가 사자의 입에서 건짐을 받았느니라(딤후 4:16-17).

바울은 율법에 대해 잘 알기 때문에 사도가 되어 '교훈'을 가르치는 것이 아니다. 예수님이 그를 능하게 하셨기 때문에 그가 사도가 되어 가르친다. 사역자들에게는 힘들고 어려우면 모든 것을 자기 능력으로 감당하려는 본능이 있다. 그러나 자기 힘과 본능으로 문제를 해결하려 하면 불만과 서운함이 생긴다. 그러므로 우리는 이 본능을 억제하고 그리스도께서 주신 능력으로 헤쳐 나가야 한다. 주께서 주신 능력으로 해결해 나가면 감사함만이 남을 것이다. 바울이 지금 주께 감사하는 것처럼 말이다.

사도가 예수님이 자신에게 능력 주신 것을 감사하는 이유는 주께서 그를 충성되이 여겨 직분을 맡기셨기 때문이다(12b절). '충성되이'(πιστός)는 명사 '믿음'(πίστις)의 형용사형이다. 예수님이 그를 충성되이 여기신 것은 그가 사역을 잘해서가 아니다. 사역은 예수님이 그에게 사도직을 맡기신 다음에 시작되었기 때문이다. 바울에게 직분을 맡겨 사역하게 하기 이전에 그를 충성되이 여기신 것은 하나님의 은혜로운 택하심에서 비롯되었다: "그러나 내 어머니의 태로부터 나를 택정하시고 그의 은혜로 나를 부르신 이가 그의 아들을 이방에 전하기 위하여 그를 내 속에 나타내시기를 기뻐하셨을 때"(갈 1:15-16a). 예수님은 아무에게나 직분을 주지 않으신다. 오직 하나님이 택정하신 사람들에게만 주신다.

'직분'(διακονία)은 섬김(service)이다(BDAG). 예수님이 바울에게 주신 사도직이 섬김을 전제한다면, 기독교의 모든 직분자도 섬겨야 한다. 하나님을 섬기고 성도들을 섬겨야 한다. 오늘날 교회의 '집사'(διάκονος, '섬기는 자')도 같은 단어에서 왔다(cf. 행 21:8; 빌 1:1; 딤전 3:8, 10, 12, 13). 사도직에서 집사직에 이르기까지 기독교의 모든 직분(διακονία)은 섬기는 자리다.

예수님이 바울에게 직분을 맡기시기 전 그의 삶을 돌아보면 그는 도저히 사도직을 맡을 만한 사람이 아니었다. 그는 비방자였고, 박해자였으며, 폭행자였다(13a절). 바울은 자신이 교회를 핍박한 일을 이렇게 묘사하는데, 한마디로 말해 기독교를 가장 반대하고 짓밟으려 한 최악의 범죄자(sinner par excellence)였다(cf. 고전 15:9-10; 갈 1:13-16).

'비방자'(βλάσφημος)는 하나님께 망언하는 자를 뜻하며 그에 따른 형벌은 사형이다(레 24:16q; cf. 딤전 1:20). 바리새인이 될 정도로 유대교에 몰입해 있던 바울은 여호와 하나님에 대해 망언하지는 않았다. 그는 예수님이 여호와 하나님이 보내신 독생자라는 사실을 부인했다. 오히려 예수님이 하나님에 대해 망언했다며 다른 사람들도 이렇게 생각하도록 부추겼다(행 6:11; 26:11; 딤전 1:20; 6:1; 딛 2:5).

'박해자'(διώκτης)는 단 한 차례 사용되지만, 같은 어원에서 파생된 단어들은 자주 사용된다. 채석장에서 '노예를 부리는 자'(slave driver), 곧 혹사하는 자라는 뜻을 지닌다(NIDNTTE). 그는 유대교를 위해 기독교를 핍박했지만, 유대교의 하나님이기도 한 예수님은 다메섹으로 가는 그에게 나타나 "네가 어찌하여 나를 박해하느냐(διώκεις)?"라고 물으셨다(행 9:4). 훗날 바울은 자신이 기독교인들을 죽이기까지 했다고 한다: "내가 이 도를 박해하여 사람을 죽이기까지 하고 남녀를 결박하여 옥에 넘겼노니"(행 22:4; cf. 행 7-8; 26:11, 14-15; 고전 15:9; 갈 1:13, 23; 빌 3:6). 바울은 교회를 박해한 것은 곧 예수님을 박해한 것과 같다는 사실을 깨닫고 평생 예수님께 죄송한 마음을 지니고 살았다. 그러므로 바울은 평생 자신을 '사도 중에 가장 작은 자'로 생각했다(고전 15:9).

영어로 '교만, 자만'을 뜻하는 단어(hubris)의 어원은 '폭행자'(ὑβριστής)다(cf. NIDNTTE). 교만과 폭력은 어떤 관계인가? 교만하고 오만한 사람들은 때때로 자신을 반대하는 사람들에게 폭력을 행사한다. 생각해 보면 바울은 그의 스승 가말리엘에게 제대로 배운 제자는 아니었다. 가말리엘은 기독교로 인해 골머리를 앓는 유대교 지도자들에게 기독교에 대해 아무것도 하지 말고 그냥 두라고 했다. 만일 기독교가 하나님께로부터 온 것이라면 번성할 것이고, 하나님께로부터 온 것이 아니라면 오래 지나지 않아 자멸할 것이라 했다(행 5:34-39). 기독교에 대해 어떤 폭력도 행사하면 안 된다고 한 것이다. 이와 달리 바울은 매우 폭력적인 행동주의자였다(cf. 행 8:3; 9:1-2). 스승에게 배워야 할 것을 배우지 못한 것이다.

바울의 목회 서신 저작권을 부인하는 자들은 '비방자'와 '폭행자'는 바울이 자신에 대해 사용할 수 없는 말이라 한다(Dibelius & Conzelmann). 근거 없는 주장이다. 회심하기 전 그는 이미 예수님을 비방했고, 그분의 몸 된 교회에 폭력을 행사했다.

바울이 예수님을 비방하고 교회를 박해했으니 심판을 받아 죽어 마땅하지만, 예수님은 그를 용서하시고 도리어 긍휼을 베푸셨다(13b절). 앞서 2절에서 언급한 것처럼 '긍휼을 베풀다'(ἐλεέω)는 '헤세드'(חֶסֶד)를 베푼다는 뜻으로, 아무 조건 없이 일방적으로 내려 주시는 은혜다. 본문에서는 자격이 없는 그를 사도로 세워 교회를 섬기게 하신 자비를 의미한다.

예수님이 박해자인 바울을 용서하고 도리어 긍휼을 베푸신 것은 그가 믿지 아니할 때에 알지 못하고 이러한 만행을 저질렀기 때문이다(13c절). 이 말씀은 우리가 알지 못하고 죄를 지으면 하나님이 반드시 용서하시고 은혜를 베푸신다는 뜻이 아니다. 예수님을 몰라서 지은 죄도 마땅히 벌을 받아야 하지만, 모르고 죄를 저질렀기 때문에 용서하고 은혜를 베푸신다는 뜻이다. 그리스도께서 우리가 그분을 모를 때 우리를 위해 죽으셨기 때문이다: "우리가 아직 죄인 되었을 때에 그리스도께서 우리를 위하여 죽으심으로 하나님께서 우리에 대한 자기의 사랑을 확증하셨느니라"(롬 5:8).

교회를 핍박하는 일에서 비방자요 박해자요 폭행자였던 바울이 기독교의 사도가 된 것은 우리 주의 은혜가 그리스도 안에 있는 믿음과 사랑과 함께 넘치도록 풍성했기 때문이다(14절). 벌을 받아 죽을 수밖에 없는 죄인이 직분까지 받는 하나님의 자녀가 될 수 있는 것은 오직 그리스도 안에 넘치도록 풍성한 은혜와 믿음과 사랑이 있기 때문이다. 그러므로 우리의 구원은 오로지 하나님이 베푸신 은혜(선물)다. 거짓 선생들은 하나님의 넘치는 은혜를 경험해 보지 못한 까닭에 율법을 통해 구원을 얻으려 한다.

한때 주님의 몸 된 교회를 상대로 온갖 범죄를 저질렀던 바울이 어떻게 해서 자신이 그리스도의 사도가 되었는지 되돌아보니 그저 감격스러울 따름이다. 그러므로 그는 "미쁘다 모든 사람이 받을 만한 이 말이여!"라고 외친다(15a절). '미쁘다 이 말이여!'(πιστὸς ὁ λόγος)는 목회 서신에서 총 다섯 차례 사용되었다(3:1; 4:9; 딤후 2:11; 딛 3:8). 주로 새 섹션을 시작하는 말로 사용되지만, 이곳에서는 흐름을 이어 가고 있다. 신약에서 '받을 만한'(ἀποδοχή)은 한 번 더 사용되며 '무엇을 받아들이다'라는 뜻을 지닌다(BDAG, cf. 딤전 4:9). 그러므로 모든 사람이 받을 만한 말이라는 것은 '누구든 곧바로 받아들이고 신뢰할 말이 여기 있다'는 의미다(Wright).

누구든지 듣는 대로 곧바로 영접하고 신뢰할 말은 무엇인가? 바로 그리스도 예수께서 죄인을 구원하려고 세상에 임하셨다는 말이다(15b절). 바울이 그리스도가 죄인을 구원하러 오셨다는 것을 상기시키는 것은 그리스도의 은혜-믿음-사랑을(cf. 14절) 강조하는 사도와 디모데와 달리 거짓 선생들(1:3, 6-7)이 구약의 도덕적 기준으로 사람들을 억압하고 복음을 믿는 것 대신 율법에 순종할 것을 강요했기 때문일 것이다.

예수님이 죄인을 구원하려고 세상에 임하셨다면, 그분의 구원 범위는 어느 정도일까? 바울은 이 질문에 대해 '죄인 중에 내가 괴수니라'(ἁμαρτωλοὺς ὧν πρῶτός εἰμι ἐγώ)라고 대답한다(15b절). 예수님이 구원하시는 죄인 중 자신이 최악(sinner par excellence)이므로 주님이 바울을 구원하셨다는 것은 이 세상에 예수님이 구원하지 못하실 자는 하나도 없다는 뜻이다. 바울은 한때 교회의 비방자요 박해자요 폭행자였던 자신을 돌아보며 마음에서 우러나오는 고백과 확신을 표하고 있다.

중요한 것은 그리스도를 알기 전과 후의 차이가 나는 삶이다. 그리스도를 알기 전 그는 교회를 박해하고 성도들을 죽음(순교)으로 몰아 갔다. 한마디로 흉측한 폭력자였다. 그러나 그리스도를 영접한 후 그는 오히려 교회를 위해 생명을 바쳐 사역하는 사도가 되었다. 만일 예수님의 사랑이 죄인 중 괴수였던 그를 이처럼 놀랍게 변화시킬 수 있다면, 하나님의 사랑이 변화시킬 수 없는 사람은 없다.

교회를 핍박한 바울이 도리어 주님의 긍휼을 입은 것은(cf. 13a절) 예수 그리스도께서 그에게 먼저 오래 참으심을 보이사 후에 주를 믿어 영생을 얻는 자들에게 본이 되게 하기 위해서였다(16절). 사도의 삶은 예수님의 오래 참으심에는 한계가 없음(unlimited patience, Liefeld)을 보여주는 본보기라는 것이다. 그러므로 사도의 간증은 후에 예수님을 영접해 영생을 얻는 자들에게 위로와 소망이 되었다. 박해자 바울을 오래 참으시고 구원하신 예수님이 구원할 수 없는 사람은 없다는 확신을 모든 사람에게 드러낸 것이다. 또한 예수님은 우리가 영생에 이를 때까지 우리를 오래 참으실 것이다.

사도는 자신을 박해자에서 사도로 변화시킨 예수님의 오래 참으심을 생각하니 마음이 벅차오른다. 그러므로 자신의 삶을 놀랍게 변화시킨 예수님에 대한 송영(doxology)으로 이 섹션을 마무리한다(17절). 학자들은 이 송영을 하나님 아버지에 관한 것으로 해석하지만, 문맥을 잘 살펴보면 예수님에 대한 송영이다. 그는 예수님을 영원하신 왕, 곧 썩지 아니하고 보이지 아니하고 홀로 하나이신 하나님이라 한다(17a절).

첫째, 예수님은 '영원하신 왕'(βασιλεῖ τῶν αἰώνων)이다. 우리가 사는 현 세상뿐 아니라, 장차 올 세상도 다스리시는 왕이다. 둘째, 예수님은 썩지 않으신다(ἀφθάρτῳ). 죽으면 썩는 우리 인간과 질적으로 다른 분이며, 부활하실 때 영원히 썩지 않는 몸을 가지셨다. 셋째, 예수님은 우리가 볼 수 없는(ἀοράτῳ) 분이다. 예수님이 스스로 드러내고자 하실 때만 우리는 그분을 볼 수 있다. 넷째, 예수님은 홀로 하나이신 하나님이다. '홀로 하나이신 하나님'(μόνῳ θεῷ)은 유일성을 강조한다(BDAG, cf. 출 20:3). 예수님은 유일하신 하나님이며, 주님 외에 다른 신은 없다는 뜻이다.

사도는 이 놀랍고 위대한 하나님 예수 그리스도께 모든 존귀와 영광이 영원무궁하도록 있을 것을 선포한다(17b절). 이 송영은 수행적(performative)이다. 바울은 송영을 선포하는 일을 통해 스스로 하나님께 존귀와 영광을 돌리는 예배자가 되어 있다(Collins). '아멘'(ἀμήν)은 선포한 내용이 반드시 실현될 것을 염원하는 말이다.

이 말씀은 직분뿐 아니라, 그 직분을 감당할 능력도 예수님이 주시는 것이라 한다. 교회의 모든 직분자는 하나님의 '엠파워링'(empowering)으로 각자에게 주신 직분에 따라 섬기고 봉사해야 한다. 그래야 섬김으로 인해 지치거나 실망하지 않는다.

감사는 우리를 감격에 이르게 한다. 사도는 감사로 시작해 지난날을 회상하다가 송영으로 마무리한다. 감사와 묵상은 하나님과 그분이 하신 일에 대해 감격하게 하기 때문이다. 감격한 사람은 자신을 감격하게 하신 하나님을 더 사랑하고 더 섬기고자 한다. 그러므로 섬김과 봉사의 자리로 나가고 싶으면 감사함으로 시작하는 것이 좋다.

예수님이 도저히 구원할 수 없어 기피하거나 멀리하시는 사람은 없다. 하나님의 특별한 은총을 입어 사도가 된 바울은 과거의 자신을 '죄인 중 괴수'라 한다. 그런 그가 구원을 얻었다면 누구든 그리스도의 구원을 얻을 수 있다는 뜻이다. 우리는 모든 사람을 구원하시는 그리스도의 도구가 되어야 한다.

우리 삶은 하나님이 얼마나 참으실 수 있는지에 대한 모델이다. 우리 자신을 돌아보면 알 수 있다. 또한 이 말은 우리가 서로를 대할 때도 참아야 한다는 뜻이다. 너무 쉽게 비난하고 정죄하는 일은 삼가야 한다. 하나님이 참으신다면 우리도 참는 것이 당연하다.

| II. 바울이 디모데에게 위탁한 일(1:3-20) |

C. 바울이 디모데에게 재차 위탁함(1:18-20)

¹⁸ 아들 디모데야 내가 네게 이 교훈으로써 명하노니 전에 너를 지도한 예언을 따라 그것으로 선한 싸움을 싸우며 ¹⁹ 믿음과 착한 양심을 가지라 어떤 이들은 이 양심을 버렸고 그 믿음에 관하여는 파선하였느니라 ²⁰ 그 가운데 후메내오와 알렉산더가 있으니 내가 사탄에게 내준 것은 그들로 훈계를 받아 신성을 모독하지 못하게 하려 함이라

바울은 이 섹션을 통해 디모데에게 주는 개인적인 메시지(그를 에베소에 남겨 둔 이유, 그가 해야 할 사역, 개인적인 간증 등)를 마무리한다(Köstenberger, Lightfoot). 다음 섹션에서는 교회의 삶과 조직에 대한 구체적인 가르침을 시작한다.

섹션을 시작하는 '아들 디모데야'(τέκνον Τιμόθεε)는 서신을 시작한 1:2의 '참 아들 디모데'(γνησίῳ τέκνῳ)와 비슷하며 '아이'(τέκνον)를 '아들'로 번역한 것이다. 또한 바울은 아버지의 사랑을 듬뿍 담아 디모데를 부른다. 그러므로 여러 영어 번역본이 번역한 것처럼 '내 아들 디모데야'(Timothy, my son)가 의미를 더 잘 전달한다(NAS, NIV, NIRV, NLT, NRS).

바울은 디모데에게 이 교훈으로써 명한다(18a절). '이 교훈'(Ταύτην τὴν παραγγελίαν)은 디모데가 '어떤 사람들을 명하여 다른 교훈을 가르치지 못하게 한 일'(1:3), 곧 '헛된 말을 가르치지 못하게 한 일'이다(cf. 1:5). 사도가 디모데에게 이런 사역을 지시한 것은 디모데가 기독교 진리, 곧 정통과 이단을 분별하는 기준을 잘 알고 있음을 암시한다. 바울은 이 기준을 '바른 교훈'(건강한 교훈)이라 한다(cf. 1:10 주해).

사도가 디모데에게 에베소에 머물면서 이단들이 가르치지 못하게 하라고 한 것은 전에 그를 지도한 예언을 따른 일이다(18b절). '너를 지도

한 예언'(τὰς προαγούσας ἐπὶ σὲ προφητείας)을 더 정확하게 표현하면 '그대에 관하여 선포된 예언'이다(cf. 새번역, 공동, ESV, NAS, NIV, NRS). 디모데가 사역자로 세워질 때 그의 미래에 대해 선포된 예언과 사역을 위한 은사가 임했다는 뜻이다: "네 속에 있는 은사 곧 장로의 회에서 안수 받을 때에 예언을 통하여 받은 것을 가볍게 여기지 말며"(4:14; cf. 딤후 1:6).

바울은 디모데가 받은 예언과 은사에 대해 확신했기 때문에 항상 그를 곁에 두고 온갖 사역을 맡겼다. 디모데도 그의 영적 아버지인 사도의 곁을 지키며 그가 부탁하는 대로 행했다. 이렇게 두 사람의 사역은 아름다운 시너지 효과를 발휘했다.

> 이는 뜻을 같이하여 너희 사정을 진실히 생각할 자가 이밖에 내게 없음이라 그들이 다 자기 일을 구하고 그리스도 예수의 일을 구하지 아니하되 디모데의 연단을 너희가 아나니 자식이 아버지에게 함같이 나와 함께 복음을 위하여 수고하였느니라(빌 2:20-22).

바울이 에베소에 머무는 디모데에게 그가 사역자로 세워질 때 받은 예언과 은사를 상기시키는 것은 그를 격려하고 위로하기 위해서다. 사역자가 사역하다 보면 지치고 힘이 들어 자기의 소명과 과거에 확신했던 것들을 의심할 수 있다(Yarbrough, cf. 마 11:2; 골 4:17; 딤후 4:10; 히 10:32; 벧후 1:9-10). 디모데가 거짓 선생들로 인해 이런 시간을 보내고 있다. 그러므로 사도는 지친 디모데에게 그의 소명과 은사를 생각하게 하고, 또 그에 대한 예언이 실현되고 있음을 상기시키고자 한다. 모든 것이 하나님의 뜻에 따라 진행되고 있으니 힘을 내 사역하라는 것이다.

사도는 디모데에게 사역자로 받은 예언과 은사로 선한 싸움을 싸우라 한다(18c절). '선한 싸움'(καλὴν στρατείαν)은 '고귀한, 싸울 가치가 있는 싸움'(noble, worth fighting for)이다(Köstenberger). 사역지는 전쟁터고 사역자는 군인이다(cf. 고전 9:7; 고후 10:3; 딤후 2:4). 사역자는 계속 선한 싸움을 해야 한다.

선한 싸움은 믿음과 착한 양심으로 해야 한다(19a절). 바울 서신에서 '믿음'(πίστις)은 두 가지 의미를 지닌다: (1)신뢰하고 고백하는 것, (2)믿음에서 비롯된 행위. 본문에서는 후자(믿음에서 비롯된 행위)를 뜻한다(Yarbrough). '착한 양심'(ἀγαθὴν συνείδησιν)은 1:5의 '선한 양심'(συνειδήσεως ἀγαθῆς)과 같은 말이다. 사역자들이 하는 '선한 싸움'은 '믿음'(πίστιν)과 '착한 양심'(ἀγαθὴν συνείδησιν)이 균형을 이룰 때 가능하다(Dunn). 하나님은 결과보다 과정을 중요하게 여기신다.

어떤 이들은 이 착한 양심을 버렸다(19b절). 사도는 바로 앞 문장에서 사용한 '믿음'과 '양심'의 순서를 뒤집어 사용하고 있다. '어떤 이들'(τινες)은 기독교 선생들이라면 마땅히 가르쳐야 할 '바른 교훈'을 가르치지 않고 '다른 교훈'을 가르치는 자들이다. 그들은 양심을 버렸다. '버리다'(ἀπωθέω)는 '의도적으로 밀어내다'(push aside)라는 뜻이다(행 7:27, 39; 13:46; 롬 11:1-2). 바울이 회당에서 복음을 전파할 때 거센 저항이 있었다. 그때 바울은 유대인들이 복음을 버렸기(ἀπωθέω) 때문에 이제부터는 이방인에게 복음을 선포할 것이라고 했다(행 13:46). 그들은 양심적인 '바른 교훈'을 버리고(밀어내서) 비양심적인 '다른 교훈'을 가르치고 있다. 재정적인 이득을 위해 '건강한 교훈'을 버리고 '병든 교훈'을 가르치는 자들이다(cf. 딤전 6:6-10).

양심을 버린 그들의 믿음도 당연히 파선했다(19c절). '파선하다'(ναυαγέω)는 배가 난파(shipwreck)했다는 뜻이다(BDAG). 바울은 로마로 이송되던 중 그를 실은 배가 난파해 죽을 고비를 넘겼다(cf. 행 27:27-44). 에베소는 소아시아의 주요 항구였기 때문에 에베소 사람들도 난파가 얼마나 무서운 일인지 익히 알고 있었다(cf. 고후 11:25). '다른 교훈'을 가르치는 이단들은 자신들의 가르침을 따라야 하나님의 의롭다 하심과 영생을 얻을 수 있다며 사람들을 현혹했다. 그러나 실상은 사람이 파선당하면 모든 것을 잃는 것처럼 그들과 그들에게 현혹된 사람들은 모든 것을 잃는다. 하나님께 구원받은 사람은 절대로 이런 짓을 할 수 없다. 그 안에 성령과 양심이 있기 때문이다. 그러므로 처음부터 그들은 구원받지 못했기 때문에 잃을 구원도 없다(Köstenberger).

사도는 양심을 버리고 '다른 교훈'을 가르쳐 믿음이 파선한 사례로 후메내오와 알렉산더 두 사람을 언급한다(20a절). 이들 외에도 여럿이 있지만 대꾸할 가치도 없기에 앞에서는 단순히 '어떤 사람들'이라 했는데(cf. 1:3), 이번에는 두 사람을 지목하는 것으로 보아 이들이 교회와 성도들에게 가장 큰 피해를 주는 주동자임을 암시한다. 이들이야말로 '죄인 중 괴수들'이다.

후메내오('Υμέναιος)는 빌레도(Φίλητος)라는 사람과 함께 교회와 성도의 건강을 해치는 '악성 종양'으로 묘사된다: "그들의 말은 악성 종양이 퍼져나감과 같은데 그 중에 후메내오와 빌레도가 있느니라 진리에 관하여는 그들이 그릇되었도다 부활이 이미 지나갔다 함으로 어떤 사람들의 믿음을 무너뜨리느니라"(딤후 2:17-18).

알렉산더('Αλέξανδρος)는 바울이 디모데에게 조심하라고 당부하는 구리 세공업자일 가능성이 크다: "구리 세공업자 알렉산더가 내게 해를 많이 입혔으매 주께서 그 행한 대로 그에게 갚으시리니 너도 그를 주의하라 그가 우리 말을 심히 대적하였느니라"(딤후 4:14-15).

바울은 이 두 사람을 사탄에게 내주었다고 한다(20b절). 그는 그리스도인이라고 하면서 양어머니와 잠자리를 같이하는 자에 대해 같은 말을 했다.

> 너희 중에 심지어 음행이 있다 함을 들으니 그런 음행은 이방인 중에서도 없는 것이라 누가 그 아버지의 아내를 취하였다 하는도다 그리하고도 너희가 오히려 교만하여져서 어찌하여 통한히 여기지 아니하고 그 일 행한 자를 너희 중에서 쫓아내지 아니하였느냐 내가 실로 몸으로는 떠나 있으

II. 바울이 디모데에게 위탁한 일(1:3-20)

나 영으로는 함께 있어서 거기 있는 것 같이 이런 일 행한 자를 이미 판단하였노라 주 예수의 이름으로 너희가 내 영과 함께 모여서 우리 주 예수의 능력으로 이런 자를 사탄에게 내어주었으니 이는 육신은 멸하고 영은 주 예수의 날에 구원을 받게 하려 함이라(고전 5:1-5).

중요한 것은 이들을 교회에서 내치고 사탄에게 넘겨주는 이유다. 위에 인용한 고린도전서 말씀(cf. 5:5)이 언급하는 것처럼 바울이 이들을 교회에서 내치라고 하는 것은 그들이 영원한 멸망을 맞이하지 않게 하기 위함이다. 공동체가 그들을 사탄에게 내주고 단절하면 혹시 하나님이 자비를 베푸셔서 그들로 하여금 주 예수의 날에 구원받게 하시지 않을까 하는 바람이다. 훈계는 교회에서 꼭 필요하며, 훈계받는 자를 벌하기보다는 그를 하나님의 자녀로 회복시키기 위해서 해야 한다(Wright, cf. 고전 11:32; 딤후 2:25; 딛 2:12). 바울은 한때 교회를 핍박하던 자신을 생각하며 더욱더 간절하게 이 두 사람이 언젠가 주의 품으로 나오기를 소망했을 것이다(cf. 1:13-14; 딤후 2:25-26).

바울이 후메내오와 알렉산더를 사탄에게 넘겨준 것은 그들이 신성을 모독하지 못하게 하기 위한 것이기도 하다(20c절). 그들의 가르침은 하나님을 모독하는 행위이므로, 훈계를 받고 돌아오면 '다른 교훈'을 더는 가르치지 않고 신성을 모독하지도 않을 것이라는 뜻이다. 그들의 '다른 교훈'은 병든 것일 뿐 아니라 하나님을 모독하는 행위다. 하나님이 의도하지 않으시는 바, 곧 율법과 말씀을 왜곡해 사람들을 병들게 하는 것은 당연히 병들어 가는 사람들의 아버지이신 하나님을 모독하는 행위다.

이 말씀은 건강한 그리스도인의 사역뿐 아니라 건강한 삶을 살아내기 위해서는 믿음과 착한 양심이 반드시 균형을 이루어야 한다고 한다. 믿음을 빙자해 불법을 행할 수는 없으며, 양심에 따라 선한 일을 한다 해도 믿음과 상관없이 하는 일이라면 별 의미가 없다는 뜻이다.

우리는 항상 이 두 가지 가치(믿음과 착한 양심)를 바탕으로 삶을 살아야 한다.

진리를 알아야 이단을 분별할 수 있다. 바울은 디모데에게 기독교 진리를 충분히 가르쳐 주었기 때문에 이단들이 진리에 위배되는 것들을 가르치지 못하게 하라고 했다(cf. 1:3). 진리를 잘 아는 사람은 몇 마디만 들어도 정통인지 이단인지 분별할 수 있다. 열심히 하나님이 주신 진리를 배우자.

격려는 항상 좋은 일이다. 바울은 이단들과의 싸움에 지친 디모데를 위로하고 있다. 그의 위로 방법은 하나님이 디모데를 사역자로 세우셨을 때 그에게 주신 예언과 은사들을 되돌아보게 하는 것이다. 초심으로 돌아가야 한다는 말이 괜히 생긴 것이 아니다. 우리도 힘들고 어려우면 '처음 사랑'으로 돌아가야 한다. 공교롭게도 하나님은 디모데가 사역하는 에베소 교회를 책망하시면서 '처음 사랑'을 버렸다고 하셨다(계 2:4).

교회는 반드시 징계 절차를 마련해 두어야 한다. 징계받아야 할 사람을 생각하며 아픈 마음으로 어쩔 수 없이 하는 것이 징계다. 그러나 징계해야 할 사람은 반드시 징계해야 한다. 공동체의 순수성을 보존하기 위해서다. 언제든 그가 회개하고 하나님이 그를 용서하시면 교회는 다시 그를 환영해 주어야 한다.

Ⅲ. 공동체의 삶
(2:1-3:16)

디모데에게 여러 가지 개인적인 이슈에 관해 말한 사도는 이제 '다른 교훈'을 가르치는 이단들로 인해 혼란에 빠져 있는 에베소 교회를 어떻게 안정시켜야 하는지에 대해 권면한다. 에베소 교회는 예배를 통해 영적인 평안함을 회복해야 하며, 교회의 평안함은 교회의 제도(organization)로도 뒷받침되어야 한다. 직분자들은 모두 교회와 각 성도의 평안을 위해 최선을 다해야 한다는 것이다.

A. 예배(2:1-15)
B. 감독과 집사(3:1-13)
C. 교회와 경건(3:14-16)

Ⅲ. 공동체의 삶(2:1-3:16)

A. 예배(2:1-15)

¹ 그러므로 내가 첫째로 권하노니 모든 사람을 위하여 간구와 기도와 도고와

감사를 하되 ² 임금들과 높은 지위에 있는 모든 사람을 위하여 하라 이는 우리가 모든 경건과 단정함으로 고요하고 평안한 생활을 하려 함이라 ³ 이것이 우리 구주 하나님 앞에 선하고 받으실 만한 것이니 ⁴ 하나님은 모든 사람이 구원을 받으며 진리를 아는 데에 이르기를 원하시느니라 ⁵ 하나님은 한 분이시요 또 하나님과 사람 사이에 중보자도 한 분이시니 곧 사람이신 그리스도 예수라 ⁶ 그가 모든 사람을 위하여 자기를 대속물로 주셨으니 기약이 이르러 주신 증거니라 ⁷ 이를 위하여 내가 전파하는 자와 사도로 세움을 입은 것은 참말이요 거짓말이 아니니 믿음과 진리 안에서 내가 이방인의 스승이 되었노라 ⁸ 그러므로 각처에서 남자들이 분노와 다툼이 없이 거룩한 손을 들어 기도하기를 원하노라 ⁹ 또 이와 같이 여자들도 단정하게 옷을 입으며 소박함과 정절로써 자기를 단장하고 땋은 머리와 금이나 진주나 값진 옷으로 하지 말고 ¹⁰ 오직 선행으로 하기를 원하노라 이것이 하나님을 경외한다 하는 자들에게 마땅한 것이니라 ¹¹ 여자는 일체 순종함으로 조용히 배우라 ¹² 여자가 가르치는 것과 남자를 주관하는 것을 허락하지 아니하노니 오직 조용할지니라 ¹³ 이는 아담이 먼저 지음을 받고 하와가 그 후며 ¹⁴ 아담이 속은 것이 아니고 여자가 속아 죄에 빠졌음이라 ¹⁵ 그러나 여자들이 만일 정숙함으로써 믿음과 사랑과 거룩함에 거하면 그의 해산함으로 구원을 얻으리라

본문, 특히 예배와 교회 생활 중 여성의 역할에 대한 규범이라 할 수 있는 9-15절은 가장 논쟁이 되는 성경 말씀이다. 이 말씀(딤전 2:9-15)을 여러 학자가 다양한 관점에서 해석해 놓은 책인 *Women in the Church: An Analysis and Application of 1 Timothy 2:9-15*(3rd ed.)은 분량이 400쪽 이상에 달하며, 불과 20년 사이에 대대적인 개정을 두 차례나 거쳤다. 좋게 말하면, 본문에 대한 학자들의 관심이 매우 뜨거워 계속 개정해야 할 정도라는 것이다. 나쁘게 말하면, 아직도 학계가 이 말씀의 해석과 의미에 대해 갈팡질팡하고 있다는 뜻이다.

본문의 헬라어 사본은 분석하고 번역하기에 어렵지 않다. 바울 서신

의 다른 부분과 비교할 때 평범하다. 그러므로 본문이 신약 학계의 '뜨거운 감자'(hot potato)가 된 것은 본문이 지닌 언어적 난제에서 비롯된 것이 아니다. 대부분 학자는 여성의 인권과 권리가 남성의 것과 동등한 오늘날 사회에 비추어 볼 때, 또한 여성 목회자를 허용하는 많은 교단의 정서에 비추어 볼 때 본문이 규정하는 여성의 기독교적 리더십과 역할은 시대착오적이라는 전제(專制) 아래 해석하고 적용하는 것이 본문을 '뜨거운 감자'로 만들었다.

그러므로 본문 해석에 가장 큰 영향을 끼치는 것은 해석자들의 선입견과 편견이다. 이런 차원에서 본문은 '독자 비평'(reader response criticism)이 가장 활성화된 말씀이라 할 수 있다. 수많은 학자의 다양한 해석을 분석한 한 학자는 이 해석들이 결국에는 다음 세 가지 중 하나로 요약된다고 했다(Yarbrough). 모든 관점과 해석은 이 세 가지 주요 관점 중 하나의 변형(modification)이라는 것이다. 나는 세 번째 관점이 가장 성경적이라고 생각한다. 먼저 본문을 해석할 것이며, 그런 다음 결론에서 이 해석의 정당성과 합리성을 설명하면서 그동안 누구도 시도하지 않은 방법으로 저자의 의도를 설명할 것이다.

비판적(진보적) 페미니스트 Critical feminist	성경은 전통주의적이다. 가부장제는 여성을 억압한다. 성경이 틀렸다.
복음주의적 페미니스트 Evangelical feminist	성경은 페미니즘적이다. 성경의 평등주의는 여성을 해방시킨다. 성경이 옳다.
복음주의적 전통주의 Evangelical traditionalist	성경은 전통주의적이다. 성경은 사랑의 리더십을 옹호함으로써 여성 리더십이 번영하게 한다. 성경은 옳다.

본 텍스트의 전반적인 흐름을 살펴보면 1-2절은 예배와 기도에 대한 가르침이고, 3-7절은 우리에게 기도하라고 하시는 하나님과 예수님의 뜻과 사역에 관한 설명이며, 8-15절은 예배에 참석한 이들의 자세에 초점을 맞추고 있다. 혹은 무엇을 기도할 것인지(1-7절)와 어떻게

기도할 것인지(8-15절)로 구분할 수도 있다. 본문을 전체적으로 아우르는 주제는 기도라는 뜻이다.

바울은 디모데에게 모든 사람을 위해 기도하라는 권면으로 이 섹션을 시작한다(1절). '첫째로'(πρῶτον)는 '가장 중요한'(first of all)이라는 뜻을 지닌다(TDNT). 목회자와 교회가 해야 할 가장 기본적이고 중요한 일은 곧 기도하는 것이라는 뜻이다. 그렇다면 목회자와 성도들은 누구와 무엇을 위해 기도해야 하는가?

'모든 사람'(πάντων)은 인종과 사회적 지위에 상관없이 모든 사람을 뜻한다. 유대인과 이방인, 헬라인과 야만인, 남자와 여자, 노인과 아이, 귀족과 노예, 많이 배운 자와 못 배운 자, 건강한 자와 병든 자 등 우리가 상상할 수 있는 가장 넓은 의미의 사람들을 뜻한다. 이 말씀의 핵심은 온 인류의 보편성(universality)이다(Lock). 우리는 하나님의 구원하시는 은혜가 필요한 모든 사람을 위해 기도해야 한다.

'간구와 기도와 도고와 감사'는 모두 '모든 사람'을 위한 기도 방식을 묘사하며 모두 복수형으로 사용되었다. 기도에는 매우 다양한 방식이 있으므로 때에 따라 적절하게 사용하라는 뜻이다(Köstenberger). '간구(δεήσεις)'는 하나님께 구체적인 영적 필요를 알리는 것이다(TDNT, cf. 빌 4:6; 롬 10:1; 엡 6:18). '기도'(προσευχὰς)는 우리가 하나님께 드리는 기도에 대한 가장 보편적인 용어다(cf. 빌 4:6; 엡 6:18; 벧전 3:7). '도고'(ἐντεύξεις)는 다른 사람들을 위한 진지하고 긴급한 호소다(NIDNTTE, cf. 롬 8:27, 34; 11:2; 딤전 4:4-5). 항상 우리를 위해 기도하시는 그리스도의 기도가 이러하다(히 7:25). 기도에 대한 이 세 단어의 의미를 종합해 보면 '간구'는 기도하는 사람의 필요를, '기도'는 기도하는 사람의 헌신을, '도고'는 기도하는 사람의 어린아이와 같은 확신을 강조한다(Lea & Griffin).

어떤 이들은 '감사'(εὐχαριστίας)를 초대교회에서 행했던 감사 만찬(thanksgiving meal)이라 한다(Kelly). 그러나 대부분 학자가 이를 두고 지나친 해석이라 한다. 하나님에 대한 감사로 가득한 기도를 뜻한다(cf. 빌 4:6; 딤전 4:4). 이 네 단어(간구, 기도, 도고, 감사)는 어떻게 기도할 것이냐에 대한 '예식 메뉴'(liturgical menu)가 아니다(Johnson). 이 네 단어의 의미는 별로 차이가 없다. 그러므로 우리는 기도의 종류를 구분하는 것보다 기도를 많이 하는 일에 집중해야 한다. 그나마 가장 차별화되는 것은 '감사[기도]'다(Yarbrough).

사도가 이처럼 '모든 사람'을 위해 매우 열심히 기도하라고 하는 것을 보면 '다른 교훈'은 매우 자기중심적(self-centered)이고 기독교 신앙을 사적으로 생각했던 것이 확실하다(Dunn). 그들은 복음과 복음에서 비롯된 교회는 모든 사람을 위한 것이라는 사실을 망각한 것이다. 또 그들이 율법을 들먹인 것으로 보아 '유대인적 배타주의'(Jewish exclusivism) 성향도 지녔다(Dunn).

모든 사람을 위해 기도하라고 권면한 사도는 권세자들을 위한 기도로 시작하라고 한다(2b절). 그리스도인들은 이들에게 복종해야 한다(롬 13:1-7; 벧전 2:13-17). 본문은 복종에 기도를 더하라고 한다. 당시에 '임금들'(βασιλέων)은 당연히 로마 제국의 황제들을 가리킨다(Liefeld). '높은 지위에 있는 모든 사람'(πάντων τῶν ἐν ὑπεροχῇ ὄντων)은 각 지역을 다스리는 관료들을 포함해 황제와 함께 온 제국을 통치하는 자들이다(Yarbrough, cf. 행 19:35; 딛 3:1; 벧전 2:13-17).

우리가 권세자들을 위해 기도해야 하는 이유는 잘못된 핍박과 박해를 피하기 위해서다(cf. 2b절). 권력은 썩는다. 오죽하면 '절대적인 권력은 절대적으로 썩는다'(Absolute power corrupts absolutely)라는 말이 있겠는가! 우리는 권세자들이 부패하지 않도록, 혹은 그들이 권력을 남용하거나 잘못 휘두르지 않도록 항상 기도해야 한다. 그들이 권력을 바르지 않게 사용하면 교회와 그리스도인들이 고스란히 피해를 본다. 그러므로 기독교를 오해하고 박해하는 잘못된 권세자들을 위해 열심히 기도하는 것은 더 없이 중요한 일이다. 예수님은 다음과 같이 말씀하셨

다: "나는 너희에게 이르노니 너희 원수를 사랑하며 너희를 박해하는 자를 위하여 기도하라"(마 5:44).

하나님은 썩고 부패한 사회를 조금씩 개혁해 나가라며 그리스도인들을 개혁자로 부르셨지, 잘못된 사회를 뒤집어엎고 그 위에 하나님 나라를 세우라며 혁명가로 부르신 것이 아니다. 부패한 세상이 지향하는 것들과 하나님 자녀들이 추구하는 선한 것을 대조해 보면 가히 혁명적이다. 그러나 변화를 추구하는 방법에서는 시간이 걸리더라도 기존 시스템에서 변화를 이끌어 내는 '개혁'을 지향해야지 많은 사람이 피를 흘려야 하는 '혁명'을 지향해서는 안 된다.

창조주 하나님의 다스림 아래 있는 권세자라면 경건과 단정함을 추구하는 그리스도인들을 평안하게 살도록 내버려둘 것이다(2b절). 신약에서 '경건'(εὐσέβεια)은 15차례 사용되는데, 이 중 10차례는 목회 서신에서 사용된다. 이 단어는 당시 비기독교인들에 의해 '종교, 종교적'(religion, religious)이라는 의미로 사용되었다(Dunn, Liefeld, Towner). 그러므로 바울은 예수님의 성육신하심을 '경건의 비밀'(τῆς εὐσεβείας μυστήριον), 곧 '기독교적 비밀'이라 한다(3:16). 예수님의 성육신은 다른 종교에는 없는 비밀이라는 뜻이다.

'단정함'(σεμνότης)은 존경할 만한 가치(worthy of respect)를 지녔다는 뜻이다(TDNT). 그러므로 새번역은 이 단어를 '품위'로 번역했다. 기독교는 세상에서 존경받을 만한 품위를 지녔다는 것을 강조한다(Dibelius & Conzelmann). 우리의 가정과 공동체도 항상 세상 사람들이 존경할 만한 모습을 유지해야 한다(cf. 딤전 2:2; 3:4, 8, 11; 딛 2:2, 7). 또한 우리가 이렇게 살아야 세상은 그리스도 복음의 진정성과 매력에 빠지게 된다.

기독교가 세상에서 경건과 단정함을 추구하면 고요하고 평안한 생활을 누리게 된다. 역사를 살펴보면 권세자들이 기독교를 핍박한 것은 대부분 자신의 권력에 위협을 느꼈기 때문이었다. 본문은 기독교는 권세자들을 위협하는 종교가 아니라, 그들을 위해 기도하는 종교라고 한다. 통치자들이 평안히 다스리면 감사의 기도를 드리고, 그들이 교회를 핍박하거나 악한 정책을 펼치면 하나님이 그들을 다스리시고 바로잡아 주시기를 더 열심히 기도해야 한다. 죄 많은 이 세상에서 그리스도인의 삶이 고요하고 평안할 수 있다면, 그것은 하나님의 축복이고 금상첨화다.

이것은 우리 구주 하나님 앞에 선하고 하나님이 받으실 만한 것이다(3절). '이것'(τοῦτο)은 우리가 임금들과 높은 지위에 있는 모든 사람을 위해 기도하는 것을 뜻한다. '하나님 앞에 선하고 받으실 만한 것'은 기도보다는 제물과 더 잘 어울리는 표현이다. 기도는 선한 것이며, 하나님이 기뻐하시는 예물이라는 뜻이다(cf. 새번역, 공동).

하나님이 우리가 임금들과 높은 지위에 있는 자들을 포함해 모든 사람을 위해 드리는 기도를 선하다며 기뻐하시는 것은 모든 사람이 구원받기를 원하시는 하나님의 뜻에 부응하기 때문이다(4a절). 우리는 고요하고 평안한 삶을 위해 기도해야 하지만(2b절), 이것이 최종적인 목적은 아니다. 우리 기도의 궁극적인 목적은 세상 모든 사람의 구원이다. 우리의 기도가 모든 사람의 구원의 시작이라는 뜻이다.

하나님은 모든 사람을 구원하길 원하신다(Calvin). 너무 흉악하고 추해서 하나님이 구원하시지 못할 자는 없다. 하나님이 구원하시지 못할 약자도 없다. 하나님께 사회적·경제적 지위나 인종적 성향은 아무 의미가 없다(cf. 행 22:15; 롬 11:32; 고전 12:13; 갈 3:28; 골 3:11). 세상 모든 사람에게는 하나님의 구원이 필요하며, 하나님은 그들을 모두 구원하길 원하신다. 그러나 그리스도의 복음을 부인하는 사람은 하나님의 구원을 얻을 수 없다(Lea & Griffin).

이 말씀은 교회 안에서 몇몇 사람하고만 지나치게 친하게 지내는 모습에 대한 경고다. 소수와 친한 것은 좋지만, 건강한 균형을 잃어버리면 그 소수와 함께 공동체에서 고립될 수 있다. 또 공동체의 교제(fellowship)가 좋으면 좋을수록 공동체 밖에 있는 사람들에 대한 부담과 전도의 필요성을 놓칠 수 있다. 그러므로 한 학자는 본문을 주해하면서 그리스도인들은 '독점 정신'(exclusivism)을 회개해야 한다고 한다(Stott). 세상의 인종주의, 민족주의, 부족주의, 계급주의, 편협주의 등 다양한 '주의'가 '독점 정신'에서 비롯된 것이라 할 수 있다.

하나님은 모든 사람이 구원받는 것뿐 아니라 그들이 진리를 아는 데 이르기를 원하신다(4절). 모든 사람이 구원받기를 원하시는 하나님은 그들이 구원받을 수 있는 구체적인 길(방법)을 마련해 주셨다. 그들이 '진리를 아는 데에'(εἰς ἐπίγνωσιν ἀληθείας ἐλθεῖν) 이르는 것이다. 진리를 아는 데 이르는 것은 곧 사람을 구원하는 진리인 예수 그리스도의 복음을 영접하는 일이다.

모든 사람이 구원에 이르기를 원하시는 하나님은 한 분이시다(5a절). 유대인들이 '셰마'(שְׁמַע, Shema)라고 부르는 텍스트(신 6:4-5)의 일부다. 예수님은 셰마를 모든 계명 중에 첫째라고 하셨다: "서기관 중 한 사람이 그들이 변론하는 것을 듣고 예수께서 잘 대답하신 줄을 알고 나아와 묻되 모든 계명 중에 첫째가 무엇이니이까 예수께서 대답하시되 첫째는 이것이니 이스라엘아 들으라 주 곧 우리 하나님은 유일한 주시라 네 마음을 다하고 목숨을 다하고 뜻을 다하고 힘을 다하여 주 너의 하나님을 사랑하라 하신 것이요"(막 12:28-30).

당시 제국의 거의 모든 지역에 다신주의가 팽배했지만, 특히 항구 도시인 에베소와 고린도에서는 더욱더 그러했다. 토종 우상으로 모자라 온갖 열방의 우상을 수입해 숭배하던 자들에게 하나님은 한 분이라는 메시지는 매우 불쾌하고 무례한 배타주의(exclusivism)로 들렸을 것이다. 바울은 이를 잘 알면서도 개의치 않고 성경적 진리를 선포한다! 우리에게도 이러한 담대함이 필요하다.

하나님이 한 분이신 것처럼 하나님과 사람 사이에 중보자도 한 분이시니, 곧 사람이신 그리스도 예수시다(5b절). '중보자'(μεσίτης)는 둘 사이에서 중재(mediate)하는 이를 뜻한다(BDAG). 거룩하신 하나님과 죄인

III. 공동체의 삶(2:1-3:16)

인 사람은 협상은 고사하고 같은 자리에도 함께 있을 수 없다. 하나님의 거룩하심이 죄인들을 모두 태워 죽일 것이기 때문이다. 그러므로 둘 사이에는 반드시 중보자가 필요하다. 예수님은 자신이 바로 그 중보자라는 사실을 정확하게 알려 주셨다: "예수께서 이르시되 내가 곧 길이요 진리요 생명이니 나로 말미암지 않고는 아버지께로 올 자가 없느니라"(요 14:6). 히브리서 기자도 천사나 모세나 대제사장은 절대 하나님과 사람들 사이에 중보자가 될 수 없으며, 예수님이 유일한 우리의 중보자라고 한다(cf. 히 2:2; 3:1-6; 8:6, 9, 15; 9:13; 12:24, 34).

앞에서 하나님은 한 분이라는 메시지는 온갖 우상이 넘쳐나던 당시 사회에 매우 불쾌하고 무례한 배타주의(exclusivism)로 들렸을 것이라고 했다. 예수님이 유일한 중보자라는 말씀도 같은 반응을 일으켰을 것이다. 아마도 이 배타주의적 메시지는 사람들이 복음을 영접하는 일을 방해하는 가장 큰 걸림돌이 되었을 것이다. 그러나 성경적 진리가 이러하니 어쩌겠는가! 우리에게는 이러한 진리를 변증할 지혜보다 이 진리를 선포할 담대함이 필요하다.

예수님은 자신이 유일한 중보자라는 사실을 죽음으로 입증하셨다. 모든 사람을 위해 자신을 대속물로 주신 것이다(6a절). 신약에서 '대속물'(ἀντίλυτρον)은 이곳에서 단 한 차례 사용되지만, 같은 어원에서 비롯된 비슷한 말이 여러 개 있으므로 정확한 의미를 분별하는 데는 별 어려움이 없다. '구속, 대속, 구원, 해방' 등을 뜻하며 '대속물'은 이 구속/구원/해방을 위해 값으로(대가로) 치른 희생을 의미한다: "인자가 온 것은 섬김을 받으려 함이 아니라 도리어 섬기려 하고 자기 목숨을 많은 사람의 대속물로 주려 함이니라"(막 10:45; cf. 고후 5:14-15; 딛 2:11; 요일 2:2). 그리스도는 자신을 온전한 희생제물로 드리고, 흠이 많은 그리스도인들을 받으셨다: "너희가 알거니와 너희 조상이 물려 준 헛된 행실에서 대속함을 받은 것은 은이나 금 같이 없어질 것으로 된 것이 아니요 오직 흠 없고 점 없는 어린 양 같은 그리스도의 보배로운 피로 된 것이니라"(벧전 1:18-19).

예수님이 자신을 대속물로 주신 것은 기약이 이르러 주신 증거다(6b절). '기약'(καιρός)은 적절한 때, 시간을 의미한다(갈 6:9; 딤전 2:6; 6:15; 딛 1:3). 하나님이 자기 백성에게 하신 약속 중 정하신 구원의 때를 의미한다(Dibelius & Conzelmann). 그러므로 더 매끈하고 정확한 의미를 전달하는 번역은 이러하다: "이렇게 해서 [예수님은] 하나님의 뜻을 적절한 시기에 분명히 나타내 주셨습니다"(공동).

이를 위해 바울이 전파하는 자와 사도로 세움을 입은 것은 참말이요 거짓말이 아니다(7a절). '이를 위하여'(εἰς) 그리스도가 자신을 모든 사람을 위한 대속물로 내주셨다는 사실을 전파하는 일을 가리킨다. 바울은 그리스도의 복음을 전파하는 일을 위해 전파하는 자와 사도로 세움을 입었다. '사도'(ἀπόστολος)와 '전파하는 자'(κῆρυξ)가 하는 일이 같으므로 전파하는 자로 세움을 입고 사도로 세움을 입었다는 것은 부르심에 대해 두 번 반복하는 것이라 할 수 있다. 바울은 항상 자신의 사도직은 하나님의 택정함에서 시작된 것이라고 한다(롬 1:1; 고전 1:1; 15:9). 하나님의 택정함은 그가 세상에 태어나기 전에 시작된 하나님의 은혜였다: "그러나 내 어머니의 태로부터 나를 택정하시고 그의 은혜로 나를 부르신 이가"(갈 1:15). 바울이 하나님의 세우심에 따라 전파하는 자가 되고 사도가 된 일이 참말이며 거짓이 아니라고 하는 것은 아마도 고린도 교회에서처럼 에베소 교회에서도 '다른 교훈'을 가르치는 자들이 그의 사도직에 문제를 제기했기 때문일 것이다. 바울의 사도직에 대한 문제 제기는 평생 그를 괴롭혔다.

전파자와 사도로 세우심을 입은 사도는 믿음과 진리 안에서 이방인의 스승이 되었다(7b절). 전파자와 사도와 스승은 서로 중복되는 개념이다(Lea & Griffin). 그는 이방인에게 복음을 전파하고 가르치는 사도였다. 바울과 바나바가 첫 선교 여행을 할 때도 이미 이러한 사실을 의식하고 있었다: "주께서 이같이 우리에게 명하시되 내가 너를 이방의 빛

III. 공동체의 삶(2:1-3:16)

으로 삼아 너로 땅 끝까지 구원하게 하리라 하셨느니라"(행 13:47; cf. 사 49:6).

바울은 소아시아에 있는 도시 '다소'(Tarsus, 오늘날 튀르키예에 속함)에서 태어난 유대인이었다. 헬라 문화에 젖어 있는 도시에서 어린 시절을 보낸 그는 조상들의 언어인 히브리어뿐 아니라 통용어였던 헬라어에도 능통했다. 청소년 시절에 바울은 예루살렘으로 유학을 떠났다. 그곳에서 당시 유명한 선생이던 랍비 가말리엘에게서 구약을 배우며 바리새인의 삶을 꿈꾸었다. 그러므로 그는 거짓 선생들보다 율법과 구약에 대해 훨씬 더 많이, 잘 알고 있다. 그는 모든 면에서 이방인에게 복음을 전파할 최고의 여건을 고루 갖춘 것이다.

앞 섹션(1-7절)에서 모든 사람이 구원을 얻는 것이 하나님의 뜻이며 이 일을 위해 예수님이 자신을 대속물로 주셨으니 그들을 위해 기도하라고 한 사도는 이제 그리스도인은 어떻게 예배와 삶에 임해야 하는지 말한다(8-15절). 먼저 남자가 취해야 할 자세에 관해(8절), 그 다음 여자가 취해야 할 자세에 관해 말한다(9-15절).

사도는 각처에서 남자들이 분노와 다툼 없이 거룩한 손을 들어 기도하기를 원한다(8절). '각처'(παντὶ τόπῳ)를 에베소에 있는 가정 교회들로 제한해 해석하는 이들도 있지만(Lea & Griffin), 이 문구는 '모든 장소'라는 의미를 지니며, 세상 어디든 그리스도인들이 모여 하나님을 경배하는 예배 장소를 뜻한다(Kelly, Schreiner, Quinn & Wacker). '남자들'(ἄνδρας)은 '아내들'(cf. 15절)의 '남편들'을 뜻할 수 있지만, 아담과 하와의 창조 순서와 여자가 사탄에게 속은 일을 언급하는 것으로 보아(13-14절) 예배를 인도하는 모든 그리스도인 남자를 뜻한다(Barrett, Köstenberger, Liefeld).

'분노'(ὀργή)는 화내는 것을 의미하며, '다툼'(διαλογισμός)은 원래 '생각, 관점, 입장' 등 좋은 의미를 지니지만 이곳에서는 서로 '대립하는 입장, 관점' 등 부정적인 의미를 지닌다(cf. NIDNTTE). 예배 인도자들과 참석자들이 분노와 다툼을 피해야 하는 이유는 그리스도인들이 '고요하고 평안한 생활'(3절)을 하는 것이 하나님의 뜻이며, '사람이 성내는 것이 하나님의 의를 이루지 못하기 때문이다'(약 1:20). 또 이 말씀은 '남자들'에게 하는 권면이지만, 같은 원칙(분노와 다툼 없이 기도하는 것)이 예배를 인도하거나 참여하는 여자들에게도 동일하게 적용된다(Barrett, Köstenberger, Liefeld, cf. 고전 11:5, 13).

'거룩한 손을 들어 기도하는 것'(ἐπαίροντας ὁσίους χεῖρας)을 직역하면 '의로운 손을 드는 것'이다. '거룩한'(ὅσιος)은 '의로운, 독실한, 하나님이 기뻐하시는'을 의미한다(BDAG). '의로운 손을 드는 것'은 유대인들이 하늘을 향해 손을 펼쳐 들고 기도하는 모습이다. 초대교회에서도 이런 기도 자세를 따라 했지만, 오늘날에는 예배 때마다 이런 자세로 기도하는 사람은 매우 드물다.

사도가 예배에 임하는 여자들에게 권면하는 것은 여러 가지다. 첫째, 예배에 참석할 때는 되도록 '땋은 머리, 금, 진주, 값진 옷', 곧 값비싼 옷이나 화려한 치장을 피하라고 한다(9b절). 사도는 고린도 교회에도 예배에 임하는 남자들과 여자들은 이러해야 한다며 옷차림에 대해 권면했다.

> 무릇 남자로서 머리에 무엇을 쓰고 기도나 예언을 하는 자는 그 머리를 욕되게 하는 것이요 무릇 여자로서 머리에 쓴 것을 벗고 기도나 예언을 하는 자는 그 머리를 욕되게 하는 것이니 이는 머리를 민 것과 다름이 없음이라 만일 여자가 머리를 가리지 않거든 깎을 것이요 만일 깎거나 미는 것이 여자에게 부끄러움이 되거든 가릴지니라(고전 11:4-6).

오늘날에도 가톨릭 여성도들은 '미사포'로 머리를 가리고 예배에 임하지만, 개신교에서는 이렇게 하지 않는다. 바울의 권면이 고린도 교회에만 적용되는 문화적·시대적 지혜라고 생각하기 때문이다(cf. Fee).

당시 고린도 사회는 성적으로 매우 문란했다. 주요 항구 도시다 보니 매우 부유했고, 경제적 여유가 있는 남자들은 신전 창녀들과 관계를 갖는 것이 일상적인 일이었다. 신전 창녀들과 그들의 여제사장들은 머리를 밀고 고린도 거리를 활보했다. 이런 상황에서 바울은 그리스도인 여자들은 우상을 숭배하는 여제사장들과 창녀들로부터 구분되어야 한다며 이렇게 권면했다.

본문에서 사도가 금하는 값비싼 옷과 화려한 치장을 같은 맥락에서 보아야 한다. 에베소에서는 달과 사냥의 여신이자 유방을 여럿 지닌 다산의 여신 아르테미스(Artemis, 로마 사람들은 이 여신을 '다이아나'[Diana]로 부름)를 도시의 수호신으로 숭배했다. 에베소에 있는 아르테미스 사당(Artemis Shrine)은 아덴에 있는 파르테논(Parthenon) 신전보다 규모가 네 배나 더 컸으며, 고대 7대 불가사의 중 하나다. 또 아르테미스 숭배자들은 매우 적극적(극단적)으로 자기 종교를 전파한 것으로도 유명하다.

아르테미스를 숭배하던 에베소 여자들이 어떤 모습을 하고서 사람들을 아르테미스 종교로 끌어들였는지에 대해서는 정확히 알 수 없다. 그들에 대해 아는 것보다 모르는 것이 더 많기 때문이다. 그러나 여인들(특히 상류층 여인들)이 전도할 때 왜 값비싼 옷과 화려한 치장을 했는지 쉽게 상상할 수 있다. 아르테미스는 다산(풍요)의 여신이다. 그러므로 '이 여신을 숭배하면 당신도 나처럼 부유하게 될 것이다'라는 일종의 '간증 효과'를 유발하기 위해 사치스러운 옷차림을 했다.

바울은 그리스도인 여자들을 아르테미스 숭배자들로부터 차별화하기 위해 화려한 치장과 값비싼 옷을 금한다(cf. Liefeld, Thompson). 그리스도인 여자들이 아르테미스 숭배자들처럼 화려하게 하고 다니면 기독교도 사치와 풍요를 지향한다는 오해를 받을 수 있다. 특히 예배에 나올 때는 단정하고 소박함과 정절로 단장해야 한다고 한다(9a절). 핵심은 '아르테미스 종교와 연관된 화려와 사치'라 할 수 없는 '단정한 평범함'이다. 그리스도인 여자들은 겉으로 보이는 '외적 아름다움'(outer beauty)이 아니라 '내적 아름다움'(inner beauty)을 추구해야 한다(Lea & Griffin, Quinn & Wacker).

가치관과 추구하는 바에서 그리스도인 여자들은 세상 여자들과 달라야 한다(Köstenberger). 사치스럽고 화려한 복장으로 예배에 임하면 사람들의 시선이 집중되는 문제도 있다. 예배에 참석한 모든 시선과 관심은 하나님께 맞춰져야 한다.

오늘날에는 사도의 권면이 어떻게 적용되어야 하는가? 상당한 융통성을 가지고 적용해야 한다. 보편적인 교회에서는 '사치와 화려함'이 쉽게 눈에 띄겠지만, 상류층이나 연예인이 대거 모이는 교회에서는 '사치와 화려함'이 보편적일 수 있다. 특히 하나에 수천만 원이나 하는 명품 가방을 들고 다니는 사람들에게 단정하고 소박하게 옷을 입으라는 말은 별 의미가 없다.

또 남자들에 대한 말씀(8절)이 여자들에게 적용된 것처럼, 여자들의 겉치장에 대한 말씀은 남자들에게도 적용되어야 한다(Baugh, Smith, cf. Collins). 목회자들에게는 더욱더 그렇다. 종종 수백만 원짜리 양복을 입은 것을 자랑하는 목사들을 목격한다. 매우 값비싼 고급 승용차를 타는 사역자들도 본다. 그들은 자랑할 것이 아니라 회개해야 한다!

둘째, 그리스도인 여자들은 선행이 하나님을 경외하는 자들에게 마땅한 일이라고 생각해야 한다(10절). 사도는 그리스도인 여자들은 단정하고 소박한 옷차림으로 화려한 옷과 귀중품으로 치장하는 아르테미스 숭배자들과 차별되어야 한다고 했다(cf. 9절). 이번에는 선행으로써 우상 숭배자들과 구분되어야 한다고 한다. '선행'(ἔργων ἀγαθῶν)은 이웃, 특히 약자와 소외된 자들을 위해 하는 선한 일이다.

'하나님을 경외한다는 자들'(θεοσέβειαν)은 여성 단수형이다. 2절에서 '경건'으로 번역된 단어(εὐσέβειαν)와 같은 어원에서 온 단어로, 접두사가 '좋은'(εὐ-)에서 '하나님'(θεο-)으로 바뀌었다. 개역개정을 포함한 여러 번역본이 복수형인 '자들[여자들]'로 번역하는 것은 모든 여자에게 적용되어야 하는 원리이기 때문이다(Schreiner, cf. 개역개정, ESV, NAS, NIV, NIRV, NRS). 남자들 또한 이 원리에서 예외가 될 수 없다. '마땅하다'(πρέπω)는 '당연하다'라는 의미로(BDAG), 선행은 직분과 상관 없으며(Yarbrough) 반드시 그리스도인 삶과 예배의 한 부분이 되어야 한다는 뜻이다.

"여자는 일체 순종함으로 조용히 배우라"(11절)가 여자들의 활동을 어느 정도 제한하는 부정적인 의미로 들릴 수 있다. 그러나 이 말씀은 여자의 학습 권리를 인정하라는 매우 긍정적인 권면이다(Liefeld, Yarbrough, Wright). 유대교뿐 아니라 로마 제국에 속한 대부분 문화권에서 여자가 배우는 것을 허락하지 않았다(Sigountos & Shank). 반면에 예수님은 여자들에게 많은 가르침을 주셨다. 그러므로 이런 맥락에서 이 말씀은 '여자들도 배우는 자들이 되도록 허락하라'(Women must be allowed to be learners)라는 뜻이다(Wright). 그들의 학습권을 보장하라는 것이다.

'조용히'(ἡσυχία)는 남자들의 '분노와 다툼'(8절) 및 여자들의 '값비싼 옷과 화려한 치장'(9절)과 대조를 이룬다(Yarbrough). '조용히 배우는 것'은 유대교에서 랍비가 되려고 하는 남자들에게도 똑같이 적용된 원칙이었다(Liefeld). '다른 교훈'이 지닌 문제 중 한 가지도 조용하지 않은 것이다. 그들은 에베소 교회에 온갖 혼란을 안겨 주었고 성도들이 서로 분노하고 다투게 했다. 여자들은 분별력을 가지고 조용히 배워야 한다.

"여자가 가르치는 것과 남자를 주관하는 것을 허락하지 아니하노니 오직 조용할지니라"(12절)는 이 섹션에서 가장 큰 논쟁을 일으킨 말씀이다. 또 신약 학자들 사이에서도 가장 뜨거운 논쟁거리가 된 텍스트에 속한다. 본문의 문자적 의미를 해석하기 어려워서가 아니다. 이 말씀의 현대적 적용에 대한 논쟁이다. 여성 리더십이 성경적이라 하는 사람들과 그렇지 않다는 사람들이 첨예하게 대립하고 있는 것이다.

바울은 12절에서 세 가지를 원칙으로 선언한다: (1)여자가 가르치는 것을 허락하지 않는다, (2)여자가 남자를 주관하는 것을 허락하지 않는다, (3)여자는 오직 조용히 있어야 한다. 첫째, 여자가 가르치는 것을 허락하지 않는다. 여자가 누구도 가르치지 못하게 하라는 말이다. 예외는 있을 수 없다. 여자가 남자를 가치는 것을 금할 뿐 아니라 여자가 여자를 가르치는 일과 여자가 어린아이를 가르치는 일도 금한다. 그러나 아르테미스 여신을 숭배하는 종교에서 여제사장들과 여신도들이 남자들을 가르친 것을 고려할 때, 바울이 이렇게 말하는 것은 그 종교와 기독교의 차별성을 강조하기 위해서다(cf. Marshall, Towner, Wright).

둘째, 여자가 남자를 주관하는 것을 허락하지 않는다. 신약에서 '주관하다'(αὐθεντέω)는 이곳에 단 한 차례 사용되는 단어이며, '모든 권한을 가지다(have total authority over), 지배하다'라는 뜻이다(새번역, 공동, NAS, NIV, NRS). 가르치는 일과 영적 리더십을 행사하는 것은 사역에서 가장 중요한 두 가지 요소다(cf. 요 10:11, 14; 벧전 5:4). 그러므로 사도가 금하는 이 두 가지를 문자적으로 해석하면 여자가 사역자가 되는 것을 허락하지 않는다는 의미다(Yarbrough). 그러나 바울이 이 금지령을 여제사장들과 여신도들의 리더십이 두드러졌던 아르테미스 숭배자들과 그리스도인 여자들을 차별화하기 위해 선포한 것이라면, 그리스도인 여자들은 아르테미스 예배에서 여제사장 등이 남자들을 주관하는 것처럼 하지 말라는 뜻이다(Wright).

셋째, 여자는 조용히 있어야 한다. 그러나 사도가 이미 11절에서 '조용히(ἡσυχία) 배우라'고 한 것을 보면 본문에서 '조용히(ἡσυχία) 있으라'는 것은 아무것도 하지 말라는 뜻이 아니다. 여자들이 여러 가지 봉사로 인해 배우는 일에 방해를 받지 않게 하라는 뜻이다(Yarbrough). 이 여자들은 잘 배워서 나중에 교회 지도자들로 세움받을 사람들이다. 그리스도인에게 배우는 것처럼 중요한 일은 없다.

이러한 해석을 거부하고 아직도 12절의 표면적(문자적) 의미를 고수하는 이들이 있다. 그들은 여자가 남자를 가르치는 것과 주관하는 것은 비성경적이라며 여성들의 목사직과 장로직 등 모든 리더십을 인정하지 않는다. 그러나 이러한 사람 중 대부분은 이중 잣대(double standard)를 적용하는 오류를 범하고 있다. 교회에서 여자가 교회학교 선생이 되어 남자아이들을 가르치는 일은 괜찮다고 한다. 여자 선교사들이 선교지에서 성인 남자들을 가르치는 것도 괜찮다고 한다. 참으로 앞뒤가 맞지 않는 논리다.

본문의 의미와 적용을 논할 때 중요한 해석적 열쇠는 성경이 강조하는 상황성과 융통성과 배려다. 다가올 상황을 제시하는 '이상', 곧 교회가 언젠가는 실현할 비전과 성경 저자들이 당면한 '현실', 곧 이상을 향해 변화해 가고자 하는 교회의 발목을 잡아 변화를 더디게 하는 당시 상황을 구분하는 것이다. 예수님은 자신의 죽음을 통해 온 인류를 유대인과 이방인으로 나누는 모든 벽을 무너뜨리셨다(엡 2:14-16). 그러므로 바울은 언젠가는 교회가 이런 곳이 될 것이라며 '이상'을 선포한다: "너희는 유대인이나 헬라인이나 종이나 자유인이나 남자나 여자나 다 그리스도 예수 안에서 하나이니라"(갈 3:28; cf. 고전 12:13; 골 3:11).

그러나 초대교회는 이러한 이상(비전)을 당장 실현할 수는 없었다. 당시 사회가 유대인과 헬라인, 종과 자유인, 남자와 여자를 차별했고, 기독교는 극히 작은 신생 종교였기 때문이다. 언젠가 온 세상이 기독교화되어 때가 무르익으면 이런 일들은 자연스럽게 실현될 것이다. 그때까지 교회는 무리하지 말고 기다려야 한다. 세상에서 노예 제도를 없애는 데 가장 크게 이바지한 종교는 기독교이고, 기독교인들이 앞장서서 이 제도를 폐지한 것을 보아도 알 수 있다.

바울이 살던 시대는 아직 노예 제도를 폐지할 생각이 전혀 없었고 오히려 당연하게 여겼다. 기독교는 개혁하는 종교지 혁명하는 종교가 아니기 때문에 그리스도 예수 안에서는 자유인이나 종이나 하나(신분이 같음)라고 했던 바울이 다른 곳에서는 "종들아 두려워하고 떨며 성실한 마음으로 육체의 상전에게 순종하기를 그리스도께 하듯 하라"라고 한다(엡 6:5; cf. 골 3:22; 4:1; 딤전 6:1). 도주한 종 오네시모를 주인인 빌레몬에게 돌려보내면서 자기를 보아서라도 그를 형제처럼 대하고 자비를 베풀 것을 간곡하게 부탁한다(cf. 몬 1:10-19). 그리스도 안에서는 남자와 여자의 차별이 없다고 단언한 사도는 "아내들이여 자기 남편에게 복종하기를 주께 하듯 하라"라고 외치며 남편이 우위임을 밝힌다(엡 5:22). 갈라디아서 3:28의 표면적인(문자적인) 의미와는 잘 어울리지 않는 말들이다.

고린도 교회가 바울에게 우상에게 제물로 바친 고기에 대해 물어보았을 때, 그는 우상은 신이 아니며 오직 하나님 한 분만이 신이므로 개의치 말고 먹으라고 했다. 그러나 우상에게 바친 고기를 먹는 일로 인해 누가 실족하거나 약한 양심에 상처를 입을 것 같으면 그 사람들을 생각해서 먹지 않는 것이 좋다고 했다(고전 8장). 어떤 원칙을 적용할 때 연약한 자들을 배려하고 그들이 준비될 때까지 기다려 주는 것이 좋다는 뜻이다. 현대적 사례를 하나 들자면, 우리는 아무 거리낌 없이 돼지고기를 마음껏 먹을 수 있지만, 이슬람교도들과 있을 때는 그들을 배려하는 차원에서 먹지 않는 것이 좋다.

유대인들은 안식일 율법을 매우 중요시 여겼다. 하나님 백성의 정체성과 연관되었다고 생각했기 때문이다. 그래서 안식일에 보리 이삭을 비벼 먹은 제자들을 비난했다(cf. 마 12장). 예수님은 제사장만이 먹을 수 있는 진설병을 다윗과 그와 함께한 자들이 먹은 일과 제사장들이 성전에서 일하느라 안식일을 범해도 죄가 없다는 사실을 지적하며 율법의 취지를 말씀하셨다. 율법이 사람들을 위해 존재하는 것이지, 사람이 율법을 위해 존재하는 것이 아니다. 그러므로 안식일에는 사람들을 위한 선한 일은 얼마든지 할 수 있다. 예수님은 안식일을 범했다며 분노해 자신을 죽이기로 결정한 유대인들을 개의치 않으시고 계속 안식일에 병자들을 치료하셨다(요 5장; 9장; cf. 요 7장).

이 같은 성경적 정황을 고려할 때 바울은 에베소 교회에 머물고 있는 디모데에게 언젠가는 기독교의 이상, 곧 "너희는 유대인이나 헬라인이나 종이나 자유인이나 남자나 여자나 다 그리스도 예수 안에서 하나이 니라"(갈 3:28)가 실현될 것이라는 비전을 계속 품되, 지금 당장은 교회 가 당면한 어려운 현실을 고려해 "여자가 가르치는 것과 남자를 주관 하는 것을 허락하지 아니하노니 오직 조용할지니라"(12절)라고 한다.

에베소 교회는 사도의 여성 리더십에 대한 현실적 권면(12절)을 따라야 한다. 에베소뿐 아니라 온 로마 제국이 여자들에게 남자들과 동등한 인권과 권리를 부여할 준비가 되어 있지 않다. 이런 상황에서 아직 신생 종교인 기독교가 '남자와 여자는 동등하다'는 이상을 실현한답시고 무리하게 행동하면 에베소 사회를 자극해 지탄은 물론이요 박해도 받을 것이다. 이는 복음 전도와 그들이 누려야 할 '고요하고 평안한 생활'(2절)에 도움이 되지 않는다. 그러므로 에베소 교회는 '이상'(비전)은 품고 살되, 사회가 이러한 변화를 받아들일 만한 때, 곧 '하나님의 때' 를 기다려야 한다.

그렇다면 12절을 이와 같은 상황성과 융통성과 배려를 바탕으로 해석하는 것을 정당화하는 증거가 본문에 있는가? 많다. 오늘날 남자들은 더는 손을 들고 기도하지 않는다(cf. 8절). 이미 언급한 것처럼 여자들의 화려하고 사치스러운 옷차림과 치장은 에베소에서 성행했던 아르테미스 종교를 따르는 여자들과 연관이 있다(cf. 9절). 여자들이 교회에서 조용히 배우는 것도 아르테미스 종교를 숭배하는 여자들과 그리스도인 여자들을 차별화하기 위한 일이다(cf. 11절).

바울이 여성 리더십에 대해 가장 부정적으로 말하는 두 텍스트는 고린도전서 11장과 에베소 교회에 머물고 있는 디모데에게 권면한 본문이다. 고린도와 에베소는 둘 다 여제사장들과 신전 창녀 등으로 인해 여자에 대한 사회적 인식이 매우 좋지 않은 도시다. 그러므로 사도는 고린도 교회의 여성도들에게 삭발하고 거리를 활보하는 우상 숭배자들로부터 차별화하기 위해 머리를 덮으라고 한다.

에베소 교회의 여성도들에게는 화려한 옷차림과 치장을 피하고 가르치는 일과 남자를 주관하는 일(예배 인도?)을 자제함으로써 아르테미스를 숭배하는 여자들로부터 자신들을 차별화하라고 한다. 에베소 교회가 박해받는 교회라는 사실을 생각하면 더욱더 이렇게 해야 한다(cf. 행 19:24-41). 12절은 모든 교회가 준수해야 할 영원한 원칙이 아니며, 에베소 교회에만 적용되어야 하는 시대적(정황적) 권면이다. 물론 이 말씀도 '이상'을 실현해 나가는 일의 한 부분이다.

우리가 주장하는 것처럼 만일 사도가 고린도와 에베소에서는 우상을 숭배하는 여자들로 인해 종교적인 여자들에 대한 인식이 좋지 않다는 점을 고려해 그리스도인 여성들은 우상을 숭배하는 여자들과 차별화되어야 한다는 측면에서 권면하는 것이라면, 한 가지 질문이 생긴다. 고린도 교회의 여성도들에 대해서는 사도가 직접 고린도 교회에 보낸 고린도전서를 통해서 권면하는데, 왜 에베소 교회의 여성도들에게는 에베소서가 아닌 디모데전서를 통해 권면하는가? 에베소서는 여러 교회가 돌려보도록 보낸 편지다. 그러므로 에베소서에서는 에베소 교회가 당면한 고유한 이슈에 대해 최대한 언급을 자제하기 때문에 빚어진 현상이다.

그동안 기독교는 하나님이 교회에 주신 비전, 곧 "너희는 유대인이나 헬라인이나 종이나 자유인이나 남자나 여자나 다 그리스도 예수 안에서 하나이니라"(갈 3:28)를 이루어 왔다. 인종 차별(유대인과 헬라인)과 사회적 차별(종과 자유인)은 해결했다. 그러나 아직도 성차별(남자와 여자)은 교회 안에 깊숙이 박혀 있다. 교회에서 성차별의 뿌리를 뽑아낼 때가 되었다. 한국 사회는 이미 여자 대통령을 선출했다. 원래는 교회가 사회를 선도해야 하는데, 지금은 뒤처져 있다.

어떤 성차별도 없는 세상과 교회는 하나님이 주신 기독교적 비전이다. 이 비전이 우리와 이슬람교를 가장 확실하게 구별한다. 그러나 에베소 교회가 처한 상황을 생각하면 당분간 여성도들은 되도록 최대한 조용히 신앙생활을 하며 불신자들의 눈에 띄지 않는 것이 좋다(11-12절).

III. 공동체의 삶(2:1-3:16)

그들의 눈에 띄는 것이 복음 전파에 방해가 될 수 있기 때문이다.

그렇다면 교회에서 남자들이 리더십을 발휘하고 여자들은 조용히 지내도 되는 성경적 근거는 무엇인가? 바울은 두 가지를 언급한다. 첫째, 아담이 먼저 지음받고 하와가 그 후에 지음받았다(13절). 창세기 1장은 하나님이 남자와 여자를 자기 모양과 형상대로 만드셨다고 할 뿐 두 사람의 창조 순서에 대해서는 언급하지 않는다(창 1:26-27). 둘 다 하나님의 모양과 형상대로 창조된 것이 중요하지 순서는 그다지 중요하지 않기 때문이다. 창세기 2장은 창세기 1:26-27이 어떤 과정을 통해 된 일인지에 대해 부연 설명을 하면서 남자가 먼저 창조되었고(2:7), 그다음 남자의 가슴에서 떼어 낸 것으로 여자가 창조되었다고 한다(2:21-22). 바울은 고린도 교회에 남자가 여자의 머리이므로 남자는 머리를 가릴 필요가 없지만, 여자는 가려야 한다며 같은 논리를 펼친다(고전 11:7-10).

둘째, 아담이 속은 것이 아니라 여자가 속아 죄에 빠졌다(14절). 창세기 3:1-7에 기록된 일명 '원죄'(original sin) 이야기를 배경으로 한 논리다. 하와가 죄를 지을 때 아담은 어디 있었는가? 뱀과 여자가 나누는 대화를 보면 바로 하와 옆에 서 있었다. 그는 아내가 뱀의 유혹에 넘어가는 것을 어떤 반대나 제재 없이 지켜보다가 아내가 건네준 열매를 함께 먹은 것이다! 그러므로 아담보다 여자가 먼저 속았다고 하는 바울은 하와의 죄보다 아담의 죄가 더 심각한 문제라고 한다(롬 5:15-19). 그러므로 예수님은 '첫 아담'이 세상에 끌어들인 죄 문제를 해결하기 위해 '마지막 아담'으로 오셨다.

> 한 사람의 범죄로 말미암아 사망이 그 한 사람을 통하여 왕 노릇 하였은즉 더욱 은혜와 의의 선물을 넘치게 받는 자들은 한 분 예수 그리스도를 통하여 생명 안에서 왕 노릇 하리로다 그런즉 한 범죄로 많은 사람이 정죄에 이른 것 같이 한 의로운 행위로 말미암아 많은 사람이 의롭다 하심

을 받아 생명에 이르렀느니라 한 사람이 순종하지 아니함으로 많은 사람이 죄인 된 것 같이 한 사람이 순종하심으로 많은 사람이 의인이 되리라(롬 5:17-19).

창세기 1장이 남자와 여자의 창조 순서에 대해 아예 관심을 표하지 않고, 창세기 3장이 여자의 죄보다 남자의 죄를 더 심각한 문제로 삼는 것(cf. 『엑스포지멘터리 창세기 1권』)을 고려하면 이 두 가지 논리는 그다지 설득력이 있어 보이지 않는다. 그럼에도 불구하고 이 두 논리는 성경에서 비롯된 것이기 때문에 에베소 교회의 여성도들이 조용히 신앙생활을 하도록 설득하는 데 충분하다.

바울은 에베소 교회의 여성도들이 정숙함으로써 믿음과 사랑과 거룩함에 거하면 그들이 해산함으로 구원을 얻을 것이라고 한다(15절). '정숙함'(σωφροσύνη)은 '합리성, 정신적 건전성, 바른 판단력' 등을 뜻한다(BDAG). 건전하고 지혜롭게 상황을 판단하고 적절하게 행하는 것이다. '믿음과 사랑과 거룩함'은 기독교가 추구하는 가치들(virtues)이다. 즉, 건전하고 바른 판단력으로 신앙생활을 하라는 뜻이다.

'해산함으로 구원을 얻으리라'(σωθήσεται δὲ διὰ τῆς τεκνογονίας)는 무슨 뜻인가? '해산함'(τεκνογονία)의 문자적 의미는 '아이를 낳는 것'(bearing a child)이다. 문자적인 의미를 따르자면 아이를 낳은 여자들만 구원을 얻을 것이라는 뜻이다. 그러나 우리가 잘 알다시피, 아이는 결혼한 여자들에게 주시는 하나님의 선물이다. 그렇다면 미혼자나 결혼했지만 아이가 없는 사람은 구원을 얻을 수 없다는 뜻인가? 절대 그렇지 않다.

'해산함'은 여성의 가정과 일상생활을 뜻하는 제유법(提喩法)이다(cf. Köstenberger, Lea & Griffin, Yarbrough). '제유법'(synecdoche)은 사물의 한 부분으로 그 사물 전체를 가리키거나, 전체로 한 부분을 가리키는 것이다. 사도는 에베소의 수호신인 아르테미스 여신 숭배와 연관해 여자들에 대한 인식이 참으로 부정적이니, 곧 '때가 악하니' 그리스도인 여자

III. 공동체의 삶(2:1-3:16)

들은 세상 사람들의 눈에 거슬리는 신앙생활을 하지 말고 조용히 일상과 가정에 성실한 신앙생활을 해 나가기를 부탁하고 있다. 그리스도인이 누리는 고요하고 평안한 생활은 하나님의 은혜다(Porter, cf. 2절). 일상에 성실하게 임하여 구원을 얻으라는 것이다.

목회 서신에서 '구원하다'(σῴζω)는 본문에서처럼 항상 미래형으로 사용된다(딤전 1:15; 2:4; 4:16; 딤후 1:9; 4:18; 딛 3:5). 이 문헌들은 구원의 '이미-아직'(already-not yet) 속성에서 '아직'(not yet) 실현되지 않은, 곧 종말에 있을 구원을 뜻하기 때문이다. 그러므로 '구원을 얻으리라'는 종말이 올 때까지 하나님이 그들을 보존하실 것을 암시한다(cf. NAS).

이 말씀은 권세자들을 포함한 모든 사람을 위해 기도하는 것은 하나님의 뜻이며, 또한 우리를 유익하게 하는 일이라 한다. 하나님이 우리의 기도로 인해 권세자들이 기독교를 핍박하지 못하게 하시면 우리는 고요하고 평안한 생활을 할 수 있다. 하나님께 모든 사람을 구원하시기를 간곡히 호소하면 함께 신앙생활을 할 그리스도인의 수가 늘어난다. 그러므로 권세자들과 모든 사람을 위한 기도는 좋은 일이며, 반드시 해야 한다.

하나님이 한 분이신 것처럼 하나님과 사람 사이에 중보자도 한 분이시다. 우리는 오직 예수님을 통해 하나님께 나아갈 수 있다. 다원주의에 젖어 있는 세상에서 이러한 배타주의(exclusivism)는 시대착오적이며 심지어 무례하게 여겨질 수 있다. 그러나 이것이 복음이며 사람을 구원할 유일한 진리다. 그리스도의 복음에 대해 변명할 필요도 없고 논쟁할 필요도 없다. 복음은 선포하는 것이기 때문이다.

우리가 추구해야 하는 것은 고요하고 평안한 삶과 신앙이다. 평범한 일상은 하나님의 축복이다. 지나치게 열정적일 필요가 없다. 화려할 필요도 없다. 조용히 선을 행하며 살면 된다. 그러나 이런 삶을 살기 위해서는 반드시 배우고 기도하며 사모해야 한다.

하나님이 교회와 각 개인에게 주신 이상(비전)은 반드시 실현될 것이다. 역사가 이러한 사실을 증명한다. 그러나 우리가 생각하는 때에 실현된다는 보장은 없다. 하나님이 계획하신 때가 차야 하기 때문이다. 우리의 시대와 삶은 그 위대한 비전을 실현해 나가는 과정이다. 그러므로 현재의 삶을 성실하게 살며 하나님의 때를 기다리는 것도 그리스도인의 덕목이다.

여자들도 남자들처럼 배우고 훈련받으면 교회의 지도자가 될 수 있다. 예수님은 이미 남자와 여자를 차별하는 벽을 무너뜨리셨다. 다만 처한 상황에 따라 융통성을 가지고 하나님의 때를 기다릴 줄도 알아야 한다.

Ⅲ. 공동체의 삶(2:1-3:16)

B. 감독과 집사(3:1-13)

[1] 미쁘다 이 말이여, 곧 사람이 감독의 직분을 얻으려 함은 선한 일을 사모하는 것이라 함이로다 [2] 그러므로 감독은 책망할 것이 없으며 한 아내의 남편이 되며 절제하며 신중하며 단정하며 나그네를 대접하며 가르치기를 잘하며 [3] 술을 즐기지 아니하며 구타하지 아니하며 오직 관용하며 다투지 아니하며 돈을 사랑하지 아니하며 [4] 자기 집을 잘 다스려 자녀들로 모든 공손함으로 복종하게 하는 자라야 할지며 [5] (사람이 자기 집을 다스릴 줄 알지 못하면 어찌 하나님의 교회를 돌보리요) [6] 새로 입교한 자도 말지니 교만하여져서 마귀를 정죄하는 그 정죄에 빠질까 함이요 [7] 또한 외인에게서도 선한 증거를 얻은 자라야 할지니 비방과 마귀의 올무에 빠질까 염려하라 [8] 이와 같이 집사들도 정중하고 일구이언을 하지 아니하고 술에 인박히지 아니하고 더러운 이를 탐하지 아니하고 [9] 깨끗한 양심에 믿음의 비밀을 가진 자라야 할지니 [10] 이에 이 사람들을 먼저 시험하여 보고 그 후에 책망할 것이 없으면 집사의 직분을 맡게 할 것이요 [11] 여자들도 이와 같이 정숙하고 모함하지 아니하며 절제하며

모든 일에 충성된 자라야 할지니라 ¹² 집사들은 한 아내의 남편이 되어 자녀와 자기 집을 잘 다스리는 자일지니 ¹³ 집사의 직분을 잘한 자들은 아름다운 지위와 그리스도 예수 안에 있는 믿음에 큰 담력을 얻느니라

2장은 하나님의 집인 교회에서 드리는 예배에 대한 지침이었다. 본문은 어떤 사람을 교회의 지도자인 감독(장로)과 집사로 세워야 하는지에 대한 말씀이다. 사도가 디도에게 그레데 교회에 장로를 세우도록 권면하는 내용(딛 1:5-9)은 그레데 교회 상황에서는 그동안 접해 보지 못한 완전히 새로운 지침일 수 있다(Liefeld). 우리는 그레데 교회에 대해 아무것도 아는 바가 없기 때문이다. 반면에 디모데가 머물고 있는 에베소 교회에는 바울이 세운 장로들이 있었다(cf. 행 20:17). 그러므로 이 말씀은 장로를 세울 때는 이렇게 해야 한다는 리마인더(reminder)라 할 수 있다.

디모데가 에베소 교회에서 '다른 교훈'을 가르치는 자들을 내보내고 교회를 이단적인 가르침에서 보호하려면 반드시 이런 사람들을 교회를 지키고 보호하는 목자들로 세워야 한다. 지침의 대부분이 도덕적(윤리적) 기준인 것으로 보아 거짓 선생들은 신학적 문제뿐 아니라 심각한 윤리적 문제도 지녔던 것으로 보인다.

감독과 집사에 대한 규례인 본 텍스트는 디모데가 머물고 있는 에베소 교회에 세울 지도자들에 관한 말씀이다. 어떤 이들은 에베소 교회를 초월해 세상 모든 교회에 영원히 적용되어야 할 원칙이라 하지만(Mounce), 대부분 학자는 이 말씀이 교회의 여자 리더십에 대해 권면한 2장처럼 에베소 교회가 처한 시대적 정황을 고려해 해석해야 한다고 한다.

영원불변한 원칙으로 해석하면 오늘날 감리교 교단의 감독 제도는 비성경적이고 잘못된 것이라고 할 수밖에 없다. 감독은 한 교회를 관리하는(supervise) 사람이지 여러 교회를 치리하는 사람이 아니기 때문이

다. 여러 교단이 있는 것도 성경적이지 않다. 또한 외국 교회에는 권사가 없다. 여장로와 여집사는 있어도 권사는 없다. 권사 제도는 한국 교회에만 있다.

우리가 기억해야 할 것은 교회가 믿고 고백하는 그리스도의 복음은 절대 변하지 않지만, 그 복음을 전파하는 각 교단이 지향하고 선호하는 교회의 조직 체계는 시대의 필요에 따라 다를 수 있고, 변할 수 있다는 점이다. 교회의 조직 체계가 성경에 근거하면 좋겠지만, 반드시 성경에서 비롯된 것일 필요는 없다. 그러므로 여러 교단이 있는 것도 괜찮다.

섹션을 시작하는 "미쁘다 이 말이여"(Πιστὸς ὁ λόγος)(1a절)는 이미 1:15과 2:5에서 사용된 적이 있으며, 나머지 목회 서신에서 세 차례 더 사용될 것이다(4:9; 딤후 2:11; 딛 3:8). 모든 사람이 믿을 만한(신뢰할 만한) 말이라는 뜻이며, 주로 새 섹션과 주제를 시작하는 신호탄으로 사용된다. 지금부터 전개되는 내용이 매우 중요함을 암시하는 것이다(Yarborough).

사람이 감독의 직분을 얻으려 하는 것은 선한 일을 사모하는 일과 같다(1b절). '감독'(ἐπισκοπή)은 교회의 설교와 행정을 맡은 사람으로 오늘날의 목사 개념에 가장 가깝다(Lea & Griffin). 그래서 전통적으로 침례교에는 목사와 집사들만 있고 장로는 없다. 지금도 침례교에서는 대부분 장로 제도를 도입하지 않는다.

그렇다면 침례교만 성경적인가? 그렇지 않다. 바울이 에베소 교회 장로들(πρεσβυτέρους)을 밀레도로 불러 권면할 때(행 20:17), 그들을 '감독들/감독자들'(ἐπισκόπους)이라고도 부른다(행 20:28). 또 그레데 교회에 머물고 있는 디도에게 '장로들'(πρεσβυτέρους)을 세우라고 하는데(딛 1:5), 그가 세울 장로의 인품은 이러해야 한다며 '장로'(πρεσβύτερος)를 '감독'(ἐπίσκοπον)이라 부른다(딛 1:7). 그러므로 장로교는 교회 조직으로 장로와 집사를 세운다. 장로는 가르치는 장로(teaching elder), 치리하는 장로(ruling elder)로 나뉜다. 가르치는 장로는 목사를, 치리하는 장로는 교회 살림을 맡아 하는 당회원을 뜻한다. 장로교도 어느 교단과 비추어 볼 때 성경적인 근거에서 뒤지지 않는다. 베드로는 예수님을 우리의 목자와 감독이라 한다: "너희가 전에는 양과 같이 길을 잃었더니 이제는 너희 영혼의 목자와 감독 되신 이에게 돌아왔느니라"(벧전 2:25).

'얻으려 하다'(ὀρέγω)는 신약에서 세 차례 사용되는 단어다(6:10; 히 11:16). 하나님이 주신 목표를 이루려 하는 의지의 표현이다(TDNT). 그러므로 히브리서 기자는 이 단어를 매우 긍정적으로 사용한다: "그들이 이제는 더 나은 본향을 사모하니(ὀρέγονται)"(히 11:16). 바울은 감독의 직분을 얻으려 하는 것은 선한 일을 사모하는 것과 같다며 매우 좋은 일이라 한다. 신앙이 성숙할수록 봉사하고 섬기는 것은 하나님이 기뻐하시는 일이다. 하지만 안타깝게도 우리 주변에는 직분을 벼슬 혹은 보직 정도로 생각하는 사람이 많다.

감독은 좋은 인품(인격)을 지닌 사람이어야 한다: (1)일곱 가지 긍정적인 것(2절), (2)네 가지 부정적인 것(3절), (3)가정을 잘 다스려야 함(4-5절). 먼저 감독이 지녀야 할 긍정적인 성품 일곱 가지를 생각해 보자.

첫째, 감독은 책망할 것이 없어야 한다(2a절). '책망할 것이 없다'(ἀνεπίλημπτος)는 흠이 없다는 뜻이다(BDAG). 기독교인뿐 아니라 비기독교인이 볼 때도 경건한 삶을 사는 사람이다(Lea & Griffin). 성경 인물 중 선지자 다니엘이 이런 사람이다(Köstenberger). '책망할 것이 없다'는 나머지 여섯 가지를 총체적으로 요약하는 말이기도 하다(Knight).

둘째, 감독은 '한 아내의 남편'(μιᾶς γυναικὸς ἄνδρα)이어야 한다(2b절). 바울은 그레데에 있는 디도에게도 장로를 세울 때 이런 사람을 세우라 한다(딛 1:6). 감독은 남자여야 한다는 말이며(cf. 2:12), 이 조건은 앞서 언급한 것처럼 사회와 교회가 여자 감독(장로)을 받아들일 수 있을 때까지 적용된다. 그러나 감독이 반드시 결혼한 사람이어야 한다는 것은 아니다. 바울은 결혼할 권리를 포기했다고 한다(고전 9:5; cf. 고전 7:7-

8). 결혼할 정도로 나이가 들면 독신인 바울이 사도가 된 것처럼 독신이라도 감독이 될 수 있다(고전 7:7-8; cf. 마 19:12).

그러므로 이는 여러 아내나 첩을 두는 것을 금하는 말씀이다(Baugh). 또한 이혼은 별개 이슈다(cf. Köstenberger, Liefeld). NRS는 '한 번만 결혼한 사람'(married only once)이라고 번역했는데, 좋은 번역은 아니다. 감독이 될 사람은 한 여자하고만 결혼 생활 중이어야 한다.

셋째, 감독은 '절제해야'(νηφάλιος) 한다(2c절). 이 단어는 원래 알코올을 남용하거나 악용하지 않고 적절하게 마신다는 뜻이다(Dunn). 그러므로 본문에서처럼 비유적으로 쓰일 때는 '자기 조절'(self-controlled)을 뜻한다(BDAG).

넷째, 감독은 '신중해야'(σώφρων) 한다(2c절). '신중해야'(σώφρων)는 어떤 일을 결정할 때 활용하는 자제력(self-control)을 의미한다(NIDNTTE). 지혜로운 사람은 어떤 결정을 할 때 감정을 억제할 줄 안다: "어리석은 자는 자기의 노를 다 드러내어도 지혜로운 자는 그것을 억제하느니라"(잠 29:11; cf. 전 7:9). 감독은 자기 생각을 냉정하게 통찰해야 하며 들뜨거나 불안정한 감정에 휘말려서는 안 된다.

다섯째, 감독은 '단정해야'(κόσμιος) 한다(2c절). 이 단어는 2:9에서 여자의 의상에 관한 지시에서 사용되었다. 감탄이나 기쁨을 자아내는 인품을 지녀 사람들의 존경을 받는다는 의미다(BDAG).

여섯째, 감독은 '나그네를 대접해야'(φιλόξενος) 한다(2d절). 이는 여행 여건이 좋지 않았던 당시에는 매우 중요한 미덕이었다(Liefeld). 다른 그리스도인을 환대하는 것은 예수님을 환대하는 것과 같다: "내가 진실로 진실로 너희에게 이르노니 내가 보낸 자를 영접하는 자는 나를 영접하는 것이요 나를 영접하는 자는 나를 보내신 이를 영접하는 것이니라"(요 13:20). 감독은 나그네를 대접하는 일을 불평 없이 해야 하며(벧전 4:9), 솔선수범을 보여 온 교회가 나그네(그리스도인)를 환영하는 분위기를 조성해야 한다. 나그네를 대접하다가 천사들을 대접한 사람들도 있었다(히 13:2).

일곱째, 감독은 '가르치기를 잘해야'(διδακτικός) 한다(2d절). 가르치기를 잘하는 것은 지식이 많은 것을 전제하지만, 사람들을 설득키시는 능력이다(Liefeld, cf. 딤후 2:24). 기독교는 가장 유능한 선생이신 예수님으로부터 시작되었으며, 그리스도인들은 주님이 가르쳐 주신 것을 다른 사람들에게 가르치고 전파하는 사명을 받았다.

> 예수께서 나아와 말씀하여 이르시되 하늘과 땅의 모든 권세를 내게 주셨으니 그러므로 너희는 가서 모든 민족을 제자로 삼아 아버지와 아들과 성령의 이름으로 세례를 베풀고 내가 너희에게 분부한 모든 것을 가르쳐 지키게 하라 볼지어다 내가 세상 끝날까지 너희와 항상 함께 있으리라 하시니라(마 28:18-20).

3절은 감독이 피해야 할 네 가지 부정적인 것을 언급한다. 첫째, 감독은 '술을 즐기지 않아야'(μὴ πάροινον) 한다(3a절). 바울이 디모데에게 "이제부터는 물만 마시지 말고 네 위장과 자주 나는 병을 위하여는 포도주를 조금씩 쓰라"(5:23)라고 말하는 것으로 보아 건강을 위해 마시는 것이나 흥을 돋우기 위해 조금 마시는 것은 괜찮다. 구약에서 술은 즐거움의 상징이다. 예수님도 가나의 혼인 잔치에서 물을 포도주로 바꾸어 잔치에 즐거움을 더하셨다(cf. 요 2:1-11). 이사야는 종말에 하나님이 잔치를 베푸실 것이라며 "만군의 여호와께서 이 산에서 만민을 위하여 기름진 것과 오래 저장하였던 포도주로 연회를 베푸시니 곧 골수가 가득한 기름진 것과 오래 저장하였던 맑은 포도주로 하실 것"(사 25:6)이라고 했다. 술 자체는 좋은 것이다. 그것을 남용하고 오용하는 사람이 나쁘다.

술은 독사의 독과 같다. 독사의 독으로 사람을 살리는 의약품을 만들지만, 많은 양이 한꺼번에 사람 몸에 투입이 되면 죽는다. 적은 양의 술은 좋을 수 있지만, 과하면 치명적이다. 성경은 술 취함의 문제를 여러 곳에서 지적한다(눅 12:45; 21:34; 롬 13:13; 갈 5:21; 엡 5:18; 살전 5:7). 술 취함은 감독뿐 아니라 예수님의 제자가 되고자 하는 사람은 모두 멀리해야 한다.

둘째, 감독은 '구타하지 않아야'(μὴ πλήκτην) 한다(3b절). 이 단어는 디도서 1:7에서 한 번 더 사용되는 희귀 단어다. '싸우기 좋아하는'(pugnacious, NAS) 혹은 '폭력적인'(violent) 사람을 뜻한다(ESV, NIV, NLT, NRS). 육체적인 피해를 가하는 것만이 폭력은 아니다. 우리가 내뱉는 말도 심각한 정신적인 폭력이 될 수 있다. 영어권에는 '말은 주먹보다 더 쎄게 친다'(Words often strike harder than fists)라는 말이 있다. 육체적 폭력과 언어적인 폭력 모두 사역자와 어울리지 않는다.

셋째, 감독은 '관용하며 다투지 않아야'(ἐπιεικῆ ἄμαχον) 한다(3c절). '관용'(ἐπιεικής)은 온화하고(gentle), 친절하고(kind), 양보하는(yielding) 것이다(BDAG, cf. 빌 4:5; 딛 3:2; 약 3:17; 벧전 2:18). 바울은 디모데에게 관용을 베풀면서도 '선한 싸움'을 싸우라 한다(6:12).

넷째, 감독은 돈을 사랑하지 않아야 한다(3d절). 바울은 디도에게 보내는 편지에서 감독을 세울 때 '더러운 이득을 탐하지 않는' 사람으로 세우라고 한다(딛 1:7). 더 나아가 히브리서는 그리스도인들에게 "돈을 사랑하지 말고 있는 바를 족한 줄로 알라"라고 권면한다(히 13:5). 감독은 없는 것을 탐하지 않고 있는 것으로 감사하며 사는 사람이어야 한다. 우리가 돈을 사랑하면 하나님과 이웃에 대해 이기적인 분리의 벽을 세우게 된다(Yarbrough).

가정을 잘 다스리는 일은 감독의 가장 중요한 자격이다. 그러므로 사도는 이 이슈에 대해 가장 자세하게 말한다(4-5절). '다스리다'(προΐστημι)는 '우두머리가 되다, 보호하다' 등의 의미를 지닌다(BDAG). 어떻게 하는 것이 가정을 '잘 다스리는'(καλῶς προϊστάμενον) 것일까? 자녀들이 모든 공손함으로 복종하면 가정을 잘 다스린 증거라 한다. '자녀들'(τέκνα)은 부모와 함께 사는 미성년자들이다. 결혼했거나 성인이 된 자녀는 포함되지 않는다. 그러므로 십계명 중 '부모를 공경하라'는 다섯 번째 계명을 존중하는 집안이다. '공손함'(σεμνότης)은 '존경'(reverence)과 '존중'(dignity)을, '복종'(ὑποταγή)은 '순종'(obedience)과 '복종'(subjection) 등을 뜻한다(BDAG). 감독은 부모를 존경하고 순종하는 자녀들을 둔 사람이어야 한다.

사람이 자기 집을 다스릴 줄 알지 못하면서 어찌 하나님의 교회를 돌볼 수 있겠는가(5절)? 이 말씀은 4절에 대한 부연 설명이며 문맥의 흐름에 별 상관이 없는 말씀이기에 대부분 번역본이 개역개정처럼 괄호 안에 표기한다(새번역, 공동, 아가페, NAS, NIV). 집(작은 것)을 다스리지 못하면 하나님의 교회(큰 것)는 더욱더 돌볼 수 없다는 논리다. 예수님의 '달란트 비유'가 생각난다: "그 주인이 이르되 잘하였도다 착하고 충성된 종아 네가 적은 일에 충성하였으매 내가 많은 것을 네게 맡기리니 네 주인의 즐거움에 참여할지어다"(마 25:21, 23; cf. 마 25:14-29).

사도는 디모데에게 감독을 세울 때 두 가지 요인을 추가로 고려하라고 한다: (1)새로 입교한 자는 감독으로 적합하지 않다(6절), (2)비기독교인들에게 인정받은 사람을 감독으로 세워야 한다(7절). 신약에서 '새로 입교한 자'(νεόφυτον)는 이곳에서 한 번만 사용된다. 직역하면 '새로 심은'이라는 뜻이다(BDAG). 그리스도를 영접한 지 얼마 되지 않은 사람은 감독으로 적합하지 않다는 뜻이다.

바울이 새로 입교한 자를 감독으로 세우지 말라고 하는 것은 그가 교만해져서 마귀를 정죄하는 그 정죄에 빠질까 염려해서다(6절). '마귀를 정죄하는 그 정죄'(κρίμα τοῦ διαβόλου)는 그리스도의 죽음과 부활로 인해 마귀가 받은 정죄다(Barrett, Fee, cf. 계 12:7-17; 20:7-10; 창 3:15).

어느 정도 신앙 경력이 있으면 교만에 빠질 위험이 덜하다. 그러므로 신앙 경력이 짧은 사람이라도 좋은 인격을 갖추어 교만해질 위험이 없으면 감독(장로)으로 세워도 된다. 바울은 1차 선교 여행 때 비시디아 안디옥, 이고니온, 루스드라, 더베 등에서 전도하며 교회를 세웠다(행 14:1-7). 몇 달 후 파송 교회가 있는 수리아 안디옥으로 돌아가는 길에 이 도시들을 방문해 장로들을 세웠다(행 14:21-23). 이는 매우 짧은 신앙 경력에도 불구하고 상황에 따라 장로(감독)로 세울 수 있다는 것을 암시한다. 교회를 이끄는 리더십에서는 영성이 가장 중요하며, 어떤 이들은 짧은 신앙생활에도 불구하고 영성이 깊다.

감독은 외인들에게서도 선한 증거를 얻은 자라야 한다(7a절). '외인'(τῶν ἔξωθεν)은 교회 밖에 있는 사람, 곧 불신자를 뜻한다(BDAG). 교회의 지도자가 될 사람은 성도들뿐 아니라 불신자들에게도 '선한 증거'(μαρτυρίαν καλὴν)를 얻어야 한다. '증거'(μαρτυρία)는 '증언'(testimony)이다. 감독은 주변 사람들(비기독교인들)로부터 좋은 평판을 받는 사람이어야 한다는 뜻이다. 윤리와 도덕에서 세상의 기준과 하나님의 기준은 상당히 비슷하다. 그러므로 좋은 그리스도인은 양심적으로 행동한다.

감독이 비기독교인들에게도 좋은 말을 들어야 하는 것은 비방과 마귀의 올무에 빠질까 염려해서다(7b절). '비방'(μαρτυρία)은 '수치, 모욕'(disgrace, insult)이다(BDAG). 교회의 영광스러운 '감독'이라는 직분이 지닌 명예에 걸맞지 않은 것들이다. 본문이 명예에 관해 말하고 있는 점을 고려할 때 '마귀의 올무'(παγίδα τοῦ διαβόλου)도 세상 사람들에게 비난받고 욕먹는 일을 뜻한다.

감독에 대한 권면(1-7절)이 집사에 대한 권면으로 이어진다(8-13절). '이와 같이'(ὡσαύτως)(8a절)는 감독을 세울 때 적용한 기준과 원칙을 집사들을 세울 때도 동일하게 적용하라는 뜻이다. 사도는 감독에 관해 말할 때는 단수형(ἐπισκοπῆς)을 사용했는데, 집사에 관해 말할 때는 복수형(διακόνους)을 사용한다. 어느 교회든 집사의 수가 감독(장로)보다 많기 때문이다(Yarbrough).

사도들은 양식을 나누어 주는 등 봉사하는 일을 위해 가르치는 일과 기도하는 일을 포기할 수는 없다며 예루살렘 교회에 성령과 지혜가 충

III. 공동체의 삶(2:1-3:16)

만하여 칭찬받는 사람 일곱을 택하라고 했다. 그들에게 안수해 봉사하는 일을 맡기기 위해서였다(행 6:2-6). 대부분 사람이 이 일을 집사에 대한 첫 성경적 사례라고 생각한다. 그러나 이 사건에서는 집사를 뜻하는 헬라어 단어(διάκονος)를 사용하지 않는다.

'집사'(διάκονος)는 '종, 섬기는 자'(servant)라는 의미를 지니며, 바울 서신에서 21차례 사용된다(롬 13:4; 15:8; 16:1; 고전 3:5; 고후 3:6; 6:4; 11:15[2x], 23; 갈 2:17; 엡 3:7; 엡 6:21; 빌 1:1; 골 1:7, 23, 25; 골 4:7; 딤전 3:8; 3:12; 4:6). 이 단어(διάκονος)에는 두 가지 부류의 사람이 있다. 첫째, 봉사하거나 사역하는 사람들이다(Yarbrough). 둘째, 교회에서 '봉사자, 집사' 직분을 받은 사람들이다.

어떤 이들은 집사직과 감독직을 서로에게서 독립된 직분으로 해석하지만(Mounce), 감독은 한 사람(단수형)인 것에 비해 집사는 여러 사람(복수형)이다. 그러므로 집사는 감독의 지휘 아래 교회를 섬겨야 한다(Köstenberger). 당시 '여집사'라는 말은 존재하지 않았으므로, '집사'는 남자와 여자를 총체적으로 칭한다(Liefeld).

집사들은 '정중해야'(σεμνός) 한다(8a절). 위엄 있고(dignified), 진지한(serious) 모습을 뜻한다(BDAG). 행실이 존경받을 만해야 한다는 뜻이다(NIDNTTE).

집사들은 '일구이언을 하지 않아야'(μὴ διλόγους) 한다(8b절). 위선자, 이중으로 말하는 자, 한 가지를 말하면서 다른 것을 의미하는 자 등을 뜻한다(TDNT). 남에게 해를 입히는 말은 목회 서신에서 중요한 주제다(cf. 1:7; 3:11; 5:13; 6:4; 딛 1:10; 2:9). 말도 중요하지만, 입은 마음에 있는 것을 표현한다(cf. 마 12:34; 눅 6:45). 그러므로 집사들은 마음과 말이 경건한 사람이어야 한다.

집사들은 '술에 인 박히지 않아야'(μὴ οἴνῳ πολλῷ προσέχοντας) 한다(8c절). '술에 인 박히다'(οἴνῳ πολλῷ προσέχοντας)는 '마음을 많은 술에 두다'(turn one's mind to much wine)라는 뜻이다(BDAG). '술의 종이 되는 것'(딛

2:3)과 비슷한 말이다. 우리는 술이나 약물 남용을 극복하기 위해 복음의 은혜를 붙잡아야 한다. 집사들처럼 교회가 리더로 세운 사람들은 더욱더 그래야 한다.

집사들은 '더러운 이를 탐하지 않아야'(μὴ αἰσχροκερδεῖς) 한다(8d절). '돈에 대한 욕심', '부정직한 이득을 좋아하는 것' 등을 뜻한다(BDAG). 감독에 대한 권면에도 포함된 말이다(딛 1:7; cf. 딤전 3:3). 돈을 많이 벌고자 하는 것은 좋은 일이다. 다만 의심쩍거나 불의한 방법으로 버는 것은 옳지 않다. 정당하게 번 돈을 좋은 일에 쓰는 것은 돈을 숭배하거나 노예가 아니라는 것을 증명한다.

집사는 깨끗한 양심에 믿음의 비밀을 가진 자여야 한다(9a절). '믿음의 비밀'(τὸ μυστήριον τῆς πίστεως)은 '믿음의 깊은 진리'(the deep truths of the faith)(NIV, NIRV) 혹은 '믿음의 신비'(the mystery of the faith)라는 뜻이다(cf. ESV, NAS, NLT, NRS). 소수만이 얻을 수 있는 비밀이 아니다.

이 믿음의 비밀은 하나님이 인류를 구원하기 위해 하신 모든 일이다. 선과 악이 종말까지 함께 존재하는 것(마 13:1-52), 이방인의 구원을 위해 이스라엘이 복음을 부인한 일(롬 11:25-27), 교회를 통해 유대인과 이방인이 하나가 된 일(엡 3:2-6) 등을 포함한다(Liefeld). 그러므로 예수 그리스도가 곧 믿음의 비밀의 절정이다.

> 내가 교회의 일꾼 된 것은 하나님이 너희를 위하여 내게 주신 직분을 따라 하나님의 말씀을 이루려 함이니라 이 비밀은 만세와 만대로부터 감추어졌던 것인데 이제는 그의 성도들에게 나타났고 하나님이 그들로 하여금 이 비밀의 영광이 이방인 가운데 얼마나 풍성한지를 알게 하려 하심이라 이 비밀은 너희 안에 계신 그리스도시니 곧 영광의 소망이니라(골 1:25-27).

이 믿음의 비밀은 '깨끗한 양심 안에'(ἐν καθαρᾷ συνειδήσει) 있다. 깨끗한 양심은 '선한 양심'(1:5) 및 '착한 양심'(1:19)과 비슷한 말이다(cf. 딤후 1:3; 딛 1:15). 사도는 교회 직분자들에게 한 번 더 각 사람의 선한 양심의 중요성을 강조하고자 한다(Liefeld). 우리의 믿음, 곧 '믿음의 비밀'(τὸ μυστήριον τῆς πίστεως)은 깨끗한 양심 위에 세워져야 한다.

집사의 윤리적 기준(8-9절)을 충족시키는 사람이 있다면 집사로 세우기 전에 먼저 시험해 보아야 한다(10a절). 감독의 윤리적 기준(2-5절)을 충족시키는 사람이라 할지라도 새로 입교한 자나 외부 사람들에게서 선한 증거를 얻지 못한 자는 감독이 될 수 없는 것처럼(6-7절), 집사도 먼저 시험해 보고 책망할 것이 없으면 비로소 집사 직분을 맡기라는 것이다(10b절). 사도는 디도에게도 시험해 보고 책망할 것이 없는 사람을 장로로 세우라 한다(딛 1:6). 저자가 공식적인(formal) 시험을 말하는 것인지, 비공식적인(informal) 시험을 말하는 것인지는 확실하지 않다(Knight). '책망할 것이 없는'(ἀνέγκλητος)은 윤리적인 결함이 없다는 뜻이므로 인격이나 인품에 별문제가 없는 사람이 집사가 되어야 한다는, 곧 비공식적인 평가를 해 보라는 뜻이다. 오늘날 우리 아이들의 상황에 빗대자면 '수능'보다 '내신'이 더 중요하다는 것이다.

여자들에 관한 권면인 11절의 내용은 쉽다. 첫째, 여자는 '정숙해야'(σεμνάς) 한다. 8절에서 '정중하고'로 번역된 단어다. '위엄 있고'(dignified), '진지하며'(serious)(BDAG), 행실이 존경받을 만해야 한다는 뜻이다(NIDNTTE). 둘째, 여자는 '모함하지 않아야'(μὴ διαβόλους) 한다. 모함은 '일구이언'(διλόγους, 8절)과 연관이 있다.

셋째, 여자는 '절제해야'(νηφάλιος) 한다. 이 단어 또한 2절에서 사용된 단어다. 원래 알코올을 남용하거나 악용하지 않고 적절하게 마신다는 뜻이다(Dunn). 그러므로 본문에서처럼 비유적으로 쓰일 때는 '자기조절'(self-controlled)을 뜻한다(BDAG).

넷째, 여자는 '모든 일에 충성된 자'(πιστὰς ἐν πᾶσιν)여야 한다. 모든 일(큰일)에 대한 신실함은 세세한 것(작은 일)에 대한 신실함을 요구한다. 예수님은 "지극히 작은 것에 충성된 자는 큰 것에도 충성되고 지극히 작은 것에 불의한 자는 큰 것에도 불의하니라"(눅 16:10)라고 하셨다.

본문을 해석하는 데 가장 중요한 이슈는 사도가 누구를 두고 '여자들'이라 하느냐다. '여자들'(γυναῖκας)은 '아내들'(wives)로 번역할 수도 있고, '여자들'(women)로 번역할 수도 있기 때문이다(BDAG). 만일 '여자들'로 번역하면 '남자 집사들'(8-10절)과 동등한 '여자 집사들'이다(cf. 새번역, NAS, NRS). 만일 '아내들'로 번역하면 '남자 집사들'의 아내들이다(cf. 공동, ESV, NIRV, NLT). 대부분 학자는 '여자 집사들'(deaconesses)로 해석한다(Bassler, Belleville, Johnson, Köstenberger, Oden, Witherington).

2세기 전까지는 여자 집사를 칭하는 단어가 개발되지 않았다(Lea & Griffin, Liefeld). 그러나 교회의 조직 체계가 온전히 자리를 잡기 전이라도 얼마든지 '집사'(διάκονος)라는 단어가 여자에게도 사용될 수 있었다. 대부분 번역본은 뵈뵈를 겐그레아 교회의 '일꾼'(διάκονος)이라 하지만, 일부 번역본은 그녀를 집사(deacon)라 한다(새번역 각주, 아가페, NIV, NRS, RSV). 당시에 감독은 남자만 될 수 있었지만, 집사는 여자도 될 수 있었다는 뜻이다. 여자 감독도 언제든 사회와 교회의 분위기가 무르익으면 세워도 괜찮다.

바울은 다시 '남자 집사들'에 관해 말한다(12-13절). 집사들은 한 아내의 남편이어야 한다(12a절). 감독에 대한 기준과 같다(cf. 2절). 집사가 되려면 반드시 결혼한 사람이어야 한다는 것은 아니다. 독신도 집사가 될 수 있다. 여러 아내나 첩을 두는 것을 금하는 말씀이다(Baugh). 이혼은 별개 이슈다(cf. Köstenberger, Liefeld). NRS는 '한 번만 결혼한 사람'(married only once)이라고 번역했는데, 좋은 번역은 아니다. 집사가 될 사람은 한 여자하고만 결혼 생활 중이어야 한다.

집사는 자녀와 집을 잘 다스리는 자여야 한다(12b절). 이 또한 감독에 대한 권면(4-5절)과 다를 바 없다. '다스리다'(προΐστημι)는 '우두머리가 되다, 보호하다' 등의 의미를 지닌다(BDAG). 어떻게 하는 것이 자녀와 집을 '잘 다스리는 것'(καλῶς προϊστάμενοι)일까? 사도는 자녀들이 모든 공손함으로 복종하면 가정을 잘 다스리는 증거라 한다(cf. 4절). '자녀들'(τέκνων)은 부모와 함께 사는 미성년자들이다. 결혼했거나 성인이 된 자녀는 포함되지 않는다. 그러므로 십계명 중 '부모를 공경하라'는 다섯 번째 계명을 존중하는 집안이다. 집사는 부모를 존경하고 순종하는 자녀를 둔 사람이어야 한다.

집사의 직분을 잘한 자들은 아름다운 지위를 얻게 된다(13a절). 지위(βαθμός)는 '순위'(rank), '위치'(standing) 등을 뜻한다(BDAG). 하나님과 사람들이 인정하는 영광을 누리게 된다는 뜻이다.

또 집사는 그리스도 예수 안에 있는 믿음에 큰 담력을 얻는다(13b절). 믿음이 많이 자랄 것이라는 뜻이다. 당연하다. '100m 미인/미남'이라는 말을 들어보았는가? 멀리서는 참으로 아름답고 멋있어 보이는데 정작 가까이 가서 보면 실망스럽다는 뜻이다. 교회 봉사와 사역도 마찬가지다. 멀리서 보기에는 아름다워 보인다. 그러나 실제로 해 보면 힘들고 어렵다. 심지어 시험에 들기도 한다. 교회는 의인이 모인 곳이 아니라, 죄인이 모인 곳이며, 건강한 사람이 모인 곳이 아니라, 병든 사람이 모인 곳이기 때문이다. 그러므로 봉사하고 사역하는 사람들이 시험에 들면 교회를 떠나기까지 한다. 반면에 견뎌 내면 예수님 안에 있는 믿음에 큰 담력을 얻는다.

이 말씀은 교회의 직분은 좋은 것이므로 사모해야 한다고 한다. 직분은 보직이나 벼슬이 아니라, 섬김이기 때문이다. 그러므로 직분을 얻어 잘 섬기면 하나님과 사람들의 인정을 받고, 신앙도 자라는 것을 경험하게 될 것이다.

경건하고 도덕적인 사람들만이 장로(감독)와 집사 등 직분을 맡아야 한다. 직분자들은 삶을 통해 그리스도의 빛을 발해야 하기 때문이다. 리더는 열정이나 서원만으로 되는 것이 아니다. 인격과 능력을 갖추어야 한다. 그리스도인뿐 아니라 불신자들도 그들을 지켜보고 있기 때문이다. 교회 지도자들이 경건하고 거룩한 롤모델이 되는 것은 매우 중요하다.

직분자가 되려면 어느 정도의 신앙 경력이 필요하다. 그러나 회심한 지 얼마 지나지 않아도 영성이 투철하면 직분을 맡을 수 있다. 처음 된 자가 나중 되고, 나중 된 자가 먼저 될 수 있는 것이 하나님 나라의 이치기 때문이다.

직분자들은 반드시 과정을 거쳐 세워야 한다. 시험할 것은 시험해 보고, 검증할 것은 검증해 보아야 한다. 그런 다음 책망할 것이 없으면 직분을 맡겨야 한다. 많은 사람이 사역을 논할 때 성령의 은사를 기준으로 삼지만, 우리는 인격과 인품, 곧 성령의 열매를 기준으로 삼아야 한다.

III. 공동체의 삶(2:1-3:16)

C. 교회와 경건(3:14-16)

¹⁴ 내가 속히 네게 가기를 바라나 이것을 네게 쓰는 것은 ¹⁵ 만일 내가 지체하면 너로 하여금 하나님의 집에서 어떻게 행하여야 할지를 알게 하려 함이니 이 집은 살아 계신 하나님의 교회요 진리의 기둥과 터니라
¹⁶ 크도다 경건의 비밀이여,
그렇지 않다 하는 이 없도다
그는 육신으로 나타난 바 되시고
영으로 의롭다 하심을 받으시고
천사들에게 보이시고
만국에서 전파되시고
세상에서 믿은 바 되시고
영광 가운데서 올려지셨느니라

어떤 이들은 본문이 서신의 절정이라 한다(Guthrie, Kelly). 이 같은 주장에는 어느 정도 다툼의 소지가 있을 수 있지만, 16절이 이 서신의 기독론의 절정인 것은 확실하다(Twomey). 예수님의 성육신과 부활과 승천 등을 노래하는 16절은 모든 그리스도인이 그리스도에 대해 가져야 할 가장 기본적이고 공통적 고백이다. 그러므로 이 말씀은 기독론에서 '다른 교훈'과 '정통 교훈'을 구분하는 기준이라 할 수 있다.

바울은 속히 디모데가 있는 에베소에 방문하게 되기를 바란다(14a절). '속히'(ἐν τάχει)는 여건이 되면 곧 가겠다는 뜻이다. 그러나 신속한 에베소 방문은 사도의 희망 사항이다. 디모데전서를 보낼 때 그는 마케도니아 교회들을 방문하고 있지만, 머지않아 재판받기 위해 로마로 돌아가야 한다.

그러나 만일 에베소 방문이 지체될 경우를 대비해 디모데에게 하나님의 집에서 어떻게 행해야 하는지 알려 주고자 이 서신을 쓰고 있다(14b-15a절). 사역자인 디모데의 목회를 돕기 위해 서신을 보내는 것이다. 그래서 우리는 디모데전·후서와 디도서를 '목회 서신'(Pastoral Epistles)이라 부른다.

사도는 디모데가 사역하는 에베소 교회는 '하나님의 집'(οἴκῳ θεοῦ)이며(cf. 엡 2:19; 딛 1:7), '하나님의 집'은 살아 계신 하나님의 교회요 진리의 기둥과 터라고 한다(15b절). 바울은 교회에 대해 두 가지 사실을 강조한다. 첫째, 교회는 '살아 계신 하나님의 집'이다. 에베소 사람들이 숭배하는 신들과 우상들은 어떠한 생명력(생동감)도 없는 돌덩어리다(cf. 고전 8:5-6; 갈 4:8; cf. 행 14:11; 19:26). 반면에 우리 하나님은 '살아 계신'(ζῶντος), 곧 생명력과 활동력으로 가득하신 분이다.

둘째, 교회는 진리의 기둥과 터다. 예배를 강조하는 구약의 성전 이미지다(Dunn, Liefeld, cf. 창 28:17; 출 23:19; 삼하 12:20; 사 2:2). 사도는 예루살렘 교회의 핵심 지도자인 야고보와 게바와 요한을 예루살렘 교회의 '기둥'(στῦλος)이라고 했다(갈 2:9). 이러한 사례를 근거로 바울이 본문을 통해 디모데를 에베소 교회의 기둥이라 한다는 해석이 있지만(Quinn & Wacker), 어떤 설득력도 없어 보인다. 그는 에베소 교회를 하나님의 집이라 하는 것이 아니라 세상 모든 교회(Church universal)를 하나님의 집이라 하기 때문이다.

하나님의 집인 교회는 '진리의 기둥과 터'(στῦλος καὶ ἑδραίωμα τῆς ἀληθείας)로 구성되어 있다. 기독교는 무엇보다도 진리 위에 세워져야 하며, 진리가 교회를 지탱해 주어야 한다는 뜻이다. 진리가 '다른 교훈'(이단)과 교회(정통)를 구분하는 기준이다(cf. 2:4). 그러므로 목회자들은 이 값진 보물(진리)을 수호하는 사명을 받은 것을 매우 무거운 책임으로 여겨야 한다(Calvin). 본문이 언급하지 않는 지붕(머리)은 당연히 예수님이시다.

그렇다면 교회와 사역자들이 사명감을 가지고 수호해야 하는 진리는 무엇인가? 사도는 기독론('예수님은 누구이신가?')으로 이 진리의 최소(minimum)를 정의한다(16절). 대부분 학자는 시적인 표현으로 구성된 16절을 초대교회의 찬양 혹은 고백으로 추측한다. 그래서 때로는 이 말씀이 빌립보서 2:6-11에 비교되기도 한다(cf. Yarbrough).

'크도다 경건의 비밀이여'(μέγα ἐστὶν τὸ τῆς εὐσεβείας μυστήριον)(16a절)에서 '비밀'(μυστήριον)은 앞서 언급한 것처럼 그동안 감추어져 있다가 때가 되어 드러난 계시(진리)다(cf. 공동). 그러므로 '비밀'(secret)보다는 '신비, 미스터리'(mystery)가 더 정확한 번역이다(cf. ESV, NAS, NIV, NIRV, NLT, NRS).

'경건'(εὐσεβείας)은 2:2에서 언급한 것처럼 당시 비기독교인들에 의해 '종교, 종교적'(religion, religious)이라는 의미로 사용되었다(Dunn, Liefeld, Towner). 바울은 하나님이 인간 예수님을 통해 이 땅에 오신 일을 '경건의 비밀'(τῆς εὐσεβείας μυστήριον), 곧 '기독교적 미스터리'라 한다(Fee, Moffatt, Williams). 예수님의 성육신은 기독교에만 있는 하나님의 신비로운 구속사의 절정이다.

144

III. 공동체의 삶(2:1-3:16)

이 '경건의 비밀'은 참으로 크다. 세상에서 가장 위대하고 놀라운 미스터리라는 뜻이다. 구약의 선지자들은 메시아가 오실 것을 지속적으로 예언했다. 그분이 오시면 먼저 고난을 받고 그다음 영광을 받으실 것도 알았다. 그러나 누구를, 또는 언제 오실 것인지는 정확히 알지 못했다: "이 구원에 대하여는 너희에게 임할 은혜를 예언하던 선지자들이 연구하고 부지런히 살펴서 자기 속에 계신 그리스도의 영이 그 받으실 고난과 후에 받으실 영광을 미리 증언하여 누구를 또는 어떠한 때를 지시하시는지 상고하니라"(벧전 1:10-11). 드디어 예수님의 오심으로 그 미스터리가 온전히 풀렸다. 예수 그리스도를 통해 드러난 하나님 구속사의 절정을 본 바울은 그저 '놀랍다'(크도다)라는 말만 연발하게 되었다.

'그렇지 않다 하는 이 없도다'(ὁμολογουμένως)는 '고백하건대'(confessedly), '부인할 수 없게'(undeniably), '가장 확실하게'(most certainly) 등의 의미를 지니지만, 정확하게 번역하기가 쉽지 않다(cf. NIDNTTE). 문법상 '경건의 비밀'(τῆς εὐσεβείας μυστήριον)이 아니라 '크도다'(μέγα)를 수식하는 것도 번역을 어렵게 한다. 그러므로 번역본들은 다양한 표현으로 번역했다: (1)'참으로 놀랍습니다'(새번역), (2)'참으로 심오합니다'(공동), (3)'일반적인 고백에 따르면 참으로 위대하다'(by common confession great is…)(NAS), (4)'모든 질문을 넘어선다'(beyond all questions)(NIV, cf. NLT), (5)'의심할 여지가 없다'(there is no doubt)(NIRV, cf. NRS), (6)'참으로 위대하다'(great indeed)(ESV).

참으로 놀라운 경건의 비밀, 곧 창조주 하나님이신 예수님은 어떤 분인가? 사도는 짧지만 참으로 놀라운 기독론으로 예수님을 찬양한다(16b-c절). 이 고백은 당시 교회에서 찬양 혹은 신앙 고백(오늘날의 사도신경과 비슷한)으로 사용되던 것을 인용한 것으로 보인다. 그리스도인이라면 모두 동의하고 공감하는 기독론이다. 그리스도인이 예수 그리스도에 대해 고백해야 할 최소한의 것이라는 뜻이다.

첫째, 예수님은 '육신으로 나타나신 바' 되셨다(16b절). '나타나다'(φανερόω)는 목회 서신에서 두 차례 더 사용되며(딤후 1:10; 딛 1:3), 신약이 사용하기 전에는 일반 문헌에서 거의 사용되지 않던 단어다(NIDNTTE). 예수님의 성육신하심(cf. 요 1:14)과 승천 전 이 땅에서의 살아나심을 뜻한다. 어떤 이들은 부활이 이 문구의 핵심 요소라 하지만(Collins), '성육신과 그의 인간 되심'이다(Lea & Griffin, Köstenberger, Liefeld, cf. 고후 8:9; 갈 4:4). 예수님은 하나님의 가장 확실한 '자기 공개'(self-disclosure)이시다(Yarbrough). 부활은 다른 문구를 통해 설명될 수 있다.

둘째, 예수님은 '영으로 의롭다 하심'을 받으셨다(16b절). '의롭다 하다'(δικαιόω)는 도덕적으로 옳다는 것을 인정하는 것이다(BDAG). 예수님은 이 땅에서 죄 없이 사신 유일한 인간이셨다(cf. 롬 8:3; 고후 5:21). "성결의 영으로는 죽은 자들 가운데서 부활하사 능력으로 하나님의 아들로 선포되셨으니 곧 우리 주 예수 그리스도시니라"(롬 1:4)를 바탕으로 한 말씀이다. 베드로도 비슷한 맥락에서 증언한다: "그리스도께서도 단번에 죄를 위하여 죽으사 의인으로서 불의한 자를 대신하셨으니 이는 우리를 하나님 앞으로 인도하려 하심이라 육체로는 죽임을 당하시고 영으로는 살리심을 받으셨으니"(벧전 3:18).

셋째, 예수님은 '천사들에게 보이셨다'(16c절). 예수님이 성육신하실 때 천사들도 그동안 알지 못했던 것들을 알게 되었다는 뜻이다(Calvin). 여기서 '천사'(ἄγγελος)는 '사자, 전하는 자'(messenger)로 해석될 수 있다(cf. TDNT). 부활하신 예수님이 천사들뿐 아니라 제자들(복음을 전파하는 자들)에게 나타나신 일을 의미한다(Köstenberger, cf. 마 28:19-20; 눅 24:44-49; 행 1:8; 고전 15:5-8).

넷째, 예수님은 '만국에 전파되시었다'(16c절). 목회 서신에서 '전파하다'(κηρύσσω)는 한 번 더 사용된다: "너는 말씀을 전파하라 때를 얻든지 못 얻든지 항상 힘쓰라 범사에 오래 참음과 가르침으로 경책하며 경계하며 권하라"(딤후 4:2). 복음을 전파하는 일은 예수님이 주신 지상 명령(Great Commission)의 핵심이다: "그러므로 너희는 가서 모든 민족을 제자로 삼아 아버지와 아들과 성령의 이름으로 세례를 베풀고 내가 너희에게 분부한 모든 것을 가르쳐 지키게 하라"(마 28:19-20a). 바울은 이 일을 감당하기 위해 이방인을 위한 사도로 부르심을 받았다(cf. 롬 11:13; 갈 2:8).

다섯째, 예수님은 '세상에서 믿은 바 되시었다'(16c절). 많은 사람이 제자들과 그리스도인들이 선포한 그리스도의 복음에 매우 긍정적으로 호응했다는 뜻이다. 사도가 이 서신을 보낼 때 기독교가 급성장하고 있었음을 암시한다. 복음을 듣는 사람마다 거의 모두 긍정적으로 반응한 것으로 보인다. 그들이 전파한 그리스도가 유일한 구세주라는 사실을 깨닫고 영접한 것이다.

여섯째, 예수님은 '영광 가운데서 올려지셨다'(16c절). 승천에 관한 말씀이다: "이 말씀을 마치시고 그들이 보는데 올려져 가시니 구름이 그를 가리어 보이지 않게 하더라"(행 1:9). 누가복음은 예수님이 자신의 승천에 대해 이미 아셨고(눅 9:51), 복음서를 마무리하기 전에 승천하셨다고 한다(눅 24:51). 승천하신 예수님은 하나님의 우편에 앉아 계시며, 세상 모든 사람은 그분에게 무릎을 꿇어야 한다(Calvin).

본문과 신약 기독론의 절정적 고백인 빌립보서 2:6-11은 예수님의 재림을 언급하지 않는다. 하나님이신 예수님의 성육신과 세상에서의 삶에 초점을 맞추기 때문이다. 승천하실 때 천사들이 외쳤다: "갈릴리 사람들아 어찌하여 서서 하늘을 쳐다보느냐 너희 가운데서 하늘로 올려지신 이 예수는 하늘로 가심을 본 그대로 오시리라"(행 1:11). 본문과 빌립보서 2:6-11에 기록된 기독론적 고백은 예수님의 재림을 전제하는 것이지 부인하는 것이 아니다.

이 말씀은 우리는 항상 대안을 염두에 두고 사역해야 한다고 한다. 바울은 간절한 마음으로 디모데와 에베소를 방문하기를 원하며 그렇게 할 계획이었다. 그러나 어떤 변수가 생길지 모른다. 그러므로 혹시라도 방문이 지연될 경우 이 서신을 통해 디모데의 사역을 돕고자 했다. 바울의 이 결정은 탁월한 것이었다. 마케도니아에서 이 서신을 보낸 후 얼마 지나지 않아 새로운 재판을 받기 위해 로마로 돌아가야 했기 때문이다. 그는 로마에서 디모데에게 "겨울이 오기 전 속히 오라"라고 당부하며 디모데후서를 보냈다.

교회는 살아 계신 하나님의 집이다. 하나님이 교회를 통해 우리와 함께하신다는 뜻이다. 또 교회는 하나님의 진리인 그리스도의 복음을 기둥과 터로 삼은 곳이다. 교회가 그리스도의 복음을 부인하거나 등한시한다면 존재할 이유가 없다. 교회의 영원한 기둥과 터는 예수 그리스도시다.

예수 그리스도는 우리가 평생 사모할 하나님의 경건의 비밀이시다. 예수님은 죄인인 우리에게 의인으로 살 수 있는 길을 제시하셨으며, 온 세상에 복음을 전파하라는 사명도 주셨다. 이 땅에 사는 한 우리는 이 경건의 비밀을 널리 전파하며 살아야 한다.

Ⅳ. 디모데의 사역
(4:1-16)

이 섹션은 경험이 많은 사역자 바울이 젊은 사역자 디모데에게 주는 실용적인 권면이라 할 수 있다. 디모데가 사역자로 해야 할 일뿐 아니라, 사역자로서 어떻게 자신을 관리해야 하는지에 대해서도 조언한다. 본 텍스트는 다음과 같이 구분된다.

A. 거짓을 버리도록 진리를 가르침(4:1-5)
B. 목회적 경건(4:6-10)
C. 목회적 권면(4:11-16)

Ⅳ. 디모데의 사역(4:1-16)

A. 거짓을 버리도록 진리를 가르침(4:1-5)

[1] 그러나 성령이 밝히 말씀하시기를 후일에 어떤 사람들이 믿음에서 떠나 미혹하는 영과 귀신의 가르침을 따르리라 하셨으니 [2] 자기 양심이 화인을 맞아서 외식함으로 거짓말하는 자들이라 [3] 혼인을 금하고 어떤 음식물은 먹지 말

라고 할 터이나 음식물은 하나님이 지으신 바니 믿는 자들과 진리를 아는 자들이 감사함으로 받을 것이니라 ⁴ 하나님께서 지으신 모든 것이 선하매 감사함으로 받으면 버릴 것이 없나니 ⁵ 하나님의 말씀과 기도로 거룩하여짐이라

바울이 디모데에게 에베소 교회를 재정비하면서 뿌리를 뽑아야 할 '다른 교훈'이 무엇인지 어느 정도 알려 주는 말씀이다. 한마디로 말해 이단들의 가르침은 금욕주의적이다. 그들은 혼인을 금하고 어떤 음식물은 먹지 말라고 한다. 이런 행위는 성령이 밝히 말씀하신 것을 거역하는 행위다.

성령이 밝히 말씀하셨다(1a절). '성령'(πνεῦμα)은 엄밀히 말하면 일반 명사이며 '영, 정신'(spirit) 등을 뜻한다. 그러나 문맥과 정황이 '성령'을 뜻하는 것이 확실하다. 그러므로 모든 번역본이 성령으로 번역한다(cf. 새번역, 공동, ESV, NAS, NIV, NRS). 영어 번역본들은 단어의 첫 글자를 대문자로 표기함으로써(Spirit) 이 사실을 밝힌다. 성령은 성도들의 말(고전 12:3)과 찬양(고전 14:16)과 기도(롬 8:26) 등에 관여하신다. 그러나 성령의 가장 중요한 사역은 성경을 문서화된 하나님의 말씀으로 보존하시는 일이다: "모든 성경은 하나님의 감동으로 된 것으로 교훈과 책망과 바르게 함과 의로 교육하기에 유익하니"(딤후 3:16).

신약에서 '밝히'(ῥητῶς)는 이곳에 단 한 차례 사용되는 단어다. '명시적으로(expressly), 명쾌하게(explicitly)'라는 의미다(BDAG). 금욕주의자들이 교회를 괴롭힐 때가 올 것을 성령께서 매우 정확하고 확실하게 미리 말씀하셨다는 뜻이다. 예수님도 거짓 선지자가 많이 일어나 많은 사람을 미혹할 것을 경고하셨다(마 24:11; 막 13:22). 바울도 밀레도에서 에베소 교회 장로들을 불러 이런 때가 올 것이므로 교회를 잘 지키라고 당부했다(행 20:17-35). 안타깝게도 이 서신을 보내는 순간에 에베소 교회는 금욕주의를 가르치는 거짓 선지자들에게 공격당하고 있다.

성령이 밝히 말씀하신 것은 후일에 어떤 사람들이 믿음에서 떠나

미혹하는 영과 귀신의 가르침을 따를 것이라는 경고였다(1b절). '후일'(ὑστέροις καιροῖς)은 '나중에'(later times)라는 의미이며, 성령이 말씀하셨을 때는 미래에 있을 일이었지만, 에베소 교회에서는 지금 일어나고 있는 일을 지목한다(Guthrie). 현재 에베소 교회가 겪고 있는 일에서 '어떤 사람들'(τινες)은 '다른 교훈'을 가르치는 이단들(거짓 선생들)이다.

사도는 거짓 선생들이 믿음에서 떠나 이런 짓('다른 교훈'을 가르치는 일)을 하고 있다고 한다. '떠나다'(ἀφίστημι)는 '떨어져 나가다, 배교자가 되다, 버리다'라는 뜻이다(Dunn). 그들이 떠난 '믿음'(πίστις)은 기독교가 지향하는 가장 기본적인 진리와 가치들이다(Barrett, cf. 딤전 1:2; 3:15). 거짓 선생들은 '다른 교훈'을 가르치는 순간 기독교의 가장 기본적인 가르침과 가치들을 버린 배교자가 되었다.

거짓 선생들이 기독교의 진리를 버린 순간 그리스도의 참된 형상이 훼손되는 것도 문제지만, 대안이라며 가르치는 것은 더 큰 문제다. 그들의 '다른 교훈'은 미혹하는 영과 귀신의 가르침이기 때문이다. 어떤 이들은 '미혹하는 영'(πνεύμασιν πλάνοις)을 거짓 선생들이라 하지만(Lea & Griffin), 사탄이다. 거짓 선생들은 더러운 귀신이 그들에게서 떠났다가 나중에 자신보다 더 악한 일곱 귀신을 데리고 돌아온 일을 경험하고 있다(cf. 마 12:43-45). 이런 일이 가능한 것은 이미 그리스도의 십자가에서 패한 사탄이 종말에 있을 심판 때까지 '울부짖는 사자'처럼 성도들을 집어 삼키려 하면서(벧전 5:8), 또한 '빛의 천사'처럼 가장해 사람들을 현혹하기 때문이다(고후 11:14). 그러므로 그리스도인의 삶은 곧 영적인 씨름(싸움)이다: "우리의 씨름은 혈과 육을 상대하는 것이 아니요 통치자들과 권세들과 이 어둠의 세상 주관자들과 하늘에 있는 악의 영들을 상대함이라"(엡 6:12).

거짓 선생들이 기독교의 가르침을 버리고 마귀의 가르침을 따르게 된 것은 그들의 양심이 화인을 맞았기 때문이다(2a절). '화인을 맞다'(καυστηριάζω)는 말 그대로 불에 달군 쇠붙이로 짐승이나 노예 등에게 소유권 표식을 새기는 행위(branding with a red-hot iron)다. 신약에서는 이곳에서 단 한 차례 사용된다. 그들은 하나님이 주신 '선한 양심'(συνειδήσεως ἀγαθῆς)(1:5; cf. 1:19; 3:9)에 사탄의 소유권 표식을 한 자들이다. 한마디로 '양심이 없는 자들'이다.

양심에 화인을 맞아 마귀의 졸개가 된 사람은 기독교가 말하는 선을 행할 생각이 마비되었다. 그러므로 그에게 남은 유일한 옵션은 외식함으로 거짓말하는 것이다(2b절). '외식함'(ὑπόκρισις)은 자신이 가르치는 거짓이 마치 진짜인 듯 위선적으로 행동한다는 뜻이다. 그들은 하나님을 안다고 하지만, 그들의 언행은 하나님을 부인한다(Köstenberger, cf. 딤후 3:5; 딛 1:16). '거짓말하는 자'(ψευδολόγος)는 자신이 하는 말이 진짜인 것처럼 연기하는 자다(BDAG).

이 거짓 선생들이 금하는 것은 크게 두 가지다: (1)혼인, (2)어떤 음식물(3a절). 이들은 '금욕주의자들'(ascetics)인 것이다. 첫째, 혼인을 금하는 것은 절대 있을 수 없는 일이다. 성경은 하나님이 인간을 창조한 뒤 제일 먼저 축복하신 제도가 혼인이라 한다(창 2:18-25). 신약도 "모든 사람은 결혼을 귀히 여기라"라고 한다(히 13:4). 혼인은 하나님이 사람을 남자와 여자로 만드신 궁극적인 목적이며 실현이다.

그렇다고 해서 사람이 반드시 결혼할 필요는 없다. 바울과 디모데뿐 아니라 예수님도 결혼하지 않으셨다. 결혼이 하나님의 은혜인 것처럼 결혼하지 않는 것도 하나님의 은혜다(cf. 고전 7:7-8). 이들이 결혼을 금한 것은 아마도 사람이 온전히 경건하고 거룩해지려면 결혼하지 않고 성적인 유혹을 반드시 이겨 내야 한다는 허무맹랑한 논리에서 비롯되었을 것이다(cf. 고전 7:1-5). 그들은 '자기 부인'(self-denial)이랍시고 이런 짓을 강요했다. 그러나 우리가 기억해야 할 것은 때로는 '자기 부인'이 '자기 의로움'(self-righteousness)을 초래하기도 한다는 사실이다.

둘째, 일부 음식물을 먹지 못하게 하는 것도 "모든 음식은 깨끗하다"라는 예수님의 가르침을 부인하는 처사다(cf. 막 7:14-19). 그들은 영적인 것은 좋지만 육적인 것은 좋지 않다는 이원론적 사고(dualistic thought)에 근거해 이렇게 가르쳤다(Köstenberger). 음식에 관한 잘못된 생각은 초대교회(cf. 고전 8장; 10:23-11:1)뿐 아니라 지금도 많은 그리스도인을 괴롭히고 억압한다. 사람을 조종하고 통제할 때 가장 기본적이고 효과적인 방법이 매일 먹는 음식물부터 제한하는 것이기 때문이다.

바울은 음식물은 하나님이 지으신 바니 믿는 자들과 진리를 아는 자들이 감사함으로 받으라 한다(3b절). 우리가 어떤 음식을 먹거나 먹지 않는다고 해서 하나님 앞에서 더 잘 살거나 못 사는 것이 아니다: "음식은 우리를 하나님 앞에 내세우지 못하나니 우리가 먹지 않는다고 해서 더 못사는 것도 아니고 먹는다고 해서 더 잘사는 것도 아니니라"(고전 8:8). 또 사도는 "하나님의 나라는 먹는 것과 마시는 것이 아니요 오직 성령 안에 있는 의와 평강과 희락이라"라며 음식물의 중요성을 평가절하했다(롬 14:17). 다만 믿음이 약한 사람을 배려해 절제하는 것은 좋은 일이다(cf. 고전 8:10-13). 오늘날 예를 들자면 이슬람교였다가 기독교로 회심한 이들 앞에서는 돼지고기를 먹지 않는 것이 그들에 대한 배려다.

하나님이 지으신 모든 것은 선하다(4a절). "하나님이 지으신 그 모든 것을 보시니 보시기에 심히 좋았더라"(창 1:31a)를 바탕으로 한 말씀이다(Lea & Griffin, Towner). 아마도 거짓 선생들이 창세기 앞부분을 잘못 읽고 해석해 일부 음식을 금했기 때문에 사도가 이 말씀을 상기시키는 것으로 보인다(Yarbrough). 모든 음식물과 결혼도 하나님이 지으신 선한 것이다. 그러므로 그리스도인은 이런 것을 기피할 것이 아니라 감사함으로 받아야 한다(4b절). 하나님이 지으신 선한 것을 감사함으로 받으면 버릴 것이 없다.

모든 것은 하나님의 말씀과 기도로 거룩해진다(5절). 결혼과 음식물뿐 아니라 모든 것에 적용되는 기독교적 원리다. 만일 우리가 어떤 일이나 물건을 어떻게 대해야 하는지 알고 싶으면 하나님의 말씀과 기도로 판단하고 생각해 보면 된다. 양심에 화인을 맞지 않았다면 하나님은 말씀과 기도를 통해 바른 판단과 결정을 하도록 인도하실 것이다.

> 육체의 일은 분명하니 곧 음행과 더러운 것과 호색과 우상 숭배와 주술과 원수 맺는 것과 분쟁과 시기와 분냄과 당 짓는 것과 분열함과 이단과 투기와 술 취함과 방탕함과 또 그와 같은 것들이라 전에 너희에게 경계한 것 같이 경계하노니 이런 일을 하는 자들은 하나님의 나라를 유업으로 받지 못할 것이요 오직 성령의 열매는 사랑과 희락과 화평과 오래 참음과 자비와 양선과 충성과 온유와 절제니 이같은 것을 금지할 법이 없느니라 그리스도 예수의 사람들은 육체와 함께 그 정욕과 탐심을 십자가에 못 박았느니라 만일 우리가 성령으로 살면 또한 성령으로 행할지니 헛된 영광을 구하여 서로 노엽게 하거나 서로 투기하지 말지니라(갈 5:19-26).

이 말씀은 성령의 가르침과 하나님의 말씀 그리고 기도로 모든 것을 판단해야 한다고 한다. 에베소 교회를 괴롭히는 이단들은 미혹하는 영과 귀신에 현혹되어 성경과 율법을 왜곡해 반(反)기독교적인 금욕주의를 가르쳤다. 만일 그들이 성령과 말씀과 기도로 이 이슈에 접근했더라면 이런 오류는 범하지 않았을 것이다.

음식을 금하거나 결혼을 금하는 등 모든 금욕주의는 마귀에 놀아나는 것이며, 이것들이 좋다고 하신 하나님의 말씀을 부인하는 행위다. 모든 금욕주의는 기독교에 발을 붙이지 못하게 해야 한다(Lea & Griffin). 그리스도는 십자가에 죽으심으로써 우리에게 이 같은 제약에서 벗어나게 하셨을 뿐 아니라, 오히려 이런 것을 마음껏 즐기게 하셨다. 그러므로 우리는 감사함으로 받아 기뻐해야 한다. 감사함으로 받으면 버릴 것이 없다.

이단들은 '다른 교훈'을 가르친다. 그들은 자신이 '정통 기독교'에서 조금 벗어난 것을 지향하는 것으로 생각한다. 그러나 그들의 가르침은 미혹하는 영과 귀신의 가르침이다. 그러므로 이단에 빠진 자들은 절대 하나님의 말씀과 논리로 설득할 수 없다. 그들의 양심이 이미 마귀의 화인을 맞았기 때문이다. 또한 이단들의 가르침은 그리스도의 복음에 적대적인 것이므로 구원에 이르게 할 수도 없다.

IV. 디모데의 사역(4:1-16)

B. 목회적 경건(4:6-10)

⁶ 네가 이것으로 형제를 깨우치면 그리스도 예수의 좋은 일꾼이 되어 믿음의 말씀과 네가 따르는 좋은 교훈으로 양육을 받으리라 ⁷ 망령되고 허탄한 신화를 버리고 경건에 이르도록 네 자신을 연단하라 ⁸ 육체의 연단은 약간의 유익이 있으나 경건은 범사에 유익하니 금생과 내생에 약속이 있느니라 ⁹ 미쁘다 이 말이여 모든 사람들이 받을 만하도다 ¹⁰ 이를 위하여 우리가 수고하고 힘쓰는 것은 우리 소망을 살아 계신 하나님께 둠이니 곧 모든 사람 특히 믿는 자들의 구주시라

바울은 에베소 교회에 머물고 있는 디모데에게 어떤 사람을 감독과 집사로 세워 교회 리더십을 안정시킬 것인지 권면했다(3장). 또 거짓 선생들이 성도들을 현혹하는 데 사용하는 금욕주의는 마귀와 귀신에 홀린 짓거리라 했다(4:1-5). 본 텍스트는 사역자로서 디모데가 이단에 대응하는 방법에 관해 권면한다. 사도는 디모데에게 이단들의 오류를 지적하고, 디모데 자신은 하나님의 진리를 실천함으로써 개인적인 경건(piety)과 진실성(integrity)을 추구하는 삶을 살아야 한다고 한다(Lea & Griffin). 목회자의 권위와 설득력은 그의 설교에 있지 않고 그의 삶에 있기 때문이다.

사도는 디모데에게 이것으로 형제를 깨우치면 그가 그리스도 예수의 좋은 일꾼이 될 것이라 한다(6a절). '이것'(Ταῦτα)은 바로 앞 섹션에서 언급한 가르침이다: 만물을 다스리시는 그리스도의 우월성(3:16), 이단들의 잘못된 생각과 왜곡된 행위(4:1-3a), 하나님의 창조에 내재된 선하심과 모든 것을 하나님이 주시는 좋은 선물로 받을 수 있는 그리스도인의 자유(4:3b-5)(Yarbrough). 디모데가 이런 것들로 에베소 성도들을 깨우친다면, 그는 그들을 잘 섬기는 것이라 할 수 있다.

'깨우치다'(ὑποτίθημι)는 '지적하다'(point out)라는 뜻이다(NIDNTTE, cf. NAS). 에베소 성도들에게 이단의 오류와 성경적 진리를 제시해 스스로 결정하게 하라는 뜻이다(cf. ESV). 어떤 강요나 강압도 없다. 성도에게는 스스로 결정할 권리가 있으며, 사역자는 이 같은 성도의 권리를 인정하고 설득해 바른 결정을 내리도록 도와야 한다.

'일꾼'(διάκονος)은 누구든 복음을 전파하고 교회를 섬기는 사람이다(cf. 롬 16:1; 고전 3:5; 고후 3:6; 6:4; 11:23; 골 1:7, 23, 25; 4:7). 디모데가 그리스도의 좋은 일꾼인 것처럼 누구든 그리스도의 복음을 전파하고 그리스도인들을 믿음 안에서 세워 나가는 사역자도 좋은 일꾼이다. 사도가 3장에서 언급한 감독과 집사도 그리스도의 '좋은 일꾼들'이다.

그리스도 예수의 좋은 일꾼인 디모데는 바울이 권면하는 것처럼 형제를 깨우치면 믿음의 말씀과 그가 평생 따라왔던 좋은 교훈으로 양육받을 것이다(6b절). 사역자는 교회를 섬기는 성도처럼 일꾼일 뿐 지휘관이나 관료가 아니다(Liefeld). 그러므로 목회자가 다른 사람들을 영적으로 양육하기 위해서는 목회자 자신이 먼저 양육받아야 한다(Köstenberger).

사역자로서 디모데는 망령되고 허탄한 신화를 버려야 한다(7a절). '버리라'(παραιτοῦ)는 스스로 멀리하라는 뜻이다(현재, 명령형, 중간태, 2인칭 단수, cf. 딤전 5:11; 딤후 2:23; 딛 3:10). '망령되고'(βέβηλος)는 '신성 모독적'(profane), '사악한'(vile)이라는 의미를 지닌다(Lea & Griffin, Mounce). '허탄한 신화'(γραώδεις μύθους)는 숙어이며, 직역하면 '늙은 여자의 이야기'(old women's tale)다(TDNT). 나이 많은 할머니가 손주에게나 들려줄 법한 허무맹랑한 스토리라는 뜻이다(Liefeld). 사역자들은 이런 것을 스스로 멀리해야 한다.

사역자로서 디모데는 경건에 이르도록 자신을 연단해야 한다(7b절). 신약에서 '경건'(εὐσέβεια)은 15차례 사용되는데, 이 중 10차례는 목회서신에서 사용된다(딤전 2:2; 3:16; 4:7, 8; 6:3, 5, 6, 11; 딤후 3:5; 딛 1:1). 이 단어는 당시 비기독교인들에 의해 '종교, 종교적'(religion, religious)이라는 의미로 사용되었다(Dunn, Liefeld, Towner). 그러므로 바울은 예수님의 성육신하심을 '경건의 비밀'(τῆς εὐσεβείας μυστήριον), 곧 '기독교적 비밀'이라 한다(3:16). '경건'은 기독교인만이 지닌 '독실함'(godliness)이다(cf. ESV, NAS, NRS).

'연단하다'(γυμνάζω)는 운동선수들이 훈련하는 데서 온 단어다(Baugh, cf. BDAG). 그러므로 기본적인 의미는 '피지컬 트레이닝'(physical training), 곧 육체적으로 훈련하는 것이다(Yarbrough). 그러나 이 단어는 영적 훈련을 위한 비유적 의미로 쓰이기도 한다(히 5:14; 12:11; 벧후 2:14). 본문에서도 '경건에 이르도록' 연단하라고 하는 것으로 보아 영적인 훈련을 게을리하지 말라는 의미를 지닌다. 사역자가 경건해지려면 많은 연단(훈련)이 필요하다.

육체의 연단은 약간의 유익이 있지만 경건은 범사에 유익하다(8a절). '육체의 연단'(σωματικὴ γυμνασία)은 '피지컬 트레이닝'(physical training)이다. 사역자가 운동 등을 통해 육신을 훈련(연단)하는 것을 뜻한다. 이 육체적 단련은 '약간의 유익'(ὀλίγον ἐστὶν ὠφέλιμος)이 있다. 영적인 연단(훈련)을 통해 얻는 '경건'(εὐσέβεια)이 '범사'(πάντα), 곧 '모든 일'(all things)에 유익한 것에 비하면 육체적인 연단(훈련)의 유익함은 제한적이라 할 수 있다.

사도가 말하고자 하는 중요한 포인트는 육체의 연단이 전혀 유익하지 않다는 것이 아니다. 영적 연단의 유익함에 비하면 육체의 연단은 별것 아니라 할 수 있지만, 육체의 연단도 상당히 유익하다는 뜻이다. 생각해 보면 우리가 아직 '성화되지 않은 몸'(성화된 몸은 부활 후에 얻게 될 완전한 몸)을 지니고 사는 한 우리의 육체적 건강은 영적 건강과 사역에 참으로 큰 영향을 미친다. 영이 건강해야 육도 건강하다. 또한 육이 건강해야 영도 건강하다. 오죽하면 목회자 사이에 '체력은 영력이다!'라는 말이 회자되겠는가?

바울은 30여 년간 선교 사역(주후 30-60년대)을 위해 최소 2만 5,000㎞를 여행했는데, 그중 1만 4,000㎞는 걸어서 다녔다(Schnabel). 매년 500㎞를 걸은 것이다. 또 가는 곳마다 자비량 선교를 하며 종일 일했다. 체력이 뒷받침해 주지 않으면 쉽지 않은 일이다. 배를 타고 다니는 일도 쉽지 않았다. 지중해의 험난한 파도에 요동치는 작은 배로 이동하려면 어느 정도의 체력이 있어야 버텨 낼 수 있었다.

사역자는 반드시 건강을 관리해야 한다. 몸이 건강하지 못해서 하나님이 맡기신 사역을 할 수 없는 것처럼 안타까운 일도 없기 때문이다. 건강을 관리하는 일에서 가장 중요한 것은 '육체의 연단'(운동)이다. 그러므로 육체의 연단 또한 경건을 위한 연단만큼이나 유익하다.

경건이 모든 일에 유익한 것은 금생과 내생에 약속이 있기 때문이다(8b절). '금생'(τῆς νῦν)은 현재를, '내생'(τῆς μελλούσης)은 장차 올 세상이다. 이 두 문구가 한 단어 '생명'(ζωή)을 공유하기 때문에(ζωῆς τῆς νῦν καὶ τῆς μελλούσης) 개역개정은 '금생과 내생'으로 번역했지만, 의미가 잘 전달되지 않는다. 마치 현재와 미래에 성취될 약속이 따로 있는 듯한 느낌을 주기 때문이다. 다른 번역들처럼 풀어 쓰는 것이 바람직하다: "이 세상과 장차 올 세상의 생명을 약속해 줍니다"(새번역, cf. 공동, ESV, NAS, NIV, NIRV, NLT, NRS). 경건이 육체의 연단보다 더 유익한 것은 육체의 연단은 세상에서만 생명(생명력)을 약속하지만, 경건은 내세에서도 생명을 약속하기 때문이다.

"미쁘다 이 말이여 모든 사람들이 받을 만하도다"(9절)는 목회 서신에서 총 다섯 차례 사용되며 이번이 세 번째다(1:15; 3:1; 딤후 2:11; 딛 3:8). 주로 새 섹션을 시작하는 말로 사용된다. 대부분 학자는 '이 말'(ὁ λόγος)을 사도가 바로 앞에서 한 말을 뜻하는 것으로 간주한다. 신약에서 '받을 만한'(ἀποδοχή)은 '무엇을 받아들이다'라는 뜻을 지닌다(BDAG, cf. 1:15). 그러므로 모든 사람이 받을 만한 말이라는 것은 '누구든 곧바로 받아들이고 신뢰할 말이 여기 있다'는 의미다(Wright).

바울은 이를 위해 우리가 수고하고 힘쓰는 것은 그들의 소망을 살아계신 하나님께 두었기 때문이라고 한다(10a절). 그러나 '이를 위하여'(εἰς τοῦτο), 곧 무엇을 위해 수고하는지가 정확하지 않다. 주석가들은 7절의 '경건에 이르게 하는 연단'으로 해석한다(cf. Yarbrough). 사역자들이 조금 더 경건해지기 위해 수고하고 힘쓰는 것은 우리의 소망이 살아계신 하나님께 있기 때문이라는 뜻이다. '살아 계신 하나님'(θεῷ ζῶντι) 안에 우리가 이생과 내생에 소망하는 '생명'(ζωή)이 있다(cf. 8절).

살아 계신 하나님은 모든 사람 특히 믿는 자들의 구주시다(10b절). 하나님은 생명으로 가득하실 뿐 아니라 그 생명을 사람들에게 나누어 주시는 구주시다. '모든 사람 특히 믿는 자들'(πάντων ἀνθρώπων μάλιστα πιστῶν)은 예수 그리스도를 믿든 믿지 않든 상관없이 세상 모든 사람이 구원을 얻는다는 '보편 구원설'(universalism)이 아니다. 하나님은 인종과 신분에 상관없이 모든 사람을 구원하실 수 있지만, 오직 믿는 자들(그리스도인들)만 구원하신다는 의미다(Liefeld).

이 말씀은 사역자들도 꾸준히 양육받아야 한다고 한다. 사람은 아는 만큼 가르칠 수 있고, 가진 만큼 베풀 수 있다. 사역자는 가르치고 베푸는 사람이다. 꾸준한 연단(훈련)으로 가르칠 것과 베풀 것을 확보해야 한다. 사역자들은 성도들을 위해 계속 배우고 성장해야 한다.

사역자는 이단들의 오류와 잘못만 지적하면 안 된다. 동시에 하나님의 진리에 따라 살려고 노력해야 한다. 남의 신학적 오류를 지적하기는 쉽지만, 자기가 믿는 대로 사는 것은 쉽지 않다. 그러나 대부분 사람은 목회자의 뒷모습(삶)에 감동하고 닮으려 하지, 앞모습(가르침)에 열광하지 않는다.

우리는 육체의 연단(건강 관리)에도 최선을 다해야 한다. 몸이 건강해야 섬길 수 있고, 사랑할 수 있다. 체력은 영력이다. 또한 경건에 이르기 위해 고군분투해야 한다. 우리의 소망이 살아 계신 하나님께 있기 때문이다.

IV. 디모데의 사역(4:1-16)

C. 목회적 권면(4:11-16)

¹¹ 너는 이것들을 명하고 가르치라 ¹² 누구든지 네 연소함을 업신여기지 못하게 하고 오직 말과 행실과 사랑과 믿음과 정절에 있어서 믿는 자에게 본이 되어 ¹³ 내가 이를 때까지 읽는 것과 권하는 것과 가르치는 것에 전념하라 ¹⁴ 네 속에 있는 은사 곧 장로의 회에서 안수 받을 때에 예언을 통하여 받은 것을 가볍게 여기지 말며 ¹⁵ 이 모든 일에 전심 전력하여 너의 성숙함을 모든 사람에게 나타나게 하라 ¹⁶ 네가 네 자신과 가르침을 살펴 이 일을 계속하라 이것을 행함으로 네 자신과 네게 듣는 자를 구원하리라

디모데전서는 30개의 2인칭 단수형 명령문을 사용하는데, 이때까지 고작 2개를 사용했다(Yarbrough, cf. 4:7). 본문을 구성하는 다섯 절은 2인칭 단수형 명령문을 7차례나 사용한다. 명령어로 가득한 본 텍스트는 바울이 영적 아들인 디모데에게 주는 사역자의 인격과 은사에 관한 권면이다.

사도는 디모데 같은 목회자가 해야 할 가장 기본적인 사역은 명하고 가르치는 것이라 한다(11절; cf. 2:12). '명하다'(παραγγέλλω)는 '반드시 해야 하거나 일어나야 할 일들'을 알리는 것이다(Yarbrough). 목회자의 권

위(authority)를 전제하는 말이다(Marshall). '가르치다'(διδάσκω)는 지시하는 것이다. '명하다'는 강요하는 성향을 띠는 반면, '가르치다'는 설득하려는 성향이 더 짙다.

디모데가 에베소 성도들에게 명하고 가르쳐야 할 '이것들'(ταῦτα)은 무엇인가? 대부분 학자는 이 단어가 '성령과 말씀과 기도로 형제들을 깨우치며 스스로 경건에 이르도록 훈련하라'는 바로 앞 섹션(4:6-10)을 가리키는 것이라 한다(Köstenberger, Liefeld, Lea & Griffin, Yarbrough). 그러나 넓게 보면 성경 전체를 포함한다(cf. 13절 주해).

바울은 디모데에게 사람들이 그의 연소함으로 업신여기지 못하게 하라고 한다(12a절). '연소함'(νεότης)은 마치 10대 소년(teenager)을 연상케 하는 오해를 불러일으킨다. 예수님을 찾아온 부자 청년(rich young ruler)도 어느 정도 나이가 찬 사람인데 '청년'(νεανίσκος)이라고 불린다(눅 18:21). 또 성경은 스데반이 순교하는 현장에 있던 사울을 '청년'(νεανίας)이라 하는데(행 7:58), 당시 그는 최소 20대 초반이었다(Knight). 디모데가 주후 50년대 초반에 바울의 선교 팀에 합류했다면(행 16:1-5), 그리고 이 서신이 주후 60년대 중반에 쓰였다면 그는 이미 30대다(Knight, Köstenberger, Liefeld).

그가 '의기소침한 청년'(timid young man)이라는 이들도 있지만(Lea & Griffin), 그렇게 생각할 만한 증거는 없다. 당시 사회에서도 나이 든 사람이 리더십 자리에 있었다(Köstenberger). 그러므로 디모데는 성숙하고 책임감 있는 교회 지도자다. 그를 '연소하다'고 하는 것은 문제가 있는 표현이라 하는 이들도 있다(Bassler). '연소함'을 디모데는 바울처럼 늙지 않았다는 것으로 해석하는 것이 바람직하다(Pao). 영적 아버지인 바울에게 디모데는 아직도 어리게만 보인다.

'업신여기다'(καταφρονέω)는 '내려다보다'(look down), '경멸하다'(despise)라는 뜻이다(BDAG). 하나님이 세우신 사역자라면 누구도 무시하거나 우습게 보면 안 된다. 목회자에게 중요한 것은 성도들의 존경과 권위라는 뜻이다.

어떻게 하면 젊은 나이로 인해 목회자를 무시하려 하는 사람들을 설득할 수 있을까? 방법은 사역자가 말과 행실과 사랑과 믿음과 정절에 있어 믿는 자에게 본이 되는 것이다(12b절). '본'(τύπος)은 '신앙인의 좋은 예'다: "범사에 네 자신이 선한 일의 본을 보이며 교훈에 부패하지 아니함과 단정함과 책망할 것이 없는 바른 말을 하게 하라"(딛 2:7-8a). 목회자는 성도들이 따라야 할 본(모범)보다는 신실한 그리스도인이 어떻게 사는지에 대한 본(모범)이 되어야 한다(Lock). 목회자가 세운 본을 따라 살거나 살지 않는 것은 성도들의 몫이다.

사역자가 어떻게 살면 본(모범)이 될 수 있을까? 사도는 디모데에게 다섯 가지 영역(말, 행실, 사랑, 믿음, 정절)에서 모범이 되라고 한다. '말'(ἐν λόγῳ)은 '말로, 말에서'라는 뜻이다. 예수님은 말은 마음에 있는 것을 밖으로 표현하는 것이라 하셨다: "독사의 자식들아 너희는 악하니 어떻게 선한 말을 할 수 있느냐 이는 마음에 가득한 것을 입으로 말함이라"(마 12:34). 그러므로 사람이 선한 말을 하는 것은 곧 그의 마음이 선하다는 뜻이다.

'행실'(ἐν ἀναστροφῃ)은 '행실에 있어서'라는 의미다. 신약에서 '행실'(ἀναστροφή)은 네 차례 사용되는 희귀 단어며(cf. 갈 1:13; 약 3:13; 벧전 2:12), '삶의 방식'(way of life, behavior)이다(BDAG, TDNT). 이 삶의 방식은 믿음과 행동이 일치하는 것이다: "너희는 나를 불러 주여 주여 하면서도 어찌하여 내가 말하는 것을 행하지 아니하느냐"(눅 6:46). 믿음과 행동이 일치하는 것은 디모데와 거짓 선생들의 가장 기본적인 차이점이기도 하다(Köstenberger).

디모데는 '사랑으로'(ἐν ἀγάπῃ) 에베소 성도들에게 모범이 되어야 한다. 바울은 사랑은 기독교가 전파하고자 하는 메시지의 요약이며 가장 중요한 핵심이라 했다: "그런즉 믿음, 소망, 사랑 이 세가지는 항상 있을 것인데 그 중의 제일은 사랑이라"(고전 13:13). 사랑은 기독교의 본질

IV. 디모데의 사역(4:1-16)

이므로, 사랑하지 않으면 본질을 놓치는 것이다.

디모데는 '믿음으로'(ἐν πίστει)도 사람들에게 모범이 되어야 한다. 기독교적 사랑은 믿음에 근거를 두어야 한다: "그리스도 예수 안에서는 할례나 무할례나 효력이 없으되 사랑으로써 역사하는 믿음뿐이니라"(갈 5:6; cf. 딤전 2:15; 6:11; 딤후 1:13; 2:22; 3:10; 딛 2:2; 3:15). 1:5에서도 사랑은 믿음을 근거로 해야 한다고 했다: "청결한 마음과 선한 양심과 거짓이 없는 믿음에서 나와야 한다." 논쟁이 아니라 믿음이 그리스도인의 삶을 지배해야 한다.

마지막으로 목회자인 디모데는 '정절로도'(ἐν ἁγνείᾳ) 모범이 되어야 한다. 신약에서 이 단어는 한 번 더 사용된다: "늙은 여자에게는 어머니에게 하듯 하며 젊은 여자에게는 '온전히 깨끗함으로'(ἐν πάσῃ ἁγνείᾳ) 자매에게 하듯 하라"(5:2). '정절'은 이성과의 접촉에서 어떤 성적인 오점을 남겨서는 안 된다는 권면이다.

사도는 디모데에게 본이 되라고 하는데, '되라'(γίνου)는 '현재, 중간태, 명령, 2인칭 단수형'(present middle, imperative, 2nd person, singular)이다. 바울은 디모데에게 타의 모범이 되는 일은 단 한 번으로 끝나는 것이 아니라 계속(평생) 지속해야 하는 것이며 스스로 모범이 되라고 권면하고 있다(cf. Dunn).

사도는 여건이 허락하는 대로 에베소에 있는 디모데를 방문하고자 한다(13a절). 그는 이러한 염원을 3:14에서도 언급했다. 그러나 우리는 하나님이 그의 에베소 방문을 허락하지 않으시고 그가 머물고 있는 마케도니아에서 곧바로 로마로 가게 하실 것을 안다. 그러므로 그의 염원은 이루어지지 않는다.

또 바울이 '내가 이를 때까지'(ἕως ἔρχομαι)라고 말하는 것은 디모데는 에베소 교회에 오래 머물며 사역하는, 오늘날 개념으로 표현하자면 '담임 목사'가 아님을 의미한다(cf. Lea & Griffin, Liefeld, Yarbrough). 그는 한동안 에베소에 머물며 이단 문제를 해결할 것이다. 교회가 어느 정도 안정이 되면 장로들에게 맡기고 다른 곳으로 떠날 것이다. 교회의 문제를 해결하기 위해 잠시 머무는 사역자도 '본'이 되어야 한다면, 평생 한 교회에서 사역하는 목회자는 얼마나 더 '본'이 되어야 할까?

사도는 디모데에게 자신이 도착할 때까지 읽는 것과 권하는 것과 가르치는 것에 전념하라고 한다(13b절). 바울은 목회자의 사역으로 '명하고 가르치는 것'(11절)에 '읽는 것'을 더하고 있다. 사역자는 성도들을 명하고 가르칠 뿐 아니라 자신도 말씀에 대한 지식으로 성장해야 한다는 뜻이다. 그래야 성도들을 계속 명하고 가르칠 수 있다.

'읽는 것'(ἀνάγνωσις)은 여러 사람이 모인 곳에서 공개적으로 함께 읽는 것(public reading)을 뜻한다(BDAG, cf. ESV, NAS, NIV, NLT, NRS). 예배 중 혹은 예배를 드리기 위해 사람들이 교회에 모일 때 함께 읽는 것을 뜻한다. 유대인들이 회당에 모여 함께 성경을 낭독하는 일에서 유래했다(Keener, Liefeld, Yarbrough, cf. 눅 4:16-21; 행 13:14-41).

바울이 이 서신을 보낼 시점에는 구약은 물론이고 신약의 정경도 어느 정도 정해진 것으로 보인다(cf. 딤후 4:13). 바울은 자신이 골로새 교회에 보낸 편지를 라오디게아 교회로 보내 읽게 하고, 또 자신이 라오디게아 교회에 보낸 편지를 가져다 읽으라고 한다(골 4:16). 초대교회에서 예배 중에 함께 읽는 것은 정경뿐이었다는 사실을 고려할 때 바울은 자기 서신이 정경과 같은 권위를 지닌 하나님의 말씀이라는 사실을 의식하고 있다(Köstenberger, Liefeld, Stott, Yarbrough). 또 베드로는 바울의 서신에 대해 이렇게 증언한다: "우리가 사랑하는 형제 바울도 그 받은 지혜대로 너희에게 이같이 썼고 또 그 모든 편지에도 이런 일에 관하여 말하였으되 그 중에 알기 어려운 것이 더러 있으니 무식한 자들과 굳세지 못한 자들이 다른 성경과 같이 그것도 억지로 풀다가 스스로 멸망에 이르느니라"(벧후 3:15-16).

사도는 디모데에게 장로의 회에서 안수받을 때 받은 은사를 가볍게 여기지 말라고 권면한다(14a절). '장로의 회'(πρεσβυτέριον)는 '장로들의 모임'(council of elders), 오늘날로 말하면 '당회'(presbytery) 정도 된다 (NIDNTTE, cf. ESV, NAS, NIV, NRS). 바울과 바나바를 선교사로 파송한 안디옥 교회는 그들에게 안수하고 떠나보냈다(행 13:3). 이와 같이 사도는 디모데가 그를 따라 나섰을 때 루스드라 교회의 장로들이 디모데에게 안수해 보낸 일을 상기시키고 있다(Keener, cf. 행 14:21-23; 16:2-3).

디모데가 '파송식'에서 어떤 은사를 받았는지 정확히 알 수는 없다. 그가 선교사로 파송받았으니 아마도 '명하고 가르치는' 일과 연관된 은사를 받았을 것으로 보인다. 중요한 것은 은사가 장로들의 안수가 아니라, 안수식에서 선포된 예언을 통해 그에게 임했다는 사실이다(Kelly, Liefeld, Yarbrough). 성령께서 선지자의 '예언'(προφητεία)을 통해 디모데에게 은사를 주시고 그를 사역자로 세우셨다(Towner).

바울은 디모데에게 이 모든 일에 전심전력하라고 한다(15a절). '이 모든 일'(ταῦτα)은 지금까지 디모데에게 권면한 '본이 되는 삶'(행실과 사랑과 믿음과 정절, 12절)과 목회자로서 그가 해야 할 일(읽는 것과 권하는 것과 가르치는 것)을 포함한다. '전심전력하다'(μελετάω)는 '연습하다(practice), '기르다'(cultivate), '묵상하다'(meditate upon) 등의 의미를 지닌다(BDAG). 반복함으로써 더 나아져야 한다는 뜻이다. 모든 사역자가 사역과 행실에 대해 지녀야 할 자세다(Yarbrough).

디모데는 이 모든 일에 전심전력해 자신의 성숙함을 모든 사람에게 나타내야 한다(15b절). 바울의 권면이 예수님의 가르침과 대립하는 것처럼 보일 수도 있다: "사람에게 보이려고 그들 앞에서 너희 의를 행하지 않도록 주의하라"(마 6:1). 그러나 예수님은 "이같이 너희 빛이 사람 앞에 비치게 하여 그들로 너희 착한 행실을 보고 하늘에 계신 너희 아버지께 영광을 돌리게 하라"라고도 하셨다(마 5:16). 상황에 따라 선행을 드러내야 할 때가 있고, 숨겨야 할 때도 있는 것이다. 디모데는 거짓 선생들에게 현혹되어 금욕주의에 빠져 있는 에베소 성도들에게 어떻게 사는 것이 좋은 그리스도인의 삶인지 몸소 보여 주어야 한다.

디모데는 자신과 가르침을 살펴 이 일을 계속해야 한다(16a절). '살피다'(ἐπέχω)는 '애를 쓰다'(take pains)라는 의미다(BDAG). 이번에도 사도는 지속성을 강조하기 위해 2인칭 단수 현재형 명령문(ἔπεχε)을 사용한다(Johnson). 디모데는 평생 자신을 성찰하고 자기가 무엇을 가르치는지 생각하며(되돌아보며) 사역을 계속해야 한다.

이런 자세로 사역에 임하고 행하면 그는 자기 자신과 그에게 듣는 자들을 구원할 것이다(16b절). 바울은 우리가 행함으로 구원을 얻는다고 하지 않는다. 구원은 율법이 요구하는 행함을 통해 이루는 것이 아니라 믿음에서 비롯된 하나님의 은혜다(cf. 1:9 주해). 그러나 사역자로서 디모데는 마치 자기 구원과 에베소 성도들의 구원이 자기 삶과 가르침에 달린 것처럼 두려움과 떨림으로 사역해야 한다.

> 그러므로 나의 사랑하는 자들아 너희가 나 있을 때뿐 아니라 더욱 지금 나 없을 때에도 항상 복종하여 두렵고 떨림으로 너희 구원을 이루라 너희 안에서 행하시는 이는 하나님이시니 자기의 기쁘신 뜻을 위하여 너희에게 소원을 두고 행하게 하시나니 모든 일을 원망과 시비가 없이 하라(빌 2:12-14).

이 말씀은 사역이 무엇인지 생각하게 한다. 사역은 명하고 가르치고 기독교 진리를 살아냄으로써 타의 모범이 되는 것이다. 이 일을 위해 사역자는 읽고, 권하고, 가르치는 것에 전념해야 한다. 그래야 사역자로서 발전이 있다.

사역자라고 해서 선한 삶을 사는 일에서 예외가 될 수는 없다. 사역자는 말과 행실과 사랑과 믿음과 정절에서 본이 되어야 한다. 사람들이 보고 닮고 싶은 열망이 생기게 해야 한다.

사역은 하나님이 주시는 은사(선물)로 하는 것이다. 우리의 재능이나 재력으로 하는 것이 아니다. 하나님이 우리에게 주신 은사는 어떤 것인지 생각해 보자. 사역에 필요한 은사가 더 있다면 그것도 달라고 기도해야 한다. 하나님이 주시는 은사는 누구의 안수를 받아서 생기는 것이 아니다. 예언(계시)을 통해서 우리에게 임한다. 그러므로 홀로 말씀을 묵상하고 기도하며 하나님의 은사를 구하는 것도 좋은 방법이다.

기독교가 신뢰를 잃어버린 세상에서 신뢰를 회복할 수 있는 가장 쉽고 좋은 방법은 목회자들이 말과 행실과 사랑과 믿음과 정절에 있어서 본이 되는 것이다. 이런 삶을 일부러 숨길 필요도 없다. 모든 사람에게 선하고 성숙한 삶을 나타내는 것도 '본'을 찾는 세상에서 사역의 일부가 될 수 있다.

구원은 항상 현재 진행형으로 생각하는 것이 좋다. 우리는 이미 구원을 얻었다. 그러나 매일 우리의 구원을 두려움과 떨림으로 이루어가려고 노력해야 한다. 그래야 조금 경건해질 수 있고, 조금 더 성실하게 그리스도인의 삶에 임할 수 있다.

V. 공동체적 원칙
(5:1-6:2)

교회는 다양한 나이와 계층의 사람들이 모인 곳이다. 그러다 보니 그룹마다 필요가 다르고 관심사도 다르다. 목회자가 이런 차이를 무시하고 사역하는 것은 옳지 않다. 바울은 디모데에게 각 그룹의 독특한 필요와 고유 관심사에 예민하게 대응할 것을 권한다. 그러므로 이 섹션은 교회를 구성하는 각 그룹의 필요를 이해하고 어떻게 그들을 섬길 것인지 보여 주는 좋은 사례라 할 수 있다. 이 같은 내용으로 구성된 본문은 다음과 같이 구분된다.

A. 전반적인 원칙(5:1-2)
B. 과부들을 대할 때(5:3-16)
C. 장로들을 대할 때(5:17-20)
D. 디모데를 위한 사적인 권면(5:21-25)
E. 종들을 대할 때(6:1-2)

V. 공동체적 원칙(5:1-6:2)

A. 전반적인 원칙(5:1-2)

¹ 늙은이를 꾸짖지 말고 권하되 아버지에게 하듯 하며 젊은이에게는 형제에게 하듯 하고 ² 늙은 여자에게는 어머니에게 하듯 하며 젊은 여자에게는 온전히 깨끗함으로 자매에게 하듯 하라

사역자가 성도들에 대해 취해야 할 가장 기본적인 자세는 그들을 가족처럼 생각하고 대하는 것이다. 직분을 계급이나 신분으로 생각하는 사람에게는 쉽지 않은 일이다. 또 본문은 패기와 열정으로 가득 찬 젊은 목회자들이 쉽게 범하는 실수에 관한 말씀이다.

'늙은이'(πρεσβύτερος)는 4:14이 언급한 '장로의 회'(πρεσβυτέριον)와 같은 어원에서 온 말이며, 나이가 지긋한 남성을 뜻한다(BDAG, cf. 새번역, 공동, ESV, NAS, NIV, NRS). '꾸짖다'(ἐπιπλήσσω)는 '나무라다'(reprove) (BDAG) 혹은 비유적으로 '폭발하다'(Liefeld)를, '권하다'(παρακαλέω)는 '호소하다(appeal), 간청하다(request)'를 뜻한다(TDNT). 디모데는 나이가 든 남자 성도를 대할 때 마치 자기 아버지를 대하듯 공손함과 예의를 갖추어야 한다(1a절). 설령 나무랄 일이 있어도, 아버지를 설득하듯이 부드럽게 해야 한다(cf. 딤후 2:24).

젊은 성도들을 대할 때는 형제에게 하듯 해야 한다(1b절). 유교에 젖어 있는 우리 문화에서는 아직도 형이 훈계한답시고 동생에게 손찌검하는 경우가 간혹 있지만, 당시 사회에서는 없는 일이었다. 형제들은 동등하기 때문에 잘못한 형제를 징계하는 것은 가장인 아버지 몫이었다. 형제들은 사이좋게 잘 지내면 된다.

사역자는 늙은 여자에게는 어머니 대하듯 해야 한다(2a절). '늙은 여자'(πρεσβύτερας)는 1절에서 '늙은이'(πρεσβύτερος)로 번역된 단어의 여성형이다. 나이가 지긋한 여성들을 뜻한다. 디모데는 이들을 대할 때 자

기 어머니를 대하듯 부드럽고 따뜻하게 해야 한다.

젊은 여자들을 대할 때는 온전히 깨끗함으로 자기 자매(누이) 대하듯 해야 한다(2b절). 젊은 남자 목회자들에게 주는 각별한 권면이다. 개역개정은 '깨끗함'(ἁγνεία)을 4:12에서 '정절'로 번역했으며, 이성과의 접촉에서 성적인 오점을 남겨서는 안 된다는 뜻이다(cf. Belleville, Yarbrough).

이 말씀은 교회의 정체성은 가족이라 한다. 누구든 나이가 많은 사람은 아버지와 어머니를 대하듯 해야 한다. 나이가 젊거나 어린 사람은 형제와 자매 대하듯 해야 한다. 이런 자세로 서로를 대하고 섬기면 우리는 이 땅에서 교회를 통해 하나님이 뜻하신 가족을 만날 수 있다.

V. 공동체적 원칙(5:1-6:2)

B. 과부들을 대할 때(5:3-16)

³ 참 과부인 과부를 존대하라 ⁴ 만일 어떤 과부에게 자녀나 손자들이 있거든 그들로 먼저 자기 집에서 효를 행하여 부모에게 보답하기를 배우게 하라 이것이 하나님 앞에 받으실 만한 것이니라 ⁵ 참 과부로서 외로운 자는 하나님께 소망을 두어 주야로 항상 간구와 기도를 하거니와 ⁶ 향락을 좋아하는 자는 살았으나 죽었느니라 ⁷ 네가 또한 이것을 명하여 그들로 책망 받을 것이 없게 하라 ⁸ 누구든지 자기 친족 특히 자기 가족을 돌보지 아니하면 믿음을 배반한 자요 불신자보다 더 악한 자니라 ⁹ 과부로 명부에 올릴 자는 나이가 육십이 덜 되지 아니하고 한 남편의 아내였던 자로서 ¹⁰ 선한 행실의 증거가 있어 혹은 자녀를 양육하며 혹은 나그네를 대접하며 혹은 성도들의 발을 씻으며 혹은 환난 당한 자들을 구제하며 혹은 모든 선한 일을 행한 자라야 할 것이요 ¹¹ 젊은 과부는 올리지 말지니 이는 정욕으로 그리스도를 배반할 때에 시집 가고자 함이니 ¹² 처음 믿음을 저버렸으므로 정죄를 받느니라 ¹³ 또 그들은 게으름을 익혀 집집으로 돌아 다니고 게으를 뿐 아니라 쓸데없는 말

을 하며 일을 만들며 마땅히 아니할 말을 하나니 ¹⁴ 그러므로 젊은이는 시집 가서 아이를 낳고 집을 다스리고 대적에게 비방할 기회를 조금도 주지 말기를 원하노라 ¹⁵ 이미 사탄에게 돌아간 자들도 있도다 ¹⁶ 만일 믿는 여자에게 과부 친척이 있거든 자기가 도와 주고 교회가 짐지지 않게 하라 이는 참 과부를 도와 주게 하려 함이라

디모데와 함께 에베소 교회를 운영하는 지도자들에게 교회가 금전적으로 도와주어야 할 늙은 과부들과 돕지 않아야 할 젊은 과부들에 대해 주는 가이드라인이다. 교회가 모든 사람을 도울 수는 없다. 자원이 한정되어 있기 때문이다. 그러므로 형편에 따라 돕되 반드시 도움이 필요한 사람을 분별해 도와야 한다.

젊은 과부들에 대한 내용(11-15절)이 매우 부정적이다. 그러므로 어떤 이들은 이 말씀이 초대교회의 여자에 대한 편견을 반영한 것이라 한다(Johnson, Krause). 이 말씀이 당시 일부 교회에서 일어나고 있는 일을 반영한 것은 맞다. 그러나 본문은 과부 중에서도 교회가 도와야 할 사람과 돕지 않아야 할 사람을 구별하는 말씀이다. 마치 '내가 사랑해야 할 이웃이 누구입니까?'라는 질문을 받은 예수님이 선한 사마리아인 이야기를 통해 이웃이 누구인지 설명해 주신 것처럼, 바울도 교회가 도와야 할 참 과부에 대해 설명하고 있다. 본문은 과부들을 어떻게 돕고 섬길 것인지에 관한 것이지 여자들에 대한 편견을 반영한 것이 아니다(Marshall, Yarbrough).

게다가 오늘날 교회가 홀아비 중 누구를 돕고, 누구를 돕지 않을 것인지 분별해야 한다면, 이 말씀이 반영하는 기준을 따르면 된다. 도와야 할 과부와 돕지 않아야 할 과부에 관한 이 말씀은 당시 교회의 고유적인 상황을 예로 들어 말하는 것이다.

바울은 디모데에게 참 과부인 과부를 존대하라고 한다(3절). '참 과부'(τὰς ὄντως χήρας)는 도울 가족이나 친족이 없어 교회의 도움이 절실

하게 필요한 사람이다(cf. 4, 8, 16절). 바울 서신에서 '존대하라'(τίμα)는 단 두 차례 사용된다. 사도는 십계명 중 다섯 번째 계명에서 히브리어 단어 '공경하다'(כבד)를 이 동사(τιμάω)로 번역했다: "네 아버지와 어머니를 공경하라(τίμα) 이것은 약속이 있는 첫 계명이니"(엡 6:2).

십계명의 처음 네 계명은 우리와 하나님의 관계에 대한 것이다. 나머지 여섯 계명은 사람과 사람 간의 관계를 정의한다. 인간관계를 정의하면서 부모와 자식 간의 관계에 대한 계명이 제일 먼저 등장하는 것은 하나님-백성 관계를 설명하는 데 있어 부모-자식 관계가 가장 기본적인 모형이기 때문이다.

구약에서 '공경하다'(כבד)라는 개념은 흔히 하나님을 향한 주님 백성의 자세를 묘사하는 데 자주 사용된다(cf. 레 20:9; 신 21:18-21; 27:16; 민 15:30). 실제적으로 이 단어가 인간관계에 적용되는 경우는 부모와의 관계뿐이다. 부모들을 대할 때 마치 하나님을 대하듯 공손히 하라는 뜻이다.

이 계명은 잘못하면 무시될 수 있는 부모의 권위를 보호하고자 하는 취지로 이해되어야 한다. 옛적 우리나라에 고려장이 있었던 것처럼, 근동 지역에서는 나이 들어 노동력을 상실한 노인들이 집에서 쫓겨나고 길거리로 내몰리는 경우가 있었다(cf. 출 21:15, 17; 레 20:9; 신 27:16). 이 계명은 이 같은 정황에 처한 힘없는 노부모들의 인권을 보호하는 데 본래 취지가 있다(cf. 『엑스포지멘터리 출애굽기』).

이러한 정황을 고려할 때 참 과부를 존대하라(공경하라)는 사도의 권면은 교회가 나이 들고 의지할 데 없는 과부들을 어떻게 대해야 하는지를 잘 보여 주는 말씀이다. 교회는 참 과부들을 업신여겨서는 안 되며, 오히려 하나님께 하듯이 극진히 섬겨야 한다. 한 가족이기 때문이다(cf. 5:1-2).

구약은 과부 등 사회적 약자들을 돌보는 일은 하나님 백성의 윤리적 책임이라 한다(출 22:21-22; 신 10:18; 14:29; 16:14; 24:17; 슥 7:10). 심지어 하나님은 고아와 과부를 보호하고 변호하시는 분이라 한다(신 10:17-18; 시 68:5; 146:9; 잠 15:25).

예수님은 자식의 죽음을 슬퍼하는 과부에게 울지 말라고 위로하시며 그녀의 죽은 아들을 살리셨다(눅 7:11-15). 예수님은 온갖 품위 있는 척하면서 과부를 돌보지 않는 서기관들을 맹렬히 비난하셨다(막 12:38-40). 의지할 데 없는 과부들의 삶은 참으로 고달팠다(cf. 행 6:1-4).

바울은 디모데에게 어떤 과부에게 자녀나 손자들이 있거든 그들로 먼저 자기 집에서 효를 행하여 부모에게 보답하기를 배우게 하라고 한다(4a절). 과부에게 그리스도인 가족들(자식과 손주들)이 있는 경우의 일이다(Yarborough). 그리스도인 가정에서 부모는 많은 헌신과 희생으로 자녀들을 양육했으니, 성장한 자녀들이 효를 행하여 부모에게 보답하는 것은 당연한 일이다. 디모데는 에베소 사람들이 이렇게 하도록 계속 가르쳐야 한다. 도움이 필요한 사람에게 가족이 있다면, 교회가 나서기 전에 먼저 그들이 나서서 서로 돕게 해야 한다.

그리스도인 자녀들이 홀로된 어머니(할머니)에게 효를 행하여 보답하는 것은 하나님 앞에 받으실 만한 것이다(4b절). 하나님 보시기에 좋은 일, 곧 그분을 기쁘시게 하는 일이라는 뜻이다(cf. 공동, ESV, NAS, NIV, NRS). 그러므로 감사한 마음으로 부모를 섬겨야 한다.

참 과부로서 외로운 자는 하나님께 소망을 두어야 한다(5a절). 홀로된 과부는 당연히 외롭다. 그 외로움을 위로하실 수 있는 분은 하나님이시다. 그러므로 참 과부는 오직 하나님께 소망을 둔다. 반면에 어떤 과부들은 정욕으로 외로움을 달래려 한다(cf. 11절).

하나님께 소망을 둔 참 과부는 주야로 항상 간구와 기도를 한다(5b절). 교회는 참으로 기도할 것이 많은 공동체다(cf. 2:1-7). 모두가 기도해야 하지만, 상대적으로 시간적 여유가 있는 나이 든 사람들이 젊은 사람들의 몫까지 기도한다면 얼마나 좋을까! 이런 면에서 과부이자 여선지자였던 안나는 과부들에게 참으로 귀감이 되는 사람이었다.

V. 공동체적 원칙(5:1-6:2)

또 아셀 지파 바누엘의 딸 안나라 하는 선지자가 있어 나이가 매우 많았더라 그가 결혼한 후 일곱 해 동안 남편과 함께 살다가 과부가 되고 팔십사 세가 되었더라 이 사람이 성전을 떠나지 아니하고 주야로 금식하며 기도함으로 섬기더니 마침 이 때에 나아와서 하나님께 감사하고 예루살렘의 속량을 바라는 모든 사람에게 그에 대하여 말하니라(눅 2:36-38).

오직 하나님만 생각하고 주님께 기도하는 참 과부와 달리 향락을 좋아하는 자는 살았으나 죽었다(6절). 그에게는 세상의 즐거움만 있지 하나님은 없기 때문이다. '향락을 좋아하는 여자'(σπαταλῶσα)는 성적인 쾌락을 즐기며(cf. 11절), 사치스럽고 화려한 삶도 즐기는 여자다(NIDNTTE, cf. 2:9). 바울은 이런 여자는 살았으나 죽었다고 한다. 살아있지만, 하나님께는 죽은 바와 다름없다는 뜻이다(Liefeld, cf. 엡 2:2).

홀로 남겨진 참 과부는 당장 먹을 것이 없다. 한 가족이라고 말하면서 이웃의 배고픔에 눈을 감고 사치를 즐기는 여자는 참으로 가증스러울 뿐 아니라, 그가 속한 믿음 공동체가 지향하는 생명을 죽인다(Johnson). 디모데는 에베소 성도들에게 서로 보살피고 나누는 것에 대해 가르침으로써 그들로 하여금 책망받을 것이 없게 해야 한다(7절).

누구든지 자기 친족, 특히 자기 가족을 돌보지 아니하면 믿음을 배반한 자며 불신자보다 더 악한 자다(8절). 바울이 그리스도인들에게 하는 말이다. 그리스도인들은 가족 중 참 과부처럼 도움이 필요한 사람이 있으면 반드시 도와야 한다. 믿음으로 한 집안을 이룬(cf. 5:1-2) 교회에 와서 아무리 하나님을 찬양하고 기도해도 도움이 필요한 가족을 돕지 않는 것은 믿음을 배반하는 일이다. 그런 사람들은 불신자보다 못하다.

과부로 명부에 올릴 자는 나이가 육십 이상이 되어야 한다(9a절). '명부에 올리다'(καταλέγω)에서 유래한 말이 '카탈로그'(catalogue)다. 에베소 교회에는 꾸준히 정기적으로 도와야 할 과부들의 명단이 있었다는 뜻이다. 당시 사회에서 40세면 늙은 것이고, 60세 이상이면 일하기 어려운 노인이다(Liefeld).

예루살렘 교회는 나이 제한 없이 도움이 필요한 과부들을 도왔다(cf. 행 6:1-4). 헌금이 풍부했기 때문이다. 성령에 감동해 어떤 이들은 집까지 팔아 헌금하며 이런 일을 했다(cf. 4:32-37). 그러나 점점 헌금이 줄자 예루살렘 교회도 과부 명단을 작성하게 되었을 것이다.

과부로 명부에 올릴 여인은 한 남편의 아내였던 자여야 한다(9b절). 어떤 이들은 재혼한 여자를 목록에 올리지 말라는 권면으로 이해한다(Kelly). 사도가 14절에서 젊은 과부에게 재혼을 권장하는 것을 보면 설득력이 없는 해석이다. 재혼했다가 과부가 된 여자도 목록에 올릴 수 있다(Lea & Griffin).

또한 과부로 명부에 올릴 여인은 선한 행실의 증거가 있어야 한다(10a절). 사도는 선한 행실이 어떤 것인지 몇 가지 사례를 든 다음 10절 마지막 부분에서 '선한 일'을 행한 자만을 과부 명부에 올릴 수 있다고 한다. '선한 행실'은 10절의 처음과 끝에 있으면서 중간에 나열된 일들에 대한 전반적인 평가 역할을 한다.

10절 중반부에 나열된 다섯 가지는 모두 선한 행실의 사례다. 이 일을 모두 행한 사람만 과부 명부에 오르는 것이 아니라, 이런 일 외에도 다른 선한 일을 기뻐하는 사람들을 명부에 올리라는 뜻이다. 그러므로 목록은 '혹은'(εἰ)이라는 말을 반복적으로 사용한다. 그러므로 '이런 일을 할 만한 사람'을 과부 명부에 올려야 한다.

첫째, 자녀를 양육한 사람이어야 한다. 자녀를 사랑하며 오랫동안 양육한 사람이다. 그리스도인 자녀들은 자기 부모를 섬겨야 한다고 사도가 말하는 것을 고려할 때(4, 8절), 이 과부들의 성인 자녀들은 믿는 자들이 아니다.

둘째, 나그네를 대접하는 사람이어야 한다. 여행 여건이 좋지 않던 당시에 여행하는 그리스도인들과 선생들을 집으로 받아들이는 것은

V. 공동체적 원칙(5:1-6:2)

대단한 선행이었다.

> 사랑하는 자여 네가 무엇이든지 형제 곧 나그네 된 자들에게 행하는 것은 신실한 일이니 그들이 교회 앞에서 너의 사랑을 증언하였느니라 네가 하나님께 합당하게 그들을 전송하면 좋으리로다 이는 그들이 주의 이름을 위하여 나가서 이방인에게 아무 것도 받지 아니함이라 그러므로 우리가 이같은 자들을 영접하는 것이 마땅하니 이는 우리로 진리를 위하여 함께 일하는 자가 되게 하려 함이라(요삼 1:5-8).

셋째, 성도들의 발을 씻는 사람이어야 한다. 예수님은 제자들의 발을 씻어 본을 보이셨다(cf. 요 13장). 시간이 지나면서 '발을 씻는 것'은 가장 낮은 자의 자세로 온전히 교회를 섬긴다는 숙어(비유)가 되었다(Johnson, Köstenberger).

넷째, 환난당한 자들을 구제하는 사람이어야 한다. 믿음과 섬김으로 인해 곤란해진 사람들을 돕는 것이다(Yarbrough). 환난을 반드시 육체적인 것으로 해석할 필요는 없다. 그러므로 영적인 환난(고난) 중에 있는 사람에게 기도와 위로의 말 등으로 도움을 주는 사람도 포함된다(Köstenberger).

앞서 언급한 것처럼 '모든 선한 일을 행한 자라야 한다'는 말은 10절을 시작하는 '선한 행실의 증거가 있는 자'라는 말과 쌍을 이루며, 중간에 있는 네 가지 선행을 모두 '선한 행실'이라고 한다. 명단에 올릴 과부들은 교회와 성도들을 적극적으로 섬기며 선을 행하는 활동적인 여인들이다.

바울은 나이 많은 참 과부들에 대한 지침을 마무리하고 젊은 과부들에 대한 권면을 이어 간다(11-15절). 내용을 보면 과부들에 대한 사도의 시각이 지나치게 부정적이다. 그러나 모든 젊은 과부가 사도가 말하는 것처럼 살지는 않는다. 그러므로 사도는 몇몇 젊은 과부의 극단적인 사례를 예로 들며 젊은 과부는 목록에 올리지 않아야 하는 이유를 설명한다. 한마디로 말해 변화가 너무 많은 사람들이기 때문에 그들을 60세가 넘은 참 과부처럼 대할 수는 없다는 것이다.

젊은 과부를 목록에 올리지 않는 첫 번째 이유는 정욕으로 그리스도를 배반할 때 시집가고자 하기 때문이다. 신약에서 '배반하다'(καταστρηνιάω)는 이곳에 단 한 차례 사용되는 단어며, '누군가에 대한 애정과 충돌하는 욕망으로 가득 차다'라는 뜻이다(TDNT). 한때는 젊은 과부의 마음이 그리스도에 대한 사랑으로 가득했는데, 이제는 결혼하고 싶은 욕망만이 마음을 가득 채웠다. '시집가고자 함'(γαμεῖν θέλουσιν)은 '현재형 부정사 + 현재형 동사'로 구성되어 있다. 시집가고 싶은 욕망이 그 마음을 지배하고 있다.

홀로된 여자가 재혼하고자 하는 것은 바람직한 일이다. 그리스도인으로서 하나님의 인도하심을 받아 주님과 신앙 가족들의 축복을 받으며 재혼하는 것은 좋은 일이다. 안타깝게도 이 과부는 신앙과 재혼 중 하나를 선택해야 하는 것으로 생각해 재혼을 택하기 위해 신앙을 버렸다. 그러므로 이 구절은 젊은 과부들을 명부에 올리는 일에 대해 '젊은 과부들? 생각도 하지 말라!'(Younger widows? Forget it!)라는 의미다(Yarbrough).

신앙을 버리고 재혼을 택한 젊은 과부는 처음 믿음을 저버렸으므로 정죄를 받는다(12절). '처음 믿음'(πρώτην πίστιν)을 '처음 사랑'(τὴν ἀγάπην τὴν πρώτην)(계 2:4)의 비슷한 말로 해석해 기독교 신앙을 버린 것으로 해석하는 이들이 있다(Lenski). 혹은 죽은 남편과의 결혼 서약이나, 과부가 된 후 독신으로 살겠다는 서약을 저버린 것으로 해석하는 이들도 있다(Fee). 그러나 이미 죽은 남편과의 서약은 더는 유효하지 않다(cf. 갈 2:19-21). 그러므로 설득력이 없다. 사도가 독신으로 살겠다고 교회에 서약하고 혜택을 누린 이들이 그 서약을 어기고 결혼하는 것을 이렇게까지 맹렬하게 비난할 것으로는 보이지 않는다. 이들 중에는 이미 사

V. 공동체적 원칙(5:1-6:2)

탄에게 돌아간 자들도 있다고 하는 것으로 보아(15절), 재혼을 택하며 기독교 신앙을 완전히 버린 사람들이다.

젊은 과부들을 참 과부 명부에 올리지 않는 두 번째 이유는 문제가 되는 그들의 행실 때문이다(13절). 젊은 과부 중에는 게으른 자들이 있다(13a절). 주변의 도움으로 생활하면서 일할 생각은 없는 사람도 있고, 죽은 남편이 남긴 재산이 충분해 일할 필요성을 느끼지 못하는 자들도 있었을 것이다. 기독교의 노동(일) 윤리는 분명하다: "우리가 너희와 함께 있을 때에도 너희에게 명하기를 누구든지 일하기 싫어하거든 먹지도 말게 하라 하였더니"(살후 3:10).

그렇다면 이 젊은 과부들은 일하지 않고 남는 시간을 어디에 쓰는가? 쓸데없는 말을 하고 다니며 일을 만들며 아니할 말을 한다(13b절). 여기 저기 다니며 말을 옮기는 것은 기본이며, 문제를 일으키고, 심지어 해서는 안 될 말을 한다는 것이다. 물론 모든 젊은 과부가 이런 짓을 하는 것은 아니다. 일부(소수)가 온 그룹의 명예에 찬물을 끼얹고 있다. 바울은 이런 사례를 예로 들며 젊은 여자들은 참 과부 목록에 올리지 말라고 한다. 교회의 한정된 자원을 이런 사람들을 돕는 데 사용하면 안 되기 때문이다.

바울은 젊은이(젊은 과부)에게 평생 과부로 살겠다는 다짐을 하게 하는 것보다 그들이 시집가서 아이를 낳고 집을 다스리는 것이 좋다고 한다(14a절). 믿음이 좋은 형제와 재혼해(cf. 고전 7:39) 아이를 낳고 가정을 꾸려 나가는 것도 하나님의 축복이다. 여자가 '집을 다스리는 일'(οἰκοδεσποτεῖν)에 대해서는 현숙한 여인에 대한 예찬론이라 할 수 있는 잠언 31:10-31을 참조하라.

결혼은 젊은 과부의 정욕과 경제적인 필요를 해결하면서 동시에 자녀를 낳아 양육할 기회도 제공한다. 성경은 자식은 하나님의 선물이라한다(시 113:9; 115:15; 127:3; 128:3). 자녀를 양육하는 일은 축복이다. 세상 그 무엇으로도 얻을 수 없는 기쁨과 경험을 선사한다. 젊은 과부들은 하나님의 선물을 마음껏 누리고 즐기는 기회를 제공받아야 한다.

또한 젊은 과부의 결혼은 대적에게 비방할 기회를 조금도 주지 않는 효과도 발휘한다(14b절). '대적'(ἀντικειμένῳ)은 마귀일 수도 있고(살후 2:4), 사람일 수도 있다(cf. 눅 13:17; 21:15; 고전 16:9; 빌 1:28). 사도가 보편적인 원리를 말하기 때문에 굳이 둘 중 하나라고 할 필요는 없다. 새로 꾸린 가정에 성실하게 임하다 보면 13절이 언급한 죄를 지을 시간이 없다. 또 성욕으로 인해 방탕할 기회가 없어진다.

바울은 디모데가 젊은 과부들에 대해 경각심을 갖기를 원한다. 그들 중에는 이미 사탄에게 돌아간 자들도 있기 때문이다(15절). 성욕을 채우기 위해, 혹은 재혼을 위해 기독교 신앙을 버린 자들이다(Lea & Griffin). 디모데는 에베소 교회에서 더는 이런 신앙 '이탈'이 나오지 않도록 최선을 다해 가르치고 권면해야 한다.

사도는 그리스도인 과부는 자신의 그리스도인 가족이 돌보는 것이 원칙이라는 사실을 재차 확인하며 이 섹션을 마무리한다(16절; cf. 딤전 5:4). 믿는 여자에게 과부 친척이 있는 경우 그를 도와 교회가 짐을 지지 않게 하라는 것이다. 교회는 참 과부(도울 가족이 없는 60세 이상 된 과부로 교회와 성도들을 섬기기를 기뻐하는 사람)를 돕는 데 전념해야 한다. 교회의 제한된 자원으로는 이렇게 할 수밖에 없다.

이 말씀은 교회는 도움이 필요한 사람 중에서도 도울 가족이 없고 나이가 많은 사람들을 최우선으로 도와야 한다고 한다. 그리스도인 가족이 있는 사람은 가족과 친족이 먼저 그를 돕게 해 교회가 짐을 지지 않게 해야 한다. 이렇게 하는 것이 하나님이 기뻐하시는 일이다.

자원이 부족한 교회가 모든 사람을 도울 수는 없다. 여러 가지 선행으로 교회와 성도들을 섬기기를 기뻐하며 항상 기도하는 이들을 최우선으로 도와야 한다. 에베소 교회는 도울 사람을 과부로 제한했지만, 오늘날 교회는 그렇게 할 필요가 없다. 장애인과 연고가 없는 홀아비 중에서도 도움이 필요한 이들이 있으면 도와야 한다. 우리는 이 같은 선한 일을 하기 위해 더 헌신적으로 헌금해야 한다.

우리의 행동이 우리가 속한 그룹(부류)에 어떤 영향을 미치는지 생각해야 한다. 에베소 교회에서는 일부 젊은 과부의 경건하지 못한 언행으로 말미암아 모든 젊은 과부들이 비난받고 참 과부 명부에도 오르지 못했다. 우리는 항상 공동체를 생각하며 신중하게 행동해야 한다.

우리가 죄를 지으면 각자의 치부가 될 뿐 아니라, 대적에게 비방할 기회를 주는 것이다. 그러므로 우리를 미워하고 우리가 망하기를 원하는 자들에게 기회를 주지 않기 위해서라도 죄를 짓지 않아야 한다.

> V. 공동체적 원칙(5:1-6:2)

C. 장로들을 대할 때(5:17-20)

¹⁷ 잘 다스리는 장로들은 배나 존경할 자로 알되 말씀과 가르침에 수고하는 이들에게는 더욱 그리할 것이니라 ¹⁸ 성경에 일렀으되
        곡식을 밟아 떠는 소의 입에 망을 씌우지 말라
하였고 또
        일꾼이 그 삯을 받는 것은 마땅하다
하였느니라 ¹⁹ 장로에 대한 고발은
        두세 증인이 없으면 받지 말 것이요
²⁰ 범죄한 자들을 모든 사람 앞에서 꾸짖어 나머지 사람들로 두려워하게 하라

사도는 디모데에게 잘 다스리는 장로들은 배나 존경할 자로 알라고 한다(17a절). '장로들'(πρεσβύτεροι)은 '늙은이'(πρεσβύτερος, 5:1)의 복수형이다. 이 단어는 정황에 따라 나이가 많은 사람(늙은이, 원로) 혹은 교회 지도자로 해석될 수 있다. 본문에서는 교회를 잘 다스리는 자들을 뜻하므로 오늘날 일부 교단의 장로들을 뜻한다. 그렇다면 본문의 '장로'는

앞에서 언급한 '감독'(3:1)과 서로 바꿔서 사용할 수 있는 비슷한 말이다(Köstenberger, Lea & Griffin, cf. 딛 1:5, 7; 행 20:17, 28; 빌 1:1).

'다스리다'(προΐστημι)는 '관리하다(manage), 선도하다(lead)'라는 의미로(BDAG) 교회의 제반사를 지휘한다는 뜻이다(Yarbrough). 본문이 과부들에 대한 지침(5:3-16)을 이어 가고 있다는 점을 고려할 때, 문맥상 장로들의 다스림은 명부에 오른 참 과부들에게 교회의 도움을 잘 배분하고 젊은 과부들을 권면하는 일을 포함한다. 에베소에 잠시 머물며 교회를 안정시키고 있는 디모데가 하는 일이 아니다.

사도는 장로라고 무조건 배로 존경하라고 하지 않고, 잘 다스리는 사람(장로가 해야 할 일을 잘하는 사람)으로 제한한다. 존경은 직분을 가진 자가 해야 할 일을 잘 해냄으로써 얻는 것이지, 직분자의 나이가 많고 남성이라는 이유로 요구할 수 있는 것이 아니다.

'배나 존경하는 것'(διπλῆς τιμῆς)은 무엇을 의미하는가? 대부분 학자는 다음 문구인 "말씀과 가르침에 수고하는 이들에게는 더욱 그리할 것이니라"(17b절)를 바탕으로 사례하고 존중하는 일을 뜻하는 것으로 해석한다(Collins, Fee, Keener, Köstenberger, Lea & Griffin, Yarbrough, cf. 고후 11:8-9; 갈 6:6). 풍요롭지는 않지만, 당시 교회들이 장로들에게 어느 정도 사례를 했다는 것이다(Keener, Yarbrough). 이미 언급한 것처럼 말씀과 가르침에 수고하는 장로들은 오늘날로 말하면 목사(가르치는 장로)지 '시무 장로'가 아니다.

초대교회에서는 '가르치는 장로'와 '시무 장로'를 구분하지 않았기 때문에 어느 정도 혼란이 있기는 하지만, 장로들은 매우 중요한 역할을 했다. 바울을 선교사로 파송한 수리아 안디옥 교회는 주후 40년대에 큰 흉년으로 인해 고통당하던 유대 지역의 성도들을 돕기 위해 헌금했고, 이를 바울과 바나바를 통해 유대 지역 교회 장로들에게 보냈다(행 11:28-30). 바울과 바나바는 1차 선교 여행을 마무리할 무렵(행 13-14장, 주후 40년대 중반), 자신들이 세운 교회를 치리하도록 장로들을 세웠다(행

14:21-23). 몇 년 후 예루살렘 교회 장로들은 예루살렘 공의회를 열었다(행 15:2, 4, 6, 22, 23; 16:4). 바울은 3차 선교 여행을 마치고 예루살렘으로 돌아가 잡히기 전 밀레도에서 에베소 교회 장로들을 불러 교회를 잘 다스리라고 권면했다(행 20:17-38). 바울이 디도를 그레데에 남겨 둔 것도 장로들을 세워 교회를 치리하게 하기 위해서였다(딛 1:5).

바울은 가르치는 장로들을 배나 존경해야 하는 이유를 성경에서 찾는다(18절). "곡식을 밟아 떠는 소의 입에 망을 씌우지 말라"라는 말씀은 신명기 25:4을 인용한 것이다(cf. 고전 9:9-10). 고대 근동에서는 타작할 때 가축을 이용했다. 종종 나귀도 사용되었지만 주로 소에게 곡식을 밟게 하거나 도리깨를 끌게 해 줄기로부터 알갱이를 분리했다. 도리깨로는 대체로 날카로운 돌 조각이 박힌 넓적한 나무 판을 사용했다.

타작하는 짐승들이 배가 고프면 당연히 곡식이나 줄기를 먹고 싶어 할 것이다. 그런데 일부 주인은 짐승들이 멈추어 서는 것이 싫어서, 혹은 곡식을 아끼기 위해 짐승의 입에 망을 씌웠다. 이 율법은 일하는 짐승에게 잔인하게 굴지 말라고 한다. 의로운 사람은 다른 사람들을 배려할 뿐 아니라, 자기가 부리는 짐승의 필요를 알고 채워 주는 사람이기 때문이다(cf. 잠 12:10). 짐승에게 일만 시키고 그 노동의 대가를 누리게 하지 못하는 것은 옳지 않다. 하물며 교회에서 사역자를 무보수로 부리는 것은 더욱더 있을 수 없는 일이다.

"일꾼이 그 삯을 받는 것은 마땅하다"(18b절)는 예수님이 하신 말씀이다(눅 10:7; cf. 마 10:10). 아직 복음서들이 출판되지 않은 상황에서 바울은 예수님의 가르침을 구약과 같은 권위 있는 하나님의 말씀으로 인용하고 있다. 교회들이 예수님의 가르침과 말씀을 모은 자료들을 구약과 동등한 권위를 지닌 하나님의 말씀으로 공유하고 있었던 것이다(Dunn). 최근 들어 학자들은 신약 저자들이 저서를 집필할 때 자신의 책과 서신이 정경에 포함될 것을 의식하고 있었다고 한다(Deines, Hill, Kruger, Swinson, cf. Fee, Guthrie, Kelly).

사도는 장로에 대한 고발은 두세 증인이 없으면 받지 말라고 한다(19절). 범죄자를 사형에 처하는 죄는 반드시 두세 사람의 증언이 있어야 한다는 신명기 17:6을 배경으로 한 말씀이다(cf. 신 19:15; 요 8:16-18). '고발'(κατηγορία)은 사법적, 법적 의미를 지닌 단어다(Quinn & Wacker). 에베소 교회에도 오늘날 교회들처럼 존경받을 만한 지도자들과 징계해야 할 지도자들이 있었다는 것을 암시한다(Lea & Griffin). 아마도 에베소 교회를 괴롭히는 '다른 교훈'을 가르치는 자 중 일부가 교회 장로들이었음을 암시하는 듯하다(Towner).

또 이 원리는 장로들이 교회 살림을 맡아서 하다 보면 잡음과 원망이 끊이지 않을 것이며, 원망과 잡음을 모두 수용할 수는 없다는 뜻이기도 하다. 교회 지도자들에 대한 비난은 반드시 제대로 검토되어야 하며 무비판적으로 받아들여져서는 안 된다(Keener). 현실적으로 생각할 때, 맡은 일을 성실하게 수행하는 사역자만큼 험담과 비난에 노출되는 사람은 없다(Barrett). 에베소 교회의 경우 장로들이 헌금으로 과부들을 도울 때(cf. 5:3-16) 많은 불만과 형평성 문제가 불거졌을 것이다.

바울은 디모데에게 범죄한 자들을 모든 사람 앞에서 꾸짖어 나머지 사람들로 두려워하게 하라고 한다(20절). 범죄한 자들을 공개적으로 책망해 교회 사람들이 보고 자신들은 그러한 죄를 짓지 않도록 하는 자체 효과(deterrent effect)를 유발하라는 뜻이다(cf. Lea & Griffin, Yarbrough). 어떤 이들은 잘 다스리는 장로들(17절)과 대조를 이루는 범죄한 장로들만 사람들 앞에 세우라는 것으로 해석하지만(Mounce, Quinn & Wacker), 모든 그리스도인을 뜻하는 것으로 해석해도 무관하다. 우리는 모두 각자 언행에 책임을 져야 하기 때문이다. 온 교회 앞에서 공개적으로 책망하는 것은 '출교' 바로 전 교회가 베풀 수 있는 마지막 자비다(cf. Stott). 예수님은 징계 절차에 대해 다음과 같이 가르치셨다.

네 형제가 죄를 범하거든 가서 너와 그 사람과만 상대하여 권고하라 만일 들으면 네가 네 형제를 얻은 것이요 만일 듣지 않거든 한두 사람을 데리고 가서 두세 증인의 입으로 말마다 확증하게 하라 만일 그들의 말도 듣지 않거든 교회에 말하고 교회의 말도 듣지 않거든 이방인과 세리와 같이 여기라(마 18:15-17).

이 말씀은 교회와 선교회 등 기독교 기관에서는 노동을 착취하는 일이 없어야 한다고 한다. 세상 단체들보다 잘해 주지는 못할망정 덜해 줘서는 안 된다. '열정 페이'는 세상에서나 통용되는 용어지 기독교 단체들이 헌신과 희생을 빙자해서 사용할 말은 아니다.

교회는 지도자들에 대한 비판과 고발을 무비판적으로 수용해서는 안 된다. 최소 두세 증인이 있어야 한다. 두세 증인이 있을 때 비로소 절차를 통해 고발과 비판이 정당한지 확인해야 한다. 세상은 악하고, 마귀는 늘 사역자들을 공격하기 때문이다. 만일 고발이 사실로 드러나면 징계해야 한다. 세상에서 제일 비(非)성경적이고 비(非)기독교적인 사람은 "목회자는 하나님의 종이므로 잘못되면 하나님이 치신다. 그러므로 성도들은 잠잠해야 한다"라고 주장하는 자들이다. 이런 자들은 아예 교회에 발을 붙이지 못하게 해야 한다.

징계는 회복(restoration)을 위한 것이다. 그러므로 분노나 정죄가 주도해서는 안 된다. 함께 아파하고 안타까워해야 한다. 가장 좋은 징계는 온 공동체의 사랑과 슬픔에 감동되어 범죄자 스스로 기꺼이 징계받겠다고 나서는 것이다.

V. 공동체적 원칙(5:1-6:2)

D. 디모데를 위한 사적인 권면(5:21-25)

21 하나님과 그리스도 예수와 택하심을 받은 천사들 앞에서 내가 엄히 명하

노니 너는 편견이 없이 이것들을 지켜 아무 일도 불공평하게 하지 말며 ²² 아무에게나 경솔히 안수하지 말고 다른 사람의 죄에 간섭하지 말며 네 자신을 지켜 정결하게 하라 ²³ 이제부터는 물만 마시지 말고 네 위장과 자주 나는 병을 위하여는 포도주를 조금씩 쓰라 ²⁴ 어떤 사람들의 죄는 밝히 드러나 먼저 심판에 나아가고 어떤 사람들의 죄는 그 뒤를 따르나니 ²⁵ 이와 같이 선행도 밝히 드러나고 그렇지 아니한 것도 숨길 수 없느니라

학자 중에는 본문이 장로를 세우는 일과 연관이 있다며 장로들에 대한 권면(5:17-20)의 일부로 취급하는 이들이 있다(Dunn, Köstenberger). 디모데가 에베소 교회에 장로를 세울 때 어떻게 해야 하는지에 관한 내용을 포함하는 것은 맞지만, 사도는 본문을 통해 디모데 개인에게 사역자로서 어떻게 사역해야 하는지 권면하며, 그의 개인적 건강 관리에 대해서도 조언한다. 그러므로 따로 구분하는 것이 좋다(cf. NIV).

바울은 하나님과 그리스도 예수와 택하심을 받은 천사들 앞에서 디모데에게 엄히 명한다(21a절). 헬라어 사본에서는 '엄히 명한다'(Διαμαρτύρομαι)로 이 문장이 시작된다. '경고한다'는 의미를 지닌 매우 강력한 표현이다(BDAG). '하나님과 예수님과 택하심을 받은 천사들'은 쉽게 말해 '하늘나라에 있는 모든 이들'이다(Yarbrough). 하늘나라에 있는 모든 이 앞에서 엄히 명한다는 것은 반드시 이 경고를 받아들이라는 뜻이다.

'택하심을 받은 천사들'(τῶν ἐκλεκτῶν ἀγγέλων)은 하나님을 대적하는 타락한 천사들(마귀와 악령들)과 대조를 이루는 선한 영들, 곧 하나님 곁에서 시중을 들며 명령하시는 대로 행하는 이들이다(Lea & Griffin, cf. 유 1:6; 벧후 2:4). 이 천사들은 그리스도의 재림과 최종 심판에도 함께한다(Knight).

바울이 디모데에게 엄히 명하는 것은 그가 편견 없이 이것들을 지켜 아무 일도 불공평하게 하지 않게 하려 함이다(21b절). 신약에서 '편

V. 공동체적 원칙(5:1-6:2)

견'(πρόκριμα)은 이곳에서 단 한 차례 사용되는 법적인 용어다. 비뚤어진 절차 등을 통해 판결을 내리는 자의 개인적 선호에 따라, 혹은 편을 들기 위해 사전에 판결을 결정해 두는 것을 뜻한다(NIDNTTE). '이것들'(ταῦτα)은 과부들에 대한 지침과 장로들에 대한 지침이다. '지키다'(φυλάσσω)는 '보호하다, 방어하다' 등 적극적인 행동에 관한 단어다.

'불공평'(πρόσκλισις)도 이곳에서 단 한 차례 사용되는 단어다. 누구를 편애하는 일(favoritism)이 없어야 한다는 뜻이다(TDNT). 당시 사회를 지배했던 로마법은 권력자와 부자에 대한 편애가 매우 심각한 수준이었다(Keener). 생각해 보면 오늘날 우리나라 법에도 어느 정도 편애가 있다. 오죽하면 '무전유죄 유전무죄'라는 말이 있겠는가!

사도는 디모데에게 무슨 일이든 편견과 불공평함으로 하지 않도록 엄히 명한다. 당시 사회에서 복음이 매력적이었던 이유 중 하나는 누구도 차별하지 않았기 때문이다. 목회자도 인간이다 보니 성도 중 자기를 좋아하는 사람에게 마음이 가고, 미워하는 사람은 멀리하려는 마음이 없을 수 없다. 그러므로 편견과 불공평은 교회를 나누는 결과를 초래한다. 그러나 우리가 잘 알다시피 사역자는 온 공동체가 화합해 하나 되도록 사역해야 한다.

사역자는 편견과 불공평함을 초래할 수 있는 감정과 느낌을 반드시 조절해야 한다. 그렇지 않으면 편견과 불공평으로 사역을 하게 된다. 우리가 추구하는 사역의 순수성은 편견과 불공평을 배제하고 공평과 평등 위에 세워져야 한다(Barrett). 야고보 사도도 모든 그리스도인에게 같은 지침을 내린다: "내 형제들아 영광의 주 곧 우리 주 예수 그리스도에 대한 믿음을 너희가 가졌으니 사람을 차별하여 대하지 말라"(약 2:1).

바울은 디모데에게 세 가지를 주문한다(22절): (1)아무에게나 경솔히 안수하지 말라, (2)다른 사람의 죄에 간섭하지 말라, (3)자신을 지켜 정결하게 하라. 첫째, 안수는 아무에게나 경솔히 하는 것이 아니다. '경솔히'(ταχέως)는 '빨리'(quickly, without delay)라는 의미를 지닌다(BDAG, cf. ESV, NAS, NRS). 생각할 여유를 가지지 않고 곧바로 행동으로 옮기는 일을 뜻한다.

예수님은 치유와 축복을 위해 안수하셨다(마 9:18; 19:13, 15; 막 5:23; 6:5; 7:32; 8:23, 25; 눅 4:40; 13:13). 사도행전에서 안수는 하나님의 '승인, 허가'를 상징한다(행 6:5; 8:17, 19; 9:12, 17; 13:3; 19:6; 28:8). 이 서신에서 안수에 대한 유일한 언급은 디모데가 사역자로 세워질 때 장로들이 그에게 안수한 일이다(4:14). 그러므로 아무에게나 경솔히 안수하는 것은 장로가 되지 않아야 할 사람을 장로로 세우는 일을 뜻한다(Liefeld, Yarbrough).

둘째, 디모데는 다른 사람의 죄에 간섭하지 않아야 한다. '간섭하다'(κοινωνέω)는 '나누다, 공유하다'(share in)라는 뜻이다(BDAG). 직분에 임명하면 안 될 사람들을 압력에 못 이겨 임명하는 것을 뜻한다(Liefeld, Yarbrough). 사역자가 인격과 자질이 부족해 직분에 임명하면 안 될 사람을 임명하는 것은 그들의 죄에 동참하는 것이다.

셋째, 디모데는 자기 자신을 지켜 정결하게 해야 한다. '정결하게'(ἁγνός)는 '거룩하게, 순결하게'다. 바울은 3장에서 디모데에게 에베소 교회를 이끌어 갈 감독과 집사들을 세우라고 했다. 지도자들을 세운 후에는 교회를 그들에게 맡기고 떠나도 된다. 그러나 빨리 떠나기 위해 양심을 지키는 일에 타협해서는 안 된다. 그러므로 정결하게 이 모든 일을 진행하라고 한다.

바울은 디모데에게 이제부터는 물만 마시지 말고 위장과 자주 나는 병을 위해 포도주를 조금씩 쓰라고 한다(23절). 사도가 디모데를 '믿음 안에서 참 아들'이라 하는 것(1:2)은 빈말이 아니다. 그는 누구보다도 디모데를 잘 알기에 그의 고질병에 대해서도 염려한다. 당시 소량의 포도주를 마시는 것은 건강을 위한 민간요법이었다(Witherington, cf. Lea & Griffin). 위장을 언급하고 포도주를 조금씩 마시라고 하는 것으로 보

V. 공동체적 원칙(5:1-6:2)

아 디모데는 자주 소화 기능 장애를 겪었던 것으로 보인다.

디모데도 포도주를 조금씩 마시는 것이 자신의 병에 도움이 되는 것을 알았을 텐데 왜 [에베소에 도착한 이후] 지금까지 한 모금도 마시지 않은 것일까? 세례 요한이 나실인이라 하여 술을 일체 마시지 않았던 것(cf. 눅 1:15; 7:33)을 근거로 디모데가 나실인 서원(민 6:1-4)을 생각해 마시지 않은 것이라고 주장하는 이들이 있다(Knight). 그러나 디모데의 경우에는 '다른 교훈'을 가르치는 거짓 선생들이 술을 포함한 금욕주의를 가르쳤기 때문일 것이다(Keener, Lea & Griffin, cf. 4:3).

디모데는 에베소 교회에서 많은 스트레스를 경험하고 있다. 거짓 선생들로부터 교회를 지켜야 하며, 장로들을 세우고 집사들을 세워야 한다. 또 교회가 과부들을 도울 수 있도록 제도를 마련해야 한다. 게다가 오류를 범한 장로들을 징계해야 한다. 우리가 잘 알다시피 소화 기능 장애는 스트레스를 받으면 더 심해진다. 이런 상황에서 바울은 디모데에게 금욕주의를 가르치는 가짜 선생들을 의식하지 말고 건강부터 챙기라고 한다.

사도는 디모데에게 조급한 마음으로 사역하지 말라고 당부한다(24-25절). 어떤 사람들의 죄는 곧바로 밝히(명백하게) 드러나지만(24a절), 어떤 사람들의 죄는 잘 드러나지 않는다(24b절). 그렇다 보니 곧바로 징계해야 하는 사람들이 있는가 하면, 나중에 징계해야 할 사람들도 있다. 그러나 목회자가 의식해야 할 중요한 사실은 하나님이 이들의 죄를 드러내고 징계하신다는 것이다. 그러므로 목회자가 조급한 마음으로 서두를 필요는 없다. 하나님이 드러내시는 대로 적절하게 조치하면 된다.

사람들의 선행도 마찬가지다. 어떤 이들의 선행은 곧바로 밝히 드러난다(25a절). 한참 있다가 드러나는 선행도 있다(25b절). 중요한 것은 선행도 죄처럼 영원히 숨겨지지 않는다는 사실이다. 적절한 때가 이르면 하나님이 드러내실 것이다. 사역자는 이때 경의를 표하고 격려하면 된다. 한마디로 말해 사도는 디모데가 목회 현장에 지나치게 몰입하는 것을 원하지 않는다. 때때로 사역자는 현장에서 한 걸음 뒤로 물러서서 하나님이 하시는 일을 지켜보아야 한다.

이 말씀은 사역자는 모든 편견과 불공평함을 최대한 멀리하며 공정하고 순수한 동기로 사역해야 한다고 한다. 성도 중에 특별히 좋아하거나 특별히 미워하는 사람이 있어서는 안 된다. 판단력이 흐려져 잘못된 결정을 할 수 있기 때문이다.

사역자는 어떤 일을 결정하고 추진할 때 신중해야 한다. 서두르는 것은 금물이다. 충분한 시간을 갖고 신중하고 신중해야 한다. 본의 아니게 남의 죄에 동참하는 일도 없어야 하기 때문이다. 사역자는 항상 정결하게 자신을 지켜야 한다.

사역자는 스스로 건강을 챙기며 사역해야 한다. 몸이 건강하면 훨씬 더 성실하게 사역에 임할 수 있다. 그러므로 사역자가 스스로 건강을 챙기는 것은 사치나 낭비가 아니다.

사역자가 현장에 너무 몰입하다 보면 상황을 객관적으로 보기가 어렵다. 또한 하나님의 때를 의식하지 못할 수도 있다. 그러므로 사역 현장에서 한 걸음 뒤로 물러나 상황을 객관적으로 평가하고, 하나님이 하시는 일을 보려고 하는 것은 매우 중요하다.

V. 공동체적 원칙(5:1-6:2)

E. 종들을 대할 때(6:1-2)

¹ 무릇 멍에 아래에 있는 종들은 자기 상전들을 범사에 마땅히 공경할 자로 알지니 이는 하나님의 이름과 교훈으로 비방을 받지 않게 하려 함이라 ² 믿는 상전이 있는 자들은 그 상전을 형제라고 가볍게 여기지 말고 더 잘 섬기게 하라 이는 유익을 받는 자들이 믿는 자요 사랑을 받는 자임이라 너는 이것들을 가르치고 권하라

V. 공동체적 원칙(5:1-6:2)

　노예 제도는 절대 바람직하지 않은 일이지만, 로마 제국에서는 물론이고 비교적 최근까지 대부분 문명에서 활성화된 악이었다. 세상에서 완전히 없어졌다고 할 수 없다. 지금도 세상에는 45만 명이 노예로 살고 있다는 통계도 있다(Yarbrough). 우리나라에도 '인신매매'라는 말이 있는가 하면 '염전 노예' 등 사람의 인권과 노동력을 착취하는 일이 종종 일어난다. 차이라면 당시에는 노예 제도가 합법이었고 지금은 불법이라는 것뿐이다.

　언젠가 모든 사람이 자유인이 되는 것은 성경을 통해 나타난 하나님의 뜻이다. 기독교는 모든 사람의 참 자유를 선포하는 그리스도의 복음으로 세상을 복음화함으로써 노예 제도를 합법화한 당시 사회와 문화를 개혁하고자 했다. 노예 제도를 없애는 일은 혁명을 통해 많은 피를 흘리며 쟁취할 상황은 아니라고 생각했다(Bassler, Schreiner, Yarbrough). 노예 제도에 대해 전쟁을 선포하지 않으면서 노예 제도를 없애려 한 것이다(Hendricksen).

　복음을 온 세상에 전파해 교회가 뿌리를 내리게 하는 것이 더 시급한 일이었다. 그리스도인이 많아지면, 노예 제도를 없애려고 투쟁하는 사람이 많이 생겨날 것이기 때문이다. 실제로 대영 제국에서 노예 제도를 없애기 위해 평생 투쟁한 윌버포스(William Wilberforce) 등 영국 정치인과 성직자들은 독실한 기독교인이었다. 이후 미국에서 노예 제도를 폐지하는 일에 앞장선 사람들도 독실한 기독교인이었다. 그들은 모든 사람이 자유인으로 사는 것이 하나님의 뜻이라고 확신한 것이다.

　바울은 노예들에게 자유를 얻을 기회가 생기면 그렇게 하라고 한다(고전 7:21). 빌레몬에게는 도망친 그의 노예 오네시모를 처벌하지 말고 그리스도 안에서 형제로 받아들일 것을 권면한다(몬 1:16). 사도는 디모데가 머물고 있는 에베소 교회에 예전에 보낸 편지에서 노예 제도를 효과적으로 없앴다고 할 수 있다(Lea & Griffin).

종들아 두려워하고 떨며 성실한 마음으로 육체의 상전에게 순종하기를 그리스도께 하듯 하라 눈가림만 하여 사람을 기쁘게 하는 자처럼 하지 말고 그리스도의 종들처럼 마음으로 하나님의 뜻을 행하고 기쁜 마음으로 섬기기를 주께 하듯 하고 사람들에게 하듯 하지 말라 이는 각 사람이 무슨 선을 행하든지 종이나 자유인이나 주께로부터 그대로 받을 줄을 앎이라 상전들아 너희도 그들에게 이와 같이 하고 위협을 그치라 이는 그들과 너희의 상전이 하늘에 계시고 그에게는 사람을 외모로 취하는 일이 없는 줄 너희가 앎이라(엡 6:5-9).

사도가 종들과 주인들에게 주는 이 권면은 오늘날에도 어느 직장에서나 고용인-고용주에게 그대로 적용될 수 있다. 이런 맥락에서 사도는 디모데에게 믿지 않는 주인을 둔 그리스도인 노예(1절)와 믿는 주인을 둔 그리스도인 노예(2절)를 가르치고 권할 것을 당부한다.

멍에 아래 있는 종들은 자기 상전들을 범사에 마땅히 공경할 자로 알아야 한다(1a절). '멍에 아래 있는 노예들'(ὑπὸ ζυγὸν δοῦλοι)은 멍에를 지고 있는 짐승처럼 본인의 의지와 상관없이 비참한 상황에 처한 종들을 묘사한다. 이런 상황에서도 노예들은 자기 상전들을 '범사'(πάσης, '모든 일')에 마땅히 '공경할 자'(τιμή)로 알아야 한다(cf. 5:17 주해).

그리스도인 노예가 믿지 않는 주인을 공경하지 않으면 하나님의 이름과 교훈으로 비방을 받는다(1b절). 그리스도인이 되었다고 떠들고 다니는 노예의 언행이 그의 주인으로 하여금 하나님의 이름과 그리스도의 복음에 먹칠하게 하는 일은 없어야 한다는 뜻이다. 그러므로 믿지 않는 상전을 둔 그리스도인 노예들은 예전보다 더 잘 주인을 섬기고 순종해야 한다. 하나님과 그리스도의 복음의 명예를 실추시키지 않으려면 이렇게 해야 한다.

그리스도인 노예 중 믿는 상전을 둔 자들은 그 상전을 형제라고 가볍게 여기지 않아야 한다(2a절). 오히려 더 잘 섬겨야 한다(2b절). 이런 경우 그리스도인 노예가 열심히 일하면 믿지 않는 주인이 아니라 그리스도 안에서 형제인 믿는 주인이 유익을 받기 때문이다(2c절). 그리스도인 노예가 성실하게 일하면 그의 노동이 그리스도인 주인에게 복이 될 것이라는 뜻이다. 게다가 믿는 상전은 하나님의 사랑을 받는 자다(2d절). 그러므로 그리스도인 노예는 하나님이 사랑하시는 그리스도인 주인을 위해 즐거운 마음으로 일해야 한다.

디모데는 이것들을 가르치고 권해야 한다(2e절). 우리는 이 권면을 본 텍스트를 마무리하는 말로 간주하지만(cf. Dunn, Liefeld), 다음 섹션을 시작하는 것으로 간주해도 무관하다(cf. Köstenberger, Yarbrough).

이 말씀은 우리가 어떤 상황에서 어떤 일을 하든 항상 하나님과 그리스도가 비방받는 일이 없게 해야 한다고 한다. 우리의 언행이 하나님을 욕되게 해서는 안 된다는 뜻이다.

그리스도인 상전을 위해서는 더 성실하고 진실하게 일해야 한다. 회사의 한 직원이 장로였는데 사장이 집사라는 것을 알고는 자신을 장로로 밝힌 후 사장을 '집사님'으로 부르며 평소와 달리 일을 게을리했다는 이야기를 들은 적이 있다. 이런 경우, 집사인 사장은 장로인 고용인의 게으름에 대해 경고하고, 필요하다면 내보내야 한다. 그리스도 안에서 우리 모두 형제자매라는 신분을 남용해서는 안 된다. 서로를 위해 더 잘 섬기고 일해야 한다.

VI. 거짓 선생들과 욕심
(6:3-10)

³ 누구든지 다른 교훈을 하며 바른 말 곧 우리 주 예수 그리스도의 말씀과 경건에 관한 교훈을 따르지 아니하면 ⁴ 그는 교만하여 아무 것도 알지 못하고 변론과 언쟁을 좋아하는 자니 이로써 투기와 분쟁과 비방과 악한 생각이 나며 ⁵ 마음이 부패하여지고 진리를 잃어 버려 경건을 이익의 방도로 생각하는 자들의 다툼이 일어나느니라 ⁶ 그러나 자족하는 마음이 있으면 경건은 큰 이익이 되느니라 ⁷ 우리가 세상에 아무 것도 가지고 온 것이 없으매 또한 아무 것도 가지고 가지 못하리니 ⁸ 우리가 먹을 것과 입을 것이 있은즉 족한 줄로 알 것이니라 ⁹ 부하려 하는 자들은 시험과 올무와 여러 가지 어리석고 해로운 욕심에 떨어지나니 곧 사람으로 파멸과 멸망에 빠지게 하는 것이라 ¹⁰ 돈을 사랑함이 일만 악의 뿌리가 되나니 이것을 탐내는 자들은 미혹을 받아 믿음에서 떠나 많은 근심으로써 자기를 찔렀도다

대부분 학자는 이 서신을 마무리하는 부분(6:3-21)이 도입 부분(1:3-20)과 쌍을 이루며, 저자의 의도적인 편집으로 이런 구조를 지니게 되었다고 한다(Köstenberger, Towner). 바울이 도입 부분에서 언급한 내용이 마지막 부분에서 다시 언급되는 것에 대해서는 다음을 참조하라

(Yarbrough).

시작(1장)		마무리(6장)	
3절	에베소에 머물라는 권면	2b절	가르치고 믿음을 지키라는 권면
4-7절	이슈(거짓 선생)와 사랑 권장	3-6절	이슈(거짓 선생)와 경건 권장
8-10절	구약(율법)의 적용	7-10절	돈에 대한 자세 (cf. 17-19절)
11-16절	증언: 율법이 아니라 그리스도로 인한 구원	11-15a절	호소: 그리스도 안에 있는 영생을 취하라
17절	17절 송영	15b-16절	송영
18-20절	적용: 디모데를 위한 권면과 믿음을 버린 자들에 대한 경고	15b-19절	적용: 디모데와 부자들을 위한 권면과 믿음을 버린 자들에 대한 경고

사도는 디모데에게 먼저 거짓 선생들과 그들이 가르치는 '다른 교훈'의 본질과 행태에 대해 경고한다(3-5절). 이 거짓 선생들과 달리 사역자들은 어떤 자세로 사역에 임해야 하는지 말한다(6-8절). 그리스도인은 돈을 사랑하지 않아야 하며 재물에 대한 욕심을 버려야 한다는 보편적인 권면으로 섹션을 마무리한다(9-10절).

바울은 디모데에게 누구든지 다른 교훈을 하는 자들을 제재하라고 한다(3a절). '누구든지 다른 교훈을 하며'(εἴ τις ἑτεροδιδασκαλεῖ)의 문법은 가정(假定)이 아니라 실제로 에베소 교회에서 있었던 일을 의미한다(cf. 1:3-4). 기독교 진리와 전혀 상관없는 것을 가르치는 것을 뜻하며 이단들이 하는 짓이다.

이들은 '다른 교훈'을 가르치기 위해 의도적으로 '바른 말 곧 우리 주 예수 그리스도의 말씀과 경건에 관한 교훈은 따르지 않는다'(3b절). '바른 말'(ὑγιαίνουσιν λόγοις)을 직역하면 '건강한 말씀'(healthy/sound words)이다. 그리스도의 말씀과 경건에 관한 교훈은 건강한 반면, '다른 교훈'은

VI. 거짓 선생들과 욕심(6:3-10)

병들었다(Liefeld). 건강한 교훈(경건한 가르침)은 목회 서신에서 매우 중요한 주제다.

'경건'(εὐσέβεια)은 기독교를 뜻한다(cf. 2:2; 3:16; 4:7). '따르다'(προσέρχομαι)는 신약에서 86차례나 사용되지만, 바울 서신에서는 단 한 차례 이곳에서만 사용되며 '동의하다, 순응하다'라는 의미를 지닌다(NIDNTTE). '다른 교훈'은 비기독교적 교훈이며, 또 예수 그리스도의 말씀과 경건에 관한 교훈에 동의하지 않는 반(反)기독교적 교훈이다.

반기독교적 교훈인 '다른 교훈'을 가르치는 거짓 선생들은 교만하여 아무것도 알지 못하면서 떠들어 댄다(4a절). '교만하다'(τυφόω)는 '자만하다'(conceited)로 마치 자기만 진리를 아는 것처럼 꼴값을 떤다는 뜻이다. 그러나 실제로는 아무것도 알지 못한다. 그들은 스스로 착각에 빠져 있다. 스스로 하나님을 안다고 말하지만, "하나님을 영화롭게도 아니하며 감사하지도 아니하고 오히려 그 생각이 허망하여지며 미련한 마음이 어두워졌나니 스스로 지혜 있다 하나 어리석게" 된 자들이다(롬 1:21-22).

거짓 선생들은 아는 것은 없으면서 변론과 언쟁을 좋아하는 자들이다(4b절). '좋아하다'(νοσέω)는 '병적으로 갈망하다'(to have unhealthy craving)라는 의미를 지닌다(BDAG, cf. ESV, NAS, NIV, NRS). 절대 좋은 의미에서 좋아하는 것이 아니다. 진리를 알면 실천하느라 바쁠 텐데 이들은 진리를 모르기 때문에 말만 많다. 말로 자신들의 무지함과 이단성을 합리화하고 설득해야 하기 때문이다. 그러므로 변론과 언쟁을 참으로 좋아한다.

거짓 선생들은 투기와 분쟁과 비방과 악한 생각으로 가득하다(4c절). '투기'(φθόνος)는 시기심(jealousy)이다(BDAG). 교리에 대한 논쟁은 여러 가지 방법으로 시기심을 불러일으킬 수 있으며, 어떤 사람들은 거짓 교사의 영향력이나 거짓 가르침이 주는 듯한 이점을 부러워할 수 있다. '분쟁'(ἔρις)은 경쟁심으로 인한 불화와 다툼이다(BDAG). '비방'(βλασφημία)은 비방, 모욕 또는 기타 파괴적인 언어 표현이다(BDAG). '악한 생각'(ὑπόνοιαι πονηραί)을 직역하면 '악한 의심'(evil suspicions)이다 (ESV, NAS, NIV, NIRV). 이들은 악의적으로 기독교 진리를 의심한다. 거짓 선생들은 온갖 악을 알지만, 기독교 진리는 모른다.

거짓 선생들의 마음은 부패해지고 진리를 잃어버렸다(5a절). '부패'(διεφθαρμένων)는 '지속적인 마찰, 자극'(constant friction, irritation)이다 (NIDNTTE, cf. ESV, NAS). 마음의 부패는 명확하게 관찰하고 논리적으로 추론하는 능력을 손상시킨다(Lea & Griffin). 그러므로 그들은 진리를 잃어버렸다. '잃다'(ἀποστερέω)는 남을 속이거나 남의 권리를 박탈하는 행위다(BDAG, cf. 고전 6:7, 8; 7:5). 그들은 자신뿐 아니라, 그들에게 현혹된 자들에게서 진리, 곧 그리스도의 말씀과 경건에 관한 교훈을 알 권리를 박탈하고 있다.

거짓 선생들이 이런 짓을 하는 것은 경건을 이익의 방도로 생각하기 때문이다(5b절). 이미 언급한 것처럼 '경건'(εὐσέβεια)은 '종교'다(cf. 2:2; 3:16; 4:7; 6:3). '이익'(πορισμός)은 경제적 이득(financial gain)을 뜻하지만, 큰 부(富)나 풍요로움을 뜻하는 것은 아니다(NIDNTTE). 그리스도의 말씀을 전파하기 위해서가 아니라 돈을 벌기 위해 가르치는 그들은 오늘날 말로 하자면 전형적인 '삯꾼'이다. 결국 이 삯꾼들 사이에 끊임없이 '다툼'(διαπαρατριβή)이 일어난다(5c절). '다른 교훈'으로 많이 버는 자와 그렇지 못한 자들 사이에 불만과 분쟁이 끊이지 않는다는 뜻이다.

거짓 선생들(이단들)은 자신들의 경건(가르침)을 이익의 방도로 생각하지만, 디모데 같은 참 목자는 어떻게 살아야 하는가? 무엇보다도 자족하는 마음을 가져야 한다(6a절). '자족하는 마음'(αὐτάρκεια)은 어떤 것에 대해 '스스로 만족'(self-contentment, sufficiency)하는 것이다. 이런 마음을 품는 것이 우리의 신앙 고백이다: "하나님이 능히 모든 은혜를 너희에게 넘치게 하시나니 이는 너희로 모든 일에 항상 모든 것이 넉넉하여 모든 착한 일을 넘치게 하게 하려 하심이라"(고후 9:8).

VI. 거짓 선생들과 욕심(6:3-10)

사역자는 하나님이 주시는 것에 감사하고, 부족함에 대해서도 주님이 채워 주시기를 기대하며 사람들에게 불만을 말하지 않고 주님만 바라보아야 한다. 하나님이 모든 필요를 채워 주신다는 사실을 믿고 기다려야 한다. 이런 마음으로 하나님을 바라보아야 한다: "곧 헛된 것과 거짓말을 내게서 멀리 하옵시며 나를 가난하게도 마옵시고 부유하게도 마옵시고 오직 필요한 양식으로 나를 먹이시옵소서"(잠 30:8). 하나님이 까마귀를 통해 엘리야의 필요를 채우신 일(왕상 17:1-16)을 생각하며 하나님의 도우심을 기대해도 좋다.

사역자가 이처럼 자족하는 마음(αὐτάρκεια, 오직 하나님으로 만족하는 마음)을 가지면 '경건'(εὐσέβεια, 기독교)은 진정한 의미에서 그에게 '큰 이익'(πορισμὸς μέγας)이 된다(6b절). 가진 재물은 없어도 하나님이 주시는 영적 성장과 만족감을 통해 누구보다 부유하다고 확신할 것이라는 뜻이다. 이런 마음을 품을 때, 우리는 하나님이 주시는 능력으로 더 성실하게 사역에 임할 수 있다: "내게 능력 주시는 자 안에서 내가 모든 것을 할 수 있느니라"(빌 4:13).

바울은 5절에서 거짓 선생들에 대해 사용한 용어들(경건, 이익)을 이용해 그들과 참 목회자를 대조한다. 거짓 선생들은 자신이 가르치는 '경건'(다른 교훈)을 통해 '이익'을 얻으려 하지만 얻지 못해 서로 다툰다. 그러나 목회자는 자족하는 마음으로 '경건'(그리스도의 말씀과 기독교 교리)을 가르쳐 '큰 이익'을 얻는다.

사역자는 자족하는 마음을 가지고 살아야 한다고 권면하는 이유는 간단하다. 사람의 태어남과 죽음의 이치를 생각해 보면 된다. 우리는 태어날 때 세상에 아무것도 가져온 것이 없다(7a절). 죽을 때도 아무것도 가져가지 못한다(7b절). 모든 것을 잃은 욥의 말을 생각해 보라: "내가 모태에서 알몸으로 나왔사온즉 또한 알몸이 그리로 돌아가올지라 주신 이도 여호와시요 거두신 이도 여호와시오니 여호와의 이름이 찬송을 받으실지니이다"(욥 1:21).

그러므로 자족하는 사람은 먹을 것과 입을 것이 있는 것으로 만족한다(8절). 그는 주신 것에 감사한다. 또 너무 많이 가지는 것이 오히려 해가 될 수 있다는 사실을 안다: "내가 해 아래에서 큰 폐단 되는 일이 있는 것을 보았나니 곧 소유주가 재물을 자기에게 해가 되도록 소유하는 것이라"(전 5:13). 재물에 대한 사람의 욕망은 여러 층으로 이루어진 웨딩케이크가 뒤집힌 모습과 같다. 많이 가질수록 더 많이 갖고자 한다. 재물의 노예가 된 사람의 모습이다. 하나님이 부(富)를 축복으로 주셨다고 확신한다면, 그 부를 하나님이 기뻐하시는 선한 일에 사용해 주님께 영광을 돌려야 한다.

누구든지 부하려 하는 자들은 시험과 올무와 여러 가지 어리석고 해로운 욕심에 떨어진다(9a절). 선한 방법으로 재물을 얻는 것은 좋은 일이다. 또 좋은 방법으로 얻은 재물을 하나님이 기뻐하시는 일에 사용하면 더욱더 좋다. 이들에게는 결과보다는 과정이 더 중요하다.

그러나 재물의 노예가 된 사람은 과정이 아니라 결과를 중요하게 여기다 보니 원하는 결과를 얻기 위해 그 과정에서 자기 자신을 해치는 것을 염려하지 않는다. 부를 쌓기 위해 남의 눈에서 피눈물이 나게 하기도 하고, 온갖 범죄를 저지르기도 한다. 결국 자기 자신을 파멸과 멸망에 빠지게 한다(9b절). 신약에서 '빠지다'(βυθίζω)가 한 번 더 사용되는데, 고기가 너무 많아 가라앉을 위기에 있는 배를 묘사한다: "이에 다른 배에 있는 동무들에게 손짓하여 와서 도와 달라 하니 그들이 와서 두 배에 채우매 잠기게(βυθίζεσθαι) 되었더라"(눅 5:7). 겉으로는 이런 일을 사람이 홀로 하는 것으로 보이지만, 실상은 그를 지배하고 있는 마귀의 영향을 받는 것이다.

바울은 돈을 사랑하는 것은 일만 악의 뿌리라고 경고한다(10a절). 사역자들이 가장 악용하고 남용하는 말씀이다(Lea & Griffin). 사도가 금하는 것은 '돈을 사랑하는 일'(φιλαργυρία)이다. 성실하게 선한 방법으로 돈을 버는 것은 좋은 일이다. 그리스도인이 돈을 많이 벌어 하나님 나라를 위해 사용하는 것은 참으로 좋은 일이다. 교회도 돈이 있어야 하나님이 맡기신 사역을 할 수 있다.

사도가 금하는 것은 돈을 사랑하는 것이다. 재물의 노예가 되어 남을 속이고 착취하는 일 등을 통해서 돈을 벌려고 하는 것이 돈을 사랑하는 것이다. 그러므로 돈을 사랑하는 것은 일만 악의 뿌리가 된다. 수단과 방법을 가리지 않고 돈을 버는 일에만 급급하기 때문이다.

그러므로 돈을 사랑해 탐내는 자들은 미혹을 받아 믿음에서 떠나 많은 근심으로써 자기를 찌르는 결과를 초래한다(10b절). 신약에서 '찌르다'(περιπείρω)는 이곳에서 단 한 차례 사용되며, 온몸을 '관통한다'(pierce through)는 뜻이다(NIDNTTE). 그의 신앙과 영혼이 회복하기 어려운 치명적인 상처를 입는다는 것이다. 예수님은 이미 이러한 상황에 대해 경고하셨다: "한 사람이 두 주인을 섬기지 못할 것이니 혹 이를 미워하고 저를 사랑하거나 혹 이를 중히 여기고 저를 경히 여김이라 너희가 하나님과 재물을 겸하여 섬기지 못하느니라"(마 6:24). 예수님이 안 된다고 하신 것은 아예 시도조차 하지 않는 것이 좋다.

이 말씀은 우리가 사역자로서 무엇을 가르치고 권면하는지 되돌아보게 한다. 기독교 목회자라고 하면서도 주 예수 그리스도의 말씀과 경건에 대한 교훈을 가르치지 않고 '다른 교훈'을 가르치는 자들이 있다. 이 문제는 이단들에게만 제한된 것이 아니다. 기성 교회 안에서도 이런 일들이 일어나고 있다. 우리는 이를 누가복음에 빗대어 '내가복음'이라 한다.

사역자는 항상 사역하는 이유와 목적을 되돌아보아야 한다. 주 예수 그리스도를 전파하고 성도들을 하나님께 인도하기 위해 사역하는 사람들은 그들을 붙잡아 주시고 인도하시는 하나님께 감사와 찬송을 드려야 한다. 그러나 어떤 속된 이익을 얻기 위해 사역한다면 회개해야 한다. 자신의 삶이 경건한지 혹은 경건한 척하는 것인지를 되돌아보는 것도 사역하는 이유와 목적을 생각해 보는 한 가지 방법이다.

사역자에게 가장 중요한 삶의 원리는 하나님이 주신 것으로 만족하며 사는 것이다. 주시지 않은 것에 서운해하며 더 달라고 떼를 쓰면 안 된다. 이미 받은 것으로 자족하고 감사해야 한다.

그리스도인은 돈을 사랑해서 수단과 방법을 가리지 않고 돈을 벌면 안 된다. 그러나 이 말은 돈을 벌지 말라는 말도, 돈을 미워하라는 말도 아니다. 돈을 벌되 건강하고 경건한 방법을 통해서 벌어야 한다. 이런 방법으로 되도록 많이 벌어서 좋은 일에 사용해야 한다. 번 돈을 좋은 일에 쓸 때 이는 그가 재물을 섬기지 않는다는 사실을 드러낸다.

Ⅶ. 마무리 권면
(6:11-21)

¹¹ 오직 너 하나님의 사람아 이것들을 피하고 의와 경건과 믿음과 사랑과 인내와 온유를 따르며 ¹² 믿음의 선한 싸움을 싸우라 영생을 취하라 이를 위하여 네가 부르심을 받았고 많은 증인 앞에서 선한 증언을 하였도다 ¹³ 만물을 살게 하신 하나님 앞과 본디오 빌라도를 향하여 선한 증언을 하신 그리스도 예수 앞에서 내가 너를 명하노니 ¹⁴ 우리 주 예수 그리스도께서 나타나실 때까지 흠도 없고 책망 받을 것도 없이 이 명령을 지키라 ¹⁵ 기약이 이르면

하나님이 그의 나타나심을 보이시리니
하나님은 복되시고 유일하신 주권자이시며
만왕의 왕이시며
만주의 주시요
¹⁶ 오직 그에게만 죽지 아니함이 있고
가까이 가지 못할 빛에 거하시고
어떤 사람도 보지 못하였고
또 볼 수 없는 이시니
그에게 존귀와 영원한 권능을 돌릴지어다 아멘

¹⁷ 네가 이 세대에서 부한 자들을 명하여 마음을 높이지 말고 정함이 없는 재

물에 소망을 두지 말고 오직 우리에게 모든 것을 후히 주사 누리게 하시는 하나님께 두며 ¹⁸ 선을 행하고 선한 사업을 많이 하고 나누어 주기를 좋아하며 너그러운 자가 되게 하라 ¹⁹ 이것이 장래에 자기를 위하여 좋은 터를 쌓아 참된 생명을 취하는 것이니라 ²⁰ 디모데야 망령되고 헛된 말과 거짓된 지식의 반론을 피함으로 네게 부탁한 것을 지키라 ²¹ 이것을 따르는 사람들이 있어 믿음에서 벗어났느니라 은혜가 너희와 함께 있을지어다

이 서신의 마지막 권면이다. 바울은 디모데에게 '아들'(1:3)보다는 후배 사역자에게 하듯 조언한다. 사도는 디모데를 하나님의 사람이라 부르며 이것들을 피하라 한다(11a절). '하나님의 사람'(ὦ ἄνθρωπε θεοῦ)은 감탄사(interjection) '오!'(ὦ)를 포함한다. 그러므로 '오, 하나님의 사람이여!'가 더 정확한 번역이다(cf. ESV). 바울은 디모데에게 간곡히 호소하고 있다.

구약에서 '하나님의 사람'(ἄνθρωπε θεου)은 주로 선지자들에게 사용되는 호칭이다(왕상 12:22; 17:18, 24; 왕하 1:9-3; 8:4). 선지자들 외에는 모세(신 33:1; 수 14:6; 대상 23:14; 대하 24:6; 30:6)와 다윗에게도 사용되었다(대하 8:14; 느 12:24, 36). 목회자는 하나님이 세우신 선지자들처럼 자부심을 가지고 성실하고 진실하게 최선을 다해 그들의 주인이신 하나님을 위해 일해야 한다는 호소다.

하나님의 사람으로서 디모데가 피해야 할 '이것들'(ταῦτα)은 '다른 교훈'을 가르치는 거짓 선생들의 언행이다. 그들은 매우 잘못된 방법으로 이단적인 가르침을 퍼트리고 있으며(6:3-4), 돈을 벌기 위해 이런 짓을 하고 있다(6:5). 그러므로 디모데는 그들을 교회에서 몰아내야 하며, 이후 상종도 하지 않아야 한다.

디모데는 돈을 벌기 위해 온갖 악의적인 논쟁과 비열한 방법으로 사람들을 현혹하는 거짓 선생들과 달리 의와 경건과 믿음과 사랑과 인내와 온유를 따라야 한다(11b절). 에베소에 머물며 이단 문제를 해결하

고 있는 디모데에게 각별히 필요한 것은 인내와 온유다. 신약에서 '온유'(πραϋπαθία)는 이곳에서 단 한 차례 사용되며 '자비로운 성질'(generous temper)이다(Johnson). 이단들과 싸우는 것은 쉽지 않은 영적 싸움이며, 사람을 쉽게 분노하게 하는 일이다. 디모데는 그들을 교회에서 내보내는 일에 있어 기독교가 추구하는 가치(virtues)를 성실히 실천해야 한다(Yarbrough). '따르다'(διώκω)는 '적극적으로 쫓다'라는 의미다(BDAG). 바울은 후배 목회자인 디모데에게 사역자로서 '피할 것'(φεύγω)이 있는가 하면 간절히 사모할 것이 있다고 한다.

디모데는 피할 것은 피하고 따를 것은 따름으로써 믿음의 선한 싸움을 싸워야 한다(12a절). 순교를 앞둔 바울은 자신의 삶과 사역을 되돌아보면서 "나는 선한 싸움을 싸우고 나의 달려갈 길을 마치고 믿음을 지켰다"라고 증언한다(딤후 4:7). 사도는 디모데가 자기를 닮은 사역자가 되기를 바란다. 선배와 후배 사역자의 가장 이상적인 모습이다.

'싸우다'(ἀγωνίζομαι)와 '싸움'(ἀγών)은 운동선수들의 시합(대결)에서 비롯된 단어다(Liefeld). 그러나 군인들의 전투에도 사용될 수 있다(NIDNTTE, TDNT). 그러므로 예수님은 "내 나라는 이 세상에 속한 것이 아니니라 만일 내 나라가 이 세상에 속한 것이었더라면 내 종들이 싸워(ἠγωνίζοντο) 나로 유대인들에게 넘겨지지 않게 하였으리라 이제 내 나라는 여기에 속한 것이 아니니라"라고 하셨다(요 18:36). 전투적인 정황에서 '선한'(καλὸν)은 '용맹한'(valiant)을 의미한다. 그러므로 믿음의 선한 싸움을 싸우라는 것은 최선을 다해 자기 자신과 성도들의 믿음(예수님의 말씀과 경건에 관한 교훈, cf. 6:3)을 보존하기 위해 싸우는 그리스도의 용사가 되라는 뜻이다.

디모데는 선한 싸움을 싸워 영생도 취해야 한다(12b절). 목회 서신에서 '취하다'(ἐπιλαμβάνομαι)는 이곳과 19절에서 한 번 더 사용된다. 디모데가 선한 싸움을 통해 영생을 얻는 것은 '완전히 적절하다'(fully appropriate)라는 뜻이다(Guthrie). '영생'(τῆς αἰωνίου ζωῆς)은 다가오는 세상에서 누릴 삶이다. 그러나 영생은 우리의 현재 삶의 질과도 직결된다(Yarbrough, cf. 빌 3:8-14).

사도는 디모데가 이를 위해 부르심을 받았다고 한다(12c절). 사역자로서 선한 싸움을 싸워 영생을 취하라고 부르심을 받았다는 뜻이다. 이러한 소명(부르심)에 대한 확신이 있었기에 디모데는 많은 증인 앞에서 선한 증언을 했다(12d절). '증언하다'(ὁμολογέω)는 지방 당국자들 앞에서 신앙을 고백하는 일을 뜻한다: "우리 형제 디모데가 놓인 것을 너희가 알라 그가 속히 오면 내가 그와 함께 가서 너희를 보리라"(히 13:23). 당국자들이 디모데의 증언을 인정했기에 그는 감옥에서 풀려날 수 있었다(Belleville).

바울은 디모데에게 하나님과 예수님 앞에서 명한다(13절). 하나님은 만물을 살게 하신 분이다(13a절). 하나님은 생명이 있는 모든 만물을 창조하시고 생명을 주신 창조주시다. 또 영생도 주신다(cf. 12절). 그러므로 창조주 하나님은 이생과 영생의 모든 생명을 주관하신다.

그리스도 예수는 본디오 빌라도를 향해 선한 증언을 하셨다(13b절). 사도는 복음서에 기록된 대로 예수님이 로마 총독 빌라도에게 재판을 받고 사형 선고를 받으신 일을 회상한다(cf. 마 27장; 마 15장; 눅 23장; 요 19장). 모든 생명을 창조하신 창조주 하나님과 우리를 위해 자기 생명을 내주신 예수님 앞에서 권면한다는 것은 권면의 심각성(무거움)을 강조한다. 디모데는 절대 바울의 권면을 가볍게 여겨서는 안 된다.

디모데는 이단적인 가르침을 피하고 의와 경건과 믿음과 사랑과 인내와 온유를 따르며 믿음의 선한 싸움을 싸우고 영생을 취하라는 바울의 명령을 주 예수 그리스도께서 나타나실 때까지 흠도 없고 책망받을 것도 없이 지켜야 한다(14절). '흠이 없이'(ἄσπιλος)는 그리스도께서 우리를 대신해 죽으실 때 흠이 없는 어린양이셨던 것에 근거를 둔 권면이다: "오직 흠 없고 점 없는 어린 양 같은 그리스도의 보배로운 피로 된 것이니라"(벧전 1:19; cf. 약 1:27; 벧후 3:14). 사역자는 그리스도를 닮아

VII. 마무리 권면(6:11-21)

가려고 더욱더 노력해야 한다.

'책망받을 것 없이'(ἀνεπίλημπτον)는 감독이 지녀야 할 성품 중 하나인 '책망할 것이 없으며'(ἀνεπίλημπτος)와 같은 말이다(TDNT, cf. 3:2). 사역자는 비난받지 않기 위해서라도 경건하고 거룩한 삶을 살아야 한다. 이런 노력은 우리 주 예수 그리스도께서 나타나실 때까지 계속되어야 한다. 바울이 당당하게 디모데를 권면하는 것은 예수 그리스도께서 그들의 주('우리 주')이시기 때문이다. 그리스도께서 모든 그리스도인을 한 가족으로 묶으셨다.

이어지는 15-16절은 장차 기약이 이르면 우리에게 나타나실 하나님에 대한 송영(doxology)이다(Liefeld). 초대교회가 이 송영을 찬송이나 기도문으로 사용했는지, 혹은 사도가 직접 저작한 것인지는 중요하지 않다. 만왕의 왕이시며 만주의 주이신 하나님은 자신이 정하신 때(καιρός)에 자신을 우리에게 보이실 것이다(15절). 우리에게 보이실 하나님은 복되시며(우리가 누리는 복의 근원이시며), 유일하신 주권자, 곧 홀로 온 세상을 다스리시는 분이다.

하나님께는 죽지 아니함이 있다(16절). 하나님은 이 '죽지 아니함'(ἀθανασία), 곧 영생을 우리에게도 주실 것이다. 하나님은 감히 인간이 범접할 수 없는 빛에 거하시므로 어떤 사람도 주님을 본 적이 없으며 지금도 볼 수 없는 분이다. 이런 위대하신 분에게 우리가 유일하게 할 수 있는 것은 모든 존귀와 영원한 권능을 돌리는 것이다. 감격한 사도는 스스로 '아멘'을 외친다.

바울은 디모데에게 에베소 교회에 있는 부자들을 권면할 말을 준다(17-18절). '이 세대에서 부한 자들'(Τοῖς πλουσίοις ἐν τῷ νῦν αἰῶνι)은 현재 부유한 사람들이다. 총 다섯 가지며, 이 중 두 가지는 부정적인 것(하지 말아야 할 것)이며, 세 가지는 긍정적인 것(해야 할 것)이다.

첫째, 부자들은 마음을 높이지 말아야 한다(17a절). '마음을 높이다'(ὑψηλοφρονέω)는 '교만하다'라는 뜻이다(BDAG). 세상에서 남에게 명령을 내리는 일에 익숙한 부자들은 교회 안에서도 남에게 명령하려 할 것이다. 그러므로 디모데는 그들에게 자신을 낮추는 겸손을 가르쳐야 한다.

둘째, 부자들은 정함이 없는 재물에 소망을 두지 말아야 한다(17b절). '정함이 없는 재물'(πλούτου ἀδηλότητι)은 '부의 불확실성'(uncertainty of riches)을 뜻한다(cf. '덧없는 재물', 새번역; '믿을 수 없는 부귀', 공동). 있다가도 없고, 없다가도 있는 것이 재물이니 지나치게 재물을 의존하지 말라는 뜻이다.

셋째, 부자들은 오직 우리에게 모든 것을 후히 주사 누리게 하시는 하나님께 소망을 두어야 한다(17c절). 부자들도 자신의 재물이 있다가도 없고 없다가도 있는 덧없는 것이라는 사실을 알아야 한다. 반면에 영원하신 하나님은 우리에게 모든 것을 후하게 주셔서 누리게 하신다. 그러므로 부자들도 한순간에 사라질 수 있는 자신의 재물이 아니라, 하나님께 소망을 두어야 한다.

넷째, 부자들은 선을 행하고 선한 사업을 많이 해야 한다(18a절). '선을 행하다'(ἀγαθοεργέω)는 신약에서 한 번 더 사용된다. 하나님이 "하늘로부터 비를 내리시며 결실기를 주시는 선한 일을 하사(ἀγαθουργῶν) 음식과 기쁨으로 여러분의 마음에 만족하게 하셨느니라"(행 14:17). 그러므로 선을 행하는 것은 세상 모든 사람을 이롭게 하는 일을 하는 것이다. 부자들은 기독교인은 물론이고 세상 모든 사람에게 선을 행해야 한다. '선한 사업을 많이 하고'(πλουτεῖν ἐν ἔργοις καλοῖς)를 직역하면 '좋은 일로 부유하다'(be rich in good works)이다(ESV, NAS, NIV, NRS). 참된 부유함은 재물을 축적하는 데 있지 않고 재물을 좋은 일에 마음껏 쓰는 데 있다.

다섯째, 부자들은 나누어 주기를 좋아하며 너그러운 자가 되어야 한다(18b절). '나누어 주는 자'(κοινωνικός)는 신약에서 단 한 차례 사용되는 단어며, 언제든 자기 것을 남들과 나눌 준비가 된 사람을 의미한다

(BDAG). '너그러운 자'(εὐμετάδοτος)도 단 한 차례 사용되는 단어이며, '관대한 자'를 뜻한다(BDAG). 부자들이 이렇게 살려면 아굴의 기도를 마음에 품고 살아야 한다.

> 곧 헛된 것과 거짓말을 내게서 멀리 하옵시며 나를 가난하게도 마옵시고 부하게도 마옵시고 오직 필요한 양식으로 나를 먹이시옵소서 혹 내가 배불러서 하나님을 모른다 여호와가 누구냐 할까 하오며 혹 내가 가난하여 도둑질하고 내 하나님의 이름을 욕되게 할까 두려워함이니이다(잠 30:8-9).

부자들이 이 다섯 가지 가이드라인에 따라 살면 손해를 보는 것 같지만, 사실은 미래를 위해 투자하는 것이다(19절). 이 땅에서 재물로 선을 행하고 나누어 주기를 즐기는 일은 장래에 자기를 위해 좋은 터를 쌓아 참된 생명을 취하는 일이다. 우리는 믿음으로 구원에 이르지만, 내세의 삶을 위해 이 땅에서 할 수 있는 일들이 있다. 예수님은 재물에 대해 이렇게 말씀하셨다.

> 너희를 위하여 보물을 땅에 쌓아 두지 말라 거기는 좀과 동록(銅綠)이 해하며 도둑이 구멍을 뚫고 도둑질하느니라 오직 너희를 위하여 보물을 하늘에 쌓아 두라 거기는 좀이나 동록이 해하지 못하며 도둑이 구멍을 뚫지도 못하고 도둑질도 못하느니라(마 6:19-20).

바울은 한 번 더 디모데에게 '다른 교훈'을 가르치는 거짓 선생들의 망령되고 헛된 말과 거짓된 지식의 반론을 피하고 그에게 부탁한 것을 지키라고 한다(20절). 거짓 선생들의 행태는 자신들의 무식함과 무지함을 포장하는 것에 불과하다(cf. 1:7). 이런 것을 따르는 사람들은 믿음에서 벗어났다(21a절). 예수님의 말씀을 듣고 예수님을 떠난 자도 많았다는 사실을 생각해 보면(요 6:66; cf. 마 26:56; 요 11:8, 16), '다른 교훈'을 가르치는 자들이 믿음에서 벗어났다는 것은 별로 놀랄 만한 일이 아닙니다.

디모데는 이런 것은 피하되, 의와 경건과 믿음과 사랑과 인내와 온유를 따르며 믿음의 선한 싸움을 하라는 부탁은 지켜야 한다(11-12절). '지키다'(φυλάσσω)는 누가 맡긴 것을 안전하게 보관하는 것이다(Barrett). 바울은 은혜가 디모데와 또 그와 함께하는 이들(에베소 교회 사람들)에 함께 있기를 빌며 서신을 마무리한다. 이 서신이 디모데에게 보낸 편지이지만, 다른 사람들과 공유하라는 뜻이다.

이 말씀은 우리는 믿음의 선한 싸움을 싸우며 영생을 취하도록 부르심을 받았다고 한다. 삶은 치열한 영적 전쟁터이며, 우리는 최선을 다해 싸워야 한다. 장차 우리가 얻게 될 영생은 이 모든 수고가 의미 있는 일이었다고 할 것이다.

예수님이 재림하시는 날까지 우리는 오직 하나님께 존귀와 영원한 권능을 돌리며 사는 일에 흠이 없고 책망받을 것도 없어야 한다. 성령의 인도하심에 따라 항상 하나님께 모든 영광을 돌리며 찬양하는 삶을 살아야 한다.

부유한 사람들은 자신의 재물로 선한 일을 하는 데 인색하지 않아야 한다. 부유함으로 선한 일을 많이 하는 것이 참된 부유함이다. 또 선한 일을 많이 하는 것은 내세를 위해 투자하는 일이다. 하나님이 반드시 축복하실 것이다.

이단들을 멀리해야 한다. 그들의 영은 죽었고, 이성은 마비되고, 마음은 비뚤어지고 굳어 있기 때문에 말씀과 논리로 설득되지 않는다. 차라리 사탄에게 넘겨주고 하나님이 그들을 불쌍히 여겨 주기를 기도하는 것이 지혜롭다.

엑스포지멘터리
디모데후서
2 Timothy

EXPOSItory comMENTARY

서론

디모데후서

바울은 첫 번째 로마 감옥 생활에서 풀려나자마자 곧바로 디도와 디모데를 데리고 교회들을 방문했다. 먼저 그레데로 가서 상황의 심각성을 의식하고는 디도를 그곳에 두어 교회를 돌보게 했다. 에베소 교회도 매우 심각한 상황에 처했다고 생각해 디모데를 그곳에 머물게 했다. 디모데는 이단들에게 시달리고 있는 에베소 교회를 바른 교리와 전통으로 바로 세우는 사역을 했다.

이후 바울은 마케도니아 교회를 돌아보기 위해 바다를 건넜다. 그는 마케도니아 교회를 돌아보는 동안 에베소에 있는 디모데에게 디모데전서를, 그레데에 있는 디도에게는 디도서를 보냈다. 시니어 사역자가 주니어 사역자들에게 목회적인 충고를 주고자 한 것도 서신을 보낸 이유 중 하나이지만, 사역하는 교회에서 그들이 당면하고 있는 이단적인 가르침에 대응할 방법과 다른 교훈을 가르치는 자들이 더는 교회에 발을 붙이지 못하도록 관리하고 가르치는 리더십을 세우는 일에 대해 조언하는 것이 가장 중요한 목적이었다.

아직 에베소에 머물고 있는 디모데에게 이 서신(디모데후서)을 보낼 때 바울은 로마 감옥에 감금되어 있다(cf. Köstenberger). 그가 마케도니아에서 로마군에게 잡혀 로마로 이송되어 왔는지, 혹은 로마 당국자들이 그를 찾고 있다는 소식을 듣고 스스로 로마로 돌아갔는지는 알 수 없다. 확실한 것은 그가 지금 로마 감옥에 갇혀 재판(판결)을 기다리고 있다는 사실이다.

  이 서신은 사도가 보낸 마지막 편지다. 그는 그리스도의 복음을 전파한 죄로 인해 머지않아 순교하게 될 것을 직감하고 있다: "전제와 같이 내가 벌써 부어지고 나의 떠날 시각이 가까웠도다"(4:6). 이 세상을 떠날 생각을 하니 믿음의 아들인 디모데가 사무치게 보고 싶다. 그러므로 그는 디모데에게 곧 뱃길이 끊기는 겨울이 닥치기 전에 속히 자기에게 오라며 이 서신을 보낸다: "너는 어서 속히 내게로 오라"(4:9, 21). 로마에서 바울의 곁을 지키고 있는 사람이 별로 없다(cf. 4:10-12). 그는 순교할 때 디모데가 그의 곁을 지켜 주기를 바란다. 바울의 이러한 염원을 담은 디모데후서는 다음과 같이 전개된다.

  Ⅰ. 인사와 감사 기도(1:1-5)
  Ⅱ. 복음과 고난(1:6-18)
  Ⅲ. 그리스도를 위한 자가 되라는 권면(2:1-26)
  Ⅳ. 임박한 고통의 날(3:1-17)
  Ⅴ. 마무리 권면과 부탁(4:1-22)

I. 인사와 감사 기도
(1:1-5)

¹ 하나님의 뜻으로 말미암아 그리스도 예수 안에 있는 생명의 약속대로 그리스도 예수의 사도 된 바울은 ² 사랑하는 아들 디모데에게 편지하노니 하나님 아버지와 그리스도 예수 우리 주께로부터 은혜와 긍휼과 평강이 네게 있을지어다 ³ 내가 밤낮 간구하는 가운데 쉬지 않고 너를 생각하여 청결한 양심으로 조상적부터 섬겨 오는 하나님께 감사하고 ⁴ 네 눈물을 생각하여 너 보기를 원함은 내 기쁨이 가득하게 하려 함이니 ⁵ 이는 네 속에 거짓이 없는 믿음이 있음을 생각함이라 이 믿음은 먼저 네 외조모 로이스와 네 어머니 유니게 속에 있더니 네 속에도 있는 줄을 확신하노라

서신을 시작하면서 바울은 자신이 그리스도 예수의 사도가 된 것에 대해 두 가지를 말한다(1절). 첫째, 그가 예수 그리스도의 사도가 된 것은 하나님의 뜻으로 말미암아 된 일이다(1a절). 바울은 거짓 선생들에게 현혹된 일부 고린도 성도가 그의 사도직에 문제를 제기할 때도 항상 같은 입장을 고수했다(고전 9:1-5; cf. 고전 1:1; 고후 1:1; 엡 1:1; 골 1:1). 이 같은 확신은 생애 마지막 편지를 쓰는 이 순간에도 여전하다. 그는 평생 하나님의 부르심에 따라 그리스도의 사도로 사역해 왔다.

둘째, 그가 그리스도 예수의 사도가 된 것은 그리스도 예수 안에 있는 생명의 약속에 따라 된 일이다(1b절). 그는 그리스도의 사도로서 평생 그리스도 예수 안에 있는 생명의 약속을 전파해 왔다는 뜻이다(cf. 아가페, 현대인, NIRV, NLT). 바울은 예수님 안에 있는 생명을 온 세상 사람들에게 전파하다가 지금은 로마 감옥에 갇혀 있다.

이 서신의 수신자는 바울이 사랑하는 아들 디모데다(2a절). 바울과 디모데는 혈육 관계가 아니다. 그럼에도 바울은 디모데전서에서 그를 '믿음 안에서 참 아들'(γνησίῳ τέκνῳ ἐν πίστει)이라 했다(딤전 1:2). 이제는 '믿음 안에서'(ἐν πίστει)와 '참'(γνησίῳ)이라는 말도 생략한 채 마치 아버지가 아들을 부르는 것처럼 '사랑하는 아들'(ἀγαπητῷ τέκνῳ)이라 한다. 로마 감옥에 갇혀 있는 바울은 자신의 순교가 멀지 않았다는 사실을 생각하니 '사랑하는 아들' 디모데가 더 그립다. 속히 만나서 그에게 자신의 모든 신학적 유산(theological legacy)도 넘겨주고 싶다(cf. Saarinen).

사도는 하나님 아버지와 그리스도 예수의 은혜와 긍휼과 평강이 디모데에게 임하기를 축복한다(2b절). 그리스-로마 시대에는 일상적인 편지를 보낼 때 인사말에 '문안'(χαίρειν)이라는 말을 사용해 안부를 물었다(Stowers, cf. 행 15:23; 23:26; 약 1:1). 이와 대조적으로 바울은 서신들에서 복음과 연관해 안부를 묻고자 '문안'(χαίρειν) 대신 '은혜'(χάρις)를 빌어 준다(Schreiner). '평강'(εἰρήνη)은 히브리어로 '샬롬'(שָׁלוֹם)과 같은 말이다(TDNT). 하나님의 보살핌 안에서 사는 사람들의 모든 것이 조화와 균형을 이루어 평안하기를 빌어 주는 인사다. 바울은 이 두 단어(은혜와 평강)를 인사말로 사용해 하나님이 예수 그리스도를 통해 우리에게 주시는 가장 고귀한 선물이 무엇인지 생각하게 한다. 복음은 우리에게 하나님의 은혜와 평강을 안겨 준다.

디모데를 위해서는 특별히 '긍휼'(ἔλεος)도 빌어 준다. 히브리어 '헤세드'(חֶסֶד)를 헬라어로 번역한 것으로 '언약적 사랑, 자비' 등을 뜻한다(Dunn, Köstenberger, Liefeld, cf. 출 34:6-7). 디모데가 이단 교리를 퍼트리고 있는 거짓 선생들과 논쟁할 때 가장 필요한 은총이다. 그들을 불쌍히 여겨 자비로운 마음으로 설득해야 하는데, 이 자비는 오직 하나님의 자비를 경험한 사람만이 베풀 수 있다(cf.『엑스포지멘터리 룻기-에스더』). 그러므로 자비는 디모데가 마주하고 있는 거짓 선생들에게 현혹된 자들의 반발과 저항을 이겨 낼 유일한 방법이다(Lea & Griffin).

인사말에서 은혜와 긍휼과 평강이 함께 쓰이는 곳은 이곳과 디모데전서 1:2이 유일하다. '은혜'는 하나님의 지속적인 용서와 능력을, '긍휼'(자비)은 하나님의 불쌍히 여기심을, '평강'은 주님 안에 있을 때 누리는 평온과 안정을 뜻한다(Knight). 모두 하나님 아버지와 예수 그리스도만이 주실 수 있는 것이다. 그러므로 이 서신을 여는 인사말은 매우 하나님 중심적(theocentric)이며, 또 그리스도 중심적(Christocentric)인 비전이다(Yarbrough).

바울은 밤낮 간구하는 가운데 쉬지 않고 디모데를 생각한다(3a절). 그는 매일 많은 기도를 하는데, 그때마다 디모데를 위한 기도도 빼놓지 않는다. 사도는 디모데를 위해 기도할 때마다 자신이 '청결한 양심'(καθαρᾷ συνειδήσει)으로 조상적부터 섬겨 온 하나님께 감사한다(3b절). 바울은 평생 거리낌없는 양심으로 살아왔다(cf. 행 23:1; 24:16). 청결한(선한) 양심은 기독교가 지향하는 사랑의 바탕이며(딤전 1:5), 믿음과 쌍을 이룬다(딤전 1:19).

사도는 지금 로마 감옥에 갇혀 있다(cf. 2:9). 평생 청결한 양심으로 살다가 이렇게 되었으니 어느 정도 심리적으로 위축될 수도 있는 상황이다. 그러나 그는 오히려 청결한 양심으로 조상적부터 섬겨 온 하나님께 감사한다. 유대인으로서 조상 때부터 전수되어 온 신앙(믿음)의 유산에 대해 하나님께 감사하고 있는 것이다.

바울은 디모데의 눈물을 생각하여 그를 보기를 원한다(4a절). 디모데는 무엇 때문에 사도 앞에서 눈물을 흘렸을까? 정확히 알 수는 없지만, 매우 사적인 눈물이며 감정이 북받쳐 오르는 눈물이었던 것은 확실하다(Mounce, Towner).

어떤 이들은 그가 에베소에서 사역하면서 겪은 어려움으로 인해 흘린 눈물이라 하고(Yarbrough), 바울이 그를 에베소에 남기고 떠날 때 보인 눈물이라 하기도 한다(Liefeld). 아마도 언제 다시 만나게 될지 모르는 '아버지'를 떠나보내며 안타까움과 염려하는 마음으로 흘린 '아들'의 눈물이었을 것이다(Quinn & Wacker, Lea & Griffin, cf. 행 20:37-38). 디모데는 교회를 든든하게 세우라며 자기를 에베소에 두고 홀로 마케도니아로 떠나는 바울이 못내 안타까웠다. 나이도 많고 건강도 그다지 좋지 않아 혹시 잘못되면 다시는 만나지 못하게 될 것을 염려하며 눈물을 흘렸다.

바울은 헤어질 때 디모데가 흘린 눈물을 기억한다. 그러므로 그를 다시 만나 위로할 수 있다면 자기는 기쁨으로 가득하게 될 것 같다고 한다(4b절). 디모데는 바울에 대해 참으로 애틋한 마음을 가지고 있고, 바울도 디모데에 대해 애틋한 마음을 가지고 있다. 그러므로 잠시 후 바울은 디모데에게 '속히 오라'고 한다(4:9).

사도는 디모데가 거짓이 없는 믿음을 가졌다는 것을 잘 안다(5a절). 바울이 조상적부터 내려온 신앙의 유산을 가지고 있는 것처럼(cf. 3절) 디모데도 이 믿음을 외조모 로이스와 어머니 유니게에게서 받았다(5b절). '로이스'(Λωΐς)와 '유니게'(Εὐνίκη)는 모두 헬라어 이름이다. 디모데의 아버지는 헬라 사람이었지만, 어머니와 외할머니는 유대인이었다. 구약을 바탕으로 한 믿음이 그의 외갓집을 통해 대대로 전수된 것이다.

이 말씀은 우리가 서로에게 빌어 줄 수 있는 가장 좋은 복은 하나님 아버지와 예수 그리스도의 은혜와 긍휼과 평강이라 한다. 우리는 하나님의 은혜가 있어야 살 수 있으며, 서로에게 긍휼을 베풀 때 하나님의 평강을 누릴 수 있다.

우리는 사랑하는 이들을 위해서 열심히 기도해야 한다. 바울은 눈물을 흘리던 디모데를 위해 밤낮 쉬지 않고 기도했다. 또 우리는 기도의 대상을 점차 넓혀 가야 한다. 사랑하는 이들을 위해 우리가 할 수 있는 가장 좋은 일은 그들을 위해 하나님께 기도하는 것이다. 하나님의 나라를 확장해 나가는 데 가장 필요한 것은 우리의 기도다.

우리는 다음 세대에 무엇을 전수해 줄 것인지 생각해 보아야 한다. 바울과 디모데에게는 조상 때부터 내려오는 믿음의 유산이 있었다. 하나님에 대한 믿음처럼 아름답고 능력 있는 유산은 없다.

II. 복음과 고난
(1:6-18)

그리스도의 복음은 영접하는 이들에게 큰 축복이다. 그러나 복음을 전파하는 이들에게는 고난을 안겨 준다. 견디다 못해 믿음을 버리고 하나님을 떠나는 자들도 있다. 이런 상황에서 사도는 영적 아버지인 자신이 믿고 충성하는 그리스도의 복음에 디모데도 충성하기를 권한다. 바울이 복음을 위해 고난받는 것처럼 디모데도 고난을 피하지 않기를 바란다. 본 텍스트는 다음과 같이 구분된다.

A. 복음과 함께 고난을 받으라(1:6-14)
B. 복음을 떠난 자들과 충성한 자(1:15-18)

II. 복음과 고난(1:6-18)

A. 복음과 함께 고난을 받으라(1:6-14)

⁶ 그러므로 내가 나의 안수함으로 네 속에 있는 하나님의 은사를 다시 불일듯 하게 하기 위하여 너로 생각하게 하노니 ⁷ 하나님이 우리에게 주신 것은

두려워하는 마음이 아니요 오직 능력과 사랑과 절제하는 마음이니 [8] 그러므로 너는 내가 우리 주를 증언함과 또는 주를 위하여 갇힌 자 된 나를 부끄러워하지 말고 오직 하나님의 능력을 따라 복음과 함께 고난을 받으라 [9] 하나님이 우리를 구원하사 거룩하신 소명으로 부르심은 우리의 행위대로 하심이 아니요 오직 자기의 뜻과 영원 전부터 그리스도 예수 안에서 우리에게 주신 은혜대로 하심이라 [10] 이제는 우리 구주 그리스도 예수의 나타나심으로 말미암아 나타났으니 그는 사망을 폐하시고 복음으로써 생명과 썩지 아니할 것을 드러내신지라 [11] 내가 이 복음을 위하여 선포자와 사도와 교사로 세우심을 입었노라 [12] 이로 말미암아 내가 또 이 고난을 받되 부끄러워하지 아니함은 내가 믿는 자를 내가 알고 또한 내가 의탁한 것을 그 날까지 그가 능히 지키실 줄을 확신함이라 [13] 너는 그리스도 예수 안에 있는 믿음과 사랑으로써 내게 들은 바 바른 말을 본받아 지키고 [14] 우리 안에 거하시는 성령으로 말미암아 네게 부탁한 아름다운 것을 지키라

어떤 이들은 본문을 사도가 의기소침해져서 사역에 다소 소극적인 자세를 취하고 있는 디모데에게 열정적으로 사역하기를 권면하는 말씀으로 풀이한다(Lea & Griffin, Towner). 그래서 "네 속에 있는 하나님의 은사를 다시 불 일 듯하게 하라"라는 등의 권면을 한다는 것이다(6절). 그러나 디모데가 소심한 사역자였다는 증거는 없다. 그가 바울에 비해 다소 점잖기는 하지만 나름 성실하게 사역하고 있다(cf. 3:14). 그러므로 본문은 죽음을 앞둔 바울이 디모데에게 지금까지 잘해 온 것처럼 앞으로도 초심을 잃지 말고 하나님의 부르심에 성실하게 임할 것을 당부하는 말씀이다.

섹션을 여는 '그러므로'(Δι' ἣν αἰτίαν)를 더 정확하게 번역하면 '이러한 이유로 인해'(for this reason)다(cf. 새번역, ESV, NAS, NIV, NRS, NRS). 디모데가 할머니와 어머니를 통해 받은 '신앙의 유산으로 인해'라는 뜻이다. 사도는 디모데가 할머니와 어머니처럼 좋은 믿음을 이어 갈 것을

확신한다. 디모데 안에 이 선한 일을 시작하신 이가 반드시 이루실 것이기 때문이다(빌 1:6; 살후 5:24).

'나의 안수함으로 네 속에 있는 하나님의 은사'(6a절)는 바울이 옛적에 그에게 안수한 적이 있으며, 그때 하나님의 은사가 디모데에게 임한 일을 회상하는 것이다. 아마도 디모데가 장로의 회에서 안수받은 일(딤전 4:14)과 바울도 그때 디모데에게 안수한 장로 중 하나라는 것을 암시하는 듯하다(Köstenberger, Liefeld).

구약에서 안수는 사람의 헌신을 하나님이 확인하고 받으시는 상징성을 지닌다(민 8:10; 27:18). 예수님은 치유 목적으로 여러 사람에게 안수하셨다. 사도들은 성령 충만을 구하거나 혹은 사역자를 세우고 파송할 때 안수했다(행 8:17; 9:17; 13:2; cf. 딤전 5:22). 디모데의 안수식은 성령의 권능이 그에게 임한 매우 특별한 경험이었다(7절; cf. 딤전 4:14). 디모데는 하나님께 지도력과 지도력을 이행할 사랑을 선물로 받았다(Wright). 신약에서 '은사'(χάρισμα)는 17차례 사용되는데, 한 번을 제외하고(벧전 4:10) 나머지는 모두 바울이 사용한다. '은사'는 바울이 독점하다시피 하는 단어인 것이다.

바울은 디모데가 안수식을 통해 받은 하나님의 은사를 다시 불일 듯 하고자 해서 그를 생각한다(6b절). '생각하다'(ἀναμιμνήσκω)는 '상기시키다'(remind)이다(BDAG). '다시 불일 듯하다'(ἀναζωπυρέω)는 이곳에 단 한 차례 사용되는 단어며 '다시 불러일으키다'(rekindle)라는 뜻을 지닌다. 그렇다 보니 마치 이미 꺼진 불을 다시 지피라는 뜻으로 오해를 사기도 한다(cf. Lea & Griffin, Towner). 그러나 이 말씀의 의미는 아가페 쉬운성경이 가장 잘 전달한다: "작은 불꽃이 큰 불을 일으키듯 그대가 받은 은사를 자라게 하십시오"(cf. NIRV, ESV, NIV, NLT). 사도는 디모데 안에서 이미 타고 있는 불이 더 활활 타오르게 하고자 디모데가 안수식에 받았던 하나님의 은사를 상기시키고 있다. 사역자는 '더 활활 타오르도록' 격려하는 일이 주기적으로 필요하다.

하나님이 우리에게 주신 것은 두려워하는 마음이 아니라 오직 능력과 사랑과 절제하는 마음이다(7절). 이 말씀에서 이슈가 되는 것은 '마음'(πνεῦμα)을 사람의 성품/속성으로 해석할 것이냐, 혹은 성령으로 해석할 것이냐. 일부 학자와 번역본은 '성령'(Holy Spirit, Spirit, Spirit of God)으로 해석한다(Liefeld, Yarbrough, cf. 공동, NIV, NET). 하나님의 성령이 주시는 은사는 두려움이 아니라 능력과 사랑과 절제라는 것이다. 그러나 이 헬라어 문장은 개역개정이 잘 번역해 놓았다(cf. 새번역, 아가페, ESV, NAS, NIRV, NRS). 물론 본문은 성령이 주시는 은사에 관해 말하고 있다. 그러나 14절에서 이 같은 성령의 은사를 잘 지키라고 하는 것으로 보아 이곳에서까지 헬라어 문장의 부자연스러움을 감수하고 '성령'으로 해석할 필요는 없다.

'두려움'(δειλία)은 이곳에서 단 한 차례 사용되는 단어며 '비겁함'(cowardice)이다(BDAG). 하나님은 우리에게 담대함을 주시지 비겁함을 주시지 않는다. 그러므로 이 말씀은 디모데에게 사역에 임하는 자신을 돌아보라는 권면이다. 혹시라도 하나님이 아니라 사람을 의식해서 담대함 대신 비겁하게 행동하는 부분은 없는지 살펴보라는 뜻이다.

하나님은 우리에게 두려움이 아니라 능력과 사랑과 절제하는 마음을 주신다(7b절). 우리는 하나님이 주시는 능력으로 그리스도인의 삶을 살고 사역한다. 우리는 사랑으로 성도들을 대하고 섬긴다. 사랑이 없는 능력은 사람을 다치게 한다. 능력이 없는 사랑은 아무것도 할 수 없다. 그러므로 이 두 가지는 반드시 필요하다. 그러나 우리에게 더 필요한 것은 절제다. '절제'(σωφρονισμός)는 이곳에서 단 한 차례 사용되는 단어며 적당함(moderation), 자제력(self-control), 신중함(prudence) 등을 뜻한다. 능력과 사랑에도 절제가 필요하다. 과유불급(過猶不及)이라는 말이 있지 않은가!

8-12절은 105개의 헬라어 단어로 구성된 한 문장이다(Yarbrough). 다행히 개역개정은 적절한 곳에서 여러 문장으로 나누었다. 바울은 디모

II. 복음과 고난(1:6-18)

데에게 감옥에 갇힌 자 된 자기를 부끄러워하지 말라고 한다(8a절). 바울은 지금 로마 감옥에 재수감되어 있다. 바울은 자신이 감옥에 다시 갇히게 된 이유를 생각하면 부끄러워할 필요가 없을 것이라 확신한다. 그는 바울과 디모데를 믿음으로 하나 되게 하신 '우리 주'(κυρίου ἡμῶν) 예수 그리스도를 위해 갇혔다. 그러므로 예수님을 구주로 섬기는 디모데는 주님을 위해 갇힌 바울이 그리스도를 부끄러워하지 않는 것처럼 (롬 1:16), 사도를 부끄러워하지 않아도 된다.

바울은 디모데에게 오직 하나님의 능력을 따라 복음과 함께 고난을 받으라고 한다(8b절). 이 권면을 통해 바울이 디모데에게 주는 교훈은 두 가지다. 첫째, 복음과 함께 고난을 받는 것은 하나님께 능력을 받은 이들만 할 수 있다(Liefeld). 사람은 스스로 주를 위해 고난을 받을 수 없다. 오직 하나님이 인정하신 이들만 주의 고난에 동참할 수 있다. 그러므로 주를 위해 고난을 받는 것은 부끄러워할 일이 아니라 영광으로 생각할 일이다. 둘째, 바울은 디모데가 자기처럼 행하기를 바란다. 사역자가 고난을 일부러 자청할 필요는 없다. 그러나 고난이 오면 비겁하게 피하지 말고 담대히 받아들이라는 것이다. 심지어 자기처럼 감옥에 갇히는 일도 주를 위해서라면 피하지 않아야 한다고 한다. 바울은 디모데가 자기와 '함께 고난을 받는 자'(co-sufferer)가 되어 (1)그리스도께, (2)자기에게, (3)사역에 충성하기를 원한다(Fee, cf. Yarbrough).

하나님은 무엇을 근거로(어떤 이유로) 우리를 구원하시고, 또 거룩하신 소명으로 부르셨는가(9a절)? '거룩하신 소명'(κλήσει ἁγίᾳ)은 사역이 아니다. '거룩하신 소명'은 '거룩한 삶으로 부르심'(called to a holy life)이다(Barrett, Marshall, cf. 공동, 아가페, NIV, NIRV, NLT). 하나님의 부르심은 우리의 행위, 곧 우리가 취한 행동의 결과가 아니다(9b절). 우리 행동은 하나님의 부르심에 어떤 영향도 끼치지 못했다.

하나님이 우리를 거룩한 삶으로 부르신 것은 오직 자기의 뜻과 영원 전부터 그리스도 예수 안에서 우리에게 주신 은혜대로 하신 일이다(9c

절). 창세전부터 하나님과 예수님은 우리의 부르심을 계획하시고 때가 이르자 은혜로 우리를 부르셨다. 그리스도인의 삶이 힘들고 어려울 때마다 우리가 묵상하고 감사해야 할 진리다. 우리는 우연히 그리스도인이 된 것이 아니다. 하나님의 예정과 그리스도의 은혜로 그리스도인이 되었다.

하나님의 부르심과 그리스도의 은혜는 이제 우리 구주 그리스도 예수의 나타나심으로 말미암아 나타났다(10a절). '나타나심'(ἐπιφάνεια)은 '출현/현현'(epiphany)을(cf. 딤전 6:14; 딤후 4:1; 딛 2:13), '나타나다'(φανερόω)는 '드러나다, 보이다'(reveal, show)를 의미한다(cf. 딤전 3:16; 딛 1:3). 새번역이 이 문장의 의미를 잘 살렸다: "우리 구주 그리스도 예수께서 나타나심으로 환히 드러났습니다."

우리에게 나타나신 예수 그리스도는 사망을 폐하시고 복음으로써 생명과 썩지 아니할 것을 드러내셨다(10b절). '폐하다'(καταργέω)는 '무력하게 만들다'(make ineffective), '효력이 없게 하다'(render powerless)라는 뜻이다(cf. 롬 3:3, 31; 4:14; 고전 1:28; 갈 3:17). 마귀의 가장 큰 무기인 죽음은 주를 믿는 자들에게는 이제 효력이 없다. 그리스도께서 부활하셔서 죽음을 폐하셨기 때문이다. 죄를 지은 사람들이 에덴동산에서 쫓겨날 때 하나님이 하신 말씀이 그리스도를 통해 성취된 것이다: "내가 너로 여자와 원수가 되게 하고 네 후손도 여자의 후손과 원수가 되게 하리니 여자의 후손은 네 머리를 상하게 할 것이요 너는 그의 발꿈치를 상하게 할 것이니라"(창 3:15). 또 부활하신 주님은 믿는 자들에게 생명과 썩지 아니할 것(영생)을 드러내셨다.

바울은 이 복음을 위해 선포자와 사도와 교사로 세우심을 입었다(11절). '선포자'(κῆρυξ)와 '사도'(ἀπόστολος)와 '교사'(διδάσκαλος)는 디모데전서 2:7에서 함께 사용된 적이 있다: "이를 위하여 내가 전파하는 자(κῆρυξ)와 사도(ἀπόστολος)로 세움을 입은 것은 참말이요 거짓말이 아니니 믿음과 진리 안에서 내가 이방인의 스승(διδάσκαλος)이 되었노라."

'선포자'(κῆρυξ)와 '사도'(ἀπόστολος)는 하는 일이 같으므로 선포자로 세움을 입고 사도로 세움을 입었다는 것은 부르심을 두 번 반복하는 말이다. 선포자와 사도로 세우심을 입은 사도는 믿음과 진리 안에서 이방인의 스승이 되었다(딤전 2:7). 바울과 바나바는 첫 선교 여행을 할 때 이미 이런 사실을 의식하고 있었다: "주께서 이같이 우리에게 명하시되 내가 너를 이방의 빛으로 삼아 너로 땅 끝까지 구원하게 하리라 하셨느니라"(행 13:47; cf. 사 49:6).

바울은 하나님의 부르심으로 말미암아 많은 고난을 받았다(12a절). 그가 그리스도의 복음 선포자와 사도와 교사로 세우심을 입은 것은 참으로 영광스러운 일이지만, 고난은 피할 수 없었다. 그러나 하나님의 부르심으로 인해 받는 고난을 부끄러워하지 않는다(12a절). 사도는 자신이 믿는 자, 곧 예수 그리스도를 알기 때문이다.

또한 사도는 자신이 의탁한 것을 그날까지 그가 능히 지키실 줄을 확신한다(12b절). '내가 [주께] 의탁한 것'(τὴν παραθήκην μου)(cf. NAS, NIV, NRS)은 '[주께서] 내게 의탁하신 것'(what has been entrusted to me)으로 번역할 수 있다(ESV, cf. 새번역, 공동, 아가페). 문맥이 하나님이 주신 소명에 관해 말하고 있다는 사실을 고려할 때 주께서 의탁하신 것, 곧 복음의 선포자와 사도와 선생이 되게 하신 일이 문맥과 더 잘 어울린다. 바울은 자신에게 이런 일을 의탁하신(맡기신) 주님이 그날(세상이 끝나는 날)까지 능히 지키실 것을 확신한다.

바울은 디모데에게 그리스도 예수 안에 있는 믿음과 사랑으로써 자기에게 들은 바 바른 말을 본받아 지키라고 한다(13절). '바른 말'(ὑγιαινόντων λόγων)은 '건강한 말씀'(healthy/sound words)이다. 본문에서는 복수형을 사용하지만, 디모데전서 6:3에서는 단수형인 '바른 말'(ὑγιαίνουσιν λόγοις)을 사용해 그리스도의 말씀과 경건(기독교)에 관한 교훈은 바른(건강한) 말인 반면, 거짓 선생들이 가르치는 '다른 교훈'은 병들었다고 했다. 바울은 디모데에게 자기에게 들은 그리스도의 말씀과 정통 기독교에 관한 교훈을 본받아 지키라고 한다.

더불어 그와 디모데 안에 거하시는 성령으로 말미암아 그가 디모데에게 부탁한 아름다운 것을 지키라 한다(14절). 성령의 도우심을 의지해 주께서 먼저 바울에게 의탁하시고 바울이 디모데에게 의탁한 것, 곧 그리스도의 복음을 선포하고 가르치는 아름다운 일을 지키라고(계속하라고) 한다. 죽음을 앞둔 바울은 예수님이 맡기신 일을 이제 자기 영적 아들인 디모데에게 전수하고자 한다.

이 말씀은 사역에 대한 열정과 헌신은 주기적으로 갱신할 필요가 있다고 한다. 사역자는 하나님이 주신 은사를 점검하고 재충전해 하나님이 맡기신 일을 더 성실하게 감당해야 한다. 일명 '처음 사랑'과 '처음 소명'을 되돌아볼 필요가 있다. 오늘날에는 안식년(월) 제도를 활용하거나 어느 정도의 쉼을 가지며 이런 시간을 갖는 것이 좋다.

우리는 담대하게 복음을 전파하고 사역해야 한다. 하나님은 우리에게 두려워하는 마음을 주시지 않는다. 능력과 사랑과 절제하는 마음을 주신다. 그러므로 결과는 하나님께 맡기고, 우리는 성실하고 자신 있게 사역하고 섬기면 된다.

우리는 복음으로 인해 고난을 받는 사람들을 부끄러워해서는 안 된다. 오히려 자랑스럽게 생각하고, 그들과 함께함을 영광으로 생각해야 한다. 또한 우리도 복음으로 인해 고난을 받을 수 있다는 것을 두려워하지 않아야 한다.

우리는 하나님의 부르심을 우리의 행위로 얻어내지 않았다. 하나님이 영원 전부터 그리스도를 통해 베풀어 주신 은혜다. 그러므로 감사함으로 하나님께 모든 영광을 돌리며 섬기고 사랑해야 한다.

그리스도는 사망을 폐하시고 생명과 영생을 우리에게 주셨다. 우리가 주님과 함께 누릴 영생을 항상 마음에 두고 복음의 선포자와 교사로서 책임을 다해야 한다. 복음을 선포하고 가르치는 일로 인해 고난을 당하더라도 부끄러워하지 않아야 한다.

예수님은 우리에게 의탁하신 것들을 스스로 지키실 것이다. 그러므로 사역에 임하는 우리는 최선을 다하되 결과에 대해 좌절할 필요는 없다. 우리 안에 선하신 일을 시작하신 이가 반드시 이루실 것이기 때문이다.

가장 좋은 신앙은 예수님 안에 있는 믿음과 사랑으로 한 세대가 다음 세대를 가르치고 세우는 것이다. 또한 그들에게 따를 본을 보이는 것이다. 이렇게 세대에서 세대로 전수되는 신앙은 성령이 지키실 것이다.

II. 복음과 고난(1:6-18)

B. 복음을 떠난 자들과 충성한 자(1:15-18)

¹⁵ 아시아에 있는 모든 사람이 나를 버린 이 일을 네가 아나니 그 중에는 부겔로와 허모게네도 있느니라 ¹⁶ 원하건대 주께서 오네시보로의 집에 긍휼을 베푸시옵소서 그가 나를 자주 격려해 주고 내가 사슬에 매인 것을 부끄러워하지 아니하고 ¹⁷ 로마에 있을 때에 나를 부지런히 찾아와 만났음이라 ¹⁸ (원하건대 주께서 그로 하여금 그 날에 주의 긍휼을 입게 하여 주옵소서) 또 그가 에베소에서 많이 봉사한 것을 네가 잘 아느니라

바울은 아시아에 있는 모든 사람이 자신을 버렸다고 하는데(15a절) 정확히 언제, 무슨 일이 있었기에 이런 말을 하는지 알 수 없다(Knight). 다만 디모데도 이 일을 알고 있다. '아시아에 있는 모든 사람'(πάντες οἱ ἐν τῇ Ἀσίᾳ)이 버렸다고 하는데 '많은 사람'을 뜻하는 과장법이다(Collins, Dunn). 아시아는 오늘날 튀르키예 서부를 중심으로 한 로마의 주(州)였으며, 가장 큰 도시로 수도는 에베소였다.

'버리다'(ἀποστρέφω)는 '단호한 거부'(decisive rejection)를 뜻한다(NIDNTTE, cf. 4:4; 딛 1:14; 히 12:25). 사도를 배신한 아시아 사람 중에

는 '부겔로'(Φύγελος, Phygelus)와 '허모게네'(Ἑρμογένης, Hermogenes)도 있었다(15b절). 이 두 사람에 대해서는 알려진 바가 없다. 오늘날에도 복음과 신앙을 버리고 교회를 떠나는 목회자들과 성도들이 있다는 사실을 생각하면 바울이 배신당한 것은 별로 놀랄 만한 일이 아니다(cf. 고전 4:9-13; 고후 4:7-12; 요일 2:19). 바울은 디모데에게 자신의 실패에 대해 매우 솔직하게 말하고 있다(Keener, Yarbrough).

배신한 자들이 있는가 하면, 끝까지 감옥에 갇힌 사도의 곁을 지키며 도와준 사람도 있다. 바로 오네시보로('Ονησίφορος, Onesiphorus)다(16a절; cf. 4:19). 바울은 주께서 그의 집에 긍휼을 베푸시기를 간절히 원한다(16a절). 어떤 이들은 바울이 오네시보로의 집안에 긍휼을 베풀어 주시기를 바라는 것은 그가 이미 죽었기 때문이라고 한다(Fee). 그러나 그렇게 단정할 필요는 없다. 아마도 사도가 그의 집안을 언급하는 것은 오네시보로의 온 가족이 감옥에 갇힌 바울을 찾기 위해 에베소를 떠나 로마로 간 그를 지지하고 후원했기 때문일 것이다(Lenski).

오네시보로는 사도를 격려해 주고 그가 사슬에 매인 것(감옥에 갇힌 것)을 부끄러워하지 않았다(16b절). 바울이 로마에서 두 번째 감옥 생활을 하고 있다는 것을 암시한다(Köstenberger). 사도는 디모데에게도 자신이 사슬에 매인 것을 부끄러워하지 말라고 했다(1:8). '격려하다'(ἀναψύχω)는 '다시 채우다'(refresh)로 감옥에 갇혀 있는 사도의 필요를 채워 주었다는 뜻이다(Lea & Griffin, cf. Dunn).

오네시보로는 로마 감옥에 갇혀 있는 바울을 부지런히 찾아가 만났다(17절). 매일 찾아갔다는 뜻이 아니라 그가 갇힌 곳을 알고자 열심히 수소문하고 다녔다는 뜻이다: "그가 로마에 와서는 나를 찾느라고 굉장히 애쓴 끝에 나를 만났습니다"(공동, cf. 아가페, ESV, NAS, NIV, NRS). 바울은 로마 감옥에서도 매우 찾기 어려운 곳에 수감되어 있었다(Dunn, Lea & Griffin).

바울은 오네시보로와 가족들에게 너무나 고마워했으며 감격했다.

아시아의 모든 사람이 그를 버렸으므로 쓸쓸히 순교를 맞이할 각오를 하고 있었는데, 아시아(에베소) 사람 오네시보로가 그 먼 길을 마다하지 않고 찾아와 곁을 지켜 주었으니 얼마나 감동했겠는가! 그러므로 그는 한 번 더 주께서 오네시보로로 하여금 그날(세상이 끝나는 날) 주의 긍휼을 입게 해 달라고 기도한다(18a절).

디모데도 오네시보로와 그의 집안이 에베소 교회에 얼마나 많이 봉사했는지 잘 안다(18b절). 그의 가족은 아직도 에베소에 있다는 뜻이다(Köstenberger). 바울은 수년 전에 에베소에서 3년간 머물며 매일 두란노 서원에서 가르친 적이 있다(cf. 행 19장). 아마도 이때 오네시보로와 그의 가족을 만난 것으로 보인다(Yarbrough).

이 말씀은 그리스도의 복음은 사람들을 둘로 나눈다고 한다. 복음을 영접해 끝까지 신실한 오네시보로와 그의 집안 사람들이 있는가 하면, 부겔로와 허모게네처럼 복음을 버리거나 부인하는 사람들도 있다. 그러므로 사람들이 우리가 전한 복음을 거부했다고 절망할 필요는 없다. 바울도 실패했고, 예수님도 배신당하셨다.

우리는 빚진 자로 살아야 한다. 오네시보로와 그의 집안은 바울에게 복음의 빚을 졌다. 이 빚을 조금이라도 갚고자 에베소에서 로마까지 먼 길을 갔고, 백방으로 수소문한 끝에 감옥에 쓸쓸히 갇혀 있는 바울을 찾아내 그의 필요를 채워 주며 곁을 지켰다. 바울은 이런 오네시보로와 그의 가족의 헌신에 감격했고, 그들에게 빚을 졌다고 생각했다. 그러나 빚을 갚을 길이 없다. 그러므로 그는 하나님께 그와 그의 집을 축복해 달라고 간절히 두 차례나 기도한다. 우리는 이런 것을 사랑의 빚이라 한다. 사랑의 빚은 되도록이면 많이 지고 살아야 한다. 그래야 살맛 나는 세상이 된다. 또한 사랑의 빚은 하나님께 더 간절히 기도하게 한다.

Ⅲ. 그리스도를 위한 자가 되라는 권면
(2:1-26)

이 섹션은 바울이 디모데에게 주는 가장 사적인 권면이다. 그렇다 보니 신학적인 가르침보다는 사역자로서 어떻게 살아가야 하는지에 관한 실용적인 조언으로 가득하다. 본 텍스트는 다음과 같이 두 섹션으로 나뉜다.

　A. 그리스도의 좋은 병사(2:1-13)
　B. 그리스도께 인정받는 일꾼(2:14-26)

> Ⅲ. 그리스도를 위한 자가 되라는 권면(2:1-26)

A. 그리스도의 좋은 병사(2:1-13)

¹ 내 아들아 그러므로 너는 그리스도 예수 안에 있는 은혜 가운데서 강하고 ² 또 네가 많은 증인 앞에서 내게 들은 바를 충성된 사람들에게 부탁하라 그들이 또 다른 사람들을 가르칠 수 있으리라 ³ 너는 그리스도 예수의 좋은 병사로 나와 함께 고난을 받으라 ⁴ 병사로 복무하는 자는 자기 생활에 얽매이

는 자가 하나도 없나니 이는 병사로 모집한 자를 기쁘게 하려 함이라 ⁵ 경기 하는 자가 법대로 경기하지 아니하면 승리자의 관을 얻지 못할 것이며 ⁶ 수고하는 농부가 곡식을 먼저 받는 것이 마땅하니라 ⁷ 내가 말하는 것을 생각해 보라 주께서 범사에 네게 총명을 주시리라 ⁸ 내가 전한 복음대로 다윗의 씨로 죽은 자 가운데서 다시 살아나신 예수 그리스도를 기억하라 ⁹ 복음으로 말미암아 내가 죄인과 같이 매이는 데까지 고난을 받았으나 하나님의 말씀은 매이지 아니하니라 ¹⁰ 그러므로 내가 택함 받은 자들을 위하여 모든 것을 참음은 그들도 그리스도 예수 안에 있는 구원을 영원한 영광과 함께 받게 하려 함이라 ¹¹ 미쁘다 이 말이여

> 우리가 주와 함께 죽었으면
> 또한 함께 살 것이요
> ¹² 참으면 또한 함께 왕 노릇 할 것이요
> 우리가 주를 부인하면 주도 우리를 부인하실 것이라
> ¹³ 우리는 미쁨이 없을지라도
> 주는 항상 미쁘시니 자기를 부인하실 수 없으시리라

본 텍스트는 바울이 디모데에게 주는 가장 사적인 권면이다(Dunn). 사도는 디모데를 '내 아들'이라며 세 가지를 부탁한다(1-3절): (1)그리스도의 은혜 가운데서 강하라, (2)다른 사람들과 함께 사역하라, (3)사역으로 인한 고난을 피하지 마라. 이어지는 4-6절에서는 군인과 운동선수와 농부를 비유로 들면서 디모데에게 열심히 훈련하고 사역하며 오직 예수님께 순종할 것을 권한다. 디모데는 그리스도와 하나님이 택하신 자들을 위해 사역한다는 믿음으로 모든 것을 견뎌 내야 한다(8-10절). 섹션을 마무리하는 11-13절은 초대교회가 사용했던 찬송(기도)이다.

그동안 사도는 디모데를 '믿음 안에서 참 아들'(딤전 1:2)과 '사랑하는 아들'(딤후 1:2)이라 했지만, 그를 '내 아들'(τέκνον μου)로 부르는 것은 이곳이 유일하다(1a절). 이 호칭은 사도가 하고자 하는 말의 엄숙함과 무

III. 그리스도를 위한 자가 되라는 권면(2:1-26)

계를 강조한다(Yarbrough).

사도는 '아들' 디모데에게 그리스도 예수 안에 있는 은혜 가운데서 강하라고 당부한다(1b절). 은혜는 그리스도의 영역(the realm of Christ)이 지닌 가장 기본적인 성향이다(Campbell). 그리스도의 은혜 가운데서 '강하라'(ἐνδυναμοῦ)는 것은 그리스도의 은혜가 디모데의 힘과 능력의 출처가 되어야 한다는 의미다(Yarbrough). 그러므로 그리스도 안에 있는 디모데는 항상 자신이 주님의 은혜에 의해 믿음으로 말미암아 구원받았다는 사실을 의식하고 고백해야 한다(cf. 엡 2:8). 주님 안에 있는 은혜는 디모데 같은 사역자를 도울 것이며, 어려움을 견디게 하고, 열매를 맺게 할 것이다. 그러므로 우리는 그리스도 예수 안에 있는 은혜에서 능력과 용기를 공급받아야 한다.

바울은 디모데에게 많은 증인 앞에서 자기에게 들은 바를 충성된 사람들에게 부탁하라고 한다(2a절). '많은 증인들 앞에서'(διὰ πολλῶν μαρτύρων)는 '많은 증인을 통해'(through many witnesses)라는 의미로 해석할 수 있다(Liefeld, Yarbrough, cf. 새번역, NRS). 사도가 되도록 많은 사람과 함께 사역해야 한다고 하는 것으로 보아 '많은 증인을 통해'가 문맥에 더 잘 어울린다.

디모데는 바울뿐 아니라 그와 함께 팀을 이루었던 누가와 실라와 디도 등에게도 정통 기독교에 대해 많은 것을 들었다(배웠다)(cf. 신 6:4; 롬 10:17; 갈 3:2, 5). 이제는 그들을 통해 배운 것(전수받은 것)을 충성된 사람들에게 부탁할 때다. 독불장군처럼 홀로 사역하려 하지 말고 믿을 만한 사람들을 사역자로 세워 함께 복음을 전파하라는 뜻이다.

하나님의 말씀은 여러 사람과 나누어 그들도 사역하게(전파하게) 하는 것이 가장 효과적이다. 이러한 원리를 가르치는 본문은 신약에서 '사도직 전수'에 가장 가까운 말씀이다(Dunn). 비록 복음을 배신한 자들도 있지만(cf. 1:15), 아직도 복음과 함께하는 사람이 훨씬 더 많다(Fee). 이러한 사실이 디모데에게 위로가 되어야 한다.

바울은 '아들' 디모데에게 그리스도 예수의 좋은 병사가 되라고 한다(3a절). 병사-운동선수-농부로 이어지는 세 가지 비유(3-6절) 중 첫 번째다. 사도는 그리스도인의 정체성에 관해 말할 때 병사 비유를 종종 사용했다(고후 10:3-5; 엡 6:10-17; 딤전 1:18). 주로 복음을 반대하는 자들과 치르는 영적 전투를 강조하기 위해서였다. 본문은 누가 그리스도의 좋은 병사인지에 관해 말한다. 사도는 그리스도의 좋은 병사는 자기와 함께 고난을 받는 사람이라고 한다(3b절). 그는 지금 그리스도로 인해 고난받고 있다. 그리스도의 좋은 병사는 예수님의 고난에 동참하는 사람이며 이미 수많은 사람이 주님의 고난에 동참했다(Lea & Griffin). 바울도 그리스도의 고난에 동참한 사람 중 한 사례다. 그러므로 그는 디모데에게 '나와 함께 고난을 받으라'라고 한다.

예수님의 좋은 병사는 주의 고난에 동참할 뿐 아니라, 자기 생활에 얽매이지 않는다(4a절). 그를 병사로 모집하신 예수님을 기쁘시게 하고자 해서다(4b절). 병사를 모집하신 이는 그분이 모집한 병사들이 철저하게 순종할 때(disciplined obedience) 기뻐하신다. 그러므로 이 병사 비유는 철저한 순종을 강조한다(Köstenberger, Liefeld).

가톨릭에서는 본문과 같은 말씀을 근거로 사제들과 수녀들의 결혼을 금했다. 결혼하지 않은 사람이 주님을 더 온전히 섬길 수 있다는 논리다. 어느 정도는 맞는 말이지만, 그렇다고 해서 본문이 결혼을 금하는 것은 아니다. 결혼하고도 얼마든지 하나님을 잘 섬길 수 있다. 섬기는 자의 마음, 곧 주님을 향한 마음만 나눠지지 않으면 된다.

둘째, 경기하는 자가 법대로 경기하지 않으면 승리자의 관을 얻을 수 없다(5절). 바울은 운동선수 비유도 종종 사용했다. 승리(고후 5:10)와 훈련(고전 9:24-27)을 강조하기 위해서다. 본문은 경기 중 규칙에 따르는 일(conformity to rules)을 강조한다(Köstenberger, Lea & Griffin, Liefeld). 목표는 우승이지만, 심판관들은 경기 규칙을 제대로 따른 것을 먼저 인정한다. 그러므로 승리는 혹독한 훈련과 규칙을 준수할 때 가능하

III. 그리스도를 위한 자가 되라는 권면(2:1-26)

다. 이와 같이 디모데도 주께서 정하신 규칙에 따라 사역해야 한다. 이렇게 하기 위해서는 자기를 부인하고 십자가를 지고 가야 한다: "자기 십자가를 지고 나를 따르지 않는 자도 내게 합당하지 아니하니라"(마 10:38; cf. 마 16:24; 막 8:34; 눅 9:23). 그러므로 이 말씀은 3절처럼 직접적으로 '고난을 받으라'고 권면하지는 않지만 비슷한(oblique) 호소다 (Yarbrough).

셋째, 수고하는 농부가 곡식을 먼저 받는 것이 마땅하다(6절). 농부는 예수님의 비유에 자주 나온다. 바울도 수고에 대한 보상을 강조하기 위해 농사 비유를 종종 들었다(cf. 고전 9:7-14; 갈 6:6; 딤전 5:17-18). 그러나 본문은 농부의 수고를 강조한다. '수고'(κοπιῶντα)는 지칠 때까지 노동하는 것을 뜻한다(BDAG). 참으로 수고한 농부만이 수확을 누릴 수 있다는 사실을 강조한다(Köstenberger, Yarbrough). 바울은 디모데에게 복음을 위해 고군분투하라고 권면하고 있다(cf. 롬 16:6, 12; 고전 4:12; 15:10; 16:16; 갈 4:11; 엡 4:28; 빌 2:16; 골 1:29; 살전 5:12; 딤전 4:10; 5:17).

사도는 디모데에게 자기가 말하는 것을 생각해 보라고 한다(7a절). 충분한 시간을 갖고 생각해 보라는 것이다. 디모데가 사도의 말을 충분히 이해하지 못할 수도 있다. 군인과 운동선수와 농부 비유를 통해 바울이 디모데에게 요구하는 것은 참으로 대단한 헌신이다. 그러므로 성급하게 순종을 약속하지 말고 찬찬히 생각해 보아야 한다.

디모데가 생각할 시간을 가지면 하나님은 그에게 범사에 총명을 주실 것이다. 이 일에 대해 기도하고 묵상하면 하나님이 알려 주실 것이다. 사역이 참으로 큰 헌신과 고생을 요구하는 것은 맞지만, 또 얼마나 복되고 보람된 일인지 깨닫게 하실 것이라는 뜻이다.

디모데가 바울의 권면에 따라 사역에 온전히 헌신하고자 한다면 사도가 그에게 전한 복음대로 다윗의 씨로 죽은 자 가운데서 다시 살아나신 예수 그리스도를 기억해야 한다(8절). 이 말씀은 그리스도에 대해 세 가지를 알려 준다: (1)그리스도는 다윗의 씨다, (2)예수님은 죽으셨다, (3)예수님은 부활하셨다. 구약 선지자들은 메시아가 다윗의 후손으로 오신다고 예언했다. 그러므로 예수님이 '다윗의 씨'(σπέρματος Δαυίδ)라는 것은 예수님이 바로 선지자들이 예언한 그 메시아라는 뜻이다. 그러므로 '다윗의 씨'는 구약과 신약을 이어 주는 연결 고리이기도 하다(행 2:25, 29, 34; 7:45; cf. 행 13:22, 34, 36; 15:16). 메시아이신 예수님은 십자가에서 죽으심으로써 우리의 죄를 대속하셨다. 또 죽음에서 부활하셔서 우리에게 영생을 주셨다. 사역자들은 이런 일을 이루신 예수님을 기억해야 한다. 그리스도의 복음에 관해서는 사도가 전파한 것에 더할 것이 없다. 기억하기만 하면 된다. 예수님을 기억하라는 것은 주님을 닮아야 한다는 뜻이기도 하다(Kelly).

바울은 그리스도의 복음으로 인해 죄인과 같이 매이는 데까지 고난을 받고 있다(9a절). 한때는 그리스도를 영접한 자들을 잡으러 다녔던 사람이 지금은 사도가 되어 그리스도를 전파하다가 잡혀 감옥에 갇혀 있다. 복음을 영접한 사람은 이렇게까지 바뀔 수 있다. 그러므로 사역자는 고난 중에도 기뻐하고 감사할 수 있다.

그리스도의 복음을 전파하던 사도가 갇혔다고 해서 복음까지 갇힌 것은 아니다. 하나님의 말씀은 매이지 않았다(9b절). 사도를 통해 복음을 접한 사람들이 감옥에 갇힌 그를 대신해서 복음을 전파하며 '땅끝'을 향해 가고 있다.

> 형제들아 내가 당한 일이 도리어 복음 전파에 진전이 된 줄을 너희가 알기를 원하노라 이러므로 나의 매임이 그리스도 안에서 모든 시위대 안과 그 밖의 모든 사람에게 나타났으니 형제 중 다수가 나의 매임으로 말미암아 주 안에서 신뢰함으로 겁 없이 하나님의 말씀을 더욱 담대히 전하게 되었느니라(빌 1:12-14).

매이지 않은 말씀이 사람들을 구원하고 있다. 매이지 않은 하나님의

III. 그리스도를 위한 자가 되라는 권면(2:1-26)

말씀이 구원하는 자들은 하나님이 태초 때 이미 택하신 자들이다. 그러므로 사도는 하나님의 택함을 받은 자들을 위해 모든 것을 참는다(10a절). '택함을 받은 자들'(ἐκλεκτούς)은 구약 개념을 신약 성도들에게 적용한 것이다(Lea & Griffin, cf. 신 7:6). 감옥에 갇힌 사도는 이 같은 사실을 기뻐하며 모든 고난을 견디고 있다. '참다'(ὑπομένω)는 '믿음으로 견뎌 내다'(perseverance in faith)이다(NIDNTTE, cf. 마 10:22; 24:13; 롬 12:2; 고전 13:7; 히 10:32; 12:2, 3, 7; 약 1:12; 5:11). 바울은 이들과 함께 그리스도 예수 안에 있는 구원을 영원한 영광과 함께 받을 날을 소망하고 있다(10b절).

바울은 목회 서신에서 다섯 차례 사용하는 '미쁘다 이 말이여!'(πιστὸς ὁ λόγος)로 초대교회의 찬양을 시작한다(11a절). 이 문장이 네 번째로 사용되고 있다(cf. 딤전 1:15; 3:1; 4:9; 딛 3:8). 바울이 직접 저작한 것인지 혹은 당시 교회가 사용하던 것을 인용한 것인지 확실하지 않으며, 중요하지도 않다. 다만 리듬감이 분명해 학자들은 11b-13절을 노래로 취급한다(Köstenberger, Lea & Griffin, cf. NIV).

"우리가 주와 함께 죽었으면 또한 함께 살 것이다"(11b절)는 우리가 십자가에서 그리스도와 함께 죽었다면, 주께서 부활하셨을 때 함께 부활했다는 것을 의미한다. 상징적으로 우리는 이미 그리스도와 함께 죽었고, 또 주님과 함께 부활했다: "만일 우리가 그리스도와 함께 죽었으면 또한 그와 함께 살 줄을 믿노니"(롬 6:8; cf. 갈 2:20).

"참으면 또한 함께 왕 노릇 할 것이다"(12a절)는 종말에 그리스도께서 다스리시는 왕국에서 그분과 함께 살 것을 뜻한다: "의를 위하여 박해를 받은 자는 복이 있나니 천국이 그들의 것임이라"(마 5:10; cf. 마 24:13; 막 13:13; 롬 5:17). 우리가 주님과 함께 왕 노릇 하는 일은 종말에 완성될 것이지만(cf. 계 5:10; 22:5), 이미 시작된 면모도 어느 정도는 있다(Köstenberger).

그러나 "우리가 주를 부인하면 주도 우리를 부인하실 것이다"(12b절).

이 말씀은 예수님의 경고를 반영한다: "누구든지 사람 앞에서 나를 부인하면 나도 하늘에 계신 내 아버지 앞에서 그를 부인하리라"(마 10:33; cf. 눅 12:9; 요 13:38; 행 3:14). 베드로는 예수님을 부인했지만(마 26:70, 72), 다행히 예수님이 그를 회복시키셨다. 그러나 우리가 주님을 부인해도 주님이 베드로를 회복시키신 것처럼 우리도 회복시키실 것이라는 생각은 매우 위험한 모험이다(Yarbrough). 우리를 회복시키거나 부인하는 것은 예수님의 고유 권한이기 때문이다.

다행인 것은 '우리는 미쁨이 없을지라도 주는 항상 미쁘시다'는 사실이다(13a절). '미쁨이 없다'(ἀπιστοῦμεν)는 현재형이다. 에베소 성도 중 많은 사람이 아직도 믿음에 합당한 삶을 살지 못하고 있다는 뜻이다(Lea & Griffin). 그러므로 그들의 소망은 예수님은 항상 미쁘시다는 데 있다: "예수 그리스도는 어제나 오늘이나 영원토록 동일하시니라"(히 13:8). 예수님은 이런 사실을 스스로 부인하실 수 없다(13b절).

이 말씀은 그리스도인은 그리스도 예수 안에 있는 은혜로 살고 사역해야 한다고 한다. 그러기 위해서는 우리의 능력과 용기가 그리스도의 은혜에서 비롯되도록 간절히 사모하며 성령의 도우심을 청해야 한다. 그리스도의 은혜를 충분히 공급받을 때 비로소 우리는 남에게 은혜를 끼칠 수 있다.

사역은 홀로 하는 것이 아니라 여러 명과 함께 하는 것이다. 믿을 만한 사람들에게 우리가 전수받은 진리를 전수해 주면 그들이 다른 사람들을 가르치고 전수할 것이다. 이렇게 하면 훨씬 더 빨리 세상이 복음화될 것이다. 그러므로 기도하면서 우리가 받은 복음을 전수할 만한 사람들을 세워 가야 한다.

그리스도인의 삶은 결코 녹록지 않다. 때로는 병사처럼, 때로는 운동선수처럼, 때로는 수고하는 농부처럼 온갖 훈련과 노력을 감수해야 한다. 그러므로 헌신은 깊이 생각해 보고 하는 것이다. 그러나 일단 헌신을 결정하고 나면 복되고 보람 있는 일이 많을 것이다.

그리스도의 복음은 세상이 끝나는 날까지 계속 전파될 것이다. 복음을 전하는 자는 방해를 받고 심지어 감금될 수도 있지만, 복음은 계속 땅끝을 향해 갈 것이다. 이 역사적 대장정의 한 부분을 우리가 감당할 수 있고 감당해야 한다.

십자가에서 예수님과 함께 죽은 우리는 부활을 기대해도 좋다. 또한 부활하면 우리는 주님과 함께 영원히 왕 노릇 할 것이다. 그러므로 이 땅에 살면서 주님을 부인하는 일은 없어야 한다.

III. 그리스도를 위한 자가 되라는 권면(2:1-26)

B. 그리스도께 인정받는 일꾼(2:14-26)

[14] 너는 그들로 이 일을 기억하게 하여 말다툼을 하지 말라고 하나님 앞에서 엄히 명하라 이는 유익이 하나도 없고 도리어 듣는 자들을 망하게 함이라 [15] 너는 진리의 말씀을 옳게 분별하며 부끄러울 것이 없는 일꾼으로 인정된 자로 자신을 하나님 앞에 드리기를 힘쓰라 [16] 망령되고 헛된 말을 버리라 그들은 경건하지 아니함에 점점 나아가나니 [17] 그들의 말은 악성 종양이 퍼져나감과 같은데 그 중에 후메내오와 빌레도가 있느니라 [18] 진리에 관하여는 그들이 그릇되었도다 부활이 이미 지나갔다 함으로 어떤 사람들의 믿음을 무너뜨리느니라 [19] 그러나 하나님의 견고한 터는 섰으니 인침이 있어 일렀으되

주께서 자기 백성을 아신다 하며
또 주의 이름을 부르는 자마다
불의에서 떠날지어다

하였느니라 [20] 큰 집에는 금 그릇과 은 그릇뿐 아니라 나무 그릇과 질그릇도 있어 귀하게 쓰는 것도 있고 천하게 쓰는 것도 있나니 [21] 그러므로 누구든지 이런 것에서 자기를 깨끗하게 하면 귀히 쓰는 그릇이 되어 거룩하고 주인의 쓰심에 합당하며 모든 선한 일에 준비함이 되리라 [22] 또한 너는 청년의 정

욕을 피하고 주를 깨끗한 마음으로 부르는 자들과 함께 의와 믿음과 사랑과 화평을 따르라 23 어리석고 무식한 변론을 버리라 이에서 다툼이 나는 줄 앎이라 24 주의 종은 마땅히 다투지 아니하고 모든 사람에 대하여 온유하며 가르치기를 잘하며 참으며 25 거역하는 자를 온유함으로 훈계할지니 혹 하나님이 그들에게 회개함을 주사 진리를 알게 하실까 하며 26 그들로 깨어 마귀의 올무에서 벗어나 하나님께 사로잡힌 바 되어 그 뜻을 따르게 하실까 함이라

사도는 앞 섹션(2:1-13)에서 디모데에게 개인적인 권면을 했다. 본 텍스트에서는 디모데에게 '다른 교훈'을 가르치는 거짓 선생들과 그들이 일으킨 문제를 에베소 성도들에게 알려 주라고 한다. 디모데가 사역자로서 계속 추구해야 할 거룩한 삶에 대한 가르침도 포함한다.

바울은 디모데에게 그들로 이 일을 기억하게 하라고 한다(14a절). '그들'은 거짓 선생들과 에베소 성도들이며, '이 일'은 그리스도의 죽음과 부활과 미쁘심이다(2:13). 앞에서 사도는 디모데에게 부활하신 예수 그리스도를 기억하라고 했다(2:8). 이번에는 다른 사람들이 기억하게 하라고 한다.

'기억하게 하라'(ὑπομίμνῃσκε)는 연속성을 강조하는 현재형이다(Dunn). 예수님은 제자들에게 자기가 떠나면 성령이 오셔서 그들을 가르치고 기억나게 할 것이라고 하셨다: "보혜사 곧 아버지께서 내 이름으로 보내실 성령 그가 너희에게 모든 것을 가르치고 내가 너희에게 말한 모든 것을 생각나게 하리라(ὑπομνήσει)"(요 14:26). 디모데는 에베소 성도들이 그리스도인으로서 알아야 할 것을 계속 기억하도록 도와주는 사역을 해야 한다.

디모데는 에베소 성도들에게 말다툼하지 말라고 하나님 앞에서 엄히 명해야 한다(14b절). '하나님 앞에서'(ἐνώπιον τοῦ θεοῦ)와 '엄히 명함'(διαμαρτυρόμενος)은 상황의 엄숙함과 심각성을 강조한다(cf. 딤전 5:21; 6:13; 딤후 4:1). 사도가 이처럼 강력하게 성도 사이에 말다툼이 없게 하

라고 말하는 것은 말다툼은 유익이 하나도 없고 도리어 듣는 자들을 망하게 하기 때문이다(14b절). '망함'(καταστροφή)은 '믿는 자들을 무너뜨리는 것'(tearing down of believers)이다(Lea & Griffin). 믿음은 사람을 세우지만, 말다툼은 성도를 무너뜨린다. 망하게 하는 말다툼에 대한 가장 좋은 약은 사역자인 디모데의 선한 행실이다(Dibelius & Conzelmann).

바울은 디모데에게 진리의 말씀을 옳게 분별하라고 한다(15a절). 신약에서 '옳게 분별하다'(ὀρθοτομέω)는 이곳에서 단 한 차례 사용되며 '곧은 길을 따라 안내하다'(guide along a straight path)라는 의미를 지닌다(TDNT). 진리의 말씀인 그리스도의 복음과 성경을 해석하고 강론할 때 말씀의 의도에 따라 바르게 한다는 뜻이다(Knight, Quinn & Wacker, cf. 고후 2:17; 4:2).

디모데는 부끄러울 것이 없는 일꾼이 되어야 한다(15b절). 사도는 디모데에게 주를 위해서 사역하다가 갇힌 자 된 자기를 부끄러워하지 말라고 했다(1:8). 이번에는 하나님의 말씀과 그리스도의 복음을 제대로 해석하고 강론해 부끄러울 것이 없는 일꾼이 되라고 한다(Köstenberger). 사역하는 과정이 부끄럽지 않아야 한다는 뜻이다(Liefeld). 그러므로 '부끄러울 것이 없는 일꾼(ἐργάτην ἀνεπαίσχυντον)이 되려면 좋은 스승을 두어 훈련받아야 한다: "제자가 그 선생보다 높지 못하나 무릇 온전하게 된 자는 그 선생과 같으리라"(눅 6:40). 바울도 가말리엘에게 랍비 훈련을 받았다(행 22:3). 그 무엇도 올바른 해석에 대한 철저한 훈련을 대신할 수는 없다.

디모데는 인정된 자로서 자신을 하나님 앞에 드리기를 힘써야 한다(15c절). '인정된 자'(δόκιμον)는 자화자찬(自畵自讚)하는 자가 아니라 하나님이 칭찬하시는 자다: "옳다 인정함을 받는 자(δόκιμος)는 자기를 칭찬하는 자가 아니요 오직 주께서 칭찬하시는 자니라"(고후 10:18).

'자신을 드리기를 힘쓰라'(σπούδασον σεαυτὸν … παραστῆσαι)는 '최선을 다하라'(do your best)는 의미다(ESV, NIV, NIRV, NRS). 하나님이 인정하시

는 일꾼이 되어 하나님을 예배하라는 권면이다(Liefeld, Yarbrough): "그러므로 형제들아 내가 하나님의 모든 자비하심으로 너희를 권하노니 너희 몸을 하나님이 기뻐하시는 거룩한 산 제물로 드리라 이는 너희가 드릴 영적 예배니라"(롬 12:1).

본문은 일부 교회에서 어린이들과 청소년들을 위한 프로그램으로 도입한 어와나(AWANA)의 성경적 근거다. KJV는 15절을 번역하면서 '부끄러울 것이 없는 인정된 일꾼'(approved workmen are not ashamed)이라는 문구를 포함했는데, 이 문구를 구성하는 단어들의 첫 글자들을 조합해 AWANA(어와나)를 만든 것이다.

사도는 유익이 하나도 없고 도리어 듣는 자들을 망하게 하는 말다툼(cf. 14절)은 망령되고 헛된 말이라며 이를 버리라고 한다(16a절). '망령되고 헛된 말'(βεβήλους κενοφωνίας)은 기독교적 내용이 전혀 없는 '무신론적 수다'(godless chatter)(BDAG, NIDNTTE, cf. 딤전 6:20)를, '버리다'(περιΐστημι)는 '피하다'(avoid)를 뜻한다(TDNT). 교회에 출석하는 사람들은 망령되고 헛된 말을 멀리해야 한다(Marshall).

망령되고 헛된 말을 좋아하는 사람들은 경건하지 아니함에 점점 나아간다(16b절). '경건하지 아니함'(ἀσέβεια)은 '경건함'(σέβεια)에 부정 접두사(ἀ–)를 더한 것이다(cf. 딤전 2:2, 10 등의 εὐσέβεια). 우리가 그리스도인이 된 것은 그리스도 안에서 경건한 삶을 추구하며 하나님께 더 나아가기 위함인데, 망령되고 헛된 말을 좋아하는 사람들(경건하지 아니함에 나아가는 자들)은 오히려 하나님께로부터 점점 더 멀어진다.

그들의 망령되고 헛된 말은 악성 종양이 퍼져 나가는 것과 같다(17a절). 신약에서 '악성 종양'(γάγγραινα)은 이곳에서 단 한 차례 사용되며, 치명적인 질병의 소모적 진행을 가리키는 의학 용어다(Köstenberger, Lea & Griffin). 이는 무신론적 수다의 혐오스러운 성향을 잘 묘사한다. 후메내오('Υμέναιος, Hymenaeus)와 빌레도(Φίλητος, Philetus)는 이 '악성 종양'을 퍼트리다가 영적으로 몰락했다. 빌레도에 대해서는 아무것도 알려진 바가 없다. 후메내오는 바울이 알렉산더와 함께 사탄에게 내어준 자다(딤전 1:20). 이 사람은 회개하고 하나님께 돌아와야 하는데 아직 그렇게 하지 않았다.

그들의 '다른 교훈'은 기독교 진리에 관해 그릇되었다(18a절). '그릇되다'(ἀστοχέω)는 '표적을 비껴가다'(miss the mark)라는 뜻이며 양궁에서 온 단어다(TDNT, cf. 딤전 1:6; 6:21). 도덕적 또는 영적 기준에서 벗어났다는 의미다(BDAG).

그들은 부활이 이미 지나갔다고 가르쳐 어떤 사람들의 믿음을 무너뜨렸다(18b절). 예수님의 부활이 아니라 그 부활이 성도들에게 뜻하는 바, 곧 부활하신 그리스도로 인해 종말에 우리도 부활할 것이라는 사실을 부인한 것이다. 그들의 논리에 따르면 종말(미래)은 이미 도래했다. 그리스도인은 이미 하나님의 용서와 온갖 축복을 누리고 있다(Johnson). 그러므로 마음대로 살아도 된다. 이미 구원받았으므로 육체로 어떤 짓(어떤 죄)을 하든 상관없다(Kelly, cf. Liefeld). 이는 구원과 영생의 '이미-아직'(already-not yet)을 잘못 이해한 이단이다. 학자들은 근친상간(고전 5:15)과 여러 가지 성적 문란(고전 6:12-20)이 언급되는 것으로 보아 이 이단들의 주장이 고린도 교회에 어느 정도 영향을 미친 것으로 생각한다. 다윗의 냉소적인 말을 생각해 보라: "너희가 이미 배부르며 이미 풍성하며 우리 없이도 왕이 되었도다 우리가 너희와 함께 왕 노릇 하기 위하여 참으로 너희가 왕이 되기를 원하노라"(고전 4:8).

이 사람들이 기독교의 부활은 육체적인 것이 아니라 영적인 것이며 이미 실현되었다고 한 것은 기독교 교리를 헬라 사람들의 철학에 맞추려는 노력에서 비롯되었다. 헬라 사람들에게 육체적인 부활은 터무니없고 혐오스러운 것이었기 때문이다(cf. 행 17:32). 그러나 육체적 부활이 없는 기독교는 더는 살아 있는 믿음이 아니다(Guthrie). 그러므로 육체적 부활이 없다는 그들의 가르침은 일부 사람의 믿음을 무너뜨리는 결과를 초래했다. '무너뜨리다'(ἀνατρέπω)는 '엎다, 뒤집다'(overturn)라는 뜻이다. 예수님은 성전이 도둑들의 소굴이 된 것을 보시고 "노끈으로 채찍을 만드사 양이나 소를 다 성전에서 내쫓으시고 돈 바꾸는 사람들의 돈을 쏟으시며 상을 엎으셨다(ἀνέτρεψεν)"(요 2:15). 이 사람들로 하여금 기독교를 완전히 버리게 한 것이다.

이단들의 횡포에도 불구하고 디모데가 사역하는 에베소 교회는 하나님이 보호하시고 통제하신다. 에베소 교회는 하나님의 견고한 터에 서 있다(19a절). 이 견고한 '터'(θεμέλιος)는 다름 아닌 예수 그리스도시다: "예수께서 이르시되 너희가 성경에 건축자들의 버린 돌이 모퉁이의 머릿돌이 되었나니 이것은 주로 말미암아 된 것이요 우리 눈에 기이하도다 함을 읽어 본 일이 없느냐"(마 21:42; cf. 사 28:16; 벧전 2:6-8). 아무리 거짓 선생들이 발광해도 하나님이 견고한 터 예수 그리스도 위에 세우신 교회를 흔들 수는 없다.

하나님은 이단들이 괴롭히는 에베소 교회에 인(印)도 치셨다(19a절). '인'(σφραγίς)은 소유권을 상징한다(Knight, Liefeld). 하나님이 교회에 인을 치셔서 자기가 주인임을 확인하신 것이다. 그러므로 디모데는 이단들이 괴롭히는 에베소 교회에서도 주인이신 하나님의 말씀을 가르치며 마음껏 사역할 수 있다.

"주께서 자기 백성을 아신다"(19b절)는 민수기 16:5을 인용한 말씀이다. 이 말씀은 주의 백성에게는 위로가 되지만, '주의 백성인 척하는 자들'에게는 정죄다.

> 그 날에 많은 사람이 나더러 이르되 주여 주여 우리가 주의 이름으로 선지자 노릇하며 주의 이름으로 귀신을 쫓아 내며 주의 이름으로 많은 권능을 행하지 아니하였나이까 하리니 그 때에 내가 그들에게 밝히 말하되 내가 너희를 도무지 알지 못하니 불법을 행하는 자들아 내게서 떠나가라 하리라(마 7:22-23).

"주의 이름을 부르는 자마다 불의에서 떠날지어다"(19c절)가 구약 어느 부분을 인용한 것인지에 대해 의견이 분분하다(cf. 사 26:13; 레 24:16; 시 6:9). 본문과 가장 가까운 말씀은 민수기 16:26-27이다.

> 모세가 회중에게 말하여 이르되 이 악인들의 장막에서 떠나고 그들의 물건은 아무 것도 만지지 말라 그들의 모든 회중에서 너희도 멸망할까 두려워하노라 하매 무리가 고라와 다단과 아비람의 장막 사방을 떠나고 다단과 아비람은 그들의 처자와 유아들과 함께 나와서 자기 장막 문에 선지라 (민 16:26-27).

본문이 사도가 이 이야기를 요약적으로 말한 것이라면, 이 말씀은 악성 종양을 퍼트리는 이단들과는 상종하지 말라는 뜻이다. 그들의 말다툼은 사람을 망하게 하고, 망령되고 헛된 말은 그들을 더 헛되고 망령되게 한다. 그러므로 이런 자들은 사도가 후메내오와 빌레도를 사탄에게 넘겨준 것처럼 모두 사탄에게 넘겨주고 상종하지 않는 것이 좋다. 합리적이고 성경적인 말로 마귀의 종이 된 자들을 이길 수는 없다. 우리는 경건하게 살아야 하는데, 때로는 경건이 어떤 사람들을 떠나게 한다.

큰 집에는 온갖 그릇이 있다. 금 그릇과 은 그릇도 있고 나무 그릇과 질그릇도 있다(20a절). 사도는 재질이 귀한 것부터 순서대로 나열한다: 금 그릇, 은 그릇, 나무 그릇, 질그릇. 중요한 것은 그릇의 재질이 아니라 어떻게 쓰이느냐다(Quinn & Wacker). 어떤 그릇은 귀하게 쓰이는가 하면 어떤 그릇은 천하게 쓰인다(20b절). 귀하게 쓰이는 그릇은 맛있는 음식을 돋보이게 한다. 반면에 천하게 쓰이는 그릇은 쓰레기와 오물 등을 모으는 용도다. 교회는 남을 돋보이게 하는 좋은 그리스도인만 있는 곳이 아니다. 쓰레기와 오물 같은 사람도 있다(Lea & Griffin). 이런 사람들은 피해야 한다. 우리말에도 있지 않은가! '똥은 더러워서 피

하지 무서워서 피하는 것이 아니다.'

그릇의 재질은 상관없다. 하나님이 귀히 쓰는 그릇이 되려면 깨끗해야 한다. 그러므로 사도는 누구든지 이런 소모적이고 악성 종양 같은 말과 논쟁에서 자기를 깨끗하게 지키면 주인(하나님)의 쓰심에 합당한, 곧 하나님이 귀히 쓰시는 그릇이 될 수 있다고 한다(21a절). 이런 사람은 모든 선한 일에 준비된 그릇이다(21b절).

이 말씀을 정리하면, 사도는 디모데에게 세 가지를 요구하고 있다: (1)주님의 종은 거룩해야 한다(cf. 롬 15:16; 고전 1:2; 엡 5:25; 살전 5:23), (2)주님의 종은 주님께 유용해야 한다, (3)주님의 종은 주의 선한 일을 하기 위해 준비해야 한다.

하나님이 쓰시기에 합당한 그릇이 되기 위해 디모데는 청년의 정욕을 피해야 한다(22a절). 그가 '청년'(νεωτερικὰς)으로 묘사되기 때문에 '정욕'(ἐπιθυμίας)을 '성욕'(lusts) 정도로 생각하는 이들이 있지만(cf. NAS), '욕망, 갈망'(desire, longing) 등을 뜻하는 평범한 단어다. 물론 여기에 성욕도 포함되어 있겠지만, 아직 어리기에 가지게 되는 욕망이 주류를 이룬다(Köstenberger, Lea & Griffin, Yarbrough). '피하다'(φεύγω)는 '도망하다'(flee)라는 뜻이다(cf. 딤전 6:11). 무엇을 일부러(의도적으로) 피하는 것이다. 디모데는 모든 욕망에서 자유로워야 한다. 그래야 하나님이 그를 귀히 쓰실 것이다.

청년 디모데는 모든 욕망을 피해야 하며, 대신 주를 깨끗한 마음으로 부르는 자들과 함께 의와 믿음과 사랑과 화평을 따라야 한다(22b절). 사역자들도 경건하고 거룩한 사람들과 교제하며 그들과 함께 '의와 믿음과 사랑과 화평' 등 기독교의 미덕(virtues)을 추구하는 것이 좋다. 함께 교제하며 서로에게 믿음의 롤모델이 되어 주어야 한다. 그래야 서로 신앙생활을 조금 더 쉽게 할 수 있다.

바울은 이단들의 소모적인 가르침을 '말다툼'(14절)과 '망령되고 헛된 말'(16절)이라 했다. 이번에는 '어리석고 무식한 변론'이라며 버리라고 한다(23a절). 성경은 근시안적이거나 말씀을 듣고도 행하지 않는 것을 '어리석다'(μωρός)고 한다: "나의 이 말을 듣고 행하지 아니하는 자는 그 집을 모래 위에 지은 어리석은(μωρῷ) 사람 같으리니"(마 7:26). 신약에서 '무식한'(ἀπαίδευτος)은 이곳에서 한 차례 사용되며 '교육을 받지 못한 것'(uneducated)을 뜻한다(BDAG). 본문에서 '변론'(ζήτησις)은 '논쟁'(controversy, debate)을 의미한다(TDNT). 거짓 선생들이 '다른 교훈'을 변론하려 하는 것은 하나님 말씀에 순종할 의지가 없으면서 자신의 무식한 논리로 말씀에 대해 논쟁을 위한 논쟁을 일으키려 하는 소모적인 일이다.

디모데는 이처럼 '어리석고 무식한 변론'을 버려야 한다. '버리다'(παραιτέομαι)는 '피하다'(avoid)이다(cf. 16절). 그들과 벌이는 논쟁은 다툼을 초래할 뿐이다(23b절). 그들은 어리석고 무식하면서도 하나님의 말씀을 배우고 실천할 생각은 하지 않는다. 그러므로 이들과 다투는 것은 "의와 경건과 믿음과 사랑과 인내와 온유를 따르며 믿음의 선한 싸움을 싸우는 일"(딤전 6:11-12)과 전혀 어울리지 않는다.

이단들과 다투는 것은 마땅히 다투지 않아야 하는 주의 종에게 합당하지 않다(24a절). '주의 종'(δοῦλον δὲ κυρίου)은 '주님의 노예'다. 노예는 주인의 말에 절대적으로 순종해야 하는 것처럼 사역자들도 주님의 말씀에 절대적으로 순종해야 한다. 주님은 자기 종들이 이단들과 다투는 일을 원하지 않으신다는 것을 암시한다. 어리석고 무식한 마음마저 굳게 닫은 사람들과 논쟁하는 것은 시간 낭비일 뿐이다. 그 시간을 복음을 모르는 사람들을 전도하는 일에 쓰는 것이 하나님이 원하시는 지혜로운 일이다.

주의 종들은 모든 사람에 대해 (1)온유해야 하며, (2)가르치기를 잘하며, (3)참아야 한다(24b절). '온유'(ἤπιος)는 따뜻하고 부드러운 '친절'(gentle)이다(NIDNTTE). 누구든 편안한 마음으로 사역자들을 찾을 수 있어야 한다. 사역의 기본은 가르치는 일이다. 그러므로 가르치는 은 사는 필수다. '참음'(ἀνεξίκακος)은 이곳에서 단 한 차례 사용되는 단어며, 부당한 대우를 받더라도 자제하고 견디는 것이다(BDAG). 참음은 화평케 하는 자에게 가장 필요한 미덕이다(cf. 마 5:9). 불신자는 정죄의 말보다는 전도하는 사람의 참을성과 사랑을 통해 복음을 영접하기 때문이다.

사역자들은 거역하는 자를 온유함으로 훈계해야 한다(25a절). '거역하는 자들'(ἀντιδιατιθεμένους)은 이곳에서 한 차례 사용되는 단어로 '정반대 쪽에 선 자들'이다(NIDNTTE). 사역자들이 피하고 싶은 사람들이다. '온유함'(πραΰτης)은 '친절, 겸손, 배려' 등을 뜻한다(TDNT). 사역자들은 거역하는 자들도 배려하며 부드럽고 따뜻하게 훈계해야 한다.

'훈계하다'(παιδεύω)와 '무식한 자'(ἀπαίδευτος)(23절)는 같은 어원에서 비롯된 단어이며, '무식한 자'는 '훈계하는 자, 훈계를 받는 자'(παίδευτος)에 부정 접두사(ἀ-)를 더한 것이다. 다투려고 대드는 이단은 피하는 것이 좋지만, 조금이라도 진리를 배우는 일에 마음이 열려 있는 것처럼 보이면 다투려 하지 말고 부드러운 마음으로 훈계하라(가르치라)는 것이다.

혹시 하나님이 그들에게 회개함을 주셔서 진리를 알게 하실까 해서다(25b절). '혹시'(μήποτε)는 불확실성을 표현한다(NIDNTTE). 사역자들이 거역하는 자들을 온유함으로 훈계하면 하나님이 그들로 하여금 회개하게 하실 수도 있고, 그렇지 않을 수도 있다는 것이다. 누구를 구원하거나 구원하지 않는 것은 하나님의 주권이다. 사람은 하나님의 주권을 침해할 수 없다.

'회개함'(μετάνοια)은 '돌아서다, 마음을 바꾸다'라는 뜻한다(TDNT). 목회 서신에서 '진리를 아는 지식'(ἐπίγνωσιν ἀληθείας)은 온 기독교 공동체가 하나님의 말씀과 복음에 대해 공유하는 지식이다(Collins, cf. 3:7; 딤전 2:4; 딛 1:1). 중요한 것은 이 둘의 순서다. 회개가 먼저 오고 진리를 아는 지식이 뒤따른다. 진리를 아는 지식도 먼저 회개하는 믿음이 있어야 얻을 수 있다.

사역자들이 거역하는 자들을 온유함으로 훈계해 그들이 회개하고 진리를 알게 되면 그들은 깨어 마귀의 올무에서 벗어날 것이다(26a절): "그들은 악마에게 사로잡혀서 악마의 뜻을 좇았지만, 정신을 차려서 그 악마의 올무에서 벗어날 것입니다"(새번역). 하나님이 그들에게 회개의 기회를 주셔야 비로소 그들이 변화를 받아 악마의 손아귀에서 벗어날 것이다. 사역자는 자신이 영적 전쟁에 투입된 주의 병사라는 사실을 깨달아야 한다(cf. 2:3-4).

> 끝으로 너희가 주 안에서와 그 힘의 능력으로 강건하여지고 마귀의 간계를 능히 대적하기 위하여 하나님의 전신 갑주를 입으라 우리의 씨름은 혈과 육을 상대하는 것이 아니요 통치자들과 권세들과 이 어둠의 세상 주관자들과 하늘에 있는 악의 영들을 상대함이라 그러므로 하나님의 전신 갑주를 취하라 이는 악한 날에 너희가 능히 대적하고 모든 일을 행한 후에 서기 위함이라(엡 6:10-13).

이단에 놀아난 사람들이 마귀의 올무에서 벗어나는 것도 중요하지만, 그들이 하나님께 사로잡힌 바 되어 주의 뜻을 따르는 것은 더 중요하다(26b절). 우리는 항상 그들이 수긍하고 따를 수 있는 긍정적인 대안을 제시해 주어야 한다. 그렇지 않으면 예수님이 경고하신 일이 현실이 될 수도 있다.

> 더러운 귀신이 사람에게서 나갔을 때에 물 없는 곳으로 다니며 쉬기를 구하되 쉴 곳을 얻지 못하고 이에 이르되 내가 나온 내 집으로 돌아가리라 하고 와 보니 그 집이 비고 청소되고 수리되었거늘 이에 가서 저보다 더 악한 귀신 일곱을 데리고 들어가서 거하니 그 사람의 나중 형편이 전보다 더욱 심하게 되느니라 이 악한 세대가 또한 이렇게 되리라(마 12:43-45).

실제로 이단을 떠난 사람이 이후 다른 이단에 현혹되는 경우가 많다. 기성 교회는 이단을 떠나온 사람들을 따뜻하게 맞이하고 진리를 계속 가르치며 하나님이 기뻐하시는 신앙생활을 대안으로 제시해 주어야 한다. 그래야 그들이 떠나온 이단에서 자유로워질 수 있다.

이 말씀은 신앙에 도움이 되지 않는 논쟁은 모두 피하라고 한다. 우리를 더 경건하고 거룩하게 하는 대화는 하는 것이 좋다. 그러나 망령되고 헛된 말다툼은 피해야 한다. 이런 것은 악성 종양과 같아서 우리의 영혼을 죽이려 하기 때문이다.

우리는 부끄러울 것이 없는 하나님의 일꾼으로 살아야 한다. 그러기 위해서는 진리의 말씀을 옳게 분별하는 훈련을 하고 배워야 한다. 하나님의 말씀인 성경은 언제든 잘못 해석될 수 있기 때문이다. 그러므로 성령의 인도하심에 따라 하나님이 말씀하신 의도를 분별하는 훈련이 필요하다.

교회에 다닌다고 해서 하나님이 모두 귀하게 쓰시는 것은 아니다. 어느 집에든 귀하게 쓰는 그릇이 있는가 하면 천하게 쓰는 그릇도 있다. 우리는 하나님의 집인 교회에서 귀하게 쓰이는 그릇이 되도록 노력해야 한다. 하나님이 천한 일에 쓰시는 자들은 되도록이면 피하는 것이 좋다. 우리가 그들의 죄로 오염될 수 있기 때문이다.

우리는 주를 깨끗한 마음으로 부르는 자들과 함께 의와 믿음과 사랑과 화평을 추구하며 교제해야 한다. 교회에서 누구와 사귈 것인지에 대해서도 지혜롭게 선택해야 한다는 뜻이다. 경건한 사람들과 교제하면 서로에게 닮고 싶은 롤모델이 될 것이다. 우리는 경건한 사람들과 교제하며 믿음으로 사는 것을 배워 가야 한다.

우리는 모든 사람을 대할 때 온유해야 한다. 심지어 우리를 반대하는 사람들을 대할 때도 온유하게 가르쳐야 한다. 하나님은 우리가 모든 사람과 화평하기를 원하시기 때문이다. 또한 사람들은 사랑과 온유함에 설득이 되어 마음을 연다.

Ⅳ. 임박한 고통의 날
(3:1-17)

사도는 종말이 가까울수록 세상에 온갖 죄와 고통이 만연할 것이라고 한다. 이 고통의 시대는 경건의 모양은 있으나 경건의 능력은 부인한다. 그러므로 그리스도인이 이런 때를 경건하게 살 유일한 방법은 하나님의 영감으로 쓰인 성경 말씀의 교훈과 지혜에 따라 선한 일을 하며 사는 것이다. 본 텍스트는 다음과 같이 구분된다.

A. 죄와 고통 중에 사는 삶(3:1-13)
B. 성경에 따라 사는 삶(3:14-17)

Ⅳ. 임박한 고통의 날(3:1-17)

A. 죄와 고통 중에 사는 삶(3:1-13)

¹ 너는 이것을 알라 말세에 고통하는 때가 이르러 ² 사람들이 자기를 사랑하며 돈을 사랑하며 자랑하며 교만하며 비방하며 부모를 거역하며 감사하지 아니하며 거룩하지 아니하며 ³ 무정하며 원통함을 풀지 아니하며 모함하며

절제하지 못하며 사나우며 선한 것을 좋아하지 아니하며 ⁴ 배신하며 조급하며 자만하며 쾌락을 사랑하기를 하나님 사랑하는 것보다 더하며 ⁵ 경건의 모양은 있으나 경건의 능력은 부인하니 이같은 자들에게서 네가 돌아서라 ⁶ 그들 중에 남의 집에 가만히 들어가 어리석은 여자를 유인하는 자들이 있으니 그 여자는 죄를 중히 지고 여러 가지 욕심에 끌린 바 되어 ⁷ 항상 배우나 끝내 진리의 지식에 이를 수 없느니라 ⁸ 얀네와 얌브레가 모세를 대적한 것 같이 그들도 진리를 대적하니 이 사람들은 그 마음이 부패한 자요 믿음에 관하여는 버림 받은 자들이라 ⁹ 그러나 그들이 더 나아가지 못할 것은 저 두 사람이 된 것과 같이 그들의 어리석음이 드러날 것임이라 ¹⁰ 나의 교훈과 행실과 의향과 믿음과 오래 참음과 사랑과 인내와 ¹¹ 박해를 받음과 고난과 또한 안디옥과 이고니온과 루스드라에서 당한 일과 어떠한 박해를 받은 것을 네가 과연 보고 알았거니와 주께서 이 모든 것 가운데서 나를 건지셨느니라 ¹² 무릇 그리스도 예수 안에서 경건하게 살고자 하는 자는 박해를 받으리라 ¹³ 악한 사람들과 속이는 자들은 더욱 악하여져서 속이기도 하고 속기도 하나니

사도는 당시 사회에서도 기독교인으로 사는 것이 쉽지 않지만, 시간이 지날수록 더 어려워질 것을 안다. 사람들은 마귀의 농간에 놀아나 하나님을 멀리하고 죄와 악에 중독될 것이다. 예수님도 이 같은 시대에 관해 말씀하셨다(cf. 마 24:21-31). 그리스도인은 말세가 가까워져 마귀와 악인들이 성행하는 시대가 오더라도 그들처럼 살 필요는 없다. 고난을 각오하기만 하면 경건하고 거룩하게 살 자유와 권리가 있기 때문이다.

바울은 디모데에게 말세에 고통하는 때가 이를 것을 알라고 한다(1절). '너는 알라'(γίνωσκε)는 흔한 동사 '알다'(γινώσκω)에서 온 것이지만, 이 형태(2인칭 단수 명령형)로 사용되는 것은 이곳이 유일하다. 디모데는 고통하는 때가 이르더라도 놀라거나 두려워할 필요가 없다. 미리 마음을

IV. 임박한 고통의 날(3:1-17)

준비하도록 사도가 '이것'(Τοῦτο), 곧 고통하는 때에 있을 일을 알려 주고 있기 때문이다.

'말세'(ἐσχάταις ἡμέραις)를 직역하면 '마지막 날들'(the last days)이며(cf. ESV, NAS, NIV, NRS) 구약에서 시작된 개념이다(사 2:2; 욜 2:28-32; 습 1:14-18). 모든 것이 악화되는 미래의 한 시점이다(마 24:21-31; cf. 딤전 4:1; 히 1:1-2). 또한 말세는 이미 시작되었다. 베드로는 2,000년 전 오순절에 요엘의 예언을 인용하면서 이 말세가 이미 도래했다고 했다.

> 하나님이 말씀하시기를 말세에 내가 내 영을 모든 육체에 부어 주리니 너희의 자녀들은 예언할 것이요 너희의 젊은이들은 환상을 보고 너희의 늙은이들은 꿈을 꾸리라 그 때에 내가 내 영을 내 남종과 여종들에게 부어 주리니 그들이 예언할 것이요 또 내가 위로 하늘에서는 기사를 아래로 땅에서는 징조를 베풀리니 곧 피와 불과 연기로다 주의 크고 영화로운 날이 이르기 전에 해가 변하여 어두워지고 달이 변하여 피가 되리라 누구든지 주의 이름을 부르는 자는 구원을 받으리라 하였느니라(행 2:17-21; cf. 욜 2:28-32).

'고통하는 때'(καιροὶ χαλεποί)는 온갖 폭력과 위험이 만연한 시대다(BDAG, cf. 마 8:28). 그리스도인뿐 아니라 세상 사람들이 온갖 악으로 인해 큰 고통을 받는 시대다. 하나님은 이런 때를 분별할 수 있도록 그리스도인들에게 통찰력을 주셨다. 그러므로 우리는 '고통의 때'가 이르면 두려워할 것이 아니라 하나님이 경고하신 때가 임했으므로 임박한 종말을 소망으로 삼고 견뎌 내야 한다.

사도는 이 '고통하는 때'를 19가지 악이 만연한 시대로 묘사한다(2-5절). 예수님이 사람의 마음에서 나오는 죄라며 말씀하신 '죄 목록'과 비슷하다(cf. 막 7:21-23). 예수님은 사람이 짓는 죄에 관해 말씀하셨지만, 사도는 죄를 짓는 자들, 곧 죄를 행하는 자들에게 초점을 맞춘다

(Hanson). 이곳에 나열된 죄와 폭력을 행하는 자들이 만연해지면 하나님이 심판하시는 날인 종말이 매우 가까웠다고 생각해도 된다.

2절은 고통하는 때에 만연할 19가지 죄 중 8가지를 나열한다. 첫째, 사람들이 자기를 사랑한다. '자기 사랑'(φίλαυτος)은 이곳에 단 한 차례 사용되는 단어이며, 모든 것을 자기중심적으로 생각하는 매우 이기적인 사람을 의미한다(TDNT). 복음은 하나님과 이웃을 사랑할 것을 요구한다(롬 13:8). 바울은 디모데가 자기 자신보다 남을 더 사랑한다고 인정했다(cf. 빌 2:21-22).

둘째, 사람들이 돈을 사랑한다. '돈 사랑'(φιλάργυρος)은 사람들이 죄를 짓는 가장 기본적인 이유다. 예수님은 유대인의 종교 지도자인 바리새인들이 돈을 좋아한다며 비난하셨다(눅 16:14). 바울도 에베소 교회를 괴롭히는 거짓 선생들이 돈을 벌려고 '다른 교훈'을 가르친다고 했다(cf. 딤전 6:10).

셋째, 사람들이 자랑한다. '자랑질'(ἀλαζών)은 로마서 1:30에서 한 번 더 사용된다. 자랑하는 사람은 오만하고(arrogant) 뻔뻔하다(audacious)(Yarbrough). 우리는 무엇이든 이 세상의 것을 자랑하면 안 된다. 하나님께로부터 온 것이 아니기 때문이다(요일 2:16). 오직 하나님을 아는 것을 자랑해야 한다: "자랑하는 자는 이것으로 자랑할지니 곧 명철하여 나를 아는 것과 나 여호와는 사랑과 정의와 공의를 땅에 행하는 자인 줄 깨닫는 것이라 나는 이 일을 기뻐하노라 여호와의 말씀이니라"(렘 9:24). 사도는 "자랑하는 자는 주 안에서 자랑하라"라고 한다(고후 10:17).

넷째, 사람들이 교만하다. '교만'(ὑπερήφανος)은 하나님이 가장 미워하시는 죄다(cf. 잠 6:16-19). 하나님은 교만한 자를 대적하신다(벧전 5:5; cf. 약 4:6). 모든 죄가 교만에서 시작되기 때문이다. 안타까운 것은 그리스도인들이 짓는 중에서도 가장 흔한 죄다(cf. Yarbrough). 그러므로 디모데는 사람들이 교만하지 않도록 가르쳐야 한다.

Ⅳ. 임박한 고통의 날(3:1-17)

다섯째, 사람들이 비방한다. '비방하는 자'(βλάσφημος)는 하나님 혹은 사람, 혹은 둘 다 비방한다(cf. 행 6:11; 딤전 1:13; 벧후 2:11). 그러나 이들은 주로 하나님께 망언을 한다. 바울도 자신이 한때는 비방하는 자였다고 한다: "내가 전에는 비방자요(βλάσφημον) 박해자요 폭행자였으나 도리어 긍휼을 입은 것은 내가 믿지 아니할 때에 알지 못하고 행하였음이라"(딤전 1:13). 당시 비기독교 문헌에서 '비방하는 자'는 '반사회적으로 행동하는 자'(anti-social behavior)를 의미했다(Collins). 공동체의 건강을 가장 위협하는 사람들이다.

이어지는 여섯 번째에서 열 번째까지 언급되는 죄는 모두 부정 접두사(negative prefix, ἀ-)를 포함한 단어들이다. 여섯째, 사람들이 부모를 거역한다(γονεῦσιν ἀπειθεῖς). 부모를 거역하는 일은 십계명 중 다섯 번째 계명을 어기는 행위다(출 20:12; 신 5:16; cf. 마 15:4; 19:19; 롬 1:30; 엡 6:2; 딤전 1:9; 5:8; 딛 1:16; 3:3). 또한 부모에 대한 사랑과 순종은 고대 사회의 중심적인 덕목 중 하나였다(Keener).

일곱째, 사람들이 감사하지 않는다. '감사하지 않는 자'(ἀχάριστος)는 신약에서 한 번 더 사용된다: "오직 너희는 원수를 사랑하고 선대하며 아무 것도 바라지 말고 꾸어 주라 그리하면 너희 상이 클 것이요 또 지극히 높으신 이의 아들이 되리니 그는 은혜를 모르는 자(ἀχαρίστους)와 악한 자에게도 인자하시니라"(눅 6:35). 하나님이 모든 선한 것을 주시는데도 감사하지 않는 것은 하나님의 심판을 불러온다(cf. 롬 1:21). 그리스도인은 항상 하나님께 감사하며 살아야 한다: "범사에 감사하라 이것이 그리스도 예수 안에서 너희를 향하신 하나님의 뜻이니라"(살전 5:18). 부모들을 거역하는 것(#6)도 부모에게 감사하지 않기 때문에 빚어지는 일이다(Lea & Griffin).

여덟째, 사람들이 거룩하지 않다. 사도는 율법이 이런 불법한 자들을 위해서 있는 것이라며 '거룩하지 않은 자'(ἀνόσιος)를 한 번 더 사용한다: "알 것은 이것이니 법은 옳은 사람을 위하여 세운 것이 아니요 오직 불법한 자와 복종하지 아니하는 자와 경건하지 아니한 자와 죄인과 거룩하지 아니한 자(ἀνόσιος)와 망령된 자와 아버지를 죽이는 자와 어머니를 죽이는 자와 살인하는 자며"(딤전 1:9). 하나님은 그분의 자녀들을 거룩한 삶을 살도록 부르셨다.

3절은 이 여덟 가지에 여섯 가지를 더한다. 첫째, 사람들이 무정하다. 반대말인 '유정'(στοργος)은 '자연스러운 애정의 유익함'(benefit of natural affection)이다(BDAG). 그러므로 '무정함'(ἄστοργος)은 '마음이 완고하고, 감정이 없으며, 다른 사람을 배려하지 않는 것'이다(BDAG, cf. 롬 1:31; 12:10). 번역본들은 '다른 사람에 대한 사랑'(아가페), 비정함(heartless, ESV), 사랑이 없음(without love, NIV), 사랑하지 않음(unloving, NAS) 등으로 번역했다.

둘째, 사람들이 원통함을 풀지 않는다. '원통함을 풀지 않음'(ἄσπονδος)은 이곳에서 단 한 차례 사용되는 단어다. 절대 화해하지 않는다는 뜻이다(BDAG). 어떤 상황이라도 서로 협상하고 화해할 여지가 있어야 하는데, 말세 사람들은 얼마나 완악한지 그렇게 할 생각이 전혀 없다.

셋째, 사람들이 모함한다. '모함하는 자'(διάβολος)는 '비방'(βλάσφημος)(2절의 #5)과 비슷한 말이다(cf. 딤전 3:11; 딛 2:3). '비방'은 언어의 폭력성을 강조하는 반면, '모함'은 말한 내용의 비난적이고 적대적인 성격을 강조한다(NIDNTTE). 하나님은 그분의 백성에게 비방을 금하셨다: "너는 네 백성 중에 돌아다니며 사람을 비방하지 말며 네 이웃의 피를 흘려 이익을 도모하지 말라 나는 여호와이니라"(레 19:16). '모함하는 자'는 마귀를 가리키는 호칭으로도 사용된다(엡 4:27; 6:11; 딤전 3:6, 7; 딤후 2:26).

넷째, 사람들이 절제하지 못한다. '절제하지 못하는'(ἀκρατής)은 이곳에서 한 차례 사용되는 단어며 '방종함'(dissolute)을 뜻하기도 한다(TDNT). 칠십인역(LXX)에서는 잠언 27:20에 한 차례 사용된다: "스올과 아바돈은 만족함이 없고 사람의 눈도 만족함이 없느니라(ἀκρατεῖς)."

IV. 임박한 고통의 날(3:1-17)

절제는 성령의 열매 중 하나다(갈 5:23).

다섯째, 사람들이 사납다. '사나움(ἀνήμερος)도 이곳에서 한 차례 사용되는 단어다. '야만적이고, 길들일 수 없고, 무자비하고, 잔인하다'(savage, untamable, unmerciful, cruel)는 뜻이다(TDNT). 바울을 가이사랴 감옥에 2년이나 가두고 뇌물을 바랐던 총독 벨릭스의 행위가 이런 일에 속한다(Yarbrough, cf. 행 24:26).

여섯째, 사람들이 선한 것을 좋아하지 않는다. 신약에서 '선한 것을 좋아하지 않는 자'(ἀφιλάγαθος)도 이곳에서 한 차례 사용되는 단어다. 이들은 공공의 복지나 평안에 관심이 없다(BDAG). 그리스도인은 온갖 선한 일을 해서 자신이 속한 믿음 공동체와 사회의 분위기를 선하게 조정해 나가야 한다. 특히 부자들은 이런 책임을 더 막중하게 여겨야 한다(딤전 6:18-19).

'고통하는 때'(1절)에 만연할 19가지 죄 중에서 2절은 8가지를, 3절은 6가지를 나열했다. 4절은 거기에 4가지를 더한다. 첫째, 사람들이 배신한다. '배신자'(προδότης)는 '기만적인, 신뢰할 수 없는'(treacherous, untrustworthy) 사람이며 신약에서 두 차례 더 사용된다(NIDNTTE, cf. ESV, NAS, NIV, NRS). 첫 번째는 가롯 유다를 묘사한다: "야고보의 아들 유다와 예수를 파는 자(προδότης) 될 가롯 유다라"(눅 6:16). 두 번째는 스데반의 설교에서 메시아이신 예수님을 부인한 유대인들이다: "너희 조상들이 선지자들 중의 누구를 박해하지 아니하였느냐 의인이 오시리라 예고한 자들을 그들이 죽였고 이제 너희는 그 의인을 잡아 준 자요(προδόται) 살인한 자가 되나니"(행 7:52).

둘째, 사람들이 조급하다. '조급함'(προπετής)은 무모하고 성급한 행동(behavior that is reckless and hasty)이다(행 19:36; 잠 10:14; 13:3). 누구에게든 가장 문제가 되는 조급함은 말버릇이다: "지혜로운 자는 지식을 간직하거니와 미련한 자(προπετής)의 입은 멸망에 가까우니라"(잠 10:14; cf. 13:3). 칠십인역(LXX)은 조급한 자를 '미련한 자'라고 한다. 반대로 지혜로운 자(σοφοὶ)는 지혜롭고 신중한 말을 한다.

셋째, 사람들이 자만한다. '자만함'(τυφόω)은 이미 두 차례 사용된 단어다(딤전 3:6; 6:4). 자신의 지식에 과도하게 감명받은 사람들이다(TDNT). 에베소 교회를 괴롭히는 '다른 교훈'을 가르치는 거짓 선생들이 이러하다. 자만함은 자기 사랑(2절)의 주요 요인이다. 그들은 자신에 대해 크게 착각하고 있다. 그러나 '착각은 자유다'라는 말이 있다.

넷째, 사람들이 쾌락 사랑하기를 하나님 사랑하는 것보다 더한다(φιλήδονοι μᾶλλον ἢ φιλόθεοι). 신약에서 '쾌락을 사랑하는 자'(φιλήδονοι)와 '하나님을 사랑하는 자'(φιλόθεοι)는 둘 다 한 차례 사용된다. 성경은 하나님 앞에 어떠한 신도 두지 말고(출 20:3) 오직 하나님만 사랑하라고 한다(신 6:5). 그러므로 쾌락을 사랑하는 자는 하나님보다 자신의 만족을 더 우선하는 사람이다. 가치관과 우선권이 완전히 뒤집힌 사람이다.

"경건의 모양은 있으나 경건의 능력은 부인하는 사람"(5a절)은 앞에서 나열한 18가지 유형의 죄짓는 사람들을 총체적으로 요약하는 역할을 한다(cf. Yarbrough). 사도가 나열한 사람들은 교회 밖에 있는 사람이 아니라, 교회 안에 있는 사람이다. 에베소에 잠시 머물며 사역하고 있는 디모데에게 이 같은 자들에게서 돌아서라고(5b절) 하는 것도 이들이 교회에 출석하는 자들이라는 사실을 암시한다(cf. Liefeld).

신약에서 '모양'(μόρφωσις)은 지식의 '모본, 화신'(embodiment)이라는 의미로 한 번 더 사용된다(롬 2:20). 사람들의 눈에 띄는 '겉모습'(outward appearance)이다(NIDNTTE). 겉으로는 하나님의 말씀을 누구보다도 잘 아는 척하지만(cf. 딤전 1:7) 행위로는 말씀을 부인하는 가증한 자들이다(cf. 딛 1:16). 겉모습만으로는 누구도 인정해서는 안 된다. 사탄이 빛의 사자처럼 사기를 치는 세상이기 때문이다(고후 11:14-15). 이들은 거룩하지 않으면서도 여전히 교회에 나가고, 탐욕스러우면서도 여전히 기도하고, 신성 모독을 하면서도 여전히 사도신경을 완벽하게 외운다. 그들은 배신자일지라도 여전히 교회 위원회에 남아 있고, 선을 미워하

IV. 임박한 고통의 날(3:1-17)

면서도 여전히 하나님께 입술로 예배를 드린다(Oden). 그러나 그들은 '믿음에 관하여는 버림받은 자들이다'(8b절). 그러므로 디모데는 이런 사람들에게서 돌아서야 한다(5b절). '돌아서다'(ἀποτρέπω)도 단 한 차례 사용되는 단어로 '피하다'(avoid)라는 뜻이다.

바울은 말세에 고통하는 때가 이르면 교회에 만연할 죄와 죄인의 유형 19가지를 나열했다(2-5절). 이번에는 디모데에게 왜 그들을 피해야 하는지에 대해 두 가지를 말한다(6-9절): (1)그들은 노련하고 유독한 지도자들을 가지고 있다, (2)그들의 지도자들은 공세를 취하고 있다. 에베소 교회를 괴롭히는 이단들에게도 적용되는 원리다.

이단들은 '먹잇감'을 분별하는 일에 달인이다. 그들은 남의 집에 가만히 들어가 어리석은 여자를 유인한다(6a절). 그들은 누가 자신들을 찾아오기를 기다리지 않는다. 은밀하게 집을 방문해 그리스도의 복음이 아니라 자신들의 '다른 교훈'(잘못된 교리)으로 사람들을 유인한다. '유인하다'(αἰχμαλωτίζω)는 전쟁에서 포로를 잡아 끌고가는 일을 뜻한다(TDNT). 이곳에서는 '잘못된 길로 인도하다'라는 의미를 지닌다. 이단들은 사람들의 믿음을 북돋는 것이 아니라 오히려 떠나게 한다.

그러므로 요한은 이런 자들을 아예 집에 들여놓지 말고, 인사도 하지 말라고 한다: "누구든지 이 교훈을 가지지 않고 너희에게 나아가거든 그를 집에 들이지도 말고 인사도 하지 말라 그에게 인사하는 자는 그 악한 일에 참여하는 자임이라"(요이 1:10-11). 바울과 요한의 이단에 대한 가르침의 핵심은 '피하는 것'(avoid)이다. 당시에는 가정 교회가 주류였기 때문에 이단들을 가정에서 환영하는 것은 더욱더 위험한 짓이었다.

거짓 선생들이 포로로 확보하는(자신들의 잘못된 길로 끌고가는) 어리석은 여자는 어떤 사람인가? '어리석은 여자'(γυναικάριον)는 이곳에 단 한 차례 사용되는 단어다. 번역본들은 '정욕에 이끌리는 여자'(공동), '연약한 여자'(weak women, ESV, NAS, NLT), '쉽게 속아 넘어가는 여자'(gullible women, NIV), '멍청한 여자'(silly women, NRS) 등으로 해석한다.

사도는 두 가지로 이런 사람을 묘사한다. 첫째, 죄책감에서 헤어나지 못하는 사람이다(6a절). '죄를 중히 지다'(σεσωρευμένα ἁμαρτίαις)는 스스로 감당할 수 없는 무게의 죄(짐)를 지었다는 뜻이다. 이런 사람은 스스로 설 수 없다. 그러므로 어떤 이들은 회심한 지 얼마 되지 않아 기독교 교리에 대해 잘 모르는 사람이거나 매춘부였을 것이라는 해석도 내놓는다(Liefeld, cf. Kelly). 이런 논리를 근거로 공동번역은 '어리석은 여자'를 '정욕에 이끌리는 여자'로 번역한 것으로 보인다. 사실이라면 바울이 에베소 교회 상황에서 여성 리더십을 반대한 한 가지 이유가 될 수 있다(딤전 2:11-15).

둘째, 여러 가지 욕심에 끌린 바 된 사람이다(6b절). 이런 사람은 위엄과 자제력이 없으며, 도덕적으로나 정신적으로나 심각한 약점이 있고 자신의 죄 많은 욕망에 속박되어 있다(Köstenberger). 그럼에도 불구하고 성경과 역사적인 기독교의 가르침이 아닌 자신의 어리석은 생각을 고집하며 다른 사람들을 잘못 인도한다.

이 여자들은 예수님의 말씀을 전적으로 부인한다: "수고하고 무거운 짐 진 자들아 다 내게로 오라 내가 너희를 쉬게 하리라 나는 마음이 온유하고 겸손하니 나의 멍에를 메고 내게 배우라 그리하면 너희 마음이 쉼을 얻으리니 이는 내 멍에는 쉽고 내 짐은 가벼움이라 하시니라"(마 11:28-30). 이들은 자신이 질 수 없고, 질 필요도 없는 무거움을 스스로 지고 가겠다고 고집을 피우는 어리석은 자다.

이 어리석은 사람들은 항상 배우지만 끝내 진리의 지식에는 이르지 못한다(7절). 배움은 좋은 것이며, 학습 공동체였던 초대교회 성도들을 하나 되게 하는 하나님의 은혜였다(Smith). 그러나 종교적 기회주의자들의 표적이 된 이들은 항상 배우지만 결코 하나님의 구원에 이르는 진리의 지식에는 이를 수 없다(cf. 딤전 2:4; 딤후 2:25; 딛 1:1). 바른 교훈(가르침)은 부활하신 그리스도를 통해 하나님과 인격적인 관계를 맺게

IV. 임박한 고통의 날(3:1-17)

하는데, 그들이 전한 다른 교훈은 오히려 사람이 그리스도로 나아가게 하는 일을 훼방하기 때문이다.

바울은 에베소 성도들을 현혹하는 거짓 선생들이 모세를 대적한 얀네와 얌브레가 진리를 대적한 것과 매일반이라 한다(8a절). 구약에는 이들의 이름이 기록되어 있지 않지만, 유대인의 전통에 따르면 얀네('Ἰάννης, Jannes)와 얌브레(Ἰαμβρῆς, Jambres)는 출애굽 때 이집트 왕 앞에서 모세를 대적한 자들이다(cf. 출 7:11-12). 그들은 모세가 하나님이 보내신 종이라는 사실을 부인했기 때문에 그를 대적했다.

얀네와 얌브레가 모세는 하나님이 보내신 사람이라는 사실을 부인했던 것처럼 거짓 선생들도 바울과 디모데가 하나님이 보내신 이들이라는 사실을 부인한다. 그러므로 그들은 진리가 아닌 것을 가르쳐 모세와 디모데가 가르치는 하나님의 진리를 대적한다. 마음이 부패한 자들이기 때문이다(8b절). '부패하다'(καταφθείρω)는 '파괴되다, 썩다'라는 뜻이다(TDNT). 신약에서는 거의 사용되지 않지만, 칠십인역(LXX)에서는 흔히 사용되는 단어다. 노아 홍수 바로 전 세상의 도덕적 파멸(창 6:12)과 종말에 있을 범우주적 파괴(사 13:5; 24:1) 등을 묘사한다.

또한 거짓 선생들은 얀네와 얌브레처럼 믿음에 관하여는 버림받은 자들이다(8c절). 이 이단들은 순진하게 잘못 알고 있는 것을 가르치는 것이 아니라, 마귀의 하수인이 되어 정통 기독교에 위배되는 '다른 교훈'을 가르친다(cf. Yarbrough). 그러므로 하나님은 그들을 버리셨다. '버림받은 자들'(ἀδόκιμοι), '부적합한 자들'(unfit, unqualified)이라는 뜻이다(BDAG). 부정 접두사(ἀ-)를 제거하면(δόκιμοι) '하나님이 인정하신 자들'이 된다(2:15; cf. 고전 11:19; 고후 10:18). 하나님은 이단들을 자기 백성으로 부적합한 자로 여겨 버리셨다.

거짓 선생들이 더 나아가지 못할 것은 그들도 얀네와 얌브레처럼 될 것이기 때문이다(9a절). '나아가다'(προκόπτω)는 '앞을 향해 가다' 곧 진척(progress)을 이룬다는 뜻이다(BDAG, cf. 2:16). 이미 언급한 것처럼 거짓 선생들은 노련한 지도자다. 또 그들은 적극적인 공세를 취함으로써 어리석은 여자들을 유인했다(cf. 6절). 그러므로 이미 어느 정도의 '업보'를 이루었다. 그러나 '성공'이라 할 수 있는 결과는 결코 얻지 못할 것이다(Collins).

바울은 디모데에게 그를 대적하는 이단들도 얀네와 얌브레와 같은 운명을 맞이할 것이라고 한다(Quinn & Wacker). 그들의 어리석음이 드러날 것이기 때문이다(9b절). '어리석음'(ἄνοια)은 '멍청함'(foolishness) 혹은 '미침'(madness)이다(TDNT). 역사적이고 정통적인 교리를 부인하고 새로운 대안이라며 '다른 교훈'을 가르치는 교리적 혁신자(innovator)의 실제 모습이다(TDNT). 거짓 선생들의 어리석음이 '모든 사람에게 드러난다'(ἔκδηλος ἔσται πᾶσιν)는 것은 에베소 교회에서 그들을 따르는 자들보다 따르지 않는 이가 훨씬 많다는 뜻이다. 시간이 흐르면 거짓과 속임수는 항상 망한다.

사도는 디모데에게 자신의 사역에 대해 아홉 가지를 언급하며 하나님이 온갖 어려움에서 그를 어떻게 구원하셨는지 기억하라고 한다(10-11절). 하나님의 같은 은혜가 디모데의 삶과 사역에도 임할 것을 기대하면서 하는 말이다. 9가지 중 처음 7가지(10절)는 사역 방식에 대해, 나머지 두 가지는 사역자가 피할 수 없는 고난에 관해 말한다(11a절).

첫째, 사역은 교훈이다. '교훈'(διδασκαλία)은 가르치는 행위다(BDAG, cf. 딛 1:9; 2:1, 7, 10). 목회 서신은 사도의 가르침의 보고다(Yarbrough). 바울의 교훈은 모두 하나님의 계시에서 비롯된 것이다(Yarbrough)(cf. 롬 16:25-26; 갈 1:11-12; 엡 3:3-6). 디모데는 누구보다도 그의 영적 아버지인 바울의 교훈을 잘 안다. 그러므로 여러 서신을 그와 함께 쓰기도 했다. 사도는 디모데를 고린도후서, 빌립보서, 골로새서, 데살로니가전서, 데살로니가후서, 빌레몬서의 공동 저자로 언급한다. 이 서신들에 대한 디모데의 역할이 어느 정도였는지 알 수 없지만, 그가 바울의 교훈을 누구보다 잘 알고 있었던 것은 확실하다. 그러므로 그는 바울에게

Ⅳ. 임박한 고통의 날(3:1-17)

전수받은 교훈을 가르치면 된다.

둘째, 사역은 행실이다. '행실'(ἀγωγή)은 단 한 차례 사용되는 단어며, '삶의 길/방식'(way of life)이다(TDNT). 사람들은 기독교를 '그 길'(ἡ ὁδός)이라고 했다(행 9:2; 19:9, 23; 24:14, 22). 기독교는 삶의 방식이다(BDAG). 바울에게 그리스도의 복음은 그리스도 중심적이고 선교자로 사는 삶의 방식이었다. 디모데에게도 복음을 전파하고 가르치는 사역이 삶의 방식이 되어야 한다.

셋째, 사역은 의향이다. '의향'(πρόθεσις)은 '삶의 목표'(aim in life, purpose of life)다(ESV, NAS, NIV, NRS). 바울은 다메섹으로 가는 길에서 그리스도를 영접한 이후 예수 그리스도의 메시아 되심이 의미하는 바를 자기의 삶에서 살아내는 것을 목표(의향)로 삼았다. 사람의 삶에 목표(의향)의 유무가 얼마나 큰 차이를 유발하는지에 대해서는 설명할 필요가 없다. 예수님도 이렇게 말씀하셨다: "손에 쟁기를 잡고 뒤를 돌아보는 자는 하나님의 나라에 합당하지 아니하니라"(눅 9:62). 디모데도 사역의 목표를 세우고 그 목표를 향해 나아가야 한다.

넷째, 사역은 믿음이다. '믿음'(πίστις)은 바울과 디모데가 공유하는 그리스도에 대한 헌신이다. 믿음은 그리스도를 의지하는 것이며 또한 믿는 것을 실천하는 행위다. 그러므로 사역은 그리스도를 의지해 하나님의 말씀에 따라 성도들을 양육하고 세우는 행동적인 행위다.

다섯째, 사역은 오래 참음이다. '오래 참음'(μακροθυμία)은 '굳건함, 인내, 견뎌 냄'(steadfastness, endurance, forbearance)이다. 죄인들을 용납하시는 하나님의 은혜로운 속성이다(cf. 롬 2:4; 9:22; 딤전 1:16). 성령의 열매에도 포함되어 있다(cf. 갈 5:11). 따라서 그리스도인이 지녀야 할 성품(인격)이기도 하다(엡 4:2; 골 1:11; 3:12). 사역자에게 가장 필요한 미덕이 오래 참음이다. 성도 중에는 사역자들을 분노하게 하는 사람이 많기 때문이다.

여섯째, 사역은 사랑이다. '사랑'(ἀγάπη)은 바울 서신에서 총 71차례 사용되며, 이 단어를 한 번도 사용하지 않은 서신은 없다. 그리스도의 사랑은 우리를 강권하며(고후 5:14), 모든 일을 사랑으로 하게 한다(고전 16:14). 디모데가 바울로부터 그리스도 안에서의 삶과 그리스도를 위한 섬김에 대해 배운 것을 생각할 때마다 그의 사랑의 깊이와 질을 가장 인상적인 것으로 꼽았을 것이다(Yarbrough).

일곱째, 사역은 인내다. '인내'(ὑπομονή)는 견딤, 버팀'(endurance, perseverance)이다(BDAG, cf. 롬 5:3). '인내'는 목회 서신에서 두 번 더 사용된다(딤전 6:11; 딛 2:2). '오래 참음'(#5)과 비슷한 말이라 할 수 있다. 또한 인내는 고난과 박해를 견뎌 낼 때 가장 필요한 미덕이다. 그리스도인의 삶은 고난을 전제한다. 사역은 더욱더 그렇다. 디모데는 바울이 사역자로서 복음을 위해 얼마나 크고 많은 고난을 받았는지 잘 알고 있다. 바울이 이 모든 박해와 고난을 인내로 이겨 낸 것처럼 디모데도 인내함으로 사역해야 한다.

여덟째, 사역은 박해를 받는 것이다(11a절). '박해받음'(διωγμός)은 종교적인 이유로 받는 고난이다(BDAG). 예수님은 박해가 참 그리스도인을 분별하는 것이기 때문에 자신을 따르는 사람들은 박해를 피할 수 없다고 하셨다(마 13:21; 막 4:17; 10:30). 초대교회 성도들은 믿음으로 인해 박해를 받았다(cf. 행 8:1; 13:50). 다행히 혹독한 박해라 할지라도 우리를 그리스도의 사랑에서 떼어 놓을 수 없다(롬 8:35). 바울은 박해가 오히려 자신을 강하게 했다고 한다(고후 12:10).

아홉째, 사역은 고난이다. '고난'(πάθημα)은 '고통, 불행'(suffering, misfortune) 등을 뜻한다(BDAG). 대부분 그리스도께서 당하신 일을 묘사한다(고후 1:5; 빌 3:10; 골 1:24; 히 2:9; 벧전 1:11). 또한 성도들이 예수님을 믿기 때문에 당하는 일이다(3:11; 롬 8:18; 고후 1:6; 히 10:32; 벧전 5:9). 세상은 하나님을 미워한다. 하나님을 사랑하는 우리도 미워한다. 그러므로 우리가 이 땅에서 고난당하는 것은 당연한 일이다. 오죽하면 예수님은 우리에게 십자가를 지고 자기를 따르라고 하셨겠는가(cf. 마

IV. 임박한 고통의 날(3:1-17)

10:38).

바울은 자신이 주님을 위해 사역하다가 박해와 고난을 받은 사례로 안디옥, 이고니온, 루스드라에서 당한 일을 상기시킨다(11b절). 그가 바나바와 첫 선교 여행을 시작한 후 비시디아 안디옥에 도착해 육로로 루스드라까지 가며 복음을 전한 일이다(cf. 행 13:14-14:23). 그 지역에 살던 유대인들이 매우 폭력적으로 반발한 탓에 사도들은 혹독한 박해를 받았다(행 13:50-51; 14:5-7). 루스드라에서는 비시디아 안디옥과 이고니온에서 쫓아온 유대인들이 무리를 충동해 바울을 돌로 친 후 죽은 줄 알고 그를 내다버렸다(행 14:19).

이후에도 혹독한 박해와 고난은 사도의 삶 일부가 되었다(cf. 고전 4:11-13). 디모데도 그가 평생 얼마나 많은 고난을 당했는지 잘 안다 (11b절). 그럼에도 불구하고 사도가 비시디아 안디옥과 이고니온과 루스드라에서 받은 박해와 고난을 디모데에게 언급하는 것은 디모데의 고향이 루스드라기 때문이다(행 16:1-5). 디모데는 자신이 고향에서 영접한 그리스도의 복음이 바울이 혹독한 박해와 고난을 받으며 전한 것이라는 사실을 평생 감사하며 빚진 자의 마음으로 살아야 한다. 그가 빚진 자의 마음으로 사역에 임하면 박해와 고난을 조금 더 쉽게 견딜 수 있다.

바울이 온갖 박해와 고난을 받고도 이날까지 살아 있는 것은 주께서 이 모든 것 가운데서 그를 건지셨기 때문이다(11c절). '건지다'(ῥύομαι)는 '구원하다, 구출하다'(save, resque)이다(BDAG). 그가 구사일생으로 살게 된 것은 다행이고 감사한 일이지만, 세상 사람들이 보기에는 '주께서 그를 건지셨다'고 하기에는 너무나도 많은 고통이 따랐다고 할 수 있다. 예레미야 선지자도 평생 비슷한 경험을 했다.

그리스도의 선한 병사는 고난받는 일을 당연하게 여겨야 한다(2:3). 오직 그를 병사로 모집한 이를 기쁘게 해야 한다(2:4). 오직 싸움에 집중해야 하며, 싸우는 중에는 보상을 바랄 수 없으며 바라지도 않는다.

보상은 싸움이 끝난 다음에 기대하는 것이다. 그러므로 하나님이 싸움 중인 우리를 건지실 때는 반드시 기적이 필요한 상황이 아니라면 최소한으로 개입하신다. 한숨 돌리며 싸움을 되돌아볼 때, 우리는 주님의 최소한의 개입과 건지심도 은혜이자 베푸신 기적으로 생각하고 감사해야 한다.

누구든지 그리스도 예수 안에서 경건하게 살고자 하는 자는 박해를 받는다(12절). 이는 예수님이 선언하신 원리다: "누구든지 나를 따라오려거든 자기를 부인하고 자기 십자가를 지고 나를 따를 것이니라"(마 16:24; cf. 마 10:38). 바울도 이런 사실을 누누이 강조했다: "우리가 하나님의 나라에 들어가려면 많은 환난을 겪어야 할 것이라"(행 14:22b). 우리가 간절히 닮고자 하는 예수님은 고난과 박해를 통해 세상을 이기셨다(요 16:33). 그리스도인이 믿음으로 인해 세상에서 박해와 고난을 당하는 일이 당연한 이유는 세상이 하나님을 알지 못해 그리스도를 미워한 것처럼 그들도 미워하기 때문이다.

> 세상이 너희를 미워하면 너희보다 먼저 나를 미워한 줄을 알라 너희가 세상에 속하였으면 세상이 자기의 것을 사랑할 것이나 너희는 세상에 속한 자가 아니요 도리어 내가 너희를 세상에서 택하였기 때문에 세상이 너희를 미워하느니라 내가 너희에게 종이 주인보다 더 크지 못하다 한 말을 기억하라 사람들이 나를 박해하였은즉 너희도 박해할 것이요 내 말을 지켰은즉 너희 말도 지킬 것이라 그러나 사람들이 내 이름으로 말미암아 이 모든 일을 너희에게 하리니 이는 나를 보내신 이를 알지 못함이라(요 15:18-21; cf. 요 16:33).

말세에 고통하는 때가 이르면(cf. 1절) 악한 사람들과 속이는 자들이 더 악해져서 속이기도 하고 속기도 할 것이다(13절). 시간이 지날수록 온갖 악(cf. 2-5절)이 성행할 것(go from bad to worse)이라는 경고다. 교회

내에서도 마찬가지다. '속이는 자'(γόης)는 이곳에 한 차례 사용되는 단어로 '사칭하는 자'(impostor)다(BDAG). 모세를 대적했던 얀네와 얌브레 같은 자들이다(cf. 8절). 처음에는 그리스도인인 척하지만 나중에는 본성을 드러내는 이단들(거짓 선생들)이다. 그들이 가르치는 '다른 교훈'도 기독교 교리와 비슷한 것 같지만, 나중에는 그리스도를 떠나게 한다.

이 말씀은 박해와 핍박은 그리스도인 삶의 일부라 한다. 우리는 '평탄한 길 주옵소서'라고 찬송과 기도를 드릴 수는 있지만, 십자가의 길 곧 고난의 길을 피할 수는 없다. 그리스도의 고난에 동참할 수 있음을 감사하게 생각하면 고난을 견뎌 내는 일이 조금은 쉬워진다.

인간의 가장 기본적인 죄는 자기 사랑이다. 건강한 자아를 지니는 것은 필수지만, 하나님보다 자기를 사랑하는 것은 매우 심각한 문제다. 또 자기를 지나치게 사랑하는 것은 모든 악의 근원이다.

예수님이 재림하시는 종말이 가까울수록 온 세상에 죄악이 성행한다. 교회도 예외는 아니다. 오늘날 사회와 교회가 죄악으로 만연한 것은 주님 오실 날이 멀지 않았다는 것을 암시한다. 항상 깨어 기도하며 주님을 맞이할 준비를 하며 살아야 한다.

이단들은 죄책감에 시달리고 온갖 욕심에 끌리는 어리석은 사람들을 표적으로 삼는다. 그들은 열심히 배우지만 구원에 이르는 진리의 지식은 얻지 못한다. 우리는 이단들을 비난하는 일에 시간을 소비할 것이 아니라 진리의 지식의 보고인 성경을 배워야 한다. 우리는 하나님의 말씀으로 무장할 때 비로소 이단들을 죽음을 향해 가는 불쌍한 자들로 생각할 수 있다.

IV. 임박한 고통의 날(3:1-17)

B. 성경에 따라 사는 삶(3:14-17)

¹⁴ 그러나 너는 배우고 확신한 일에 거하라 너는 네가 누구에게서 배운 것을 알며 ¹⁵ 또 어려서부터 성경을 알았나니 성경은 능히 너로 하여금 그리스도 예수 안에 있는 믿음으로 말미암아 구원에 이르는 지혜가 있게 하느니라 ¹⁶ 모든 성경은 하나님의 감동으로 된 것으로 교훈과 책망과 바르게 함과 의로 교육하기에 유익하니 ¹⁷ 이는 하나님의 사람으로 온전하게 하며 모든 선한 일을 행할 능력을 갖추게 하려 함이라

사역자는 시간이 지날수록 기독교에 더 적대적인 세상에서 어떻게 살며 사역해야 하는가? 또 이단들이 왕성하게 활동하는 시대를 어떻게 살아내야 하는가? 사도는 성경을 배우고 가르치는 것이 유일한 대안이라고 한다.

바울은 디모데에게 배우고 확신한 일에 거하라고 한다(14a절). '거하다'(μένω)는 '머물다, 계속하다'(remain, continue)이다(BDAG). 디모데는 그의 영적 아버지인 바울에게서 이미 많은 것을 배웠다. 정통 기독교 교리가 상당 부분 이미 존재했다는 뜻이다(cf. Lea & Griffin). 또한 받은 가르침에 대한 확신(믿음)도 있다. 그는 그리스도인 사역자로 사는 데 필요한 모든 것을 갖추고 있다. 그러므로 새로운 것을 찾아 나설 필요가 없다. 이미 가지고 있는 것만 살아내면 된다.

사도는 디모데가 누구에게서 배웠는지 알라고 한다(14b절). 본문에서 '알다'(οἶδα)는 '이해하다, 깨닫다'(understand, recognize)이다(BDAG). 디모데는 어렸을 때 외할머니와 어머니로부터 하나님 말씀을 배웠다(cf. 1:5). 복음을 영접한 후로는 예전에 랍비 훈련을 받았고 예수님께 직접 계시를 받은 바울에게서 배웠다. 바울과 함께하면서 그의 동역자들에게서도 배웠다. 그는 이들에게서 삶의 방식을 배웠고(cf. 엡 4:20), 배운 것을

삶에서 실천하는 것을 배웠다(cf. 빌 4:9). 디모데에게는 참으로 위대한 신앙의 유산이 있었다.

또 디모데는 어려서부터 성경을 알았다(15a절). '어려서부터'(ἀπὸ βρέφους)는 '태어나면서부터'(from infancy)다(BDAG). 본문에서 '성경'(γράμματα)은 구약을 뜻한다. 구약은 어린아이들에게도 말씀을 가르치라고 한다(신 6:7; 시 71:17; 78:5-6). 랍비들은 아이들이 다섯 살이 되면 성경 교육을 시작하라고 했다(Yarbrough). 디모데의 외갓집은 유대인 집안이었으므로(cf. 행 16:1), 외할머니 로이스와 어머니 유니게에게서 어렸을 때부터 구약을 배웠다(1:5).

성경 교육이 하나님의 자녀들에게 필수적인 것은 성경은 능히 우리로 하여금 그리스도 예수 안에 있는 믿음으로 말미암아 구원에 이르는 지혜가 있게 하기 때문이다(15b절). '지혜가 있게 하다'(σοφίζω)는 한 번 더 사용되는 단어로 '가르치다'(teach)라는 뜻이다(cf. 벧후 1:16). 구약을 제대로 읽으면 예수 그리스도께서 우리를 구원하시는 메시아임을 알게 된다. 또한 구약성경의 지혜를 장르별로 구분하면 율법(오경)은 삶의 방향을, 선지서는 신앙의 유산과 확신을, 성문서는 기도와 찬양과 인도하심을 제시한다(Yarbrough). 그러므로 디모데가 여러 사람을 통해 구원에 이르는 지혜를 얻게 되었지만, 바울 등 영적 멘토들이 사라지더라도 성경을 근거로 얼마든지 기독교 신앙과 사역을 지속할 수 있다. 게다가 신약 일부도 정경화되고 있다(cf. 딤전 5:18 주해). 그러므로 구약성경과 더불어 신약성경도 신앙의 유산으로 받은 우리는 디모데보다 더 잘 할 수 있다.

모든 성경은 하나님의 감동으로 된 것이다(16a절). 정경화된 구약뿐 아니라 신약도 모두 하나님의 감동으로 되었다(Köstenberger, Lea & Griffin, Towner, cf. 벧후 3:15-16; 딤전 5:18 주해). '하나님의 감동'(θεόπνευστος)은 바울이 만든 단어다(Köstenberger). 이 단어가 '하나님의 영감'(새번역, NAS, NRS), '하나님의 계시'(공동)로 번역되기도 하지만, 더 정확한 번역은 '하나님이 숨을 쉼'(God-breathed)이다(NIV, cf. ESV). 하나님이 성경에 기록된 말씀에 자기 생명을 불어넣으셨다는 뜻이다(cf. NIRV). 성경의 영감 방식을 표현하는 것이 아니라, 성경의 근원(출처)에 대한 표현이다(Mounce). 모든 성경은 하나님에게서 비롯된 말씀이다.

하나님의 말씀인 성경은 교훈과 책망과 바르게 함과 의로 교육하기에 유익하다(16b절). '교훈'(διδασκαλία)은 가르치는 행위다(BDAG). 기독교 교육은 전략과 출처를 바탕으로 한다. 또한 그리스도와의 인격적 관계와 그리스도께서 선생으로 부르셨음을 전제한다. 사역자들이 자신의 정신과 영혼을 살찌우고 성도들을 바르게 양육하는 교육학적 토대는 성경이다(Yarbrough).

'책망'(ἐλεγμός)은 이곳에서 한 차례 사용되는 단어이며(cf. BDAG), 칠십인역(LXX)에서는 20차례 정도 사용된다. 죄인을 책망하지 않으면 그의 죄를 담당해야 할 수도 있다: "너는 네 형제를 마음으로 미워하지 말며 네 이웃을 반드시 견책하라(ἐλέγξεις) 그러면 네가 그에 대하여 죄를 담당하지 아니하리라"(레 19:17).

'바르게 함'(ἐπανόρθωσις)도 단 한 차례 사용되는 단어다. 하나님의 신체적 보호까지 확장되는 영적 회복을 뜻한다(Yarbrough). '책망'은 부정적인 행동으로 생각되는 것과 달리 '바르게 함'은 회복을 목표로 하기 때문에 긍정적이다. 그러므로 '바르게 함'은 모든 사역자의 목표가 되어야 한다.

'의로 교육하기'(παιδείαν τὴν ἐν δικαιοσύνῃ)는 아이를 교육하듯 훈련하는 일이다. 사역자의 훈련은 끝이 없다. 자신을 말씀으로 훈련해야 하며 성도들을 바르게 하기 위해 끊임없이 훈련해야 한다. 그러므로 성경은 사역하는 데 매우 유익하다.

우리가 성경으로 교훈하고 책망하고 바르게 하고 의로 교육하는 것은 하나님의 사람으로 온전하게 하기 위해서다(17a절). '하나님의 사람'(θεοῦ ἄνθρωπος)이 구약에서는 모세와 다윗의 호칭으로도 사용되지만 주로 사무엘과 엘리야와 엘리사 등 선지자들을 뜻했다. 목회 서신에서 '하나님의 사람'은 한 번 더 사용되며 디모데 같은 사역자를 뜻한다(cf. 딤전 6:11). '온전하다'(ἄρτιος)는 '완성하다, 끝내다'(complete, finish)이다 (BDAG). 사역자가 사역에 필요한 모든 것을 갖추었음을 뜻한다. 성경은 모든 사역자를 온전하게 한다. 디모데가 온전히 사역할 수 있게 된 것도 그가 어릴 때부터 성경으로 교훈과 책망과 바르게 함과 의로운 교육을 받았기 때문이다(cf. Dibelius & Conzelmann). 사역자가 온전하고자 하면 평생 성경을 배우고 실천해야 한다.

성경으로 온전하게 된 사역자는 모든 선한 일을 행할 능력을 갖추었다(17b절). '선한 일'을 사역자가 사역과 성도들을 위해 해야 할 모든 일로 해석하는 이들도 있지만(Barrett), 문맥이 성경에 관한 것이므로 성경 가르치는 일로 제한하는 것이 바람직하다(Yarbrough). 또한 사역자가 성경을 가르치는 것처럼 선한 일도 없다. 성경적 가르침은 이단들이 가르치는 '다른 교훈'과 가장 확실한 차별화다(Liefeld).

이 말씀은 우리가 누구에게 성경을 배우는지가 매우 중요하다고 한다. 그래야 배우고 확신한 일에 거할 수 있기 때문이다. 성경에 대해 올바른 가르침을 주고 평생 성경에 대한 멘토가 되어 줄 사람이 있는 사람은 복이 있다.

성경은 사역자들의 훈련 매뉴얼이 되어야 한다. 하나님의 말씀이기 때문이다. 성경은 교훈과 책망과 바르게 함과 의로 교육하기에 유익하다. 그러므로 사역자들이 겸손하고 열린 마음으로 성경을 접하면 하나님은 그를 온전한 사역자로 세우실 것이며 모든 선한 일을 행할 능력도 주실 것이다.

V. 마무리 권면과 부탁(4:1-22)

아니다(cf. 요 18:36). 장차 우리가 들어갈 천국이다(4:18).

바울이 디모데에게 엄숙하게 권면하는 것은 다섯 개의 명령문으로 구성되어 있다: (1)전파하라, (2)힘쓰라, (3)경책하라, (4)경계하라, (5)권하라. 말씀은 이미 정경화된 구약과 정경화되고 있는 신약이다(cf. 3:15 주해). 첫 번째 명령문을 나머지 네 명령문이 수식하며 말씀을 전파하는 일에 대해 다양한 방식을 제시한다고 할 수 있다. 말씀을 전파하는 것이 때로는 힘쓰는 일이며, 경책하는 일이며, 경계하는 일이며, 권하는 일이라는 것이다.

첫째, 디모데는 말씀을 전파해야 한다. '전파하다'(κηρύσσω)는 '선포하다'(proclaim aloud, announce publicly)이며, 이 동사에서 나온 영어 단어가 '선포'(kerigma)다. 우리가 전파하는 하나님의 말씀은 믿음(롬 10:8)과 십자가에 못 박히신 예수님(고전 1:23; cf. 고전 15:11; 고후 11:4; 갈 2:2)에 관한 것이며, 그리스도가 우리의 주님이시고 우리는 그분의 종이라는 사실(고후 4:5)과 하나님의 복음이다(살전 2:9). 바울은 하나님의 말씀을 이 방인에게 전파하기 위해 사도가 되고 선교사가 되었다.

둘째, 디모데는 때를 얻든지 못 얻든지 항상 힘써야 한다. '때를 얻든지 못 얻든지'(εὐκαίρως ἀκαίρως)는 모순 어법(oxymoron, 의미상 서로 양립할 수 없는 말을 함께 사용하는 수사법)이다. '기회가 좋든지 나쁘든지'가 적절한 번역이다(새번역, 공동, cf. 'in season and out of season', ESV, NAS, NIV). '항상 힘쓰다'(ἐφίστημι)는 '준비된 자세'(be ready, be prepared)로 산다는 뜻이다(cf. ESV, NAS, NIV). 전도와 말씀 선포가 잘될 때가 있는가 하면(cf. 빌 1:1; 살전 1:1; 살후 1:1), 반대하는 자들로 인해 잘 안될 때도 있다(고전 16:9-10). 그러므로 말씀 선포를 상황에 맡기면 안 된다. 사역자는 언제든지(때를 얻든지 못 얻든지) 하나님의 말씀을 전파할 준비가 되어 있어야 한다. 사역자의 준비된 모습을 말씀 전파하는 일에만 적용하지 않고 사역 전반에 적용하는 이들도 있다(Lea & Griffin).

셋째, 디모데는 범사(모든 일)에 '오래 참음'(μακροθυμία)과 '가르침'(διδαχή)으로 경책해야 한다. 사도는 그에게 이미 '교훈'(διδασκαλία) 과 '오래 참음'(μακροθυμία)에 있어 자기를 닮으라고 했다(3:10-11). '경책하다'(ἐλέγχω)는 '비추다'(bring to light), '드러내다'(expose), '제시하다'(set forth) 등의 의미를 지닌다(NIDNTTE). 사도는 이 동사의 명사형 '책망'(ἐλεγμός)을 성경과 연관해 3:16에서 사용했다. 설교는 종종 성도들의 잘못된 성향을 드러냄으로써 그들이 머물러야 하는 신앙, 곧 하나님이 인정하시는 믿음의 삶에 머물게 해야 한다.

사역자는 정보만 제공하는 것이 아니라 양들의 탈선을 막고, 그들이 속한 곳으로 돌아갈 수 있도록 설득과 기도와 격려 등 다양한 목회적 도구를 사용해야 한다(Yarbrough). 그러나 오래 참음의 은혜가 없는 책망은 그리스도께서 이루시고자 하는 일에 매우 해롭고 가혹한 결과를 초래한다는 사실을 기억해야 한다. 또 교훈 없이 책망하는 것은 오류의 근본 원인을 그대로 두는 것이다(Guthrie).

넷째, 디모데는 경계해야 한다. '경계하다'(ἐπιτιμάω)는 '꾸짖다'(rebuke), '책망하다'(censure), '경고하다'(warn)이다(BDAG). 복음서들은 예수님의 가르침과 하신 일을 묘사하며 이 단어를 자주 사용한다: "너희는 스스로 조심하라 만일 네 형제가 죄를 범하거든 경고하고(ἐπιτίμησον) 회개하거든 용서하라"(눅 17:3). 사역자들의 말씀 선포는 사람들의 그릇된 생각과 행동을 교정하는 것뿐 아니라, 필요하다면 엄중한 경고도 포함해야 한다.

다섯째, 디모데는 권해야 한다. '권하다'(παρακαλέω)는 '자기편으로 부르다'(call to one's side), '초대하다'(invite), '소환하다'(summon)이다. 경책이나 경계보다 훨씬 더 부드러운 행위며, 양육(nurturing)이 목적이다(Köstenberger). 사도가 이때까지 디모데에게 해 온 일이다.

디모데가 하나님의 말씀으로 성도들을 열심히 양육해도 다가오는 악한 시대를 대비하기에는 한계가 있다. 사람이 바른 교훈을 받지 않고 귀가 가려워서 자기의 사욕을 따를 스승을 많이 둘 때가 오고 있기 때

V. 마무리 권면과 부탁(4:1-22)

문이다(3절). '때'(καιρός)는 사도가 매우 악한 시대를 지목하며 복수형으로 사용한 단어다: "그러나 성령이 밝히 말씀하시기를 후일(ὑστέροις καιροῖς)에 어떤 사람들이 믿음에서 떠나 미혹하는 영과 귀신의 가르침을 따르리라 하셨으니"(딤전 4:1). 이때는 사도 시대에 왔고, 지금도 와 있다(Dibelius & Conzelmann, cf. 딤전 4:1-3). 전도서는 모든 것에 때가 있다고 하는데, 지금은 '말할 때'다(전 3:7b).

때가 되면 사람들은 바른 교훈을 받지 않는다(3a절). '바른 교훈'(ὑγιαινούσης διδασκαλίας)은 직역하면 '건강한 가르침'이며(cf. 딤전 4:6 주해) '건전한 교리'(sound doctrine)다(NAS, NIV, NRS). '받다'(ἀνέχω)는 '참다'(put up with), '견디다'(bear with)이다(BDAG). 예수님은 믿음이 없고 패역한 사람들을 참으셨다: "예수께서 대답하여 이르시되 믿음이 없고 패역한 세대여 내가 얼마나 너희와 함께 있으며 얼마나 너희에게 참으리요(ἀνέξομαι) 그를 이리로 데려오라 하시니라"(마 17:17; cf. 막 9:19; 눅 9:41). 바울은 사람들이 건전한 교리를 거부하는 때가 오고 있다고 한다.

사람들은 건전한 교리를 거부하고 귀가 가려워서 자기의 사욕을 채우려 한다(3b절). '가려운 귀'(κνηθόμενοι τὴν ἀκοὴν)는 흥미로운 정보를 찾는 종교적 관음증(religious voyeurism)이며(BDAG), '사욕'(ἐπιθυμία)은 '욕망, 갈망'(desire, longing)이다(BDAG). 그들은 자신들의 사욕(종교적 관음증을 만족시키는 것)을 채우기 위해 전통적이고 건강한 기독교 교리는 멀리한다.

'스승을 많이 둠'(ἐπισωρεύσουσιν διδασκάλους)은 '선생들을 모아 둠'(accumulate teachers)이다(ESV, NAS). '모으다'(ἐπισωρεύω)는 이곳에서 한 차례 사용되는 단어이며, 필요 이상으로 수집한다는 뜻이다(Yarbrough). '다른 교훈'을 가르치는 이단 선생은 한 명도 많은데, 이들은 수많은 이단 선생을 따르고 있다.

그들은 기독교 진리를 가르치고 바른 말씀을 선포하는 디모데의 메시지에 만족하지 못한다. 그러나 디모데에게 잘못이 있는 것은 아니다. 그냥 진리를 싫어하고 정통 기독교 교리를 역겨워하는 때이기 때문이다. 그러므로 그들은 들어야 하는 메시지가 아니라, 듣고자 하는 메시지를 전하는 자들을 따른다(Lea & Griffin). 영적 갈증을 해소해 주는 메시지보다 '취향을 저격하는' 메시지를 선호한다.

귀를 간지럽게 하는 메시지를 따르는 자들의 귀는 진리에서 돌이켜 허탄한 이야기를 따를 것이다(4절). '돌이키다'(ἀποστρέφω)는 원래 관절에서 팔다리를 비틀어 빼내는 일을 설명하는 의학 용어다(Lea & Griffin). 구원은 진리를 듣는 것에서 시작한다(cf. 신 6:4; 롬 10:17; 갈 3:2, 5; 살전 2:13). 그러므로 사람의 귀가 진리에서 돌이키는 것은 매우 심각한 문제다(cf. 딤후 2:18). 그들은 스스로 자신의 영혼을 망치고 있다. 예수님은 '귀 있는 자는 들을지어다'라는 권면을 자주 하셨다(cf. 마 11:15; 막 4:9; 눅 14:35).

'허탄한 이야기'(τοὺς μύθους)는 신화(myth) 등 사람이 만들어 낸 허무맹랑한 이야기지만(cf. 새번역, 공동), 진리에서 돌아서기로 결정한 자들에게는 마음을 가득 채울 만한 종교적 오류다(Yarbrough, cf. 딤전 1:4). 구약에서는 거짓 선지자들이 이런 이야기를 진리처럼 선포했다(렘 6:14; 8:11; 겔 13:10, 16; 미 3:5). 요즘 시대에는 유튜브(You Tube)에 만연해 있는 종교적 가짜 뉴스들이다.

세태가 이러해도 디모데는 모든 일에 신중해야 한다(5a절). '신중하라'(νῆφε)는 지속성을 강조하는 현재형 명령문이다. 과잉, 열정, 혼란 및 기타 불균형으로부터 자유로워야 한다는 뜻이다(BDAG). 바울은 디모데에게 사역할 때 모든 일에서 균형을 잃지 말 것을 당부하고 있다.

바울은 디모데에게 고난도 받으라고 한다(5b절; cf. 1:8, 3:12). 사람은 본능적으로 고난을 피하고 싶어 한다. 사역자도 예외는 아니다. 그러나 사역자가 고난이 두려워 비겁하게 살 수는 없다. 양심을 팔아먹는 일은 더욱더 안 된다. 그러므로 사역자들은 고난을 각오하고 사역해야

V. 마무리 권면과 부탁(4:1-22)

한다.

사도는 디모데에게 전도자의 일을 하라고 한다(5c절). '전도자'(εὐαγγελιστής)는 신약에서 두 차례 더 사용되는 흔치 않은 단어다(cf. 행 21:8; 엡 4:11). '전도자'는 교회 직분이 아니다(Barrett). 전도하는 일(복음을 전파하는 일)은 모든 그리스도인이 해야 하는 일이기 때문이다(cf. 2절). 성도들을 양육해야 한다며 전도자의 일을 기피하고 싶은 충동이 사역자들에게 생기기도 한다. 우리는 이런 유혹을 이겨내고 양육과 전도로 균형을 이루는 사역을 해야 한다.

바울은 디모데에게 직무를 다하라고 한다(5d절). '네 직무를 다하라'(διακονίαν σου πληροφόρησον)를 직역하면 '네 사역을 완수하라'(fulfill your ministry)다(ESV, NAS). 사역자의 미니멀리스트 정신보다는 부르심이 요구하는 헌신과 희생에 대한 권면이다(Mounce). 사역자도 사람이기 때문에 하고 싶은 일이 있는가 하면 피하거나 하고 싶지 않은 일도 있다. 바울은 디모데가 가리지 않고 사역자가 해야 할 모든 일을 기꺼이 해내기를 바란다.

바울은 디모데에게 자기의 임박한 죽음에 관해 말한다(6-8절). 바울이 가이사랴 감옥에서 로마로 이송된 후 받게 된 첫 번째 재판에서는 자신이 무죄로 풀려날 것을 확신했다. 그러므로 재판받는 중에 미래에 대한 계획도 세웠다(몬 1:22). 그는 지금 로마에서 두 번째 재판을 받고 있다. 이 재판에 대한 느낌이 좋지 않다. 그러므로 그는 죽음을 준비하고 있다. 디모데가 속히 로마로 오기를 간절히 바라는 이유기도 하다(cf. 4:9, 21).

사도는 자신이 전제와 같이 벌써 부어지고 떠날 시간도 가깝다고 한다(6절). '전제와 같이 부어졌다'(σπένδομαι)는 중간태(middle voice) 혹은 수동태(passive)로 해석할 수 있다. 중간태로 해석하면 바울은 자신의 생명이 전제처럼 부어지는 일에 동의했다는 뜻이다. 수동태로 해석하면 하나님이 그의 생명을 전제처럼 부으셨다는 것을 강조한다. 거의 모든 번역본이 수동태, 곧 하나님이 하신 일로 해석한다(cf. ESV, NAS, NIV, NRS). '전제'(σπονδή)는 하나님께 제물로 부어 드리는 술이다(출 29:40, 41; 레 23:13; 민 6:17; 28:7; cf. 창 35:14; 삼하 23:16; 대상 11:18).

바울은 하나님이 그리스도인들에게 헌신과 희생을 기뻐하신다며 각자 자신을 거룩한 산 제물로 드리라고 했다: "그러므로 형제들아 내가 하나님의 모든 자비하심으로 너희를 권하노니 너희 몸을 하나님이 기뻐하시는 거룩한 산 제물로 드리라 이는 너희가 드릴 영적 예배니라"(롬 12:1). 이제 바울 자신을 하나님께 산 제물로 드릴 때가 왔다. 그는 떠날 시각(죽는 순간)이 가까웠다는 것을 직감한다.

임박한 죽음을 앞두고 삶을 되돌아보니 미련과 아쉬움은 없다. 바울은 평생 선한 싸움을 싸웠다(7a절). 우리 삶과 사역은 운동 경기와 같다는 것이다. 그는 최선을 다해 경기의 규칙에 따라 선한 싸움을 싸웠다. 디모데에게도 선한 싸움을 싸우라고 했다(딤전 6:12). 바울은 디모데가 반드시 닮아야 하는 롤모델이다.

선한 싸움을 싸운 바울은 자기의 달려갈 길을 마치고 있다(7b절). 이번에는 자신의 삶을 경주로 묘사한다(cf. 행 13:25; 20:24). 사도는 불과 2-3년 전에 "생명의 말씀을 밝혀 나의 달음질이 헛되지 아니하고 수고도 헛되지 아니함으로 그리스도의 날에 내가 자랑할 것이 있게 하려 함이라"(빌 2:16)라고 했는데, 이제 '그리스도의 날'이 그에게 임박했다.

바울의 가장 감동적인 증언은 "나는 믿음을 지켰다"(τὴν πίστιν τετήρηκα)이다(7c절). 그리스도께서 주신 능력과 직분이 이 같은 고백을 하게 했다: "나를 능하게 하신 그리스도 예수 우리 주께 내가 감사함은 나를 충성되이 여겨 내게 직분을 맡기심이니"(딤전 1:12). '믿음'은 기독교 신앙의 핵심 내용이다(딤후 1:12, 14). 그는 다가오는 순교에 대해 어떠한 거리낌이나 부끄러움도 없다. 이 순간의 바울을 생각하면 프랭크 시내트라(Frank Sinatra)의 '마이웨이'(My Way)라는 노래가 떠오른다.

사도는 자신이 순교해 그리스도 앞에 서면 의로운 재판장이신 예수님이 그를 위해 예비한 의의 면류관을 씌워 주실 것을 확신한다(8a절, cf. 1절). '생명의 면류관'은 종종 언급되지만(cf. 약 1:12; 계 2:10), '의의 면류관'(δικαιοσύνης στέφανος)은 이곳에 단 한 차례 사용되는 표현이다. 명예, 성취 및 인정을 표현하는 화환이다(BDAG). 어떤 이들은 하나님께 의롭다 하심을 받는 일 자체가 면류관이라 하지만(Dunn, Liefeld), 이 땅에서의 수고와 노력에 대한 포상이다(Guthrie, Kelly, Köstenberger).

의로운 재판장이신 예수님은 바울에게만 의의 면류관을 포상으로 주시는 것이 아니라, 주의 나타나심을 사모하는 모든 사람에게 주실 것이다(8b절). 주의 재림을 간절히 사모하는 사람들, 곧 그리스도인들에게 주신다는 뜻이다. 운동 경기에서는 한 명만이 승자의 면류관을 쓰지만, 신앙의 경기에서는 끝까지 견디는 모든 사람이 승자의 면류관을 쓸 것이다.

이 말씀은 예수님은 반드시 나타나실(재림하실) 것이라 한다. 주님은 의로우신 재판장으로 오셔서 우리에게 의의 면류관을 씌워 주실 것이다. 그날을 소망하며 오늘을 성실하게, 그리고 경건하고 거룩하게 살아내자.

우리는 때를 얻든지 못 얻든지 말씀 전파에 항상 힘써야 한다. 말로도 하지만, 행실로 전파하는 것이 가장 효과적이다. 섬김과 오래 참음으로 가르치고 경책하고 경계하고 권해야 한다.

우리는 어떤 메시지에 열광하는지 돌아보아야 한다. 우리가 들어야 하는 메시지에 열광하는가? 혹은 우리가 듣고 싶어하는 메시지에 열광하는가? 하나님의 말씀에 열광해야 하는데, 혹시 귀를 간지럽게 하는 메시지에 열광하지는 않는지 반성해 보아야 한다.

우리는 모든 일에 신중해야 한다. 균형감을 놓치지 않아야 한다는 뜻이다. 더불어 고난을 받을 각오로 전도자의 일을 해내야 한다. 그리스도인의 삶, 특히 사역자의 삶에는 반드시 고난이 따른다. 고난이 우리를 찾아오면 놀라지도 두려워하지도 말고 겸허히 받아들이자.

그리스도인의 삶은 경주와 같다. 경주를 마치는 날 '나는 믿음을 지켰다'라는 사도의 고백이 우리의 고백이 되어야 한다. 성실하고 경건하게 오늘도 경주에 임하자.

V. 마무리 권면과 부탁(4:1-22)

B. 사사로운 부탁(4:9-18)

⁹ 너는 어서 속히 내게로 오라 ¹⁰ 데마는 이 세상을 사랑하여 나를 버리고 데살로니가로 갔고 그레스게는 갈라디아로, 디도는 달마디아로 갔고 ¹¹ 누가만 나와 함께 있느니라 네가 올 때에 마가를 데리고 오라 그가 나의 일에 유익하니라 ¹² 두기고는 에베소로 보내었노라 ¹³ 네가 올 때에 내가 드로아 가보의 집에 둔 겉옷을 가지고 오고 또 책은 특별히 가죽 종이에 쓴 것을 가져오라 ¹⁴ 구리 세공업자 알렉산더가 내게 해를 많이 입혔으매 주께서 그 행한 대로 그에게 갚으시리니 ¹⁵ 너도 그를 주의하라 그가 우리 말을 심히 대적하였느니라 ¹⁶ 내가 처음 변명할 때에 나와 함께 한 자가 하나도 없고 다 나를 버렸으나 그들에게 허물을 돌리지 않기를 원하노라 ¹⁷ 주께서 내 곁에 서서 나에게 힘을 주심은 나로 말미암아 선포된 말씀이 온전히 전파되어 모든 이방인이 듣게 하심이니 내가 사자의 입에서 건짐을 받았느니라 ¹⁸ 주께서 나를 모든 악한 일에서 건져내시고 또 그의 천국에 들어가도록 구원하시리니 그에게 영광이 세세무궁토록 있을지어다 아멘

바울은 디모데에게 속히 오라고 당부하는 동시에, 디모데가 아는 사역자들의 동향을 알린다. 또한 사도의 사역을 방해하거나 복음을 배신한 자들의 소식도 전한다. 법정에서 처음 변론할 때 모두 다 그를 버렸으므로 아무도 그의 편을 드는 사람이 없었고, 오직 주님이 그와 함께 하신 일도 회고한다.

V. 마무리 권면과 부탁(4:1-22)

사도는 디모데에게 '어서 오라'(Σπούδασον ἐλθεῖν)고 한다(9절; cf. 4:21). '어서 하라'(Σπούδασον)는 의무를 이행하기 위해 열심과 긴급성을 발휘하라는 뜻이다(BDAG). 바울은 여기에 '속히'(ταχέως)를 더한다. 그러므로 영어 번역본들은 '최선을 다하라'(do your best)라는 의미로 해석한다(ESV, NIV, NIRV, NRS). 바울은 디모데가 이 서신을 받는 대로 어떤 이유로도 주저하지 않고 곧바로 에베소를 떠나 로마로 오기를 바란다. 디모데가 당장 떠나도 로마에 도착하려면 3-4개월은 걸린다(Lea & Griffin, cf. Dunn).

바울과 함께 사역한 사람들은 모두 떠나고 누가만 그와 함께 있다(10-11a절). 데마(Δημᾶς, Demas)는 이 세상을 사랑해 사도를 버리고 데살로니가로 갔다. '세상'(αἰών)은 물리적인 세상(지구, 땅)이 아니라 '시기'(age), '시대'(era), '지금의 악한 시대'(this present evil age) 등을 뜻한다. 데마의 가치관과 세계관이 세속화된 것이다. 불과 몇 년 전까지 사도와 사역했던 데마(골 4:14; 몬 1:24)가 세상으로 떠났다는 사실이 충격적이다. 그러나 사람의 마음은 언제든 바뀔 수 있다. 하나님은 사람을 버리지 않으시지만, 사람은 하나님을 버리기도 한다.

그레스게(Κρήσκης, Crescens)는 갈라디아(Γαλατία, Galatia)로 갔다. 이 사람은 이곳에서만 언급되므로 우리는 그에 대해 아는 바가 없다. 바울은 갈라디아 교회를 강건하게 하기 위해 그레스게를 보냈다(Yarbrough). 갈라디아는 소아시아 중부를 아우르는 넓은 지역이다. 오늘날 튀르키예에 속한 땅이다.

디도는 달마디아로 갔다. 달마디아(Δαλματία, Dalmatia)는 오늘날 알바니아와 유고슬라비아 지역이다(Köstenberger). 그는 지금 달마디아에 속한 니고볼리(Νικόπολις, Nicopolis)에 머물고 있다(딛 3:12). 그레데 사역을 마무리하는 대로 그곳으로 속히 와서 자기를 만나라고 바울이 말했기 때문이다.

누가만 바울과 함께 있다. 어떤 이들은 사역을 위해 사도의 곁을 떠났고, 어떤 이들은 그리스도를 배신하고 세상으로 갔다. 이제는 오직 누가만 사도의 곁을 지키고 있다. 물론 그와 함께하는 다른 사람들도 있다(cf. 4:21). 그러나 바울과 함께하는 사람 중 동역자로 생각할 만한 사람은 누가뿐이다. 누가는 바울의 곁을 지키면서 이 서신을 작성하는 데 도움을 주었거나, 그의 건강을 관리하는 의사 역할을 하고 있다 (Köstenberger).

사도는 디모데에게 마가가 자기 일에 유익하다며 그를 데리고 오라고 한다(11b절). '데리고 오다'(ἀναλαμβάνω)는 오는 길에 다른 곳에 있는 그와 함께 오라는 뜻이다(Köstenberger, Liefeld). 마가(Μᾶρκος, Mark)는 바울의 첫 번째 선교 여행의 파트너였던 바나바의 사촌이다. 둘은 마가의 일로 심하게 다투고 각자의 길을 갔다(행 15:37-40). 얼마 후 바울과 바나바는 화해했고, 마가는 바울의 첫 번째 로마 감옥 생활 동안 그와 함께 있었다(골 4:10; 몬 1:24).

바울이 마가를 데려오라고 하는 것은 그가 사도의 사역에 유익하기 때문이다. 마가가 해야 할 일이 있다는 것이다. 바울은 죽음을 앞두고 있지만, 끝까지 사역을 게을리하지 않았다. 시작만큼이나 마무리도 중요하기 때문이다.

사도는 두기고를 에베소로 보냈다고 한다(12절). 두기고(Τυχικός, Tychicus)는 오랫동안 바울과 함께 사역했으며(cf. 행 20:4; 딛 3:12), 에베소서와 골로새서를 전달한 사람이다(엡 6:21-22; 골 4:7-7). '보내다'(ἀποστέλλω)는 복음 전파 혹은 사역을 위해 보내는 것을 뜻한다(cf. 마 10:5; 막 6:7; 눅 4:43; 행 8:14; 11:30; 19:22; 롬 10:15; 고후 12:17). 기독교는 처음부터 매우 선교적이었다(Collins).

두기고가 종종 바울의 서신을 교회들에 전달한 것을 고려하면 이 서신(디모데후서)도 그가 에베소에 있는 디모데에게 배달한 것으로 보인다(Guthrie, Köstenberger, Liefeld). 그는 속히 로마로 떠나야 하는 디모데를 대신해서 한동안 에베소에 머물며 사역할 것이다(Yarbrough).

V. 마무리 권면과 부탁(4:1-22)

바울은 디모데에게 오는 길에 드로아에 들러 가보의 집에 있는 자기 겉옷과 가죽 종이에 쓴 책을 가져오라고 한다(13절). 드로아(Τρῳάς, Troas)는 소아시아 북서쪽 끝자락에 위치한 해안 도시다(ABD). 바울은 이 도시에서 사역한 적이 있다(행 16:8, 11; 20:6-12; cf. 고후 2:12). 에베소에서 로마로 가려면 드로아에서 배를 타고 에게해(Aegean Sea)를 건너 육로로 마케도니아를 통과한 후 다시 배를 타고 아드리아해(Adrian Sea)를 건너야 한다(Lea & Griffin). 3-4개월이 걸리는 여정이다.

'가보'(Κάρπος, Carpus)에 대해서는 알려진 바가 없다. 바울의 물건이 그의 집에 있는 것으로 보아 사도가 드로아를 방문할 때면 그의 집에 머물렀던 것으로 보인다. '겉옷'(φαιλόνης)은 판초(poncho)처럼 머리를 통과시키는 구멍만 있는 외투다(Quinn & Wacker). 당시 사람들은 겉옷을 이불(담요)로 사용했다. 바울이 감옥에서 겨울을 나려면(cf. 4: 21) 반드시 이 옷이 필요하다.

책은 특별히 가죽 종이로 쓴 것을 가져오라 하는데, '가죽 종이'(μεμβράνα)는 이곳에서 단 한 차례 사용되는 단어다. 라틴어에서 온 단어로 책을 만드는 데 사용하는 양피지다(BDAG). 이 책은 바울이 직접 쓴 노트와 메모일 수 있지만, 구약과 나중에 신약 정경이 될 말씀 (예수님 이야기와 가르침 모음집)의 일부를 포함했을 수도 있다(cf. Dunn, Johnson, Knight, Lea & Griffin, Liefeld, Quinn & Wacker, Yarbrough). 사도가 가죽 종이로 된 책을 가지고 있다는 것은 그가 평생 말씀 공부를 게을리 하지 않았다는 뜻이다(Marshall, Towner).

어떤 이들은 겉옷과 책이 바울이 자신이 하던 사역을 모두 디모데에게 넘겨준다는 상징성을 지닌다고 주장한다(Collins). 그러나 겉옷은 겨울을 대비하는 것이며, 책은 감옥에서 묵상하고 배우고자 하는 내용을 담고 있다는 사실을 고려할 때 단순히 실용적인 의미로 이 물건들을 가져오라는 것으로 간주하는 것이 좋다.

사도는 구리 세공업자 알렉산더가 그에게 해를 많이 입혔으므로 주께서 그가 행한 대로 갚으실 것이라 한다(14절). 어떤 이들은 이 사람이 디모데전서 1:20에서 후메내오와 함께 언급된 사람이 아니라 하지만, 대부분 사람은 같은 사람으로 본다. 사도는 이들이 더는 신성 모독을 하지 못하도록 사탄에게 내주었다고 한다.

알렉산더는 아직도 사도와 교회에 매우 심각한 피해를 주고 있다. 심지어 바울이 다시 로마에서 재판받게 된 것이 그의 고발로 인한 일이라고 하는 이들도 있다(Fee). 사도는 주님이 악한 알렉산더에게 그가 행한 대로 반드시 갚아 주실 것을 확신한다(Marshall).

바울은 디모데에게도 그를 주의하라고 한다(15a절). 알렉산더는 아직도 교회에 심각한 피해를 주고 있으며, 에베소나 드로아에 살고 있는 것으로 보인다(Yarbrough). 그러므로 디모데에게 그와 마주치는 일이 없게 하라고 한다.

알렉산더는 바울과 디모데의 말을 심히 대적했다(15b절). '대적하다'(ἀνθίστημι)는 출애굽 때 모세를 대적한 얀네와 얌브레의 행동을 묘사한 단어다(3:8). 여기에 사도는 '심히'(λίαν)를 더했다. 알렉산더는 복음 전파와 사역에 큰 피해를 입힌 자였다. 그러나 하나님이 얀네와 얌브레를 벌하신 것처럼 예수님이 반드시 그를 벌하실 것이다.

바울이 처음 변명할 때 그와 함께한 자가 하나도 없고 다 그를 버렸다(16a절). '변명'(ἀπολογία)은 변호(defense)다(BDAG). 이 단어에서 유래한 것이 변증학(apologetics)이다. 아마도 두 번째 재판이 본격적으로 시작되기 전 예심(pretrial arraignment)이거나 정식 재판의 첫 단계를 의미하는 것으로 보인다(Ellicott, Kelly, Lea & Griffin, Liefeld).

결과는 별로 좋지 않은 것으로 보인다. 더 안타까운 것은 바울과 함께한 자가 하나도 없었다는 사실이다. '함께하다'(παραγίνομαι)는 나타나거나 모습을 보이는 것을 뜻한다(TDNT). 바울 편에 서서 그를 옹호하거나 변호해 주는 자는 물론이고, 그의 재판을 보러 온 사람이 하나도 없었다는 것이다. 그러므로 사도는 다 자기를 버렸다고 한다. 예수님

V. 마무리 권면과 부탁(4:1-22)

은 자신이 하나님께도 버림받았다며 울부짖으셨다: "나의 하나님, 나의 하나님 어찌하여 나를 버리셨나이까"(막 15:34).

사도는 누구도 원망하지 않는다(16b절). 당시에는 바울처럼 죄로 인해 재판받는 사람의 곁을 지키는 것은 위험한 일이었다(Yarbrough). 사도를 배신한 자들도 있었지만, 각자 해야 할 일을 하느라 함께하지 못한 이들도 있다. 또 재판 과정에는 함께하지 못했지만, 사도를 돕고 격려하는 이들이 있다(cf. 4:21). 그러므로 그는 누구에게도 허물을 돌리지 않는다.

바울의 곁에 없는 사람들과 달리 주님은 그의 곁에 서서 힘을 주셨다(17a절). '서 있다'(παρίστημι)는 임재(강림)한다는 뜻이다: "여호와께서 구름 가운데에 강림하사 그와 함께 거기 서서 여호와의 이름을 선포하실새"(출 34:5). 주님은 사도의 곁을 지키며 그에게 힘을 주셨다. 기적이나 구원하심으로 힘을 주신 것이 아니라 사도를 통해 선포된 말씀이 온전히 전파되어 모든 이방인이 듣게 하시는 일로 힘을 주셨다(17b절, cf. Yarbrough). 바울은 이방인에게 복음을 전파하는 사도로 부르심을 받았는데(롬 11:13; 갈 2:8; 딤전 2:7), 주께서 바울이 부르심에 합당한 사역을 했다고 인정하신 것이다. 바울은 주께서 자기를 인정하신 일을 사자의 입에서 건짐을 받은 것이라 한다(17c절).

주님이 사도를 사자의 입에서 건지신 것처럼, 앞으로도 그를 모든 악한 일에서 건져 내실 것이다(18a절). 이는 주기도문을 떠올리게 한다: "우리를 시험에 들게 하지 마시옵고 다만 악에서 구하시옵소서"(마 6:13). 또한 그가 천국에 들어가도록 구원하실 것이다(18b절). 하나님은 우리 안에 시작하신 선한 일을 반드시 이루신다. 바울은 죽음을 가지고 다메섹(다마스쿠스)으로 가던 길에 주님을 만났고, 주님은 그의 발길을 돌려 천국을 향해 가게 하셨다. 이제 천국에 거의 다 이르렀다. 그러므로 사도가 이 상황에서 유일하게 할 수 있는 일은 예수님께 모든 영광이 세세 무궁토록 있을 것이라고 찬양하고 고백하는 것이다(18c절).

이 말씀은 우리는 죽는 순간까지 삶과 사역에 성실히 임해야 한다고 한다. 죽음을 앞둔 바울은 어느 때보다 분주하게 살며 사역했다. 각 교회의 필요에 따라 사역자들을 보내고, 마가를 만나 맡길 일도 생각해 두었다. 우리도 하나님이 부르시는 순간까지 성실하게 하던 일을 해야 한다.

모든 사람이 끝까지 인내해 천국에 입성하는 것은 아니다. 중도에 복음을 배신하고 세상을 향해 가는 사람도 있고, 심지어 교회와 하나님 나라에 큰 피해를 주는 자도 있다. 하나님은 각자 행한 대로 갚으실 것이다. 그러므로 우리는 그들의 일에 마음을 빼앗길 필요가 없다. 하나님이 맡기신 선한 일을 계속해 나가면 된다.

아무도 우리와 함께하지 않는다고 해서 원망하거나 서운해할 필요는 없다. 예수님이 끝까지 우리와 함께하며 우리 곁을 지키실 것이기 때문이다. 모두 떠나가도 예수님은 우리와 동행하신다. 그러므로 우리의 천국을 향한 여정은 외롭지 않다.

V. 마무리 권면과 부탁(4:1-22)

C. 마무리 인사(4:19-22)

[19] 브리스가와 아굴라와 및 오네시보로의 집에 문안하라 [20] 에라스도는 고린도에 머물러 있고 드로비모는 병들어서 밀레도에 두었노니 [21] 너는 겨울 전에 어서 오라 으불로와 부데와 리노와 글라우디아와 모든 형제가 다 네게 문안하느니라 [22] 나는 주께서 네 심령에 함께 계시기를 바라노니 은혜가 너희와 함께 있을지어다

바울은 디모데에게 브리스가와 아굴라를 문안하라고 한다(19a절). 두 사람은 부부이며, 남편 '아굴라'(Ακύλας, Aquila)는 '본도'(Ποντικός, Pontus)

V. 마무리 권면과 부탁(4:1-22)

출신이었다(행 18:2). '본도'는 갈라디아의 북쪽, 비두니아와 갑바도기아 사이에 있는 지역이었다. 아굴라는 아내 '브리스길라'(Πρίσκιλλα, Priscilla)와 함께 로마에서 살았다. 브리스길라는 본문에서처럼 '브리스가'(Πρίσκα, Prisca)로 불리기도 한다(cf. 롬 16:3).

아굴라 부부는 로마의 황제 글라우디오(Κλαύδιος, Claudius)가 주후 49년에 로마에서 유대인들을 내쫓을 때 이달리야를 떠나 고린도로 갔다가 그곳에서 바울을 만났다(행 18:2). 그들은 얼마 후 바울과 함께 에베소로 갔으며, 에베소 교회를 섬기는 중에 알렉산드리아에서 온 아볼로도 가르쳤다(행 18:18-26).

바울이 고린도에서 로마서를 보낼 때 그들은 로마에 살고 있었다. 사도는 아굴라와 브리스길라가 "내 목숨을 위하여 자기들의 목까지도 내놓았나니 나뿐 아니라 이방인의 모든 교회도 그들에게 감사한다"라고 회고한다(롬 16:4). 아마도 에베소에서 있었던 일에 대한 언급으로 보인다(cf. 행 19:23-41). 그들은 주후 56년에 로마로 돌아갔고, 로마 교회가 그들의 집에서 모였다(롬 16:3, 5). 지금은 다시 에베소에서 살고 있다.

사도는 디모데에게 오네시보로의 집에도 문안하라고 한다(19b절). 오네시보로(Ὀνησίφορος, Onesiphorus)는 감옥에 갇혀 있던 바울을 찾기 위해 에베소를 떠나 로마로 간 사람이다(1:16-18). 온 가족이 그의 여정을 지원했으며, 그는 바울의 모든 필요를 채우고 격려했다. 감격한 사도는 하나님의 축복을 그의 온 집안에 빌어 주었다.

에라스도는 고린도에 머물고 있다(20a절). 에라스도("Ἔραστος, Erastus)는 고린도의 재무관이다(롬 16:23). 그도 한때 디모데와 함께 사도의 선교 사역을 도왔다(행 19:22). 지금은 고향인 고린도에 머물고 있다.

드로비모(Τρόφιμος, Trophimus)는 병들어서 밀레도에 있다(20b절). 그는 에베소 출신이며(행 21:29) 사도와 함께 구제 헌금을 가지고 예루살렘을 방문한 적이 있다(cf. 행 20:4). 그는 바울이 밀레도에서 에베소 장로들을 불러 권면할 때 그 자리에 있었을 것이다(행 20:17-38).

바울은 디모데에게 겨울 전에 어서 오라고 한 번 더 당부한다(21a절; cf. 4:9). 겨울이 되면 광풍과 파도 등으로 인해 지중해 여행이 불가능해진다. 지중해를 가로지르는 배들은 10월이면 새 항해를 시작하지 않았으며(Schreiner), 가까운 노선의 배들도 11월에서 이듬해 3월까지 운영을 중단했다(Dunn). 사도가 겨울이 오기 전에 속히 오라고 하는 것으로 보아 디모데가 이 서신을 받았을 때는 가을이었을 것이다. 디모데는 로마로 가는 뱃길이 끊기기 전, 곧 겨울이 오기 전에 속히 떠나야 한다. 영적 아버지의 마지막 부탁이다.

으불로(Εὔβουλος, Eubulus)와 부데(Πούδης, Pudens)와 리노(Λίνος, Linus)와 글라우디아(Κλαυδία, Claudia)와 모든 형제가 디모데에게 문안한다(21b절). 이 사람들에 대해서는 알려진 바가 없다. 다만 처음 세 사람은 남자고, 마지막 사람(글라우디아)은 여자다. 또 첫 이름(으불로)은 헬라어 이름이고, 나머지 셋은 라틴어 이름이다. 로마 교회 지도자들이었을 것이다(Mounce).

사도는 주께서 디모데의 심령에 함께 계시기를 바라고 주님의 은혜가 그들과 함께 있기를 비는 축도로 서신을 마무리한다(22절). 그가 복수형인 '너희'(ὑμῶν)를 사용하는 것은 이 서신이 디모데에게 보낸 사적인 편지이지만, 또한 에베소 교회 지도자들(브리스가와 아굴라 포함)과 교회 전체에 회람시킬 편지임을 암시한다.

바울이 생애 마지막 편지의 마지막 말로 주님의 은혜(χάρις)를 빌어 준다는 사실이 가슴을 먹먹하게 한다. 우리는 참으로 주님의 은혜 없이는 살 수 없는 자들이다. 하나님의 은혜를 사모하는 삶을 살아야 하며, 또한 받은 은혜를 서로에게 베풀어야 한다. 그래야 조금은 살 만한 세상이 된다.

이 말씀은 감사한 사람에게는 감사를 표하라고 한다. 바울은 자신이 여러 사람에게 사랑의 빚을 졌다고 생각한다. 이에 그들을 문안함으로

V. 마무리 권면과 부탁(4:1-22)

써 그들의 사랑과 섬김에 감사를 표한다. 우리도 더 늦기 전에 감사한 사람들에게 감사함을 표하는 습관을 들여야 한다.

하나님의 일을 한다고 해서 병마와 고난에서 해방되는 것은 아니다. 하나님을 사랑하는 드로비모가 병들어서 밀레도에 있다. 하나님의 일을 하는 선한 사람들이 질병을 앓는 것은 이해하기 어려운 일이지만, 현실임을 인정해야 한다. 선하신 하나님이 성도들의 고통을 통해 반드시 선한 일을 이루실 것이라는 믿음까지 포기해서는 안 된다.

당장 해야 할 가장 중요한 일은 때와 장소에 따라 바뀔 수 있다. 죽음을 앞둔 바울은 아직도 에베소에서 할 일이 많은 디모데에게 모든 것을 내려 놓고 속히 로마로 오라고 한다. 디모데는 곧 떠나지 않으면 영영 사도를 보지 못할 수도 있다. 우리는 항상 여러 가지 중에서 한 가지를 선택해야 한다. 기도하며 하나님의 인도하심을 받아 결정한 후에는 곧바로 실천에 옮겨야 한다.

엑스포지멘터리
디도서
Titus

EXPOSItory comMENTARY

서론

디도서

바울은 첫 번째 감옥 생활에서 풀려나자마자 곧바로 디도와 디모데를 데리고 교회들을 방문했다. 먼저 그레데로 가서 상황의 심각성을 의식하고는 디도에게 그곳에 남아 교회를 돌보게 했다. 에베소 교회의 형편도 매우 심각함을 본 바울은 디모데를 그곳에 두어 교회를 바른 교리와 전통 위에 세우게 했다.

이후 바울은 마케도니아 교회를 돌아보기 위해 바다를 건넜다. 마케도니아 교회를 돌아보는 동안 에베소에 있는 디모데와 그레데에 있는 디도에게 서신을 보냈다. 시니어 사역자가 주니어 사역자들에게 목회적인 충고를 하려는 것도 서신을 보낸 이유 중 하나지만, 사역하는 교회에서 그들이 당면한 이단적인 가르침에 어떻게 대응할 것인지 조언하려는 것이 가장 중요한 목적이었다.

바울은 마케도니아 교회를 둘러보던 중 로마로 돌아가(이송되어) 두 번째 재판을 받게 되었다. 이때 보낸 서신이 바울의 생애 마지막 편지인 디모데후서다. 목회 서신의 순서에 따르면 디도서가 세 번째이자 마지막이지만, 디도서가 디모데후서보다 먼저 쓰인 것이 확실하다(cf. Liefeld). 바울은 그레데에 있는 디도에게 "내가 아데마나 두기고를 네게 보내리니 그 때에 네가 급히 니고볼리로 내게 오라 내가 거기서 겨울을 지내기로 작정하였노라"(3:12)라고 하는데, 디모데후서 4:10은 그가 이미 니고볼리의 북쪽 달마디아에 있다고 한다. 디도가 이 서신(디도서)을 받은 후 사도를 만나기 위해 니고볼리로 갔다가 이후 달마디아로 가서 사역한 것이다. 디도서는 다음과 같이 구분된다.

Ⅰ. 인사(1:1-4)
Ⅱ. 디도의 사역(1:5-9)
Ⅲ. 복음을 방해하는 자들(1:10-16)
Ⅳ. 목회적 권면(2:1-10)
Ⅴ. 목회를 하는 이유(2:11-15)
Ⅵ. 목회자의 사역(3:1-11)
Ⅶ. 부탁과 인사(3:12-15)

I. 인사
(1:1-4)

¹ 하나님의 종이요 예수 그리스도의 사도인 나 바울이 사도 된 것은 하나님이 택하신 자들의 믿음과 경건함에 속한 진리의 지식과 ² 영생의 소망을 위함이라 이 영생은 거짓이 없으신 하나님이 영원 전부터 약속하신 것인데 ³ 자기 때에 자기의 말씀을 전도로 나타내셨으니 이 전도는 우리 구주 하나님이 명하신 대로 내게 맡기신 것이라 ⁴ 같은 믿음을 따라 나의 참 아들 된 디도에게 편지하노니 하나님 아버지와 그리스도 예수 우리 구주로부터 은혜와 평강이 네게 있을지어다

이 인사말은 바울 서신 중에서 로마서 다음으로 길다(Yarbrough). 내용과 형식은 디모데전서의 인사말과 비슷하다(Köstenberger). 보내는 자와 받는 자를 밝히고 감사와 기도를 포함하는 등 바울 서신에서 전형적으로 볼 수 있는 시작이다.

바울은 자신을 하나님의 종이며 예수 그리스도의 사도라 한다(1a절). 사도는 종종 자신을 '그리스도의 종'(롬 1:1; 갈 1:10; 빌 1:1)이라 하지만, '하나님의 종'(δοῦλος θεοῦ)이라는 말은 사용하지 않는다.

당시에는 주인의 신분이 높을수록 종의 권위도 높아졌다. 그러므로

신분이 높은 이의 종으로 불리는 것은 영광스러운 일이었다(Dunn). 구약은 주로 위대한 인물과 선지자들을 '여호와의 종'이라 한다(신 34:5; 수 1:1, 13, 15; 수 24:29; 삿 2:8; 왕하 18:12; 스 9:11; 시 105:26; 렘 7:25). '하나님의 종'은 주권적인 선택 목적과 소유권을 상징하기 때문이다. 종은 주인이신 하나님께 온전히 헌신해야 한다. 그러므로 '여호와의 종'은 예배 중 고백으로도 자주 사용되었다(Dunn, cf. 느 1:6, 11; 시 19:11, 13; 27:9).

'사도'(ἀπόστολος)는 바울이 자신을 가리킬 때 자주 사용하는 호칭으로, 그는 그리스도의 사도가 된 것을 매우 자랑스럽게 여겼다. 하나님이 그를 종으로 삼으시고 그리스도의 사도로 부르신 데는 세 가지 이유가 있다(1b-2a절): (1)하나님이 택하신 자들의 믿음을 위함, (2)그들의 경건함에 속한 진리의 지식을 위함, (3)영생의 소망을 위함.

첫째, 바울은 하나님이 택하신 자들의 믿음을 위해 그리스도의 사도가 되었다. '하나님이 택하신 자들'(ἐκλεκτῶν θεοῦ)은 신약 시대 성도들을 구약 시대 하나님의 백성이었던 이스라엘과 연결시키는 표현이다(Dunn, Quinn, cf. 롬 8:33; 골 3:12). 바울이 디도가 사역하는 그레데 교회의 성도 가운데서 보고자 하는 믿음은 막연하고 유연한 주관적인 느낌이 아니라, 구약성경의 하나님 백성의 전통 안에서 택하심을 입은 그리스도인이 지녀야 할 믿음이다(Liefeld).

둘째, 바울은 하나님이 택하신 자들의 경건함에 속한 진리의 지식을 위해 그리스도의 사도가 되었다. 그의 사도직이 택하신 자들의 믿음을 위한 것에서 진리의 지식으로 이어지고 있다. 순서는 분명하다. '믿음'(πίστιν) 다음 '지식(ἐπίγνωσιν)이다. 우리의 믿음은 지식의 성장(growth in knowledge)으로 이어져야 한다는 것이다(Marshall). '진리의 지식'(ἐπίγνωσιν ἀληθείας)은 하나님의 구원과 그리스도가 이루신 일에 대해 모두 기록하고 있는 성경을 알아 가는 지식이다. '경건함에 속한'(κατ᾽ εὐσέβειαν)은 '경건함으로 인도하는'(that leads to godliness)으로 해석하는 것이 문맥과 잘 어울린다(cf. NIV, NIRV, NLT). 진리에 대한 지식, 곧 하나님의 말씀은 이를 알면 알수록 우리를 더 경건하게 한다는 뜻이다. 경건은 참된 진리에 기초하기 때문이다. 디도가 사역하는 그레데 교회를 괴롭히고 있는 거짓 선생들은 진리와 경건 둘 다 없다(Liefeld). 경건은 성숙한 그리스도인 성품이다(Quinn).

셋째, 바울은 하나님이 택하신 자들의 영생의 소망을 위해 그리스도의 사도가 되었다(2a절). 믿음과 지식이 영생에 대한 소망으로 이어지고 있다. 믿음과 지식이 커질수록 소망도 강력해진다(Köstenberger, Mounce). '영생'(ζωῆς αἰωνίου)은 영원히 사는 것일 뿐 아니라 하나님이 소유하신 불멸성과 기쁨을 공유한다(Marshall). 영생에 대한 소망은 우리의 마음 안에만 있는 것이 아니라 영생을 향한 열망을 외적으로 표현하는 것이다(Yarbrough).

이 영생은 거짓이 없으신 하나님이 영원 전부터 약속하신 것이다(2b절). 하나님의 약속은 장차 올 세상뿐 아니라 과거(태초)와도 연관이 있다는 뜻이다: "하나님이 우리를 구원하사 거룩하신 소명으로 부르심은 우리의 행위대로 하심이 아니요 오직 자기의 뜻과 영원 전부터 그리스도 예수 안에서 우리에게 주신 은혜대로 하심이라"(딤후 1:9).

'거짓이 없으신 하나님'(ἀψευδὴς θεὸς)은 모든 속임수와 기만에서 자유로우시다(BDAG, cf. 민 23:19; 삼상 15:29; 히 6:18). 그러므로 인간은 하나님이 영원 전부터 약속하신 바를 알기 위해 마치 어둠 속을 더듬는 사람처럼 헤맬 필요가 없다(Wright). 이미 주신 계시(말씀)에 기록된 진리를 보면 된다.

영생을 포함해 그리스도인이 소망하는 모든 것은 성경에 기록된 하나님의 영원 전부터 주신 약속을 근거로 한다(행 26:6; cf. 롬 4:13-20). 그러므로 하나님과 그분의 약속이 없으면 소망도 없다: "그 때에 너희는 그리스도 밖에 있었고 이스라엘 나라 밖의 사람이라 약속의 언약들에 대하여는 외인이요 세상에서 소망이 없고 하나님도 없는 자이더니"(엡 2:12).

하나님은 그분의 때에 자기 말씀을 전도로 나타내셨다(3a절). '때'(καιροῖς)는 복수(plural)이며 '적절한 시기'(aptness of hour)를 강조한다(BDAG). 디모데전서에서는 이 단어를 '기약'(appointed season)으로 번역한다(딤전 2:6; 6:15). 하나님은 인류 역사 안에서 일하시며, 자신의 방식으로 영원 전에 하신 약속을 이루기 위해 사역하신다.

'전도'(κήρυγμα)는 '선포'(proclamation), '설교'(preaching)다(새번역, ESV, NAS, NIV, NIRV, NRS). '나타내다'(φανερόω)는 '드러내다'(bring to light), '알게 하다'(make known)이다(NIDNTTE). 하나님은 우리의 복음 전파와 가르침을 통해 자신이 영원 전에 한 약속과 말씀을 사람들에게 드러내신다. 하나님이 하신 약속의 중앙에는 예수 그리스도가 계신다(Yarbrough).

또한 이 전도(선포, 설교)는 우리 구주 하나님이 명하신 대로 바울에게 맡기신 것이다(3b절). 하나님을 '우리 구주'(σωτῆρος ἡμῶν)라 칭하는 것은 흔치 않은 표현이다. 다음 절에서는 '그리스도 예수'를 '우리 구주'(σωτῆρος ἡμῶν)라 한다(4절). 사도는 디도서에서 하나님을 '우리 구주'라 부르며(1:3; 2:10; 3:4) 곧바로 예수님을 '우리 구주'라고 고백하는 일을 반복한다(1:4; 2:13; 3:6). 하나님과 예수님 두 분이 모두 동등하며 그리스도의 복음은 하나님이 영원 전에 하신 약속의 성취라는 것을 강조하기 위해서다(Johnson, Lea & Griffin).

바울은 이런 역사적 의미가 있는 믿음을 따라 참 아들 된 디도에게 편지한다(4a절). 사도는 디모데도 아들(τέκνον)이라 불렀다(딤전 1:1; 딤후 1:2). 이는 바울이 디도와 디모데의 회심과 사역자로 세우심에 중요한 역할을 했으며, 그들과 어느 정도 나이 차이가 있다는 것을 암시한다. 상당한 시간이 흘러 이제는 디모데와 디도가 바울의 동역자가 되었다.

사도는 디도에게 하나님 아버지와 그리스도 예수 우리 구주로부터 은혜와 평강이 있기를 빌어 준다(4b절). 예수님은 유대인인 바울과 이방인인 디도를 하나로 묶어 주신 '우리 구주'(σωτῆρος ἡμῶν)시다(Barrett).

그리스-로마 시대에는 일상적인 편지를 보낼 때 인사말에 '문안'(χαίρειν)이라는 말을 사용해 안부를 물었다(Stowers, cf. 행 15:23; 23:26; 약 1:1). 이와 대조적으로 바울은 서신에서 복음과 연관해 안부를 묻고자 '문안'(χαίρειν) 대신 '은혜'(χάρις)를 빌어 준다. '평강'(εἰρήνη)은 히브리어로 '샬롬'(שלום)과 같은 말이다(TDNT). 하나님의 보살핌 안에 사는 사람들의 모든 것이 조화와 균형을 이루어 평안하기를 빌어 주는 인사다. 바울은 이 두 단어(은혜와 평강)를 인사말로 사용해 하나님이 예수 그리스도를 통해 우리에게 주시는 가장 고귀한 선물이 무엇인지 생각하게 한다(Wright). 복음은 우리에게 하나님의 은혜와 평강을 안겨 준다.

은혜와 평강의 순서도 중요하다. 하나님의 은혜를 입은 사람들은 평안하다. 하나님의 은혜가 맺는 열매가 평안이기 때문이다. 은혜와 평강은 '하나님 아버지와 그리스도 예수 우리 구주로부터' 내려오는 복이다. 바울의 기독론을 암시하는 말씀이다. 성자 예수님은 성부 하나님과 동일한 '우리 구주'이시며, 하나님과 함께 우리에게 복을 내려 주시는 분이다.

이 말씀은 하나님이 우리를 사역자로 세우신 것은 그분이 택하신 자들, 곧 그분 백성의 믿음과 경건과 지식과 영생의 소망을 온전하게 하기 위해서라고 한다. 그러므로 우리는 하나님의 말씀을 선포하고 가르치는 데 최선을 다해야 하며, 그들이 믿음 안에서 잘 자라고 영생에 대한 소망을 간직하며 경건한 삶을 살도록 도와주어야 한다.

예수 그리스도의 복음은 어느 날 갑자기 선포된 것이 아니라, 하나님이 영원 전부터 약속하신 것이다. 그러므로 복음은 태초로 거슬러 올라가는, 창조주 하나님이 계획하신 가장 오래된 일이다. 우리는 가장 오래된 은혜를 입어 그리스도인이 된 것에 감사해야 한다. 하나님이 태초부터 우리를 구원하기로 정하고 계획하셨기 때문이다.

예수님은 인간이시고 하나님이시다. 주님은 다윗의 혈통으로 나셨고, 또 죽음과 부활을 통해 영존하시는 하나님임을 보이셨다. 하나님 아버지와 그리스도 예수는 함께 우리의 구주시다. 종종 예수님이 우리와 같은 인간이셨음을 강조하다가 하나님 되심을 등한시하는 사람들을 본다. 하나님 되심을 강조하다가 인간 되심을 무시하는 경우도 본다. 중요한 것은 균형이다. 예수님은 100% 하나님이시고, 100% 인간이시다.

  복음이 우리에게 주는 가장 큰 선물은 은혜와 평강이다. 먼저 구원하시는 하나님의 은혜가 임하고, 이 은혜는 예수 그리스도만이 주실 수 있는 평강으로 이어진다. 복음은 하나님과 죄인 사이에 평강이 임하게 하고, 우리 죄인 사이에도 평강이 임하게 한다. 하나님이 복음을 통해 주시는 선물을 감사히 또한 마음껏 누리면 좋겠다.

II. 디도의 사역
(1:5-9)

⁵ 내가 너를 그레데에 남겨 둔 이유는 남은 일을 정리하고 내가 명한 대로 각 성에 장로들을 세우게 하려 함이니 ⁶ 책망할 것이 없고 한 아내의 남편이며 방탕하다는 비난을 받거나 불순종하는 일이 없는 믿는 자녀를 둔 자라야 할지라 ⁷ 감독은 하나님의 청지기로서 책망할 것이 없고 제 고집대로 하지 아니하며 급히 분내지 아니하며 술을 즐기지 아니하며 구타하지 아니하며 더러운 이득을 탐하지 아니하며 ⁸ 오직 나그네를 대접하며 선행을 좋아하며 신중하며 의로우며 거룩하며 절제하며 ⁹ 미쁜 말씀의 가르침을 그대로 지켜야 하리니 이는 능히 바른 교훈으로 권면하고 거슬러 말하는 자들을 책망하게 하려 함이라

디도가 사역하는 그레데는 그리스의 섬 중 가장 크다. 동서로 250㎞, 남북으로 60㎞ 규모이며, 면적은 3,000㎢ 정도다(ABD). 제주도 면적(1,800㎢)의 거의 두 배다. 그레데의 삼면은 지중해를 접하고 있으며, 북쪽으로는 에게해가 있다. 이런 지리적 위치로 인해 그레데는 고대 시대부터 다문화적인 성격을 띠었으며, 또 고대 미노아 문명의 본거지였다. 그리스 신화는 그레데를 미노스왕, 다이달로스가 건설한 미로,

미궁에 살았던 무시무시한 미노타우로스, 그리고 그것을 죽인 테세우스와 연관시킨다.

그레데는 구약에서 '갑돌'(כַּפְתּוֹר, Caphtor)로 불린다(신 2:23; 렘 47:4). 아모스 9:7은 갑돌(그레데)을 블레셋 사람들의 기원이라고 한다. 그레데는 주전 1세기에 로마에 정복되어 제국의 일부가 되었다. 오늘날 이 섬의 인구는 60만 명 정도다(Yarbrough).

그레데에는 상당한 규모의 유대인 공동체가 있었다. 오순절에 그레데에서 온 유대인들도 예루살렘으로 순례 온 자 중에 있었으며, 그들은 자신의 방언으로 복음의 메시지를 들었다(행 2:11). 만일 이 유대인 순례자들이 고향으로 돌아가 기독교 공동체를 시작했다면, 그레데에는 주후 30년대에 이미 교회가 세워졌다(Schnabel). 바울이 로마로 이송되어 가던 중 그를 태운 배가 그레데를 지나다가 풍랑을 만나 좌초되었다(cf. 행 27장).

바울은 로마에서의 첫 번째 재판과 두 번째 재판 사이에 약 2년간 자유를 누렸다. 그는 디모데와 디도를 데리고 지중해 연안과 아시아 교회들을 둘러보기 위해 로마를 떠났다. 그레데를 방문했을 때 교회에 많은 문제가 있는 것을 보고 디도에게 한동안 이곳에 머물며 상황을 정리하게 했다.

사도는 디모데를 데리고 그레데를 떠나 에베소로 갔다. 에베소 교회도 많은 문제를 안고 있었기에 디모데에게 문제가 어느 정도 해결될 때까지 에베소에 남아 교회를 돌보게 한 뒤 자신은 마케도니아 교회를 둘러보기 위해 에게해를 건넜다. 바울은 마케도니아에서 디모데전서와 디도서를 보냈다. 이 서신들을 보낸 다음 그는 다시 에게해를 건너 니고볼리로 가서 그곳에서 겨울을 보낼 계획이었다. 그는 디도에게 아데마나 두기고를 곧 그레데로 보낼 것이니 그레데 사역을 그에게 맡기고 니고볼리로 오라고 한다(3:12).

바울이 디도를 그레데에 남겨 둔 이유는 두 가지다(5절): (1)남은 일을 정리하도록, (2)각 성에 장로들을 세우도록. 디도가 남은 일을 정리해야 한다는 것이 무엇을 의미하는지 정확히 알 수는 없지만, 거짓 선생들을 그레데 교회에서 몰아내고, 리더십을 바로 세우고, 성도들에게 바른 교리를 가르치는 일을 포함한다(Lea & Griffin, cf. 2:1). 이렇게 해야 교회가 어느 정도 이단(cf. 10-16절)의 영향력에서 벗어날 수 있기 때문이다.

디도는 각 성에 장로를 세워야 한다. 장로(πρεσβύτερος)는 감독(ἐπίσκοπος, cf. 7절)과 같은 직분이다(Köstenberger, Liefeld, Saarinen, cf. 딤전 3:2-7). 앞으로는 이단들이 성도들을 현혹하지 못하도록 장로들이 '바른 교훈'(cf. 9절)을 가르쳐 교회와 성도들을 보호하고 지켜야 한다. 그레데는 상당히 큰 섬이라 여러 교회가 있었고 각 교회에 장로를 한 명씩 세우더라도 여러 사람이 필요했다. 그러므로 사도는 디도에게 '장로들'(πρεσβυτέρους)을 세우도록 그를 섬에 남겨 두었다.

사도는 디도가 장로로 세울 사람은 이러해야 한다며 여러 가지 조건을 제시한다(6-9절). 감독(딤전 3:2-7)과 집사(딤전 3:8-12)에 대한 가이드라인과 비슷하다. 차이라면 새로 입교한 자는 안 된다는 원칙이 빠져 있다는 점이다(딤전 3:6). 바울은 장로의 조건으로 가르치는 은사보다 인격과 언행을 강조한다. 이 조건들은 교회 지도자인 장로뿐 아니라 모든 그리스도인이 갖추어야 하는 성품이기도 하다(Lea & Griffin, Yarbrough). 장로는 하나님이 자기 피로 사신 교회를 보살피는 사람이다(행 20:28). 그러므로 장로의 인격이 남들에게 모범이 되어야 하는 것은 당연하다.

장로는 책망할 것이 없는 사람이어야 한다(6a절). '책망할 것이 없는'(ἀνέγκλητος)은 감독의 조건인 '책망할 것이 없는'(ἀνεπίλημπτος, 딤전 3:2)과는 다른 단어지만 같은 말이며 흠이 없다는 뜻이다(BDAG). 기독교인뿐 아니라 비기독교인이 볼 때도 경건한 삶을 사는 사람이다(Lea & Griffin). 그러므로 교회 안팎으로 '훼손되지 않은 명성'(untarnished reputation)을 지닌 사람이다(Liefeld). 성경 인물 중에는 선지자 다니엘을 예로 들 수 있다. '책망할 것이 없다'는 지금부터 제시될 여러 조건을 전체적으로 요약하는 말이기도 하다(Köstenberger).

바울은 먼저 장로로 세울 사람의 가정생활에 대해 두 가지 기준을 제시한다(6b-c절). 첫째, 장로는 한 아내의 남편이어야 한다(6b절; cf. 딤전 3:2). 장로는 남자여야 한다는 말이다. 장로는 '한 아내의 남편'(μιᾶς γυναικὸς ἀνήρ)이라 해서 그가 반드시 결혼한 사람이어야 한다는 것은 아니다. 바울은 결혼할 권리를 포기했다고 했다(고전 9:5; cf. 고전 7:7-8). 결혼할 정도로 나이가 들면 독신인 바울이 사도가 된 것처럼 독신이라도 감독이 될 수 있다(고전 7:7-8; cf. 마 19:12).

그러므로 한 아내의 남편이어야 한다는 것은 여러 아내나 첩을 두는 것을 금하는 말씀이다(Baugh). 또한 이혼은 별개 이슈다(cf. Köstenberger, Liefeld). NRS는 '한 번만 결혼한 사람'(married only once)이라고 번역했는데, 좋은 번역은 아니다. 감독이 될 사람은 한 여자하고만 결혼 생활을 유지하고 있어야 한다.

둘째, 장로는 방탕하다는 비난을 받거나 불순종하는 일이 없는 믿는 자녀를 두어야 한다(6c절). 결혼해서 출가한 성인 자녀에 관한 것이 아니라, 아직 부모와 함께 사는 미성년 자녀들에 관한 원칙이다. '비난'(κατηγορία)은 법정이나 교회 공동체에서 고발(accusation)을 받는 일이다(Yarbrough, cf. 딤전 5:19). '믿는 자녀'(τέκνα πιστά)에 관한 말씀이므로 '불순종'(ἀνυπότακτος)은 하나님이나 복음에 순종하지 않는다는 말이 아니라, 부모에게 불순종한다는 뜻이다(Knight, Liefeld). 장로는 자녀들에게 존경받는 사람이어야 한다.

바울은 '장로'(πρεσβύτερος, 5절)를 '감독'(ἐπίσκοπος, 7절)이라는 단어로 바꾸어 권면을 이어 간다. 오늘날 장로 제도를 도입한 교단들은 대부분 '치리 장로'(ruling elder)와 '가르치는 장로'(teaching elder)로 구분해 치리 장로는 '시무 장로'라 하고 가르치는 장로는 '목사'라 한다. 당시에는 이런 구분이 없었다. 시무 장로와 목사 모두 장로(감독)로 불렸다(Liefeld).

이곳에서 언급하는 장로는 '능히 바른 교훈으로 권면하고 거슬러 말하는 자들을 책망하는 일'을 하는 것으로 보아 오늘날로 말하면 가르치는 장로인 목사를 포함한다(cf. Yarbrough). 사도는 이 장로들(목사들)에게 교회가 어느 정도 사례하는 것이 바람직하며(고전 9:12; 딤전 5:17-18), 이들에 대한 고발도 여러 증인이 있을 때만 받으라고 한다(딤전 5:19).

감독은 하나님의 청지기로서 책망할 것이 없어야 한다(7a절). '청지기'(οἰκονόμος)는 집안 일을 경영하는(manage) 사람이다. 감독은 하나님의 집이라 할 수 있는 교회 일을 맡은 사람이라는 뜻이다(Lea & Griffin). 그러므로 그는 먼저 자기 집안의 좋은 청지기임을 인정받아야 한다(cf. 6절). 교회는 하나의 큰 가정이며, 우리는 모두 그 가정에 속한 형제자매다. 가화만사성(家和萬事城)이라고 작은 가정인 자기 집안을 화목하게 하는 사람이 큰 가정인 하나님의 교회도 화목하게 할 수 있다. 그러므로 '감독은 하나님의 청지기로서 책망할 것이 없어야 한다'는 말은 앞으로 나열될 감독의 여러 가지 인격을 전체적으로 요약하는 기준이라 할 수 있다.

감독(장로)이 될 사람은 화목한 가정을 이룰 뿐 아니라 남에게 해를 끼치는 인격적 결함이 없어야 한다(cf. 딤전 3:4-5). 사도는 먼저 장로가 멀리해야 할 부정적인 성품 다섯 가지를 나열한다(7b절): (1)제 고집대로 하지 않는다, (2)급히 분내지 않는다, (3)술을 즐기지 않는다, (4)구타하지 않는다, (5)더러운 이득을 탐하지 않는다.

첫째, 장로가 될 사람은 제 고집대로 하지 않아야 한다. '고집대로 하는'(αὐθάδης)은 거짓 선생들을 비난할 때 한 번 더 사용된다: "이들은 당돌하고 자긍하며(αὐθάδεις) 떨지 않고 영광 있는 자들을 비방하거니와"(벧후 2:10b). 칠십인역(LXX)에서 이 단어는 자기 중심적이고 대담한(당돌한) 행동을 하는 사람을 뜻한다(창 49:3, 7; 잠 21:24). 사역자는 가르침과 섬기는 일에서 적극적이고 대담해야 한다. 그러나 이런 열정이

자만심이나 우월감이나 권리의식에서 비롯되어서는 안 되며, 섬기고 싶은 마음에서 비롯되어야 한다. 그래야 고집대로 하지 않는다.

둘째, 감독이 될 사람은 급히 분내지 않아야 한다. '급히 분내는'(ὀργίλος)은 이곳에서 한 차례 사용되는 단어며 '쉽게 화를 내는'(inclined to anger), '성질이 급한'(quick-tempered) 등의 의미를 지닌다. 모세는 바위를 내리쳤다가 약속의 땅에 들어가지 못했으며, 이스라엘 왕 사울은 주변 사람들에게 자주 화를 냈다. 이런 사람은 하나님의 일, 특히 영혼을 돌보는 일을 잘할 수 없다: "사람이 성내는 것이 하나님의 의를 이루지 못함이라"(약 1:20).

셋째, 장로가 될 사람은 술을 즐기지 않아야 한다. '술을 즐기는'(πάροινος)은 신약에서 한 번 더 사용되는 단어다(딤전 3:3). 바울이 디모데에게 "이제부터는 물만 마시지 말고 네 위장과 자주 나는 병을 위하여는 포도주를 조금씩 쓰라"(딤전 5:23)라고 말한 것으로 보아 건강을 위해 마시는 것이나, 흥을 돋우기 위해 조금 마시는 것은 괜찮다. 구약에서 포도주는 하나님의 축복과 즐거움의 상징이다(cf. 잠 3:10). 예수님도 가나의 혼인 잔치에서 물을 포도주로 바꾸어 잔치에 즐거움을 더하셨다(cf. 요 2:1-11). 이사야는 종말에 하나님이 잔치를 베푸실 것이라며 "만군의 여호와께서 이 산에서 만민을 위하여 기름진 것과 오래 저장하였던 포도주로 연회를 베푸시리니 곧 골수가 가득한 기름진 것과 오래 저장하였던 포도주로 연회를 베푸실"(사 25:6) 것이라고 했다. 술 자체는 좋은 것이다. 그것을 남용하고 오용하는 것이 나쁘다(cf. 잠 20:1; 21:17; 23:20, 31; 31:4). 우리는 술이 아니라 성령에 취해야 한다: "술 취하지 말라 이는 방탕한 것이니 오직 성령으로 충만함을 받으라"(엡 5:18).

술은 독사의 독과 같다. 독사의 독으로 사람을 살리는 의약품을 만들지만, 많은 양을 한꺼번에 투입하면 죽는다. 적은 양의 술은 좋을 수 있지만, 과하면 치명적이다. 성경은 술 취함의 문제를 여러 곳에서 지적한다(눅 12:45; 21:34; 롬 13:13; 갈 5:21; 살전 5:7). 술 취함은 감독뿐 아니라 예수님의 제자가 되고자 하는 사람이라면 모두 멀리해야 한다.

넷째, 감독이 될 사람은 구타하지 않아야 한다. '구타하는'(πλήκτης)은 한 번 더 사용되는 단어며 '싸우기 좋아하는'(pugnacious, NAS) 혹은 '폭력적인'(violent) 사람이다(ESV, NIV, NLT, NRS). 육체적인 피해를 가하는 것만이 폭력은 아니다. 우리가 내뱉는 말도 심각한 정신적인 폭력이 될 수 있다. 영어권에는 '말은 주먹보다 더 쎄게 친다'(Words often strike harder than fists)라는 말이 있다. 육체적 폭력과 언어적인 폭력 모두 사역자와 어울리지 않는다.

다섯째, 장로가 될 사람은 더러운 이득을 탐하지 않아야 한다. '더러운 이득을 탐하는'(αἰσχροκερδής)는 집사의 자격에 관한 말씀에서 한 번 더 사용된다(딤전 3:8). '돈에 대한 욕심', '부정직한 이득을 좋아하는 것' 등을 뜻한다(BDAG). 돈을 많이 벌고자 하는 것은 좋은 일이다. 돈이 있어야 여러 가지 선한 일도 할 수 있다. 다만 의심쩍거나 불의한 방법으로 돈을 버는 것은 옳지 않다. 정당하게 번 돈을 좋은 일에 쓰는 것은 돈을 숭배하거나 돈의 노예가 아니라는 것을 증명한다. 사역자는 더욱더 더러운 이득을 탐하지 않아야 하며, 부와 궁핍함에서 자유로워야 한다: "나는 비천에 처할 줄도 알고 풍부에 처할 줄도 알아 모든 일 곧 배부름과 배고픔과 풍부와 궁핍에도 처할 줄 아는 일체의 비결을 배웠노라"(빌 4:12).

장로가 될 사람에게 없어야 할 부정적인 인품 다섯 가지를 언급한 바울은 이제 그들에게 있어야 할 일곱 가지 긍정적인 성품에 관해 말한다(8-9a절): (1)나그네를 대접한다, (2)선행을 좋아한다, (3)신중해야 한다, (4)의로워야 한다, (5)거룩해야 한다, (6)절제해야 한다, (7)미쁜 말씀의 가르침을 그대로 지켜야 한다.

첫째, 감독이 될 사람은 '나그네를 대접해야'(φιλόξενος) 한다. 이는 여행 여건이 좋지 않았던 당시에 매우 중요한 미덕이었다. 다른 그리스도인을 환대하는 것은 예수님을 환대하는 것과 같다: "내가 진실로 진실로 너희에게 이르노니 내가 보낸 자를 영접하는 자는 나를 영접하는 것이요 나를 영접하는 자는 나를 보내신 이를 영접하는 것이니라"(요 13:20). 감독이 될 사람은 나그네를 대접하는 일을 불평 없이 해야 하며(벧전 4:9), 솔선수범을 보여 온 교회가 나그네(그리스도인)를 환영하는 분위기를 조성해야 한다. 나그네를 대접하다가 천사들을 대접한 사람들도 있었다(히 13:2).

둘째, 장로가 될 사람은 선행을 좋아해야 한다. '선행을 좋아하는'(φιλάγαθος)은 이곳에서 한 차례 사용되며 '선한 것을 사랑하는'(loving what is good)이다(BDAG). 장로는 교회 안팎에서 선을 실천하기를 사랑해야 한다. 우리 삶에서 모든 선한 일을 넘치게 하시는 이는 하나님이시기 때문이다: "하나님이 능히 모든 은혜를 너희에게 넘치게 하시나니 이는 너희로 모든 일에 항상 모든 것이 넉넉하여 모든 착한 일을 넘치게 하게 하려 하심이라"(고후 9:8).

셋째, 감독이 될 사람은 신중해야 한다. '신중'(σώφρων)은 어떤 일을 결정할 때 활용하는 자제력(self-control)이다(NIDNTTE). 지혜로운 사람은 결정할 때 자신의 감정을 억제할 줄 안다: "어리석은 자는 자기의 노를 다 드러내어도 지혜로운 자는 그것을 억제하느니라"(잠 29:11; cf. 전 7:9). 감독은 자기 생각을 냉정하게 통찰해야 하며 들뜨거나 불안정한 감정에 휘말려서는 안 된다.

넷째, 장로가 될 사람은 의로워야 한다. '의로운'(δίκαιος)은 그리스-로마 사회에서 모범적인 시민을 일컫는 명예로운 타이틀이었다(TDNT). 여기서는 하나님의 의롭다 하심을 얻은 사람이 아니라 의로운 삶을 사는 사람을 의미한다(Yarbrough). 장로는 윤리적으로 타인의 모범이 되어 교회 안팎에서 인정받는 사람이어야 한다.

다섯째, 감독이 될 사람은 거룩해야 한다. '거룩'(ὅσιος)은 하나님의 속성이다. 자주 '의'(δικαιοσύνη)와 짝을 이룬다(신 32:4; 잠 17:26; 21:15).

II. 디도의 사역(1:5-9)

거룩한 사람은 독실하고 하나님을 기쁘게 한다. 감독은 믿음이 투철해 하나님을 기쁘게 하는 사람이다.

여섯째, 장로가 될 사람은 절제하는 사람이다. '절제하는'(ἐγκρατής)은 이곳에 한 차례 사용되는 단어다. 자신을 온전히 통제한다(full control of oneself)는 뜻이며 '신중'(#3)과 비슷하다. 성적인 절제력을 포함한다(Yarbrough).

일곱째, 장로가 될 사람은 미쁜 말씀의 가르침을 그대로 지켜야 한다(9a절). '미쁜 말씀'(διδαχὴν πιστοῦ)은 '신뢰할 만해서 모든 사람이 받을 만한 말(가르침)'이다(cf. 딤전 1:15; 3:1; 4:9; 딤후 2:11; 딛 3:8). 바울은 목회 서신에서 여러 가지 말씀을 '미쁜 말'(πιστὸς ὁ λόγος)이라 한다: (1)"그리스도 예수께서 죄인을 구원하시려고 세상에 임하셨다"(딤전 1:15), (2)"사람이 감독의 직분을 얻으려함은 선한 일을 사모하는 것이라"(딤전 3:1), (3)"육체의 연단은 약간의 유익이 있으나 경건은 범사에 유익하니 금생과 내생에 약속이 있느니라"(딤전 4:8-9), (4)"우리가 주와 함께 죽었으면 또한 함께 살 것이요 참으면 또한 함께 왕 노릇 할 것이요 우리가 주를 부인하면 주도 우리를 부인하실 것이라"(딤후 2:11-12), (5)"우리로 그의 은혜를 힘입어 의롭다 하심을 얻어 영생의 소망을 따라 상속자가 되게 하려 하심이라"(딛 3:7-8). 사역자가 전하는 메시지는 그리스도의 복음이 지닌 다양한 의미를 신실하게 반영해야 한다는 뜻이다(Yarbrough).

바울이 그레데 교회의 장로들(감독들)로 세울 사람에 관해 이처럼 여러 가지 까다로운 조건을 제시하는 것은 그들을 장로로 세우는 데는 두 가지 목적이 있기 때문이다(9b절): (1)그들은 자신이 섬기는 교회를 능히 바른 교훈으로 권면해야 한다, (2)그들은 거슬러 말하는 자들을 책망해야 한다.

'바른 교훈'(τῇ διδασκαλίᾳ τῇ ὑγιαινούσῃ)을 직역하면 '건강한 가르침'이다. 교리에 적용될 때는 '건전한 교리'(sound doctrine)로 번역이 된다(ESV,

NAS, NIV, NRS). 건전한 교리는 이단들이 가르치는 '다른 교훈'(딤전 1:3; 6:3)과 전혀 다른 성경적인 기독교 교리다. 장로들은 성경적인 기독교 교리로 성도들의 믿음을 북돋아 주어야 한다.

'거슬러 말하는 자들'(τοὺς ἀντιλέγοντας)은 '다른 교훈'으로 성도들을 현혹하는 거짓 선생들이다. 장로들은 이들을 책망해야 하며, 잘 듣지 않을 경우 교회 안에 머물지 못하도록 조치를 취해야 한다. 그러므로 사역자는 두 가지 목소리가 필요하다. 하나는 양을 모으는 목소리고, 다른 하나는 늑대와 도둑을 쫓아내는 목소리다(Calvin).

이 말씀은 교회는 유기체지만 또한 조직체기 때문에 반드시 리더가 필요하다고 한다. 그레데 교회가 어려움을 당하고 있는 가장 큰 이유는 그들을 이단들로부터 보호할 리더십이 없기 때문이다. 그러므로 사도는 장로들을 세우라며 디도를 이 섬에 남겨 두었다. 장로들은 건전한 교리로 성도들을 가르칠 뿐 아니라 이단들을 교회에서 몰아내는 책임을 맡은 지도자들이다.

이단 문제를 해결하는 가장 효과적인 방법은 교회 지도자들이 건전한 교리를 가르치며 동시에 경건한 삶을 사는 것이다. 그러므로 사도는 장로로 세울 사람들에 대해 매우 높은 기준을 제시한다. 지도자들이 어떤 삶을 사는지가 그들의 가르침보다 더 큰 영향을 미칠 수 있기 때문이다.

교회에서 리더로 세울 사람들을 평가할 때는 그들이 앞으로 어떤 삶을 살 것인지보다 그들이 지금까지 어떤 삶을 살아왔는지가 더 중요하다. 사람은 잘 바뀌지 않는다. 그러므로 사람의 지난날을 보면 미래가 보인다. 교회는 리더를 세울 때 참으로 신중해야 한다.

III. 복음을 방해하는 자들(1:10-16)

을 선포할 뿐 아니라 잘못된 메시지를 전하는 자들을 꾸짖어야 한다(딤후 4:2; 딛 1:9).

디도가 거짓 선생들을 꾸짖어야 하는 것은 그들로 하여금 믿음을 온전하게 하기 위해서다(13c절). 사도가 공개적으로 이단들을 꾸짖으라 하는 것으로 보아 '그들'(αὐτούς)은 거짓 선생들과 그레데 성도들이다. 거짓 선생들을 공개적으로 꾸짖는 것은 그들과 지켜보는 사람으로 하여금 모두 두려워하게 하기 위해서다(cf. 딤전 5:20). 두려움을 느끼는 사람 중에 자기 믿음을 온전하게 하려는 사람들이 생겨날 것이다. 기독교 징계의 목적은 징계받는 자가 다시 온전하게 되는 것이다.

믿음이 온전하게 되면 그들은 더는 유대인의 허탄한 이야기를 따르지 않을 것이다(14a절). 그레데 교회를 괴롭히는 이단들의 주류가 유대인이라는 것을 암시한다. 그들이 전파하는 '허탄한 이야기'(μῦθος)에서 온 영어 단어가 '신화'(myth)다(cf. 딤전 1:4; 4:4; 딛 3:9; 벧후 1:16). '허탄한 이야기'는 사실에 근거한 이야기와 대조되는 공상적인 이야기다(BDAG). 구약에 기록된 이야기들은 아니다(Lea & Griffin). 성경의 한 사건을 출발점으로 삼아 상상의 나래를 펴서 성경에 기록된 것과 전혀 다른 이야기를 만드는 미드라쉬(midrash) 등을 포함할 수 있다(cf. Quinn). 그레데뿐 아니라 에베소 등 유대인이 모여 사는 곳에서 이런 이야기들이 유통되었다.

또한 믿음이 온전하게 되면 진리를 배반하는 사람들의 명령을 따르지 않을 것이다(14절). 거짓 선생들의 말을 따르지 않을 것이며, 현혹되지도 않을 것이다. 이단 문제를 해결하는 가장 효과적이고 유일한 방법은 그들과 논쟁하지 않고 일방적으로 진리의 말씀을 가르치고 선포하는 것이다. 이단 문제는 영적 전쟁인 만큼 하나님의 말씀이 그들 삶에서 살아 움직이게 해야 한다.

깨끗한 자들에게는 모든 것이 깨끗하다(15a절). '깨끗한'(καθαρός)은 '의식적으로, 도덕적으로 정결한'(ceremonially and morally pure)이다(BDAG).

거짓 선생들은 부정하기에 피해야 할 음식에 대해 가르쳤다(cf. 딤전 4:4). 이에 대해 사도는 깨끗한 자들(그리스도 안에 있어 의롭다 하심을 입은 자들, cf. 롬 1:17; 2:13; 5:7)에게는 모든 음식이 깨끗하다(정결하다)고 한다. 거짓 선생들은 그리스도 복음의 순수성을 훼손하고 있다.

반면에 더럽고 믿지 아니하는 자들에게는 아무것도 깨끗한 것이 없다(15b절). 칠십인역(LXX)에서 '더럽다'(μιαίνω)는 부정하다는 의미로 자주 사용된다(TDNT). 거짓 선생들은 부정한 음식을 먹지 않아야 한다고 하지만 정작 부정한 자는 그들이다. 깨끗한 이들은 그리스도의 복음을 영접한 사람들이다. 그러므로 거짓 선생들이 더럽다는 것은 '믿지 아니하는 자들'(ἀπίστοις, 불신자들)과 다름없다는 뜻이다(cf. 고전 6:6; 7:12, 15; 10:27; 14:22; 고후 4:4; 6:15; 딤전 5:8).

이단들은 마음과 양심이 더러운 자들이다(15c절). '마음'(νοῦς)은 이성과 논리를 가름하는 기관(organ)이다. '양심'(συνείδησις)은 죄나 의에 복종하기로 결정하는 도덕적 식별 기관이다(롬 6:16-18). 그러므로 마음과 양심이 더러운 자들은 이성적이지도 논리적이지도 않으면서 의를 멀리하고 죄를 따르려는 자들이다. 이런 사람들에게는 소망이 없다.

거짓 선생들은 하나님을 시인하지만 (1)행위로는 부인하는 가증한 자, (2)복종하지 아니하는 자, (3)모든 선한 일을 버리는 자들이다(16절). '가증한 자'(βδελυκτός)는 '혐오스러운'(abominable, detestable) 사람이다(BDAG). 입으로는 그리스도인이라 하면서 하나님의 자녀답게 살지 않는 사람은 가증스럽다는 뜻이다. 또한 하나님이 미워하시는 자들이다: "악인을 의롭다 하고 의인을 악하다 하는 이 두 사람은 다 여호와께 미움을 (βδελυκτός) 받느니라"(잠 17:15). 그들은 하나님과 그분의 말씀에 복종하며 살고자 하지 않는다. 그러므로 그리스도인이 할 수 있는 모든 선한 일을 스스로 버리는 자들이다. '선한 일'(πᾶν ἔργον ἀγαθὸν)은 하나님과의 교제에서 비롯되는 좋은 일이다. 하나님은 그분이 기뻐하는 일을 행하게 하기 위해 그리스도인의 삶 속에서 일하신다(빌 2:12-13).

III. 복음을 방해하는 자들(1:10-16)

이 말씀은 이단들이 교회 내에서 활동하지 못하게 하라고 한다. 그들에게 말할 기회를 주는 것은 곧 더러운 이득을 취하게 하는 일이며 가정을 온통 무너뜨리는 행위다. 그러므로 교회는 그들이 말할 기회를 원천적으로 차단해야 한다.

또한 그들을 엄히 꾸짖어야 한다. 변론과 논쟁은 별 의미가 없으므로 피하는 것이 좋다. 엄히 꾸짖으면 그들이 잘못을 깨닫게 되고 그리스도에 대한 믿음이 온전하게 될 수도 있다. 쉽지 않은 일이지만 우리가 할 수 있는 유일한 일이다.

이단들이 하는 이야기가 그럴싸하게 들릴 수 있지만, 실상은 허탄하고 반기독교적 가르침에 불과하다. 하나님의 말씀인 성경을 잘 알수록 이런 사실을 쉽게 깨닫게 된다. 그러므로 이단에 대한 가장 효과적인 대응책은 성경을 올바르게 열심히 공부하는 것이다.

입으로 하나님을 시인한다고 해서 그리스도인은 아니다. 믿음은 행위로 드러내는 것이다. 그러므로 누가 하나님을 안다고 주장하더라도 하나님의 말씀에 복종하지 않고 선한 일을 기피한다면 그를 멀리해야 한다.

Ⅳ. 목회적 권면
(2:1-10)

¹ 오직 너는 바른 교훈에 합당한 것을 말하여 ² 늙은 남자로는 절제하며 경건하며 신중하며 믿음과 사랑과 인내함에 온전하게 하고 ³ 늙은 여자로는 이와 같이 행실이 거룩하며 모함하지 말며 많은 술의 종이 되지 아니하며 선한 것을 가르치는 자들이 되고 ⁴ 그들로 젊은 여자들을 교훈하되 그 남편과 자녀를 사랑하며 ⁵ 신중하며 순전하며 집안 일을 하며 선하며 자기 남편에게 복종하게 하라 이는 하나님의 말씀이 비방을 받지 않게 하려 함이라 ⁶ 너는 이와 같이 젊은 남자들을 신중하도록 권면하되 ⁷ 범사에 네 자신이 선한 일의 본을 보이며 교훈에 부패하지 아니함과 단정함과 ⁸ 책망할 것이 없는 바른 말을 하게 하라 이는 대적하는 자로 하여금 부끄러워 우리를 악하다 할 것이 없게 하려 함이라 ⁹ 종들은 자기 상전들에게 범사에 순종하여 기쁘게 하고 거슬러 말하지 말며 ¹⁰ 훔치지 말고 오히려 모든 참된 신실성을 나타내게 하라 이는 범사에 우리 구주 하나님의 교훈을 빛나게 하려 함이라

이 섹션은 교회를 형성하는 여러 그룹의 삶의 품격에 대한 권면이다: (1)늙은 남자들(2절), (2)늙은 여자들(3절), (3)젊은 여자들(4-5절), (4)젊은 남자들(6절), (5)사역자(7-8절), (6)종들(9-10절). 각 그룹에 요구되

는 것은 특별한 지식을 습득하거나 하나님의 은사에 대한 특별한 체험에 도달하는 것이 아니다. 일상을 대하는 그들의 자세에 변화가 있어야 한다고 한다(Liefeld).

바울은 오직 바른 교훈에 합당한 것을 말하라는 권면으로 섹션을 시작한다(1절). '바른 교훈에 합당한 것'(ὑγιαινούσῃ διδασκαλίᾳ)은 직역하면 '건강한 가르침'(healthy teaching)으로 이미 목회 서신에서 몇 차례 사용한 표현이다(cf. 딤전 1:10; 6:3; 딤후 1:13; 4:3; 딛 1:9, 13). 항상 '다른 교훈'(거짓 교리)과 대조되는 건전한 교리(sound doctrine)를 뜻한다(cf. 딤전 1:10; 딤후 4:3; 딛 1:9). 기독교 역사를 보면 건전한 정통 교리는 흔히 이단 교리를 교정하는 대응책으로 발전했다(Köstenberger).

'말하다'(λαλέω)가 이곳에서는 가르친다는 의미로 사용되었다(공동, NIV, NIRV, NRS). 그레데 교회가 당면한 이단 문제를 해결하는 유일한 방법은 하나님의 말씀인 성경과 그리스도의 복음을 정확하게 전달하는 바른 교훈을 가르치는 것이다(Knight, Young). 하나님 말씀을 바로 가르칠 때 비로소 교회에서 이단들의 잡음이 없어진다(Calvin).

사도는 디도에게 늙은 남자에게 네 가지를 가르치라고 한다(2절): (1)절제, (2)경건, (3)신중, (4)믿음과 사랑과 인내함에 온전. '늙은 남자'(πρεσβύτης)는 글자가 비슷한 '장로'(πρεσβύτερος)와 구분되어야 한다. 나이가 지긋한, 곧 40-60세 정도의 남자를 뜻한다(Marshall, cf. Quinn, Yarbrough). 신약에서는 세례 요한의 아버지 스가랴(눅 1:18)와 바울(몬 1:9)을 가리키는 의미로 두 차례 더 사용되었다. 사도가 빌레몬에게 자신을 '늙은 남자'로 칭할 때 그의 나이는 60세 정도였다(Schreiner).

첫째, '절제'(νηφάλιος)는 술을 취하도록 마시지 않는 것과 냉철함(clear-headed)이다(BDAG). 나이 많은 남자는 술을 가까이하지 않고, 냉철한 판단력으로 온 교회에 모범이 되어야 한다. 감독과 여자 집사가 지녀야 할 인격의 일부다(딤전 3:2, 11).

둘째, '경건'(σεμνός)은 '존경할 만한'(worthy of respect)이다(TDNT). 남

자 집사에게는 '정중'을 여자 집사에게 '정숙'을 요구할 때 사용된 단어다(딤전 3:8, 11). 경건한 품위는 나이 든 남자들의 삶에서 빛을 발해야 한다.

셋째, '신중'(σώφρων)은 자제력(self-controlled)이다(NIDNTTE). 이 단어는 장로로 세울 만한 사람에 관한 내용(1:8)에서 사용되었다(cf. 딤전 3:2; 딛 2:5). 또한 젊은 남자(6절), 나이 든 여자와 젊은 여자(4-5절), 모든 믿는 자(2:12)가 지녀야 할 인품으로 언급된다. 신중은 모든 그리스도인이 지녀야 하는 중요한 품위 중 하나며, 그리스도인과 불신자들을 구분하는 기준이다(Lock). 그리스도인 종들도 신중하게 주인을 섬겨야 한다(Lea & Griffin). 변덕스러움, 성급한 열정, 충동성은 모든 그리스도인에게 과거의 일이 되어야 한다(Yarbrough).

넷째, '온전함'(ὑγιαίνοντας)은 '건강하다'(ὑγιαίνω)에서 온 단어다(BDAG). 일상적으로 우리는 '믿음, 소망, 사랑'을 그리스도인이 추구해야 하는 3대 가치(virtues)로 생각한다(cf. 고전 13장). 이 말씀에서는 '인내'(ὑπομονή)가 '소망'(ἐλπίς)을 대신한다. 그러나 소망하는 것은 곧 인내하는 것이다. 어떤 여건에서도 소망을 포기하지 않고 인내해야 실현을 볼 수 있기 때문이다. 디도는 그레데 성도 중에서 나이가 많고 신뢰할 수 있는 남자들을 믿음과 사랑과 인내함에 온전하게 함으로써 이단들에 대항하게 해야 한다(Yarbrough).

바울은 디도에게 늙은 여자에게도 네 가지를 가르치라고 한다(3절): (1)거룩, (2)모함하지 않음, (3)많은 술의 종이 되지 않음, (4)선한 것을 가르치는 선생. '늙은 여자들'(πρεσβύτιδας)은 '늙은 남자들'(πρεσβύτας)(2절)의 여성형이다. '이와 같이'(ὡσαύτως)는 나이 든 남자들을 대하듯 나이 든 여자들을 똑같이 대하라는 뜻이다.

첫째, '거룩한 행실'(καταστήματι ἱεροπρεπεῖς)에서 사용된 '행실'(κατάστημα)과 '거룩'(ἱεροπρεπής)은 모두 한 차례씩 사용되는 단어다 '행실'은 삶의 방식(the way to live)을(BDAG), '거룩'은 숭고한 품행(sublime deportment)을 의

미한다(Liefeld, Yarbrough). 디도는 나이 든 여자 성도들이 교회 안팎에서 남들에게 모범이 되는 삶을 살도록 가르쳐야 한다. '거룩한 행실'은 나머지 세 가지를 아우르는 말이기도 하다.

둘째, '모함하지 말며'(μὴ διαβόλους)는 말에 관한 것이며, 여자 집사들에 대한 권면에서도 사용되었다(딤전 3:11). 악의적으로 비판하는 말, 곧 그리스도인이 멀리해야 할 언어 습관이다. 우리의 말은 다른 사람들을 세우고 격려해야지 무너뜨리는 것이 되면 안 된다. 또한 이 명사의 남성 단수형인 '모함'(διάβολος)은 '사탄, 마귀'를 뜻하기도 한다(BDAG).

셋째 '많은 술의 종이 되지 아니하며'(μὴ οἴνῳ πολλῷ δεδουλωμένας)는 알코올 중독자나 술주정뱅이가 되어서는 안 된다는 말이다. 장로와 남자 집사에 대한 권면에도 술에 대한 경고가 포함되어 있다(딤전 3:3, 8). 당시 나이 든 여자들의 술주정은 헬라인과 유대인의 공통적인 문제였다(Zehr). 그럼에도 불구하고 성경에서 나이 든 여자들에게 술 취함에 대해 경고하는 것은 이 본문이 유일하다. 아마도 사도가 그레데 여자들에게만 있는 문제를 지적하는 것으로 보인다(Lea & Griffin). 그리스도인은 누구든 술을 멀리하는 것이 좋다: "술 취하지 말라 이는 방탕한 것이니 오직 성령으로 충만함을 받으라"(엡 5:18).

넷째, '선한 것을 가르치는 자들'(καλοδιδασκάλους)은 바울이 만들어 낸 단어며, 이곳에서 단 한 차례 사용된다(Köstenberger). 나이 든 여자들은 젊은 여자들을 훈련시키라는 권면이다(Yarbrough, cf. 4-5절). 주님의 종인 그리스도인 여자들은 술의 종이 된 여자들과 삶의 방식에서 확연한 차이를 보인다.

디도에게 나이 든 여자들을 훈련하라고 권면한 사도가(cf. 3절) 이번에는 훈련받은 나이 든 여자들로 하여금 젊은 여자들을 교훈하게 하라고 한다(4a절). '교훈하다'(σωφρονίζω)는 이곳에서 한 차례 사용되며 '격려하다, 충고하다'라는 뜻이다(BDAG). 사도는 젊은 디도에게 젊은 여자들을 직접 가르치라고 하지 않고 나이 든 여자들이 가르치게 한다(Stott). 교회에서 젊은 여자들을 훈련하는 것은 나이 든 여자들의 몫이라는 것이다.

나이 든 여자들이 젊은 여자들에게 가르칠 것은 남편과 자녀를 사랑하는 것이다(4b절). '남편을 사랑하고'(φίλανδρος)와 '자녀를 사랑하는'(φιλότεκνος)은 두 단어 모두 이곳에서 단 한 차례 사용된다. 이단들이 더러운 이득을 취하기 위해 그레데 성도들의 가정을 무너뜨리고 있다(1:11). 이런 상황에서 남편과 자녀를 사랑하라는 것은 곧 여자들이 나서서 가정을 지키고 보호하라는 권면이다. 당시 사회에서 가정을 사랑하는 것은 여자들이 지녀야 할 가장 바람직한 미덕으로 여겨졌다(Kelly, Marshall).

젊은 여자들은 어떻게 자기 남편과 자녀를 사랑해야 하는가? 바울은 그들이 지녀야 할 미덕 다섯 가지를 언급한다(5절): (1)신중함, (2)순전함, (3)집안일을 함, (4)선함, (5)남편에게 복종함. 첫째, '신중함'(σώφρων)은 자제력(self-controlled)이다(NIDNTTE). 이는 앞에서 늙은 남자들(2절)과 장로로 세울 만한 사람이 지녀야 할 인품으로 언급되었다(1:8; cf. 딤전 3:2). 또한 젊은 남자(6절)와 모든 믿는 자(2:12)가 지녀야 할 품격이다. 신중함은 모든 그리스도인이 지녀야 하는 인격이며, 그리스도인과 불신자들을 구분하는 기준이다(Lock). 변덕스러움, 성급한 열정, 충동성은 모든 그리스도인에게 과거의 일이 되어야 한다(Yarbrough).

둘째 '순전함'(ἁγνός)은 '순결함'(purity)이다(BDAG). 처녀의 '정결함'(고후 11:2), 혹은 '깨끗함'으로 번역되기도 한다(고후 7:11). 비유적으로 사용될 때는 교회와 그리스도인들의 신학적·윤리적 우수함을 상징한다(빌 4:8). 요한은 순전함에서 그리스도를 닮아야 한다고 말한다: "주를 향하여 이 소망을 가진 자마다 그의 깨끗하심(ἁγνός)과 같이 자기를 깨끗하게(ἁγνίζει) 하느니라"(요일 3:3). 본문에서는 남편에 대한 아내의 성적 충실성을 의미한다(Bassler, Köstenberger).

셋째, '집안일을 하며'(οἰκουργός)는 '집에서 일하며'(working at home, ESV), '집에서 바쁘며'(busy at home, NIV) 등으로 번역할 수 있다. 이 단어의 의미를 가장 잘 반영한 번역은 '집안 살림을 잘하고'다(take good care of their homes, 새번역, 공동, NIRV, NRS).

넷째, '선하며'(ἀγαθός)는 '어질고'(새번역), '착한'(공동) 등으로 번역할 수 있다. 대부분 번역본은 '친절하며'(kind)로 번역했다(아가페, ESV, NAS, NIV, NIRV, NRS). 성경은 아리마대 요셉(눅 23:50-51)과 바나바(행 11:24)를 선하다고(ἀγαθὸς) 한다.

다섯째, '자기 남편에게 복종하게'(ὑποτασσομένας τοῖς ἰδίοις ἀνδράσιν)에서 '복종하다'(ὑποτάσσω)는 '다스림을 받다'(subject)이다(BDAG). 사도는 이미 젊은 여자들이 남편을 사랑하도록 교훈하라고 권면했다(4절). 그러므로 억지로 하는 복종이 아니라 마음에서 우러나는 복종이다. 남편은 아내의 복종에 대해 그리스도가 교회를 사랑하는 것과 같은 사랑으로 화답해야 한다(엡 5:25).

젊은 여자들이 이 같은 성품을 지니도록 권면하는 것은 하나님의 말씀이 비방받지 않게 하기 위해서다. 우리의 행실은 우리의 덕이나 부덕함으로 끝나는 것이 아니라 우리를 구원하신 하나님의 명예에 영향을 미친다. 만약 기독교가 이런 가치들을 안내하고 가능하게 하는 역할을 하지 않는다면 그 사회적 가치를 보여 주지 못할 것이므로 사회로부터 불신과 지탄을 받게 될 것이다(Oden).

디도는 이와 같이 젊은 남자들이 신중하도록 권면해야 한다(6절). '젊은 남자들'(νεωτέρους)은 '젊은 여자들'(νέας)과 대응 관계(counterpart)에 있는 이들로 25-30세 정도의 남자들이다(Köstenberger). '신중하다'(σωφρονέω)는 '신중함'(σώφρων)을 어원으로 하는 동사다(cf. 2, 3, 5절). 정신적·정서적 평정을 유지하며, 산만하거나 충동적이지 않고 집중한다는 뜻이다(TDNT, cf. 롬 12:3; 벧전 4:7).

IV. 목회적 권면(2:1-10)

사도는 사역자인 디도에게 개인적으로도 권면한다(7-8절). 디도는 범사에 선한 일의 본을 보여야 한다(7a절). '본'(τύπος)은 패턴, 모델(pattern, model)이다. 사람들이 평소에 그가 행하는 선한 일을 모델로 삼고 따라하게 하라는 것이다. 베드로는 교회 지도자들에게 "맡은 사람들을 지배하려고 하지 말고, 양 떼의 모범(τύποι)이 되라"라고 했다(벧전 5:3, 새번역). 디모데와(딤전 4:12) 바울도(빌 3:17; cf. 고전 4:16; 11:1; 살후 3:7, 9) 모든 그리스도인에게 본이 되었다. 본이 되는 것은 기독교 리더십의 기본이다.

디도가 그레데 성도들에게 교훈을 줄 때는 부패하지 아니함과 단정함과 책망할 것이 없는 바른 말을 해야 한다(7b-8a절). '교훈에'(ἐν τῇ διδασκαλίᾳ)는 가르칠 때, 곧 설교하고 말씀을 강론할 때다. 사역자가 하는 일 중 가장 중요한 것이 설교와 강론이다. '부패하지 않음'(ἀφθορία)은 '건전함, 순결함'(soundness, purity)이다(BDAG). 도덕적 순결함도 포함한다(Köstenberger).

'단정함'(σεμνότης)은 형용사 '경건'(σεμνός)(2절)의 명사형이다. 목회 서신에서는 '공손함'(딤전 3:4), 정중함(딤전 3:8), 정숙함(딤전 3:8)으로 번역되었다. 흠잡을 것 없는 삶을 살라는 뜻이다(Marshall).

'책망할 것이 없는 바른 말'(λόγον ὑγιῆ ἀκατάγνωστον)(8a절)은 '책잡힐 것이 없는 건강한 말'이다. '건강한 말'은 이단들이 가르치는 '다른 교훈'과 반대되는 말이다. 목회자는 성경적이고 정통적인 가르침만 선포해야 한다.

바울이 디도에게 자기처럼 경건한 삶과 바른(건강한) 말(가르침)을 하라는 것은 교회를 대적하는 자로 하여금 부끄러워 그들을 악하다 할 것이 없게 하기 위해서다(8b절). 사역자의 삶이 경건하고 가르침이 건강하면 기독교를 훼손하고자 하는 대적자와 이단들이 설 자리가 없다. 그러므로 교회를 지키고 보호하는 가장 좋은 방법은 사역자의 투명한 삶과 거룩한 가르침이다.

사역자인 디도에게 한 권면이 종들(노예들)에 대한 지침으로 이어진다(9-10절). 사역자와 노예는 교회를 구성하는 여러 계층 중 가장 위와 아래다. 중간에 늙은 남자와 여자와 젊은 남자와 여자 그룹이 있다.

종들은 자기 상전들에게 범사에 순종함으로써 그들을 기쁘게 해야 한다(9a절). '범사'(ἐν πᾶσιν)는 '모든 일에'(in everything, 새번역, 공동, ESV, NAS, NIV) 혹은 '항상'(always, 아가페, NLT)을 뜻한다. 다른 곳에서 사도는 종들에게 "무슨 일을 하든지 마음을 다하여 주께 하듯 하고 사람에게 하듯 하지 말라"라고 권면했다(골 3:23).

종들이 주인들에게 순종해 그들을 기쁘게 하려면 거슬러 말하지 않아야 않다(9b절). 말대꾸하지 말라는(새번역, 공동, NIV, NRS) 혹은 다투지 말라는(아가페, ESV, NAS) 뜻이다.

또한 종들은 주인의 것을 훔치지 말고 오히려 모든 참된 신실성을 나타내게 해야 한다(10a절). '훔치다'(νοσφίζω)는 '물건을 주인에게 주지 않고 가지고 있다'라는 뜻이다(TDNT). 아나니아와 삽비라가 이런 죄를 저질렀다(행 5:2, 3). 그리스도인 노예들은 주인을 속이지 않고 진실되게 행하여 오히려 모든 참된 신실성을 나타내야 한다. 이렇게 하면 주인이 종을 더 신뢰할 것이다(Liefeld, Yarbrough). 이 또한 범사에 우리 구주 하나님의 교훈을 빛나게 하기 위해서다. 우리가 어떻게 사느냐에 따라 하나님을 영화롭게 할 수도 있고, 주님의 명예에 먹칠을 할 수도 있다.

이 말씀은 사역자들은 하나님의 바른 교훈에 합당한 것을 가르치고 선포해야 한다고 한다. 그렇게 하려면 사역자들은 성경 말씀을 열심히 연구하고 묵상해야 한다. 자기 말이 아니라 하나님의 말씀을 올바르게 해석해 가르치고 선포해야 하기 때문이다.

모든 그리스도인에게 요구되는 미덕은 신중함이다. 신중함은 자제력(self-control)이다. 변덕스러움, 성급한 열정, 충동성은 과거의 일이 되어야 한다. 매일 조금씩 자기 자신을 통제하며 선한 행실을 연습을 하는 것이 경건 훈련이다.

교회의 평안과 안녕은 모든 사람이 노력해서 이루어 가야 하는 것이지만, 특별히 나이 든 성도들이 더 열심히 노력해야 한다. 나이 든 사람들은 많은 경험과 노련함을 토대로 이단들로부터 교회를 보호하고 지킬 수 있다. 반대로 그들이 흔들리면 교회도 흔들린다.

복음의 능력을 가장 확실하게 보여 줄 수 있는 곳은 가정이다. 우리 가정이 그리스도의 사랑으로 서로 사랑하고 섬길 때 그리스도 안에서 우리만 변하는 것이 아니라, 복음의 위대함이 주변 사람들에게 드러날 것이다.

우리는 하나님의 말씀과 교훈을 빛나게 하는 삶을 살아야 한다. 말씀에 따라 경건하고 거룩한 삶을 살 때 하나님의 교훈은 어두운 세상을 밝게 비출 것이다. 하나님의 교훈이 우리의 삶을 통해 밝게 빛날 때 전도와 선교의 길도 열린다.

V. 목회를 하는 이유
(2:11-15)

¹¹ 모든 사람에게 구원을 주시는 하나님의 은혜가 나타나 ¹² 우리를 양육하시되 경건하지 않은 것과 이 세상 정욕을 다 버리고 신중함과 의로움과 경건함으로 이 세상에 살고 ¹³ 복스러운 소망과 우리의 크신 하나님 구주 예수 그리스도의 영광이 나타나심을 기다리게 하셨으니 ¹⁴ 그가 우리를 대신하여 자신을 주심은 모든 불법에서 우리를 속량하시고 우리를 깨끗하게 하사 선한 일을 열심히 하는 자기 백성이 되게 하려 하심이라 ¹⁵ 너는 이것을 말하고 권면하며 모든 권위로 책망하여 누구에게서든지 업신여김을 받지 말라

본 텍스트는 예수님의 초림(11절)과 재림(13절)을 중심으로 그리스도의 복음을 요약하고 있다(Dunn). 그리스도의 초림과 재림은 우리가 이 땅에서 의롭고 경건하게 사는 이유와 소망이 되었다. 그러므로 사역자는 재림을 소망하며 말하고, 권면하고, 책망함으로써 성도들이 그리스도의 재림을 기다리는 삶을 살게 해야 한다.

모든 사람에게 구원을 주시는 하나님의 은혜가 나타났다(11절). '모든 사람'(πᾶσιν ἀνθρώποις)은 인종과 사회적 지위에 상관없이 모든 종류의 사람을 의미한다(Liefeld, Köstenberger). 때와 장소에 상관없이 누구든

지 그리스도의 복음을 영접하면 구원을 얻을 수 있다. 그러나 일부는 교회에 다니며 하나님을 안다고 떠들어 대지만 하나님의 '바른 교훈'을 부인했기 때문에 구원에 이를 수 없다(cf. 딛 1:10, 15-16). 그러므로 '모든 사람에게 구원을 주신다'라는 말씀이 보편 구제설(Universalism)의 증거가 될 수는 없다(Liefeld). '모든 사람'은 앞 섹션(2:1-10)이 언급한 '늙은 남자들과 여자들과 젊은 남자들과 여자들과 종들'을 모두 포함한다. 하나님의 구원하시는 은혜가 그들에게 나타났다.

목회 서신에서 '은혜'(χάρις)는 13차례 사용되는데, 주로 서신을 시작하는 인사말과 마무리하는 인사말로 사용된다. 하나님의 은혜는 우리로 하여금 의롭다 하심을 얻고 영생을 상속하는 자가 되게 한다: "우리로 그의 은혜를 힘입어 의롭다 하심을 얻어 영생의 소망을 따라 상속자가 되게 하려 하심이라"(3:7). 은혜는 하나님의 구원하심이 우리에게 임하는 수단인 것이다.

'나타나다'(ἐπιφαίνω)는 어두운 곳에 빛이 비친다는 뜻이다: "어둠과 죽음의 그늘에 앉은 자에게 비치고(ἐπιφᾶναι) 우리 발을 평강의 길로 인도하시리로다"(눅 1:79; cf. 행 27:20). 하나님의 은혜가 나타난 것은 구속사의 절정인 예수님의 성육신이 역사적 사실이 된 것을 뜻한다 (Yarbrough, cf. Köstenberger, Liefeld).

하나님의 은혜(성육신하신 예수님)는 우리를 양육하셨다(12a절). '양육하다'(παιδεύω)는 '가르치다, 훈련하다, 교육하다, 지도하다' 등 다양한 의미로 해석될 수 있다(cf. NIDNTTE). 이 동사의 가장 중요한 이미지는 부모가 자녀들을 양육하고 훈육하는 것이다. 하나님의 은혜이신 예수님은 부모가 자녀들을 양육하듯 우리를 훈련시키셨다. 이 같은 주님의 훈련이 처음에는 제자들에게, 승천하신 후에는 제자들이 세운 사역자들이 대를 이으며 오늘날까지 이어지고 있다. 예수님이 세상에 계시지 않은 상황에서 가장 중요한 훈련 매뉴얼은 성경이다. 사역자들은 하나님의 말씀을 가르치고 말씀으로 양육함으로써 주님의 사역을 이어 가

V. 목회를 하는 이유(2:11-15)

야 한다.

예수님의 양육은 신학적 이론이 아니라 실질적인 삶에 관한 것으로 구성되어 있다. 우리의 삶에 당장 적용할 수 있는 실용적인 훈육인 것이다. 주님의 양육은 경건하지 않은 것과 이 세상 정욕 등 부정한 것을 버리게 했다(12b절). '경건하지 않은 것'(ἀσέβεια)은 '하나님을 믿지 않음'(godlessness)과 '신앙심이 없음'(impiety) 등 종교적인 의미를 지닌다(TDNT). 하나님의 진노가 하늘로부터 이 세상에 임한 이유다(롬 1:18). 또한 경건하지 않은 것은 사람의 망령되고 헛된 말이 빚어내는 결과다(딤후 2:16).

'이 세상 정욕'(τὰς κοσμικὰς ἐπιθυμίας)에서 '정욕'(ἐπιθυμία)은 '갈망'(longing), '욕망'(desire) 등 긍정적인 의미로 사용될 수 있는 단어다. '이 세상'이 수식어로 붙으면서 '금지된 것이나 과도한 것에 대한 욕망, 갈망, 정욕'(BDAG) 등 부정적인 의미를 지니게 되었다: "특별히 육체를 따라 더러운 정욕(ἐπιθυμία μιασμου) 가운데서 행하며 주관하는 이를 멸시하는 자들에게는 형벌할 줄 아시느니라"(벧후 2:10). 그러므로 '이 세상의 정욕'을 버린다는 것이 모든 욕망을 버려야 하는 금욕주의(ascetism)를 지향하라는 말은 아니다(Marshall). 우리는 죽는 순간까지 그리스도를 닮아 가는 일을 갈망해야 한다. 경건하지 않은 개인적인 욕망을 버리라는 '자기 부인'(self-denial)에 관한 말씀이다(Yarbrough). '버리다'(ἀρνέομαι)는 '부인하다'(deny), '거부하다'(repudiate), '의절하다'(disown)이다(BDAG).

예수님의 양육은 우리로 하여금 경건하지 않은 것과 이 세상 정욕을 다 버리고 신중함과 의로움과 경건함으로 이 세상을 살게 했다(12b절). '신중함'(σώφρων)은 어떤 일을 결정할 때 활용하는 자제력(self-control)이다(NIDNTTE. cf. 딤전 3:2; 딛 1:8; 2:5). 지혜로운 사람은 무언가를 결정할 때 감정을 억제할 줄 안다: "어리석은 자는 자기의 노를 다 드러내어도 지혜로운 자는 그것을 억제하느니라"(잠 29:11; cf. 전 7:9).

'의로움'(δίκαιος)이 디모데전서 1:9에서는 '옳은 사람'으로 번역되었다 (cf. 딤후 4:8). '옳은 사람'(δίκαιος)은 의로운 사람이다. 율법은 사람을 의롭게 할 수 없다: "율법의 행위로 그의 앞에 의롭다 하심을 얻을 육체가 없나니 율법으로는 죄를 깨달음이니라"(롬 3:20). 율법은 죄를 의식하게 할 수는 있어도, 하나님이 요구하시는 의로움을 줄 수는 없다는 것이다.

바울 서신에서 의로운(옳은) 사람은 예수 그리스도를 믿는 믿음으로 말미암아 하나님께 의롭다 하심을 받은 사람이다(Liefeld, Köstenberger, Yarbrough, cf. 롬 3:24, 26). 우리는 죄에서 자유로울 수 없지만 이미 의롭다 하심을 얻었다. 그러므로 당당하게 가슴을 펴고 삶에 임해야 한다.

'경건함'(εὐσεβῶς)은 '독실함, 경건함'(devout, godly, pious)이다(BDAG). 경건하게 사는 사람(εὐσεβῶς)은 박해를 피할 수 없다: "무릇 그리스도 예수 안에서 경건하게 살고자 하는 자는 박해를 받으리라"(딤후 3:12). 주님은 우리에게 고난과 박해를 각오하고 신중함과 의로움과 경건함으로 이 세상을 살라고 하셨다.

또한 예수님은 복스러운 소망과 우리의 크신 하나님 구주 예수 그리스도의 영광이 나타나심을 기다리게 하셨다(13절). '복스러운 소망'(μακαρίαν ἐλπίδα)은 우리의 소망은 하나님이 축복으로 주신 것이라는 뜻이다. 우리의 복스러운 소망은 바로 그리스도의 나타나심을 기다리는 것이다. '기다리다'(προσδέχομαι)는 어떤 일이 실현되기를 손 놓고 막연히 기다리는 것이 아니라 간절하게 실현되기를 바라는 것이다(NIDNTTE).

'나타나심'(ἐπιφάνεια)은 '현현'(epiphany)이며 예수님의 강림(재림)(παρουσία)을 뜻한다: "그 때에 불법한 자가 나타나리니 주 예수께서 그 입의 기운으로 그를 죽이시고 강림하여(παρουσίας) 나타나심으로(ἐπιφανείᾳ) 폐하시리라"(살후 2:8; cf. 딤전 6:14; 딤후 1:10; 4:1, 8).

우리가 나타나기를 기다리는 분은 다름 아닌 '우리의 크신 하나님 구주 예수 그리스도'(μεγάλου θεοῦ καὶ σωτῆρος ἡμῶν Ἰησοῦ Χριστου)시다. 성자 예수님은 성부 하나님과 본질과 속성에서 동등하시다는 뜻이다 (Dunn, Liefeld, Köstenberger, Twomey, Yarbrough, cf. 요 1:1, 18; 20:28; 롬 9:5; 살후 1:12; 히 1:8; 벧후 1:1; 요일 5:20). 그러므로 본문은 기독론에서 매우 중요한 말씀이다.

하나님이신 예수님이 성육신하여 이 땅에서 이루신 일은 두 가지다 (14절): (1)우리를 대신해 자신을 내어주심으로써 모든 불법에서 우리를 속량하셨다, (2)우리를 깨끗하게 하셔서 선한 일을 열심히 하는 자기 백성이 되게 하셨다.

'속량하다'(λυτρόω)는 '몸값(대가)을 치르고 자유롭게 하다'(free by paying ransom)라는 뜻이다(BDAG). 예수님의 십자가 죽음은 우리의 죗값을 대속하는 죽음이었다: "그가 찔림은 우리의 허물 때문이요 그가 상함은 우리의 죄악 때문이라 그가 징계를 받으므로 우리는 평화를 누리고 그가 채찍에 맞으므로 우리는 나음을 받았도다"(사 53:5). 주님은 우리를 대신해 자신을 내어주심으로써 우리를 모든 불법에서 구원하셨다(14a절). '불법'(ἀνομία)은 '의로움'(δικαίως, 12절)의 반대말이다. 하나님으로부터 멀어진 인류가 유일하게 할 수 있는 것은 불법을 저지르는 일이었다(cf. 롬 1:18-3:20).

우리를 속량하신 예수님은 우리를 깨끗하게 하셔서 선한 일을 열심히 하는 자기 백성이 되게 하셨다(14b절). 주님의 속량하심을 받은 우리가 선한 일을 열심히 하는 것은 선택이 아니라 필수다. 주님은 우리로 하여금 이렇게 살게 하기 위해 우리를 구원하셨기 때문이다.

디도는 이것을 말하고 권면하며 모든 권위로 책망해야 한다(15a절). '이것'(Ταῦτα)은 2:1-14에 기록된 것이다(Yarbrough). '말하다-권면하다-책망하다'는 순서에 따라 강도가 심화되는 동사들이다. "오직 바른 교훈에 합당한 것을 말하라"(2:1)라는 명령을 다른 말로 설명하고 표현한 것이다. 이 세 가지 중 사역자가 하기에 가장 어렵고 싫은 일은 책망하는 일이다. '책망하다'(ἐλέγχω)는 숨겨진 것(죄)을 드러내고 악행을 공개적으로 비난하는 것이기 때문이다(NIDNTTE).

그러나 디도가 잘못된 사람들은 반드시 책망하겠다는 각오로 사역에 임해야 누구에게서든지 업신여김을 받지 않을 것이다(15b절). '업신여기다'(περιφρονέω)는 이곳에서 한 번 사용되는 단어로 '내려다보다'(look down on), '경멸하다'(despise)라는 뜻이다(BDAG). 사역자가 존경과 권위를 잃으면 사역하기가 참으로 힘들어진다.

이 말씀은 하나님의 은혜이신 예수님이 우리를 양육하신다고 한다. 하나님의 양육을 받는 우리는 이 사실을 영광스럽게 생각하고 더욱더 열심히 훈련에 참여해야 한다. 물론 주님은 성경을 가르치고 기독교 교리를 선포하는 사역자들을 통해 우리를 양육하신다.

사역자들은 그리스도의 재림을 기다리는 사역을 해야 한다. 하나님은 우리에게 그리스도의 영광이 나타나심을 기대하는 복스러운 소망을 주셨다. 종말을 간절히 소망하며 사역하는 것과 별로 생각하지 않고 사역하는 것에는 큰 차이가 있다.

우리는 이 땅에 사는 동안 선한 일을 열심히 해야 한다. 예수님이 우리를 자기 백성으로 삼으실 때 주신 소명이다. 우리가 죄인이었을 때 하는 일은 모두 죄짓는 일이었다. 그리스도를 영접하고 난 후 이제는 선한 일을 할 수 있게 된 것에 감사하며 열심히 선을 행해야 한다.

Ⅵ. 목회자의 사역
(3:1-11)

¹ 너는 그들로 하여금 통치자들과 권세 잡은 자들에게 복종하며 순종하며 모든 선한 일 행하기를 준비하게 하며 ² 아무도 비방하지 말며 다투지 말며 관용하며 범사에 온유함을 모든 사람에게 나타낼 것을 기억하게 하라 ³ 우리도 전에는 어리석은 자요 순종하지 아니한 자요 속은 자요 여러 가지 정욕과 행락에 종 노릇 한 자요 악독과 투기를 일삼은 자요 가증스러운 자요 피차 미워한 자였으나 ⁴ 우리 구주 하나님의 자비와 사람 사랑하심이 나타날 때에 ⁵ 우리를 구원하시되 우리가 행한 바 의로운 행위로 말미암지 아니하고 오직 그의 긍휼하심을 따라 중생의 씻음과 성령의 새롭게 하심으로 하셨나니 ⁶ 우리 구주 예수 그리스도로 말미암아 우리에게 그 성령을 풍성히 부어 주사 ⁷ 우리로 그의 은혜를 힘입어 의롭다 하심을 얻어 영생의 소망을 따라 상속자가 되게 하려 하심이라 ⁸ 이 말이 미쁘도다 원하건대 너는 이 여러 것에 대하여 굳세게 말하라 이는 하나님을 믿는 자들로 하여금 조심하여 선한 일을 힘쓰게 하려 함이라 이것은 아름다우며 사람들에게 유익하니라 ⁹ 그러나 어리석은 변론과 족보 이야기와 분쟁과 율법에 대한 다툼은 피하라 이것은 무익한 것이요 헛된 것이니라 ¹⁰ 이단에 속한 사람을 한두 번 훈계한 후에 멀리하라 ¹¹ 이러한 사람은 네가 아는 바와 같이 부패하여 스스로 정죄

한 자로서 죄를 짓느니라

본문은 그리스도인이 어떤 삶을 살아야 하는지에 대한 권면이다. 그러므로 윤리적인 가르침이 대부분이다(cf. 1-3, 8-11절). 본문 중앙에는 (4-7절) 이런 삶에 대한 권면의 근거가 되는 그리스도의 구원하심과 풍성한 성령의 부으심에 대한 가르침이 있다.

사도는 디도에게 그들로 하여금 통치자들과 권세 잡은 자들에게 복종하며 순종하게 하라고 한다(1a절). '그들'(αὐτοὺς)은 그레데 성도들이다(cf. 새번역, 공동). '통치자들'(ἀρχαῖς)과 '권세 잡은 자들'(ἐξουσίαις)은 그레데를 다스리는 정부와 관료들(government and its officers)이다(NLT, cf. 롬 13:1-3). 자신이 사는 세상을 다스리는 자들에게도 복종하고 순종하라는 권면은 예수님의 가르침에 근거한 것이다(Lea & Griffin): "가이사의 것은 가이사에게, 하나님의 것은 하나님께 바치라"(마 22:21).

이 말씀은 그리스도인은 언제 어디서든 모든 통치자와 권세 잡은 자들에게 무조건 복종해야 한다는 의미가 아니다. 만일 통치자나 권세자들이 하나님께 반역하기를 요구하거나 악한 일을 하라고 할 때는 복종할 필요가 없다(cf. 롬 13:1-7). 그러므로 본문도 그들에게 복종하고 순종하는 일이 곧 "모든 선한 일을 행하기를 준비하게 하는 것"(1b절)으로 이어진다.

성경에는 '시민 불복종'(civil disobedience)으로 분리될 수 있는 사건이 곳곳에 기록되어 있다. 이집트 왕이 히브리 산파들을 불러 히브리 여인들의 해산을 도울 때 남자아이가 태어나면 죽이고 여자아이면 살려두라고 명령했다(출 1:15-16). 시민이 왕의 명령을 거역하는 것은 생명을 잃을 수도 있는 매우 위험한 행위였다. 그럼에도 불구하고 산파들이 위험을 무릅쓰고 바로의 요구에 따르지 않았던 것은 그들이 이집트 왕보다는 이스라엘의 왕이신 하나님을 더 두려워했기 때문이다(출 1:17). 하나님에 대한 두려움은 세상의 가치와 하나님의 기준이 대립할

VI. 목회자의 사역(3:1-11)

때 가장 확실한 효과를 발휘한다. 이 일로 인해 하나님은 산파들이 이집트의 통치자에게 복종하지 않았다며 벌을 내리신 것이 아니라 오히려 그들의 집안에 복을 내리셨다(출 1:21).

하나님은 모세를 보내 이집트 왕과 1년 동안 갈등과 대립을 빚게 하셨다(cf. 출 7-12장). 다니엘의 세 친구 사드락과 메삭과 아벳느고는 바벨론 왕 느부갓네살의 우상에 절하라는 명령을 거역해 풀무불 속에 던져졌다(cf. 단 3장). 다니엘도 다리오왕에게만 기도하라는 칙령을 어기고 창문을 열고 하나님의 성전이 있는 예루살렘을 향해 기도하다가 사자굴에 던져졌다(cf. 단 6장). 베드로와 요한도 더는 복음을 전파하지 말라는 유대인 공회의 명령에 불복종했다(행 4:18-20).

그리스도인은 비기독교 사회에서 최대한 문제를 일으키지 않고 살아야 한다. 통치자와 권세자들이 펼치는 정책에 순종하고 복종하며 살아야 한다. 그러나 그들이 펼치는 정책이 하나님 말씀에 위배되는 죄와 악이라면 처벌과 박해를 각오하고 불복종해야 한다.

그리스도인은 모든 선한 일을 하기 위해 항상 준비되어 있어야 한다(1b절). 목회 서신에서 우리가 선한 일을 하는 것은 매우 중요한 주제다(딤전 2:10; 5:10, 25; 6:18; 딤후 2:21; 딛 2:7, 14; 3:8, 14). 하나님이 세우신 권세라면 우리가 사회를 더 따뜻하고 행복한 곳으로 만들기 위해 하는 선한 일을 방해하지 않을 것이다.

디도가 그레데 성도들에게 가르칠 사회적 윤리(1절)에 관해 말한 사도가 이제는 그들의 개인적 윤리에 대해 기억하게 하라고 한다(2절). '기억하다'(ὑπομιμνήσκω)는 1-2절로 구성된 한 문장을 시작하는 단어다. 그러므로 우리말 번역본은 대부분 이 단어를 1절에 포함하지만(cf. 새번역, 공동, 아가페, 현대인), 개역개정처럼 헬라어와 우리말의 어순 차이를 고려해 2절을 마무리하는 위치에 넣기도 한다.

그레데 성도들이 각자 윤리적인 삶을 살고자 한다면 새로운 것을 배울 필요가 없다. 그들이 배워 이미 알고 있는 것들을 떠올리면 된다.

'기억하라'(Ὑπομίμνῃσκε)는 현재형 명령어다. 계속 기억하게 하라는 지속성을 강조한다. 이미 배운 것을 떠올리며 윤리적인 삶을 살게 하는 것은 가장 은혜로운 교육 방법이다(Liefeld). 사도는 그들이 기억해야 할 것으로 네 가지를 지적한다: (1)아무도 비방하지 말라, (2)다투지 말라, (3)관용하라, (4)범사에 온유함을 모든 사람에게 나타내라.

첫째, '아무도 비방하지 말라'(μηδένα βλασφημεῖν)에서 '비방하다'(βλασφημέω)는 누군가 또는 무언가에 대해 악의적으로 비난하는 행위다(BDAG). 죄의 영향력 아래 있는 사람은 투덜거리고, 비방하고, 불평하는 등 언어적으로 상대방 공격하기를 좋아한다. 그러므로 아무도 비방하지 않는 것은 우리가 죄의 영향력 아래 있지 않다는 증거가 될 수 있다.

둘째, '다투지 말라'(ἀμάχους εἶναι)는 '평화로운'(peaceable), '다투지 않는'(not quarrelling) 사람이 되라는 뜻이다(NIDNTTE). 이 단어는 신약에서 감독이 갖추어야 할 자질로 한 번 더 사용된다(딤전 3:3). 다툼은 우리가 온유한 그리스도를 주님과 구주로 고백한 일과 일치하지 않는다. 그러므로 피하는 것이 최선이다.

셋째, '관용'(ἐπιεικής)은 '사려 깊은, 온화한, 친절한, 양보하는, 관대함' 등이다(BDAG). 사람이 관용하다는 것은 모든 상황에서 한 걸음 뒤로 물러나 객관적으로 평가하려 하고, 연루된 사람들을 존중해 행동을 취하는 것이다.

넷째, '범사에 온유함을 모든 사람에게 나타내라'에서 '범사'(πᾶσαν)는 모든 일이며, '모든 사람'(πάντας ἀνθρώπους)은 기독교인뿐 아니라 세상 모든 사람을 가리킨다. 우리는 교회 안에서만 빛이 되는 것이 아니라 세상에서도 빛이 되는 삶을 살아야 한다(cf. 마 5:14-16). '온유함'(πραΰτης)은 자신의 중요성을 지나치게 의식하지 않는 사람만이 남들에게 베풀 수 있다(Liefeld). 그러므로 온유함은 겸손함을 전제한다.

그리스도인이 남을 대할 때 비방과 말다툼을 멀리하고 관용과 온유

VI. 목회자의 사역(3:1-11)

함으로 해야(cf. 2절) 하는 이유는 그들도 한때 사람들로부터 비방과 다툼을 받아도 당연한 삶을 살았기 때문이다. 그리스도를 영접하기 전 그들은 온갖 추태를 부리는 자로 살았다(3절): (1)어리석은 자, (2)순종하지 아니한 자, (3)속은 자, (4)여러 가지 정욕과 행락에 종노릇한 자, (5)악독과 투기를 일삼은 자, (6)가증스러운 자, (7)피차 미워한 자. 모든 사람이 이 일곱 가지 죄를 다 실천했다는 말은 아니다. 대부분 사람이 이 일곱 가지 중 최소 두세 가지 죄는 지었다고 인정할 것이다.

첫째, 어리석은 자들(ἀνόητοι)은 잘못된 판단력을 행사하고 무분별하게 행동하는 자들이다(BDAG). 사람들은 영적인 이해력이 부족해 이런 짓을 한다(Köstenberger). 하나님을 떠나 부를 좇았다가 스스로 망하는 자들(딤전 6:9)과 그리스도의 복음을 버리고 율법을 찾아 나선 자들도 여기에 속한다(갈 3:1). 바울은 이런 자들을 '성령으로 시작했다가 육체로 마치는 자들'이라 한다(갈 3:3).

둘째, '순종하지 아니한 자들'(ἀπειθεῖς)은 제멋대로 행동하는(unruly behavior) 자들이다(cf. 눅 1:17; 딛 1:16). 부모를 거역하는 자들(롬 1:30; 딤후 3:2)과 입으로는 하나님을 시인하지만 행위로는 복종하지 않는 자들을 포함한다: "그들이 하나님을 시인하나 행위로는 부인하니 가증한 자요 '복종하지 아니하는 자요'(ἀπειθεῖς) 모든 선한 일을 버리는 자니라"(딛 1:16). 본문에서는 하나님의 명령을 거부하는 자들이다(Köstenberger, cf. 행 26:19).

셋째, '속은 자들'(πλανώμενοι)은 세상의 신인 사탄에게 속아 그리스도를 믿지 않는 사람들이다(Lea & Griffin): "그 중에 이 세상의 신이 믿지 아니하는 자들의 마음을 혼미하게 하여 그리스도의 영광의 복음의 광채가 비치지 못하게 함이니"(고후 4:4). 사도는 시간이 지날수록 세상에 속임수가 만연해질 것이라고 경고한다: "악한 사람들과 속이는 자들은 더욱 악하여져서 속이기도 하고 '속기도 하나니'(πλανώμενοι)"(딤후 3:13).

넷째, '여러 가지 정욕과 행락에 종노릇한 자'에서 '정욕'(ἐπιθυμία)

은 '욕망'(desire), '갈망'(longing)을 '행락'(ἡδονή)은 '기쁨'(pleasure), '즐거움'(enjoyment)을 뜻한다. 이 두 가지는 가치 중립적이라 할 수 있지만, 성경에서는 자주 부정적인 의미로 쓰인다(cf. 눅 8:14; 약 4:1, 3; 벧후 2:10, 13). 본문에서도 '종노릇한 자'(δουλεύοντες)가 이 두 단어가 부정적으로 사용되고 있음을 암시한다. 그리스도께서 세상적인 정욕과 행락에 노예가 된 우리를 해방시키셨다는 사실을 생각하면 본문이 제시하는 죄 목록의 절정이다(Köstenberger, cf. 롬 6:16-19). 하나님이 양육하실 때 비로소 우리는 정욕에서 자유로울 수 있다: "우리를 양육하시되 경건하지 않은 것과 이 세상 '정욕'(ἐπιθυμίας)을 다 버리고 신중함과 의로움과 경건함으로 이 세상에 살고"(2:12).

다섯째, '악독과 투기를 일삼은 자'에서 '악독'(κακία)은 '악함, 타락, 사악함, 악덕' 등을, '투기'(φθόνος)는 '시기, 질투' 등을 뜻한다(BDAG). '일삼은 자들'(διάγοντες)은 평소에 이렇게 사는 자들, 혹은 평생 이렇게 살아온 자들이다(TDNT). 악독과 투기는 어쩌다 한 번 저지르는 실수가 아니라 그들의 삶과 행동 방식이었다(Yarbrough).

여섯째, '가증스러운 자'(στυγητοί)는 이곳에서 한 차례 사용되는 단어다. '혐오스러운'(loathsome), '비열한'(despicable) 사람을 말한다(BDAG). 본문에서는 '하나님을 미워하는 자들'(God-haters)이라는 의미로 사용되었다(Köstenberger).

일곱째, '피차 미워한 자'(μισοῦντες ἀλλήλους)에서 미워하는 자들(μισοῦντες)은 남을 혐오하는(detest abhor) 사람들이다. 가인이 아벨을 죽인 일에서 볼 수 있듯이 사람은 미움에 사로잡히면 형제도 죽일 수 있다(cf. 창 4장). 시기와 질투가 미워하게 한다. 시기와 질투는 교만한 사람들에게만 있는 악이다. 그러므로 우리는 겸손할 때 남을 미워하지 않게 된다.

지금까지 나열한 여섯 가지 악은 우리가 주님을 몰랐을 때 범했던 죄들이다. 아무리 생각해 보아도 이런 죄를 지으며 사는 사람들은 하나님이 구원하실 만한 자들이 아니다. 놀라운 것은 우리가 이런 죄를 짓

VI. 목회자의 사역(3:1-11)

는 죄인이었을 때 하나님이 우리를 구원하셨다는 사실이다.

하나님의 놀라운 구원은 우리 구주 하나님의 자비와 사람 사랑하심이 나타날 때 시작되었다(4절). '우리 구주 하나님'(σωτῆρος ἡμῶν θεοῦ)은 하나님 아버지다. 앞에서는 예수 그리스도를 '우리의 크신 하나님 우리 구주'(μεγάλου θεοῦ καὶ σωτῆρος ἡμῶν)라 했다(2:13). 목회 서신에서는 하나님과 예수님 두 분을 모두 '우리 구주'(σωτῆρος ἡμῶν)라 한다(딤전 1:1; 2:3; 딛 1:3; 2:10, 13; cf. 벧후 1:1; 유 1:25).

'자비'(χρηστότης)는 우리가 살면서 맺어야 할 성령의 열매 중 하나다: "오직 성령의 열매는 사랑과 희락과 화평과 오래 참음과 자비(χρηστότης)와 양선과 충성과 온유와 절제니 이같은 것을 금지할 법이 없느니라"(갈 5:22-23). 우리가 서로에게 자비를 베풀 때 우리는 성령의 열매를 맺을 뿐 아니라 하나님을 닮아 갈 수 있다.

신약에서 '사람 사랑하심'(φιλανθρωπία)은 한 번 더 사용되는데, 로마로 이송되는 과정에서 타고 있던 배가 난파해 추운 겨울 바다에 빠진 바울을 건져 낸 멜리데 사람들이 그를 위해 불을 피운 일을 묘사한다: "비가 오고 날이 차매 원주민들이 우리에게 '특별한 동정을 하여'(φιλανθρωπίαν) 불을 피워 우리를 다 영접하더라"(행 28:2). 인류애를 영어로 'philanthropy'라 하는데 이 헬라어 단어에서 비롯되었다.

'나타나심'(ἐπεφάνη)은 사도가 예수님의 성육신을 묘사할 때 사용한 단어다: "모든 사람에게 구원을 주시는 하나님의 은혜가 '나타나'(ἐπεφάνη)"(2:11). 본문에서도 하나님의 자비와 사람 사랑하심이 예수 그리스도의 나타나심으로 온 세상에 드러났다고 한다.

하나님은 그리스도의 나타나심을 통해 우리를 구원하실 때 우리가 행한 바, 곧 의로운 행위로 말미암지 않으셨다(5a절). '의로운 행위'(ἔργων τῶν ἐν δικαιοσύνῃ)는 사람이 하는 선한 일 중 하나님이 의롭다고 인정하실 만한 것들이다. 문제는 사람은 이런 일을 할 수 없다는 사실이다: "기록된 바 의인은 없나니 하나도 없으며 깨닫는 자도 없고 하나님을 찾는 자도 없고 다 치우쳐 함께 무익하게 되고 선을 행하는 자는 없나니 하나도 없도다"(롬 3:10-12). 그러므로 하나님은 우리를 구원하실 때 우리가 구원을 얻을 만한 의로운 일을 했는지 아예 살펴보지도 고려하지도 않으셨다. 그러므로 누구도 하나님께 구원 얻은 일에 대해 자기 능력에 따라 된 일이라며 교만할 수 없다.

하나님은 오직 자기의 긍휼하심을 따라 중생의 씻음과 성령의 새롭게 하심으로 우리를 구원하셨다(5b절). '긍휼'(ἔλεος)은 히브리어 '헤세드'(חֶסֶד)를 헬라어로 번역한 것으로 '언약적 사랑, 자비' 등을 뜻한다(Dunn, Köstenberger, Liefeld, cf. 출 34:6-7). 긍휼의 핵심은 하나님이 베풀지 않으셔도 탓하거나 원망할 사람이 없는데, 하나님이 일부러, 원하셔서 베푼다는 사실이다(cf. 『엑스포지멘터리 룻기-에스더』). 하나님이 사람을 구원하실 때 베푸시는 가장 기본적인 은혜다. 하나님은 스스로 구원에 이를 만한 의로운 행위를 하지 못한 우리에게 베풀지 않으셔도 되는 긍휼을 베풀어 구원하셨다.

'중생의 씻음'(λουτροῦ παλιγγενεσίας)에서 '씻음'(λουτρόν)은 세례 때 물로 씻는 일(washing of baptism)이다(BDAG). 이 단어는 신약에서 한 번 더 사용된다. 바울은 남편들에게 아내 사랑하기를 그리스도께서 교회를 사랑하신 것처럼 하라며 주께서 교회를 사랑하시는 것은 "곧 '물로 씻어'(λουτρῷ) 말씀으로 깨끗하게 하사 거룩하게 하셨기"(엡 5:26) 때문이라고 한다. '중생'(παλιγγενεσία)은 '거듭남'(regeneration), '재생'(renewal)이다(NIDNTTE).

'성령의 새롭게 하심'(ἀνακαινώσεως πνεύματος ἁγίου)에서 '새롭게'(ἀνακαίνωσις)는 옛것을 '재생'(renewal)하는 것이다(TDNT). 신약에서 한 번 더 사용된다: "너희는 이 세대를 본받지 말고 오직 마음을 '새롭게 함'(ἀνακαινώσει)으로 변화를 받아 하나님의 선하시고 기뻐하시고 온전하신 뜻이 무엇인지 분별하도록 하라"(롬 12:2).

세례 요한은 자신이 물로 세례를 주는 것은 옛 제도의 일부지만, 장이 말씀은 통치자들과 권세자들이 우리가 그리스도인으로서 하나님이 기뻐하시는 선한 일을 하지 못하게 하거나 방해하지 않는다면 그들에게 순종하라고 한다. 빛과 소금의 삶을 살되 누구와도 갈등하지 않고 사는 것이 지혜롭다는 뜻이다.

우리는 온유한 삶을 지향하며 누구도 비방하지 않고, 누구와도 다투지 않으며, 오히려 관용을 베풀며 살아야 한다는 것을 기억해야 한다. 한때는 우리도 온갖 죄를 짓는 죄인이었기 때문이다. 그러므로 먼저 용서받은 죄인으로서 아직 용서받지 못한 사람들을 온유하게 대해야 한다.

우리는 의로운 행위로 말미암아 하나님의 구원을 얻은 것이 아니다. 우리가 죄인이었을 때 하나님이 그리스도의 복음을 통해 먼저 우리를 찾아와 은혜로 우리를 의롭다 하셨다. 그러므로 마치 우리가 행위로 구원을 이룬 것처럼 교만해서는 안 된다. 우리가 영생을 얻은 것과 하나님 나라의 상속자가 된 것도 하나님의 은혜이므로 이를 자랑스럽게 여기고 자랑하되, 겸손해야 한다.

그리스도의 복음과 하나님의 진리를 선포할 때는 당당하고 확신을 가지고 해야 한다. 그래야 듣는 사람들이 하나님의 말씀으로부터 자신감을 얻어 선한 일을 많이 하려고 힘쓸 것이다.

어리석은 변론과 소모적인 논쟁은 피하는 것이 좋다. 교회에 이단들이 있으면, 그들을 회개시키려 하지 말고 한두 번 경고한 뒤 교회에서 내보내야 한다. 영적인 전쟁에서는 누구도 변론과 논쟁으로 승자가 될 수 없다.

Ⅶ. 부탁과 인사

(3:12-15)

¹² 내가 아데마나 두기고를 네게 보내리니 그 때에 네가 급히 니고볼리로 내게 오라 내가 거기서 겨울을 지내기로 작정하였노라 ¹³ 율법교사 세나와 및 아볼로를 급히 먼저 보내어 그들로 부족함이 없게 하고 ¹⁴ 또 우리 사람들도 열매 없는 자가 되지 않게 하기 위하여 필요한 것을 준비하는 좋은 일에 힘쓰기를 배우게 하라 ¹⁵ 나와 함께 있는 자가 다 네게 문안하니 믿음 안에서 우리를 사랑하는 자들에게 너도 문안하라 은혜가 너희 무리에게 있을지어다

디도서를 마무리하는 마지막 말이다. 사도는 아데마나 두기고를 디도에게 보내겠다고 한다(12a절). 디도가 있는 그레데섬으로 두 사람 중 하나를, 혹은 둘 다 보내겠다는 뜻이다. 아마도 이들 중 하나 혹은 두 사람이 이 서신(디도서)을 가지고 그레데에 있는 디도를 찾아갔을 것이다(Kelly, Stott, Towner). '아데마'('Ἀρτεμᾶς, Artemas)는 당시 흔한 이름이었다(NIDNTTE). 그러나 이 사람에 대해 알려진 바는 없다.

'두기고'(Τυχικός, Tychicus)는 아시아 출신으로 구제 헌금을 전달하기 위해 바울과 함께 예루살렘 교회를 방문한 사람 중 하나였다(행 20:4). 그는 바울이 써 준 에베소서를 그 교회에 전달했다: "나의 사정 곧 내

가 무엇을 하는지 너희에게도 알리려 하노니 사랑을 받은 형제요 주 안에서 진실한 일꾼인 두기고가 모든 일을 너희에게 알리리라"(엡 6:21). 또한 골로새서도 골로새 교회에 전달했다: "두기고가 내 사정을 다 너희에게 알려 주리니 그는 사랑 받는 형제요 신실한 일꾼이요 주 안에서 함께 종이 된 자니라"(골 4:7). 두기고는 바울이 평생 사랑한 형제였고, 주 안에서 함께 된 종(동역자)이었다. 또한 바울의 곁을 끝까지 지켰다(딤후 4:12).

바울은 이 두 사람 혹은 둘 중 한 사람이 그레데에 도착하거든 급히 니고볼리에 있는 자기에게 오라고 한다(12b절). 그레데 사역은 이 서신을 가지고 도착하는 사람(들)에게 맡기고 디도는 최대한 빨리 바울이 겨울을 지내고자 하는 니고볼리로 와서 함께 겨울을 나자는 뜻이다 (12c절).

'니고볼리'(Νικόπολις, Nicopolis)는 그레데에서 약 500㎞ 떨어진 그리스 북서쪽 해안에 있는 항구 도시였으며(Schnabel), 에피루스주(Epirus)의 수도였다(Yarbrough). 이곳에서 이오니아해(Ionian Sea)를 건너면 이탈리아였다. 북쪽으로 항해하면 아드리아해(Adrian Sea)다. 바울은 이때 마케도니아 교회들을 방문하고 있었다(Liefeld, cf. 딤전 1:3). 사도가 디모데후서를 보낼 때 디도는 이미 니고볼리의 북쪽에 있는 달마디아에서 사역하고 있었다(딤후 4:10). 이는 디도서가 디모데후서보다 먼저 저작되었다는 증거다.

사도는 디도에게 율법 교사 세나와 아볼로를 급히 먼저 보내니 그들로 부족함이 없게 하라고 한다(13절). '세나'(Ζηνᾶς, Zenas)에 대해서는 더 이상 알려진 바가 없다. 그는 '율법 교사'(νομικός)라고 하는데 '모세 율법을 가르치는 사람'으로 해석할 수도 있지만, 대부분 학자와 번역본들은 그리스-로마의 사법에 대한 '법 전문가'(legal expert), 곧 '변호사'(lawyer)로 해석한다(Dunn, Köstenberger, Liefeld, Yarbrough, cf. 공동, ESV, NAS, NRS, NIRV).

VII. 부탁과 인사(3:12-15)

'아볼로'('Απολλῶς, Apollos)는 신약에서 여러 차례 언급된 사역자다(cf. 행 18:24, 27; 19:1; 고전 1:12; 3:4, 5, 6, 22; 4:6; 16:12). 그는 이집트의 알렉산드리아에서 태어난 유대인이며, 언변이 좋고 성경에 능통한 사람이었다(행 18:24). 평생 바울과 함께 사역했다.

이 두 사람이 그레데에 도착하면 부족함이 없도록 그들의 필요를 채우라고 하는 것을 보면 그들은 이곳저곳을 떠돌며 복음을 전파하는 설교자들(itinerary preachers)이었다. 그러므로 디도는 그들이 다음 행선지로 떠날 때까지 숙식 등을 해결해 주어야 한다.

교회가 나서서 이들을 돌보는 것은 그레데 성도들에게도 자신이 배운 그리스도의 복음과 하나님의 말씀을 삶에서 실천하는 법을 배우는 좋은 기회가 될 것이다(14절). 세나와 아볼로를 섬기는 일을 배우는 기회로 삼게 하라는 것이다.

바울과 '함께 있는 자들'(οἱ μετ' ἐμοῦ)이 모두 디도에게 문안한다(15a절). 지금 바울이 머물고 있는 마케도니아 교회의 성도들이다. 또 사도는 자기를 대신해 믿음 안에서 '우리'(사도와 디도 등)를 사랑하는 그레데 성도들에게 안부를 물어 달라고 부탁한다(15b절).

사도는 디도와 함께 있는 무리(그레데 성도들)에게 하나님의 은혜가 함께 있기를 비는 말로 서신을 마무리한다(15c절). 이 서신은 디도에게 보낸 사적인 편지지만, 또한 온 그레데 교회가 공유할 편지라는 것을 암시한다(Köstenberger). 바울은 편지를 쓸 때 항상 '은혜'(χάρις)를 포함하는 인사말로 시작하고, 또 마무리한다(롬 16:20; 고전 16:23; 고후 13:14; 갈 6:18; 엡 6:24; 빌 4:23; 골 4:18; 살전 5:28; 살후 3:18; 딤전 6:21; 딤후 4:22). 하나님의 은혜는 바울 신학의 핵심이며, 우리가 살아갈 이유다.

이 말씀은 사역은 여럿이 하는 것이 이상적이라고 한다. 바울은 디도를 대신해 그레데에서 사역을 이어 갈 사역자들을 보냈다. 디도에게는 다른 도시로 와서 자기를 만나라고 한다. 사역자들의 교류는 여러 가지 면에서 바람직하며 좋은 일이다.

복음을 전파하고 말씀을 가르치는 사역자라면 나와 직접적인 연관이 없다 할지라도 서로 도와야 한다. 바울은 그레데 성도들이 그들과 직접적인 연관이 없는 세나와 아볼로를 섬김으로써 기독교인의 섬김에 대해 배우는 기회로 삼기를 원한다. 믿고 고백하는 것을 실천하는 기회로 삼으라는 것이다.

직접 만나 본 적 없는 사람이라도 서로 문안하고 안부를 묻는 것은 좋은 일이다. 특히 하나님의 은혜를 빌어 주는 일은 더욱더 좋은 일이다.